SERGEI EISENSTEIN

NOTAS PARA UMA HISTÓRIA GERAL DO CINEMA

COLEÇÃO VANGUARDA NO CINEMA

Edição estabelecida por Naum Kleiman e Antonio Somaini, com nota de Francois Albera e A. Somaini.

Tradução de Sonia Branco e Lucia Ramos Monteiro

Ensaios de A. Somaini e F. Albera

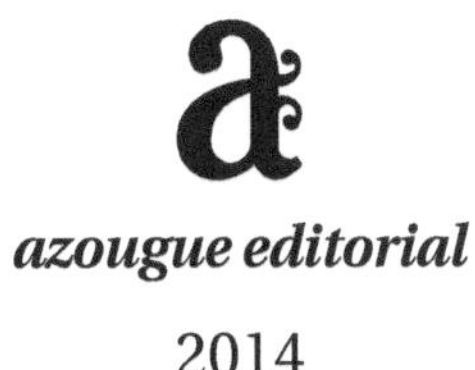

azougue editorial

2014

COLEÇÃO VANGUARDA NO CINEMA

Título original
Notes pour une histoire générale

Coordenação
Adilson Mendes

Imagem da Capa
Ivan o Terrível - parte I

Tradução
Sonia Branco (Russo)
Lúcia Ramos Monteiro (Francês)
Adilson Mendes
(notas de "A que herança renunciamos?")

Revisão de tradução
Lúcia Ramos Monteiro

AZOUGUE EDITORIAL

Coordenação Editorial
Sergio Cohn

Projeto Gráfico e Capa
Tiago Gonçalves

Revisão
Barbara Ribeiro
Evelyn Rocha

Equipe Azougue
Andrea Gomes
Barbara Ribeiro
Evelyn Rocha
Tiago Gonçalves
Welington Portella

Fontes iconográficas
Todos os desenhos, manuscritos de Eisenstein e a documentação iconográfica que ele havia reunido em seus cadernos e pastas (recortes de jornais, cartões postais, fotografias, excertos de livros etc.) são conservados no RGALI e no Museu do Cinema de Moscou, que os disponibilizaram gentilmente para esta edição.
Os fotogramas dos filmes de Eisenstein provêm das coleções da Cinemateca Suíça.

CIP-BRASIL. CATALOGAÇÃO-NA-FONTE
SINDICATO NACIONAL DOS EDITORES DE LIVROS, RJ
E37n

Eisenstein, Sergei, 1898-1948
Notas para uma história geral do cinema / Sergei Eisenstein ; tradução Lúcia Ramos Monteiro e Sonia Branco. - 1. ed. - Rio de Janeiro : Azougue, 2014.
248 p. : il. ; 23 cm.   (Vanguarda e cinema)

Tradução de: Notes pour une histoire générale du cinema
ISBN 978-85-7920-153-0

1. Cinema - História e crítica. I. Título.

14-15412   CDD: 791.43
                  CDU: 791
27/08/2014   02/09/2014

[2014]
Beco do Azougue Editorial Ltda.
Rua Jardim Botânico, 674 sala 409
CEP 22461-000 - Rio de Janeiro - RJ
Tel/Fax 55_21_2259-7712

facebook.com/azougue.editorial
www.azougue.com.br
azougue - mais que uma editora, um pacto com a cultura

SUMÁRIO

"DO TOUCH CLASSICS!" | *Naum Kleiman*

Em 1997, às vésperas do centenário de Eisenstein, coube a nós, Aleksándr Trochin, Nina Dimchits e eu, selecionar materiais inéditos para o número comemorativo da revista *Kinoviêdtcheskie zapíski* [*Notas de história do cinema*]. Dentre os numerosos textos de Sergei Mikháilovitch [Eisenstein] que ainda não haviam sido publicados nessa época, constavam rascunhos de 1947 e início de 1948 com anotações relacionadas aos projetos do recém-criado departamento de cinema do Instituto de história das artes da Academia de Ciências da URSS.

Embora até então não se soubesse da existência dessas anotações, Leonid Kozlov e eu já as havíamos visto no final dos anos 1950 ou início dos anos 1960, quando a maior parte dos arquivos ainda se encontrava na casa em que vivia Piéra M. Atácheva [viúva do cineasta], no Boulevard Gógol. Preparávamos, na ocasião, uma edição em seis tomos, e, sob a direção de Piéra Atácheva, examinávamos e selecionávamos os textos inéditos que tinham alguma chance de serem aceitos pelo comitê de redação. Os manuscritos redigidos de forma desigual e que comportavam nomes e datas, às vezes, relacionados à história do cinema eram vistos como rascunhos caóticos e considerados de somenos importância dentro do legado de Eisenstein, sobretudo porque as obras fundamentais do cineasta ainda não haviam sido publicadas. Além disso, havia o sério problema textológico de como decifrar aquela escritura precipitada, quase "automática", que misturava quatro idiomas. Assim, aquelas páginas, a exemplo de muitos outros esboços, foram deixadas de lado, à espera de dias melhores...

Uma situação praticamente idêntica se repetiu três décadas mais tarde. Embora o número da revista *Kinoviêdtcheskie zapíski* em homenagem ao centenário de nascimento de Eisenstein contasse com uma edição dupla, não era possível incluir a totalidade dos materiais inéditos. Dentre os manuscritos que esperavam a sua hora, encontravam-se artigos de caráter prognóstico e publicístico que permaneciam tão atuais quanto antes; entrevistas realizadas e publicadas no estrangeiro e ainda não traduzidas para o russo, com comentários de Eisenstein sobre seus próprios filmes, ideias e projetos; permaneciam engavetados capítulos teóricos que haviam sido adulterados pela censura ou pelos redatores; clamavam por publicação correspondências importantes para a biografia de S. M. Eisenstein e para a compreensão de sua personalidade...

Por outro lado, o significado das "Notas para uma história do cinema", que já eram conhecidas, tornava-se evidente. Três esboços desta série haviam sido publicados em números sucessivos da revista[1], e os esboços restantes, deixados para o futuro pela dificuldade em decifrá-los. Consta que Aleksándr Trochin, com sua peculiar sensibilidade para perceber o potencial dos manuscritos e o rigor inato de editor, teria dito certa vez: "É necessário publicá-los. Sem falta. Não lamentem o tempo, nem os esforços. Essas páginas são um tesouro!" Naquele momento não passava pela cabeça de ninguém que um dia esse trabalho viria a ser consagrado à memória de Sacha[2], e que faria parte do centésimo número da revista – uma pérola da publicação em homenagem ao centenário de Eisen[3]...

Após o falecimento de Piéra Atácheva, os manuscritos foram enviados para o Arquivo Estatal Central de Literatura e Arte da URSS (atualmente, RGALI). O inventário computava um total de oito pastas, classificadas por G. Endzina sob o título "História do cinema soviético (planos, esboços, citações)", e datadas de 26 de junho de 1947 a 30 de janeiro de 1948 (demais esboços ligados à mesma problemática, mas datados de 1944-46, estavam em outras pastas, como se verá adiante).

Na realidade, o programa oficial sustentado pelo Departamento de Cinema da Academia de Ciências previa a redação coletiva de uma história do cinema soviético e a ela vinculava precisamente uma parte significativa dos esboços. Mas como sempre acontece com Eisenstein, sua curiosidade de pesquisador, vasta erudição e irrefreável fantasia não eram redutíveis ao leito de Procusto do "programa estatal".

Paralelamente à "História do cinema soviético", começava, de fato, a se esboçar à sua frente uma "História geral do cinema". E não apenas um "tomo introdutório",

---

1   No número 15, dedicado ao som no cinema, um texto intitulado "Revelação na chuva e na tempestade"; no número 28, três outros textos ("O herdeiro", "O cinema soviético filho da cultura russa" e "Para uma história do cinema mudo"), no âmbito do centenário da invenção do Cinematógrafo Lumière; no número 36-37, dois outros ("Plano de trabalho da seção de cinema" e "Lugar do cinematógrafo no sistema geral da história das artes").
2   (N.d.T.) Diminutivo de Aleksándr [refere-se a Trochin]
3   (N.d.T.) Apelido de Eisenstein

como inicialmente lhe pareceu, mas uma obra independente que demandava um exame do desenvolvimento de longa duração da cultura mundial (artes, ciências e técnicas) que, simultaneamente, levasse em conta as leis da percepção humana. Apenas estudando esses dois "aspectos" como um todo único, segundo S. M. Eisenstein, seria possível explicar o "código genético" do cinema, o desenvolvimento de suas possibilidades expressivas e as expectativas e capacidades do público.

É precisamente nesta aproximação dual ao cinema, objetivo-subjetivo, histórico--dialético, antropológico-fenomenológico (não somente como arte, mas como meio de apreender o mundo) que se constitui, a meu ver, o sentido do epíteto idealizado por ele no termo "história".

Dito de outra forma, o epíteto "Geral" não remete ao "cine-centrismo" do jovem Eisenstein, nem à sua fascinação nos anos 1930 pela "totalidade" cinematográfica (Cf. artigo "Orgulho"), e menos ainda a um "totalitarismo" ideológico que certos críticos míopes lhe atribuem.

"Geral", nesse contexto, significa mais propriamente "todos os aspectos".

Desse ponto de vista, o inglês "General History" apenas parcialmente dá conta do sentido russo. E a obra em vários tomos de Georges Sadoul, *Histoire Générale du Cinéma*, reflete, antes, o caráter universal dos documentos que contém: filmes de todos os países e todos os períodos do século XX. É verdade que o primeiro tomo, bem conhecido de Eisenstein, começa pela pré-história do cinema, as invenções e descobertas técnicas que prepararam o nascimento dos irmãos Lumière, e essas páginas por vezes ecoam nas notas de Eisenstein. No entanto, a visão do historiador difere do método do realizador teórico.

Para Eisenstein, não existem fronteiras entre o cinema e as outras artes, entre a ciência, a arte, a técnica, a psicologia do homem, entre o antigo e o moderno e, muito menos, entre os diversos países e culturas, o Oriente e o Ocidente, ideologias e crenças...

É preciso lembrar que, na época em que essas notas foram escritas, a URSS vivia um período sombrio de "lutas contra o cosmopolitismo e o formalismo", época de xenofobia de Estado e de esterilização da arte — um ambiente não apenas hostil, mas mortalmente perigoso para um autor com semelhantes ideias. É pouco provável que Eisenstein tenha comunicado os seus intentos extemporâneos nas reuniões do departamento. Mas sem dúvida ele compreendia sua atualidade no "grande tempo" — expressão empregada por Mikhail Bakhtin na mesma época, ao escrever seu livro "desesperado" sobre Rabelais.

No entanto, para Seguei Mikháilovitch [Eisenstein], como sempre, um projeto gerado organicamente estava acima de qualquer perigo. Na maturidade, Eisenstein ultrapassou as suas buscas iniciais pelo "cinematismo" em outras artes, as qualidades e potencialidades delas que haviam permitido a elaboração da sua poética do cinema. Ele agora considerava necessário fazer uma reflexão mais profunda sobre cinema, de ordem ontológica e antropológica, como, paralelamente, André Bazin vinha fazendo; em muitos aspectos, de maneira "surpreendente", as ideias de ambos repercutiram-se e intersectaram-se[4].

Mais que isso, o próprio cinema para Eisenstein já não era a "estação final" do movimento da arte: ele estava atento à televisão que surgia, e refletia sobre o seu lugar, a sua função, sobre os seus potenciais e pretensões estéticas, sobre a sua influência no "velho e bom cinema". A cibernética nascia e a Internet ainda não era imaginável, mas ele já sentia necessidade de compreender aquilo que será designado pelo termo *mass-media* e percebia o caráter global do novo desenvolvimento da cultura. O pressentimento desse fenômeno qualitativamente novo, mais do que o inquietar, o intrigava como teórico, realizador e historiador do cinema...

Quando o Presidium da Academia de Ciências da URSS o nomeou para a chefia do departamento de história do cinema do Instituto de História da Arte, Eisenstein certamente se viu como o velho historiador de uma arte nova. Uma anotação em seus diários, datada de 25 de junho de 1947, evocava esse momento:

> Desce sobre mim a consciência de que eu, no fundo, há muitos anos venho escrevendo uma história *such as* (tal qual) ela me aparece: quase todos os meus artigos a respeito de cinema implicam em *excursus* históricos [...]. E eu me torno um historiador das "mil e uma noites" das *possibilidades cinematográficas*[5].

Em 30 de junho, ele desenvolveu em seu diário a mesma ideia:

> No fundo, quase tudo que eu venho escrevendo nos últimos [anos] (desde 1929, sobre os hieróglifos japoneses) *is in a certain way* [é de certa forma] não apenas teoria, mas a história dos problemas que me interessam — *theory being history* [a teoria sendo história], condensada na concepção das fases...[6]

A gênese do cinema como arte de fato interessou Eisenstein desde os primeiros anos da sua vida criativa. Ele buscou no "código genético" da "décima musa" não tanto a especificidade então própria aos pioneiros, quanto o fundamento de sua legitimidade. Precisamente dessa posição é que foi concebida a noção de "cinematismo",

---

4   Da mesma maneira, é possível estabelecer, atualmente, aproximações com Walter Benjamin, Pável Floriênski, Aby Warburg e muitos outros "profetas de nosso tempo", recentemente redescobertos, que, em outros momentos, poderiam parecer opostos ou absolutamente estrangeiros a Eisenstein.

5   Grifos do editor francês. Cf. S. Eisenstein *Neravnodúchnaia priroda* 2. p. 7. Nem essa passagem nem a seguinte figuram na edição francesa de *A natureza não-indiferente*, que se baseia na edição russa dos *Izbrannye proizvedeniïa v chesti tomakh* (*Obras escolhidas em seis volumes*), de 1963-1971. [*Nota do editor francês*].

6   Ibid. p. 540.

designando as potências cinematográficas das artes "antigas" que se desenvolveram historicamente em direção ao cinema e prepararam o seu nascimento.

Entretanto, no dia em que eu li essas linhas sobre a súbita "tomada" de consciência a respeito do fato de se ocupar da história da arte cinematográfica, confesso que as compreendi como uma tentativa inconsciente de Eisenstein justificar sua passagem por uma instituição acadêmica no momento em que a segunda parte de *Ivan, o Terrível* era proibida por Stalin, não lhe restando nenhuma outra perspectiva de trabalho na indústria cinematográfica.

No entanto, uma descoberta recente levou-me a rever essa suposição.

Os arquivos de Nikolai Aleksiêievitch Liêbedev, célebre historiador do cinema e fundador da cátedra de história do cinema junto ao VGIK, haviam sido depositados no fundo de manuscritos do Museu do Cinema. Entre os seus papéis havia uma pasta contendo notas desconhecidas de Eisenstein sobre a história do cinema. Não se exclui a possibilidade de Liêbedev ter recebido esses esboços do próprio Sergei Mikháilovitch [Eisenstein], que entrara para o quadro do novo departamento como um dos autores responsáveis pela futura "História do cinema soviético". No entanto, é ainda mais provável que aquele historiador tenha decidido consultar esses esboços depois de tê-los encontrado nos arquivos que Piéra Atácheva transferira ao gabinete de história do cinema do VGIK.

A mais antiga dessas notas é datada de 27 de julho de 1945: "Instituto de História das Artes (departamento de cinema). *História do cinema* (considerado um trabalho até o fim da vida)".[7]

A ideia da organização de um departamento de história do cinema no instituto dirigido pelo acadêmico Igor Grabar e o projeto de escrever uma obra em vários tomos, no qual Eisenstein estava em vias de trabalhar "até o fim da vida", não nasceram a partir da proibição da segunda parte de *Ivan, o Terrível*, mas originaram-se no período mais que propício da primeira parte, quando dominava a atmosfera de esperança após a vitória na Segunda Guerra. Tratava-se, pois, da expressão de um interesse autêntico de Eisenstein pela história.

Na folha 3 das mesmas notas está indicada a orientação fundamental da futura história:

> O cinema *as such* (como tal).
> O cinema mudo – círculo concluído do princípio. O que ele completou e compreendeu.
> Os limites que atingiu (cinema intelectual).
> História "principial" do cinema como história dos *princípios e ideias cinematográficos*, e não uma galeria de retratos de personagens.

---

7   Museu do Cinema, fundo 40, op. 1, pasta 12/1, F.1.

> Estabelecer o *trend* geral dela [tendência] desde e para.
> *Le Grand déssarroi* [a grande confusão] com a chegada do som.
> O período de "reação" (*y compris* Jeannot[8] [inclusive Jeannot])
> *Neuaufbau as Aussicht und Ausblick par excellence* [A nova criação como visões do futuro e perspectivas por excelência]".

Esse esboço da temática da história "principial" leva diretamente aos planos detalhados da história "geral" do cinema de 1947[9].

Planos que aguardavam pacientemente a sua vez na sequência da edição das obras fundamentais, quando prestaríamos atenção nelas...

O "segundo nascimento" de Eisenstein ocorreu no início do século XXI (senão na prática, ao menos na teoria da arte — nesse momento). No final de 2008, em Smolensk, muitos jovens pesquisadores debruçavam-se sobre os filmes, textos e desenhos do cineasta; entre eles, encontrava-se o italiano Antonio Somaini, professor de história da arte. Somaini começava a trabalhar em seu livro sobre o lugar e o papel de Eisenstein na teoria da *mass-media*[10]. Durante uma conversa a respeito das ideias de Eisenstein após a guerra, eu mencionei as notas para uma "História geral do cinema" com que me ocupava, procurando decifrá-las para o número da revista de Trochin. Para mim, já estava claro que a lava em fusão desses rascunhos provinha do mesmo núcleo que as ideias, exemplos e associações presentes nos inacabados *Método*, *A natureza não-indiferente*, *Memórias*... Seriam esboços de um outro segmento do "livro esférico", que Eisenstein há muito imaginara e tentara realizar.

Para Somaini, essas notas pareciam ter relação direta com os problemas que os historiadores de arte do mundo todo se colocavam, depois que a história das teorias da arte cedera lugar à teoria das histórias propriamente. O visitante, então, pediu permissão para conhecer esses textos mais detalhadamente. Após algum tempo, tendo traduzido as notas para o inglês com a ajuda de amigos, Antonio me convenceu da necessidade de divulgá-las entre os nossos colegas da Itália e Estados Unidos. A

---

8   É possível que Eisenstein faça aqui uma alusão a Jean Renoir, de quem ele pouco apreciava os filmes sonoros, como *Toni* (1935) e *A besta humana* (*La Bête humaine*, 1938).

9   Outras notas de 1944-1946, contidas nessa pasta e no RGALI dizem respeito essencialmente à história do cinema soviético; elas pedem para serem interpretadas e comentadas a parte. O conjunto dos escritos de Eisenstein compreende uma série de artigos historiográficos e de discursos sobre o desenvolvimento de nosso cinema — dos ensaios sobre a vida social e política (por exemplo, em 1928, "Por que o cinema soviético se empalidece de maneira catastrófica" e "O décimo-segundo") até as "revistas" e "conjecturas" que remontam ao aniversário do decreto sobre a nacionalização da indústria e do comércio foto e cinematográfico (cuja data é considerada, ainda hoje, como o início da história do cinema soviético). São textos que, para além da retórica do aniversário, desenvolvem um pensamento distante do discurso oficial e mereceriam ser estudados.

10   A. Somaini. *Ejzenštejn, Il cinema, le arti, il montaggio.* Turin. Einaudi: 2011.

metodologia de Eisenstein deveria ser objeto de uma discussão, não apenas por ser original, mas porque poderia levar a investigações extremamente produtivas!

A ressonância das notas para uma "História geral do cinema" ultrapassou todas as expectativas.

Graças a Antonio Somaini e aos pesquisadores da Universidade de Columbia, aconteceu a conferência "Eisenstein, cinema, história", em Nova York, 2010[11]; depois, o seminário franco-alemão em Paris com o título "Interposições. Montagem das imagens e produção de sentido" (*Interpositions. Montage des images et production du sens / Bildgrenzen. Montage und visuelle Sinnproduktion*)[12]; e ainda um ciclo de estudos em Paris, no Instituto Nacional de História da Arte, intitulado "S. M. Eisenstein, história, genealogia, montagem", da qual participaram pesquisadores de diversas disciplinas e pertencentes a várias instituições[13]. As "notas" engendraram um conjunto de intervenções e artigos ligados à "teoria da história do cinema", que discutem e desenvolvem as ideias de Eisenstein; uma parte desse material foi escolhido para esta publicação[14].

Assim começou a se realizar o programa de pesquisa "Do touch classics!" [Toque os clássicos!] há muito imaginado por nós, em oposição à regra conservadora do museu "Não toque!". Parafraseando uma famosa canção, pode-se dizer que nessas "notas" — e não apenas nelas e nem apenas em Eisenstein — "cada linha está repleta de brotos"[15] prontos para desabrocharem em folhas e flores, bastando para isso que se lhes dirija um olhar não indiferente e que se lhes toque com mãos enérgicas.

As "notas" para uma "História geral do cinema", contidas aqui, poderão estimular pesquisas e abrir um novo campo de investigação aos jovens pesquisadores, aos especialistas do cinema, aos historiadores da arte, aos teóricos e profissionais da *mass-media*. Não é necessário que concordem com os clássicos — podem refutar suas hipóteses, contestar suposições, propor outras conclusões.

Do touch classics!

11   De 30 de setembro a 1º de outubro de 2010, com a participação de Mikhail Iampolski, Iúri Tsivian, Macha Salazkina e Philip Rosen, entre outros

12   De 1º a 3 de fevereiro de 2011. Depois do evento, uma pequena parte das "Notas" foi traduzida para o alemão e publicada em *Zeitschrift für Medienwissenschaft*, nº 1, 2011.

13   Em 28 de maio de 2011. O ciclo contou com a participação dos historiadores da arte Georges Didi-Huberman e Giovanni Careri, do eslavista Gérard Conio, do historiador do cinema François Albera, do conservador do Museu Nacional de Arte Moderna Philippe-Alain Michaud, e de jovens pesquisadores como Ada Ackerman e Massimo Olivero, entre outros.

14   As "Notas" foram publicadas simultaneamente em francês, na presente edição, e em inglês, pela Amsterdam University Press, edição em que são acompanhadas de uma parte das comunicações evocadas acima.

15   Trata-se da *Canção oriental* de David Tukhmanov, "Cada linha tem muitos pontos /Atrás da letra A /É claro que você entenderá /Tudo que eu quis dizer /Tudo o que eu não soube dizer". Em russo, "ponto" e "broto" diferenciam-se por uma só letra. [Nota do editor francês].

PRINCÍPIOS DA EDIÇÃO BRASILEIRA
Adilson Mendes e Lucia Ramos Monteiro

Os textos destas *Notas para uma história geral do cinema* foram publicados no primeiro semestre de 2014 em francês (*Notes pour une Histoire générale du cinéma*, Paris, Association française de recherche sur l'histoire du cinéma, 2014), a partir da edição feita por Naum Kleiman e Antonio Somaini, com base nos manuscritos de Eisenstein. Uma edição em inglês está sendo preparada paralelamente (*Notes for a General History of Cinema*, Amsterdã, Amsterdam University Press, coleção Film Theory in Media History). As duas publicações diferem: a edição francesa possui uma iconografia e um aparelho crítico mais extenso; já a edição em inglês comporta uma bibliografia e uma filmografia exaustivas, além de um conjunto de ensaios de diversos autores, a que Naum Kleiman faz referência em sua introdução. A edição brasileira chega às livrarias poucos meses depois da publicação francesa, a partir da tradução do texto de Eisenstein diretamente do russo, cotejada com a edição francesa, que apresenta um certo número de correções e esclarecimentos em relação ao texto em russo. As notas e os ensaios, escritos para a edição francesa, foram portanto traduzidos diretamente do francês.

Tendo em vista a natureza muito heterogênea das folhas manuscritas reunidas sob o título de *Notas para uma história geral do cinema*, o caráter misto de croquis, desenhos, esquemas e textos, rasuras e acréscimos — às vezes escritos na folha em diversas direções, como se pode ver em alguns fac-símiles aqui reproduzidos — não se deve esperar encontrar nesta obra um texto linear e contínuo. Esta é, ao mesmo tempo, sua dificuldade e sua riqueza. Eisenstein tinha o costume de acumular dados, estabelecer listas, anotar associações de ideias, indicar conexões no âmbito de sua "enciclopédia", desmedida e em constante movimento.

A divisão em seis capítulos, proposta pelos editores Naum Kleiman e Antonio Somaini, preservou, no interior de cada capítulo, as divisões em partes, subpartes e parágrafos indicados por Eisenstein em seu manuscrito. Essas divisões e subdivisões aparecem de maneira mais detalhada no fim deste volume.

A iconografia desta edição comporta, por um lado, desenhos, colagens e recortes de jornal que Eisenstein dispôs em seu manuscrito e, por outro lado, documentos visuais que correspondem à referências feitas pelo autor a fontes precisas. Houve um grande esforço por parte dos editores em encontrá-las, a partir principalmente da própria biblioteca do cineasta. Essa iconografia se pretende instrumental e não ilustrativa, ou seja, seu objetivo é entender os raciocínios de Eisenstein, que não raro são apenas esboçados.

Com relação ao texto, os princípios e convenções adotados são os seguintes:

* No que se refere à multiplicidade de línguas utilizadas por Eisenstein — russo, francês, inglês, alemão, latim, espanhol — e à passagem de uma língua a outra em uma mesma frase, convencionou-se que: a) o texto russo foi traduzido para o português e aparece em caracteres redondos; b) as palavras em línguas estrangeiras e em grafia latina nos manuscritos aparecem em itálico, seguidas por sua tradução entre colchetes.

* Os títulos de obras (filmes, livros, quadros etc.) são tratados de diferentes maneiras nos manuscritos (aparecem entre aspas, sublinhados ou em maiúsculas). Tentou-se respeitar essas particularidades, fornecendo as referências completas nas notas, onde estão grafadas de acordo com as convenções em uso.

* As palavras ou grupos de palavras que aparecem sublinhadas o foram por obra do próprio autor.

* Respeitou-se sempre que possível a disposição dos textos e a grafia, às vezes, incorreta, indicando-o quando necessário.

* Todas as intervenções dos editores no texto estão entre colchetes [palavras ou partes de palavras reestabelecidas, traduções].

* As poucas notas ou acréscimos feitos por Eisenstein a seu texto aparecem como notas de rodapé, com números romanos.

* As demais notas são dos editores. Diante do número elevado de referências, nomes, títulos de obras — conexões que deveriam ser desenvolvidas pelo autor ulteriormente, recapitulações, associações de ideias, citações —, os editores decidiram limitar os comentários, apesar do caráter frequentemente lacunar ou cifrado dessas referências. Houve, porém, o esforço de indicar referências internas a este livro e ao conjunto da obra teórica de Eisenstein, para que o leitor possa encontrá-las. Em muitos casos, Eisenstein apenas anota uma referência que havia sido desenvolvida

alhures. Para entender seu raciocínio e as associações que ele opera, é portanto fundamental poder encontrá-la.

* Essas referências a outros textos de Eisenstein que fazem eco às "Notas", ou que as esclarecem, dão indicações de edições francesas — muitas vezes, infelizmente esgotadas —, mas também inglesas e mais raramente em italiano. Sempre que possível, a edição brasileira indica as traduções para o português que foram publicadas. As referências a obras em russo aparecem quando são as únicas disponíveis. Há diferenças entre as diversas traduções dos livros de Eisenstein. A edição brasileira seguiu as opções da edição francesa, indicando portanto os livros publicados na França, com referências a edições de outros países nos casos em que a edição francesa é pouco confiável (como em *Le Film: sa forme/son sens* e *Disney*). Foram incluídas, sempre que possível, as traduções para o português disponíveis.

* A edição brasileira procurou reportar-se às traduções para o português da obra de Eisenstein disponíveis, cotejando-as com as demais incluídas no volume em francês. Nesses casos, optou-se por não usar abreviações, mas por fornecer as indicações bibliográficas completas. Listamos abaixo uma bibliografia sucinta da obra de Eisenstein publicada no Brasil.

Referências dos textos e abreviações

1. Em francês:

Réflexions d'un cinéaste (edição estabelecida por Rostislav Iurenev). Moscou. Éditions du Progrès: 1958 [Réflexions]

Ma Conception du cinéma (retomada com erros da edição Film Essays estabelecida por Jay Leyda). Paris. Buchet-Chastel: 1971 [Conception]

Œuvres 1. Au-delà des étoiles (edição estabelecida por Jacques Aumont). Paris. 10/18: 1974 [Au-delà des étoiles]

Le Film: sa forme/son sens (edição estabelecida por Armand Panigel). Paris. Christian Bourgois: 1976

Œuvres 2. La Non-Indifférente Nature 1 (edição estabelecida por Jacques Aumont). Paris. 10/18: 1976 [NIN 1]

Œuvres 4. La Non-Indifférente Nature 2 (edição estabelecida por Jacques Aumont). Paris. 10/18: 1978 [NIN 2]

Œuvres 5. Mémoires 1 (edição estabelecida por Jacques Aumont). Paris.10/18-Éditions sociales: 1978 [Mémoires 1]

Œuvres 5. Mémoires 2 (edição estabelecida por par Jacques Aumont). Paris. 10/18: 1980 [Mémoires 2]

"Montage 1937" (trecho, estabelecido por Michelle Brudny de Launay). Café Librairie, n°2, 1983 ["Montage 1937"]

Œuvres 1. Mémoires 3 (edição estabelecida por par Jacques Aumont) Paris. 10/18, 1985 [Mémoires 3]

Le Mouvement de l'art (edição estabelecida por François Albera e Naum Kleiman).
Paris. Cerf: 1986 [Mouvement]

MLB plongée dans le sein maternel (edição estabelecida por Gérard Conio). Paris.
Hoëbeke: 1999 [MLB]

Disney (anônimo). Strasbourg. Circé: 1991 [Disney]

Eisenstein dans le texte (sob a direção de François Albera). Cinémas. vol. 11, n° 2-3,
primavera de 2001 [Eisenstein dans le texte]

Dickens & Griffith (edição estabelecida por Gérard Conio e Marina Berger). Paris.
Stalker: 2007

Cinématisme. Peinture et cinéma (edição estabelecida por François Albera). Dijon.
Les Presses du Réel, 2009 (reedição aumentada de Id., Bruxelas, Complexe,
1980) [Cinématisme]

Glass House (edição estabelecida por François Albera). Dijon. Les Presses du Réel:
2009 [Glass House]

2. Em inglês

The Film Sense (edição estabelecida por S. Eisenstein e Jay Leyda) [Nova York: Harcourt,
Brace & Cie, 1942]; Londres Faber & Faber, s.d. (circa 1968) [Film Sense]

Film Form: Essays in Film Theory (edição estabelecida por Jay Leyda). Nova York: Harcourt /Brace; Londres, Dobson, 1963 [1949] [Film Form]

The Short Fiction Scenario (edição estabelecida por Jay Leyda e Alan Upchurch). Calcutta: Seagull Books /Eisenstein Cine Club, 1984 [Short Fiction Scenario]

Eisenstein 2. A Premature Celebration of Eisenstein's Centenary (edição estabelecida
por Jay Leyda). Calcutta: Seagull Books, 1985

Eisenstein On Disney (edição estabelecida por Jay Leyda). Calcutta: Seagull Books,
1986 [On Disney]

The Psychology of Composition (edição estabelecida por Alan Upchurch). Calcutta:
Seagull Bools, 1987 [Psychology of Composition]

Selected Works 1. Writings 1922-1934 (edição estabelecida por Richard Taylor). Londres: BFI; Bloominton, Indiana University Press, 1988 [SW 1]

Selected Works 2. Towards a Theory of Montage (1937-1940) (edição estabelecida por
Richard Taylor). Londres: BFI, 1991 [SW 2]

Selected Works 3 Writings 1934-1947 (edição estabelecida por Richard Taylor). Londres: BFI, 1996 [SW 3]

Selected Works 4. Beyond the Stars. The Memoirs of Sergei Eisenstein (edição estabelecida por Richard Taylor). Calcutta: Seagull Books; Londres, BFI, 1995 [SW 4]

The Eisenstein Collection (edição estabelecida por Richard Taylor). Londres: Seagull,
2005 [Eisenstein Collection]

Escritos de Eisenstein publicados em português

Livros:

A forma do filme (edição estabelecida por José Carlos Avellar). Trad. Teresa Ottoni. Rio de Janeiro: Jorge Zahar Editor, 2002

O sentido do filme (edição estabelecida por José Carlos Avellar). Trad. Teresa Ottoni. Rio de Janeiro: Jorge Zahar Editor, 2002

Memórias imorais. Trad. Carlos Eugênio e Marcondes de Moura. São Paulo: Companhia das Letras, 1987

Reflexões de um cineasta. Trad. Gustavo A. Doria. Rio de Janeiro: Jorge Zahar, 1969

Artigos:

"O princípio cinematográfico e o ideograma". In: José Lino Grunewald (org.). *A ideia do cinema*. Rio de Janeiro: Civilização Brasileira, 1969. p. 97-116. Também publicado em Haroldo de Campos (org.). *Ideograma, lógica, poesia, linguagem*. São Paulo: Cultrix, 1977.

"Dickens, Griffith e o filme de hoje". In: *Cineclube Luz Vermelha, Texto sobre os 100 filmes*. São Paulo: ECA-USP, 197? (Excerto traduzido de Teoria y técnica cinematograficas). Republicado sob o título "Dickens, Griffith e nós" em *A forma do filme* (Rio de Janeiro: Jorge Zahar Editor, 2002)

"O método para fazer cinema proletário. In: *Cineclube Luz Vermelha, Texto sobre os 100 filmes*. São Paulo: ECA-USP, 197? (Texto extraído de: *Da revolução à arte, da arte à revolução*).

"Montagem de atrações". Trad. Vinicius Dantas (do inglês). In: Ismail Xavier (org.), *A experiência do cinema: antologia*. Rio de Janeiro: Edições Graal, 2008 [1983]. p. 187-198

"Método de realização de um filme operário". Trad. Vinicius Dantas (do italiano). In: Ismail Xavier (org.), *A experiência do cinema: antologia*. Rio de Janeiro: Edições Graal, 2008 [1983]. p. 199-202

"Da literatura ao cinema: Uma tragédia americana". Trad. Vinicius Dantas. In: Ismail Xavier (org.), *A experiência do cinema: antologia*. Rio de Janeiro: Edições Graal, 2008 [1983]. p. 203-215

"Novos problemas da forma cinematográfica". Trad. Vinicius Dantas (do inglês). In: Ismail Xavier (org.), *A experiência do cinema: antologia*. Rio de Janeiro: Edições Graal, 2008 [1983]. p. 216- 243. Republicado, sob o título "A forma cinematográfica: novos problemas". Trad. Teresa Ottoni, em *A forma do filme* (Rio de Janeiro: Jorge Zahar Editor, 2002)

"Um filme montado em versos", Cinemais, nº 12. p. 19-57, jul.-ago. 1998

O HERDEIRO[1]

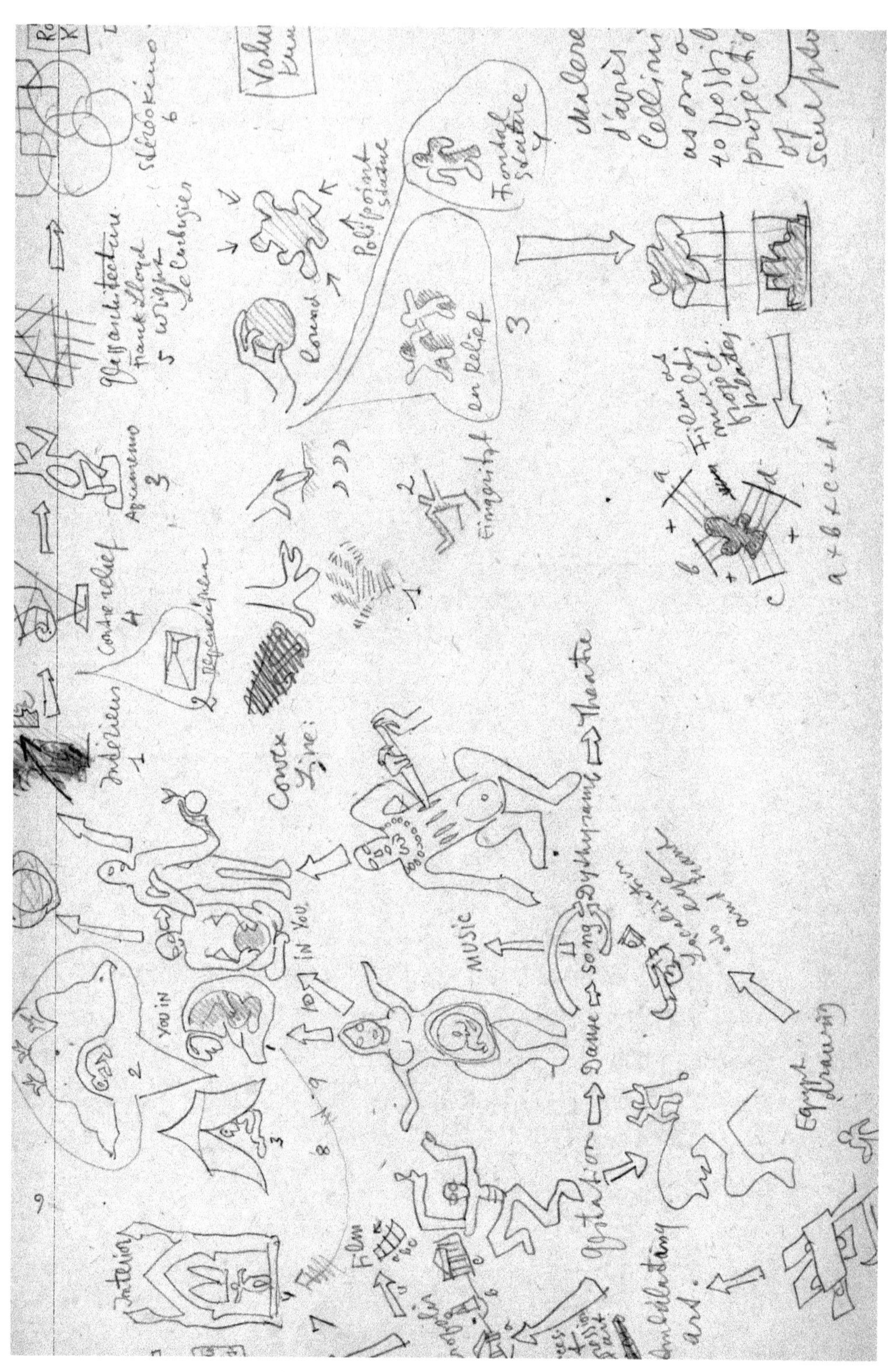

Desenho de Eisenstein contemporâneo às Notas.

22-26.X.1946

O cinema é o herdeiro de todas as culturas artísticas, assim como o povo, que o elevou pela primeira vez na história — do ponto de vista valorativo e criativo — ao cume da arte, é herdeiro de todas as culturas dos séculos precedentes.

O cinema é a arte da URSS *par excellence*, e isso é natural e orgânico.

Deve-se construir a história do cinema assim.

1. O lugar histórico do cinema na história das artes.

O surgimento sobre as ruínas do "segundo barroco"[2].

Outras artes se decompõem até a nulidade[3].

Os "ismos"[4]. A cada um o seu signo distintivo.

Desagregação da sociedade burg[uesa].

Da nulidade parte o cinema.

Uma invenção técnica.

Um regime social (URSS) que busca uma arte de massas etc.

A condição social *and technical* [e a técnica] *coincide* [coincidem].

Como uma nova totalidade social e estética.

2. Uma síntese das artes.

Uma síntese real na técnica do cinema e na nossa estética (?).

Em lugar dos "sonhos" de síntese.

Recurrence [Retorno] da ideia de síntese dos gregos (início morfológico no ditirambo)

— as liturgias (arquitet[ura], órgão, vitral, *plain chant*, fusão do público com a ação) —

Diderot — Wagner — Scriabin — nós.

Em quais etapas surgem as tendências à síntese?

Nos períodos de unificação soc[ial].

A unidade (*p[ar] ex[emple]*, a unidade do catolicismo e da liturgia).

Ou no desacordo da unidade — o sonho (*p.ex.* Scriabin).

Vérifier [Verificar]: a unidade do bismarquismo e de *Wagner* (*who starts as [18]48 revolut[ioner]* [que começa como um revolucionário de 1848] e termina como "Parcifal")[5].

A estética de Lipps[6].

La Nuance à Diderot[7] [A Nuance de Diderot] e a revolução franc[esa].

A revogação das contradições[8].

Onde e quando [há] mais do que [o que] nós [temos]?

A unidade universal.

"Proletários de todos os países...".

A eliminaç[ão] da exploração (XVII congresso[9]).

A eliminaç[ão] da escravatura nacional:

A amizade entre os povos *as basis for* [como base para] a amiz[ade] entre as artes!

A ideia da síntese como *revival* [restauração] do sincretismo.

Aversão à síntese nos períodos de desordem soc[ial] — Nordau *against* [contra] *Wagner*[10].

A síntese não da copresença mecânica em estado puro (que foi o auge das possibilidades sintét[icas] do teatro).

Mas cada um em sua nova qualidade e organicamente, integralmente incluído.

Adiante, a análise "ponto a ponto" do destino de cada arte e de sua nova qualid[dade] no *interior* da síntese.

O fenômeno do cinema

(*History of the phenom[enon]* [História do fenômeno]

Os "pequenos quadros"[11] e o método do cinema[12].

Do mosaico ao pontilhismo[13].

O contraste dinâmico no lugar da mistura[14].

Daumier e Tintoretto em micro.

Goya, "Maragato" em macro[15].

Hogarth, "*Mariage-à-la-mode*" [Casamento da moda] em cenas[16].

Les coqs[17].

Egípcios (por Gregor[18])

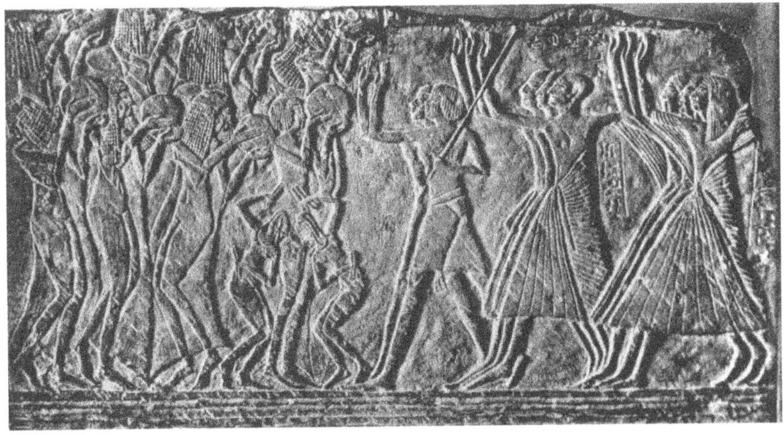

Dança com tambores e pranchetas (Baixo relevo de um túmulo de Saqqarah (Egito)

Bush e o *comic strip* [desenho animado][19]. *Auswuchs* [excrescência[20]] na montagem.

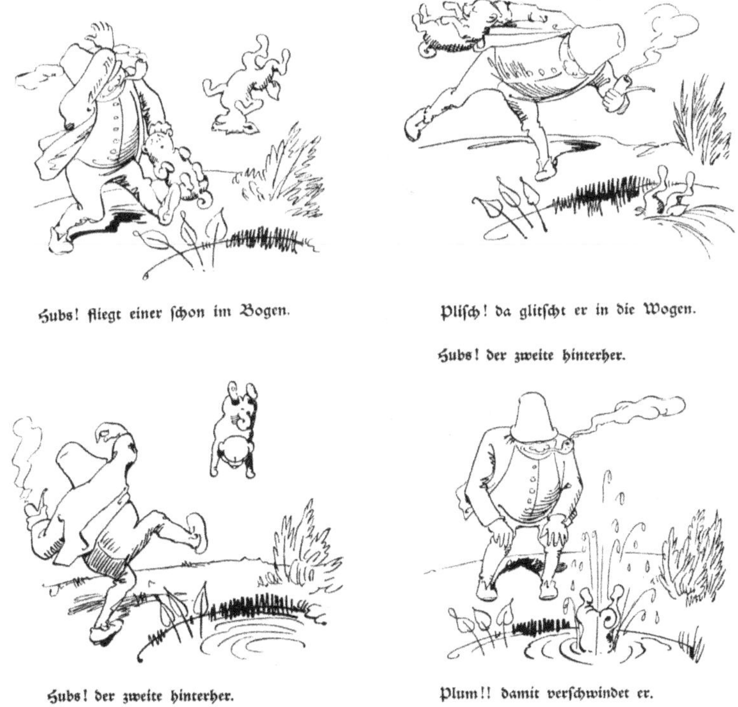

Desenhos sequenciais decompondo uma ação de *Wilhelm Busch* (in *Plisch und Plum*, 1882)

3. <u>O método do cinema</u>

Montagem e contraponto.

Revelação máxima das leis fundamentais do ser[21].

Montagem como unidade na diversidade.

Universalidade do método:

Através da arte.

Através da sociologia (questão nac[ional] e feder[alismo]).

Através da ciência (verdade segundo Marx[22])

Através de todos os fenômenos da natureza (biologia: vermes)[23].

Através da pré-ciência: Osíris[24], Bacchus, Phenix — desmembramento e novamente a reconstituição em um *new level* (nível novo).

A montagem como *reconstrução* intencional (tendenciosa), soc[ialmente] determinada, ideologicamente tendenc[iosa] *da realidade em imagens*.

(Mostrar na história das hesitações entre os polos: reconstrução e reflexo [da realidade]. Fortalecimento e enfraquecimento da evidência da montagem e desnudamento).

FOTO

4. <u>Foto e *the urge* [a necessidade] de fixar o fenômeno</u>.

Primärer [original] eidetismo[25] — *lost paradise* [paraíso perdido] do eidético com o despertar da consciência — [*the*] *urge* [a necessidade] de substituir o que está perdido *through a mechanical device* (*great*!!!) [através de um construto mecânico (genial!!!).]

A câmera fotográfica e a retina do olho: a câmera fotográfica — retrato do olho ("*The Clansman*"! [os homens do clã])[26].

<u>A foto como *craft*</u> [técnica artesanal] começa pelas múmias — Egito.

A máscara mortuária — Roma (naturalismo da mascara mortuária).

A pirâmide e a ideia de resistência ao *efêmero* — imortalidade. Nostalgia do imper[ecível].

In this — *photo is nec plus ultra* [desse ponto de vista a foto é o *nec plus ultra,* o limite].

Prosseguir da múmia (*preservation of the self* [preservação de si] à foto. Fotos de familiares e de defuntos.

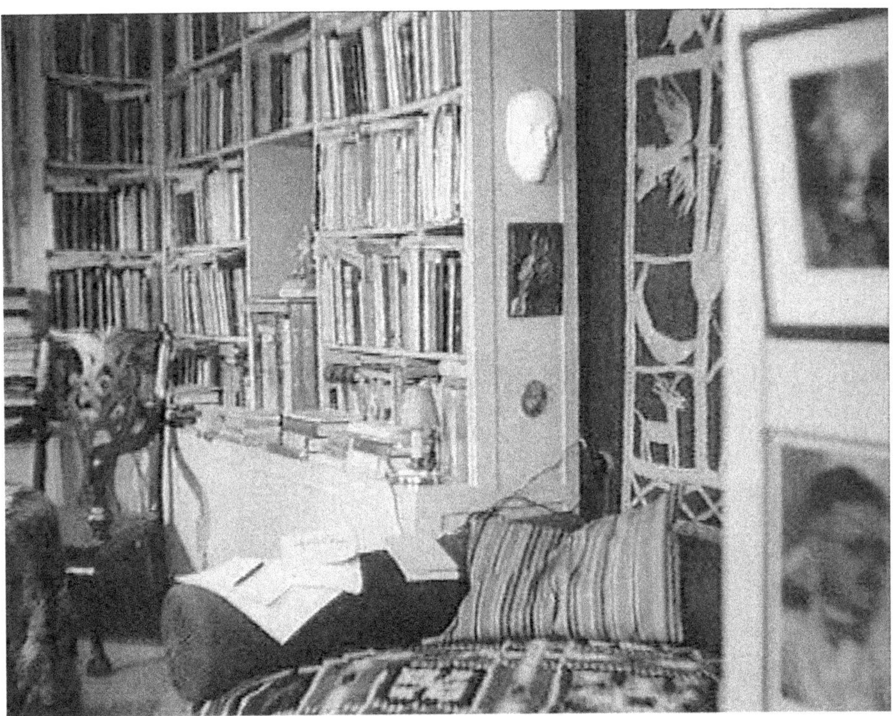

Vista do apartamento de Eisenstein
com a máscara mortuária de Púchkin em estante da biblioteca.

CINEMA

O cinema *and the urge* [a necessidade] de fixar o processo.

Todos os brinquedos cinematográficos.

O recôndito nas bonecas-autômatos (o ator imortalizado), nos teatros mecânicos etc., nos brinquedos de fábrica.

CINEMA SON[ORO]

O cinema son[oro] *and the urge* [e a necessidade] de fixar os processos sonoros.

Balloons [os balões] nos desenhos cômicos.

[Tradução do manuscrito]

"O Yeah"
Os mesmos da Idade Média.
Justicia [sic. Justitia, justiça]
Os mesmos dos antigos Maias.
Os hieróglifos, mas ainda
deformados graficamente
para transmitir a entonação
(minha interpretação a partir
de observações).
O elemento fotográfico como
nux [núcleo] da estética.

CRÔNICA [documentário][27]

Caso se persiga a linha [da] *urge* [necessidade] de fixar os fenômenos (crônica, fotografia, documento), impressões (*travelogue*)[28].
"Objetivamente": Homero.
Depois: tendenciosamente (*p. ex.* já na desproporção entre as figuras do faraó e dos simples mortais)[29].
Depois: emocionalmente
"O canto da campanha de Igor"[30].
"*Le[s] desastres de la guerre*"[31] Callot
(como uma cine-crônica *sequencial*).
Depois: patetizado.
"*Los Desastros de la Guerra*" Goya[32]
(como impressões patetizadas não-sequenciais)

Depois: dramatizado, ou seja, transmitido por *encenações*, tomando os fatos ao pé da letra.

Mistérios[33].

Poetizando — as crônicas de Shakespeare.

("Trapaceada" — por ex[emplo], "Os horrores de Kalicha[34]", filmado no pátio da casa de Nirnsee[35], 1914)

MULTIPLICAÇÃO [Desenho animado]

I. Como *nec plus ultra* [ir ao limite] da tendência gráfica do traço,
II. como *Auslauf* [saída] da tendência da "época animalesca":

I. Rupestres [desenhos].
Xilografia linear do início do Renascimento.
Gravura linear dos japoneses.
Tolstói (século XIX)[36].
Desenhistas *der Jahrhundertwende* [fim de século]:
O. Gulbransson[37],
Beardsley[38].

Das Geheimnis der Umrisszeichnung [O segredo do croqui[39]] — minha análise[40].

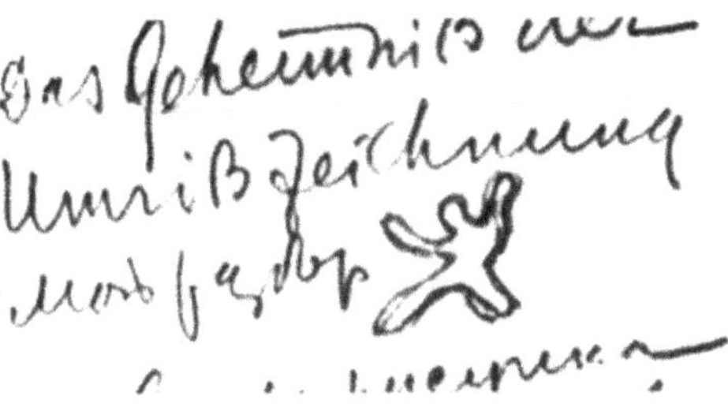

Todos os tipos de desenho linear como derivativos daqui, com diminuição *des primären dynamischen Effektes* [dos efeitos dinâmicos primários] e acréscimo dos elementos casuais (como na eidética — o fotografismo baixa, mas acresce um *Gestalter*'ismo consciente[41]).

"Ossificação em elementos retilíneos. Fratura do contorno, rupturas etc. Novas vias do efeito dinâmico.

Eug[ênio] D'Ors sobre Rembrandt e Watteau[42] — o tecido cintilante dos pequenos traços etc.

II. A época animalesca.

Disney —

Andersen —

Lafontaine —

Reineke, a raposa —

Esopo —

Totemismo

(*d'après ce que j'ai fait au sujet de Disney* [do que realizei sobre Disney], 1940-1941[43])

N.B. *We duly put him in the beginning for this kind of drawing [it] is primär* [Nós o colocamos corretamente no início, pois esse tipo de desenho é originário] nas artes figurat[ivas]. E o cinema desenhado prec[ede] todos os outros gêneros.

(a propósito de todos esses aparelhos, livrinhos[44] etc.)

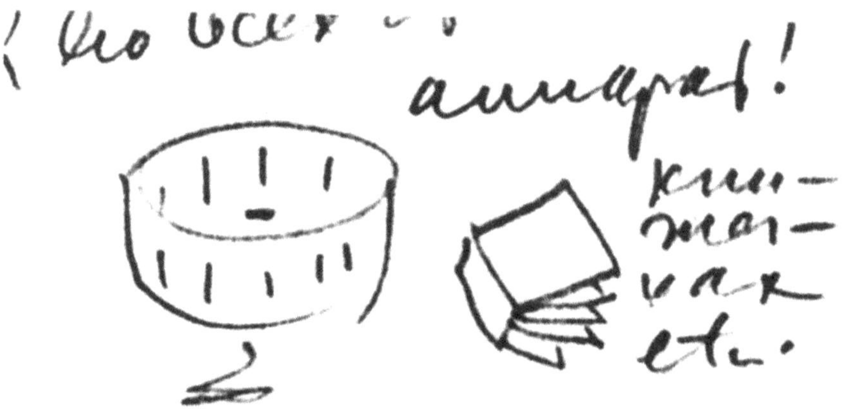

Depois vem aqui também a sobrevivência da temática — na epopeia animalesca e outras — *as basic laws* [leis básicas] da influência do espetáculo, da sobrevivência da mitologia etc.[45]

MUMIFICAÇÃO DINÂMICA
NOTAS PARA UMA "HISTÓRIA GERAL DO CINEMA"[1]

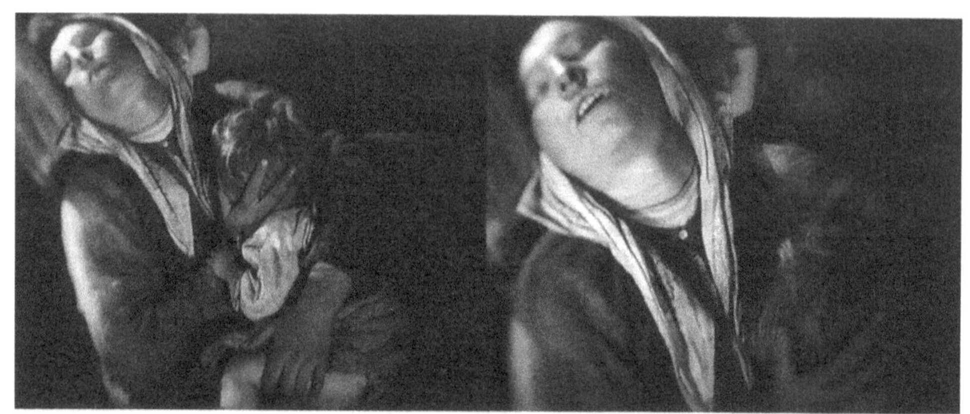

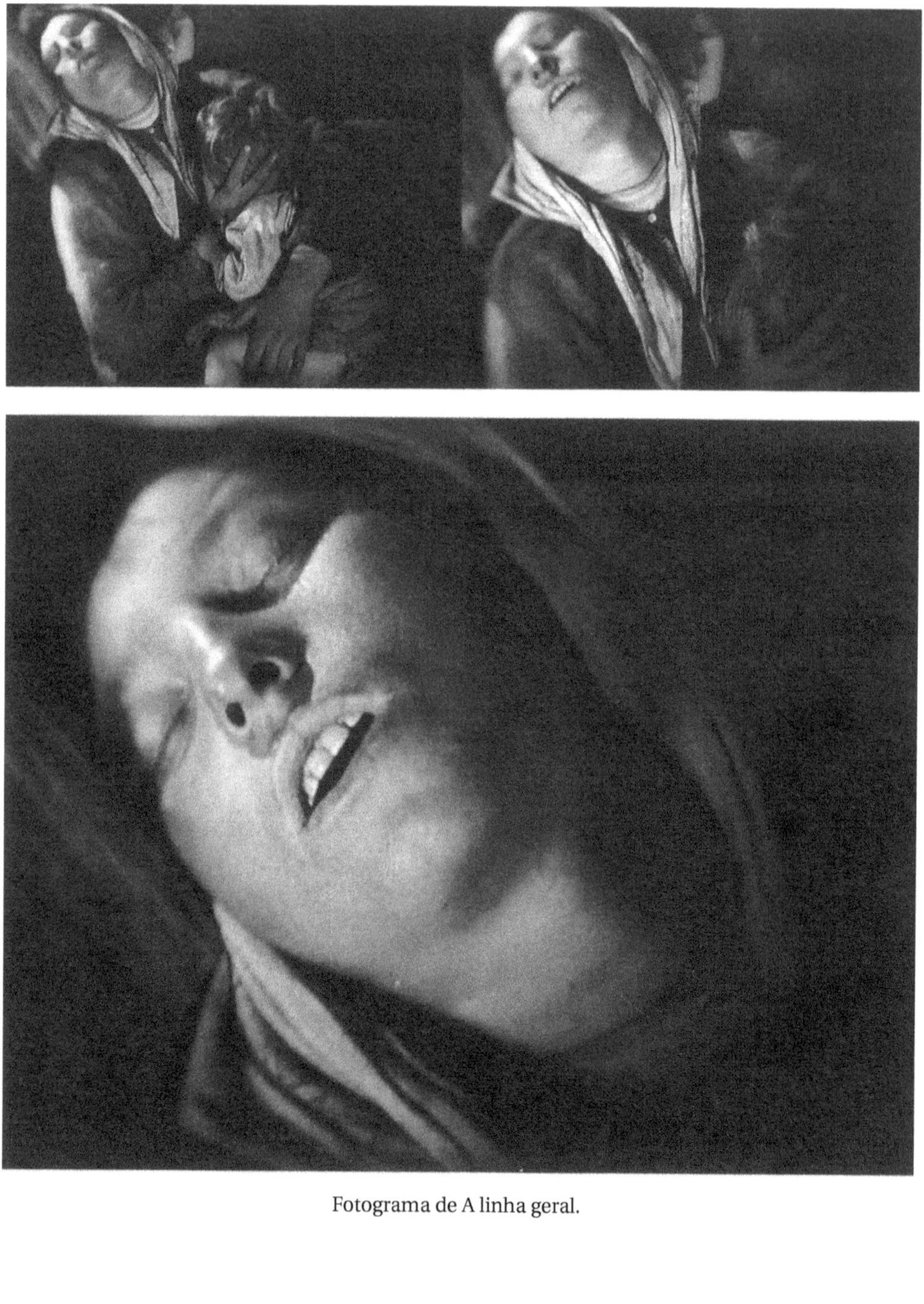

Fotograma de A linha geral.

2.XII.46

"Verweile doch, du bist so schön!" ["Pare [um instante], você é tão belo!"][2]

Pode-se considerar toda atividade art[ística] *als Auswuchs dieses Triebes* [como excrecência dessa pulsão].

Que começa ainda aquém dos limites da própria arte. *Woher dieser Urtrieb* [De onde vem essa pulsão primária]?

O homem é eternamente submetido ao poder do devir e da destruição, assim como a natureza, a história, a sociedade.

Sua aspiração — *toujours inassouvie* [sempre insatisfeita] — estabilizada — eternizada.

Que se trate da imortalidade física (VIEM[3]) — a imortalidade através das crianças — a vida eterna através da metempsicose — rumo ao paraíso, talvez — pela criação de valores imperecíveis — no coração do povo etc. (aspiração do americano pela *"security"* [segurança]).

Na "careta" há o trauma, que se constrói sobre o fato de você reproduzir infinitamente a situação traumática, ou seja, a mais forte impressão — tão forte que se preenche com o essencial da psique.

Mas o "trauma" é a careta patológica daquilo que, em relação a si mesmo (como sendo o maior valor!) ou àquilo que é o mais precioso na experiência, na história de sua sociedade, exige uma fixação imorredoura.

Ele pode se produzir de dois modos:

1) pela reprodução de um acontecimento ou de uma pessoa (dinamicamente) ou

2) pela mumificação de uma pessoa ou acontecimento, ou, se quiser, ainda um terceiro modo:

3) a fixação por meio de um signo (de uma pirâmide a uma pedra tumular ou à inscrição numa cruz de um cemitério).

Segundo as norm[as] do pensamento sensorial (lógica primitiva), a imagem de um ancestral é o ancestral, e a reprodução do mistério é a *repetição real do acontecimento*[4].

O primeiro [modo] é o berço do teatro.

O ditirambo é como uma crônica encenada por todos (sem distinção entre público e atores) das "aventuras" de Dionísio[5].

Ocorre o mesmo em relação à peregrinação: a passagem dos peregrinos pelas doze estações da paixão de Cristo[6].

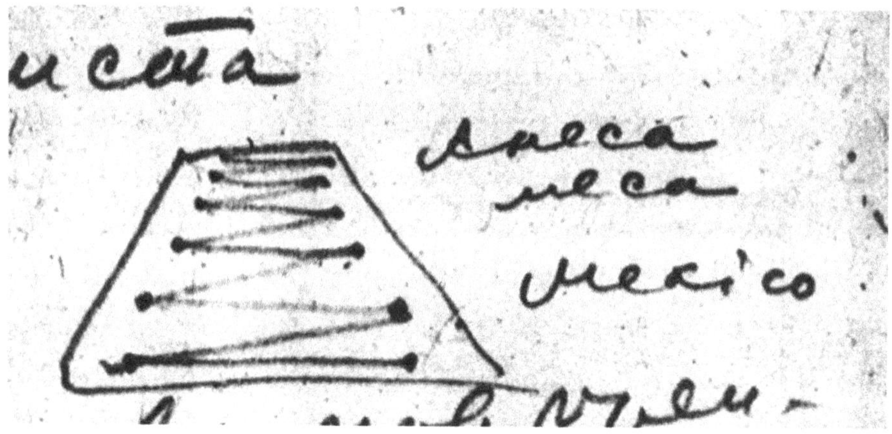

Esquema: Ameca / meca / México

Nos dois casos — de acordo com a lógica primitiva — trata-se de acontecimentos magicamente *repetidos* — ou seja, acontecimentos que tornam a existir, realmente.

Bem ao lado deles estão os "teatros" dos primeiros tempos... como *crônicas*: reconstituição de uma *história* (mítica).

Prometeu, Édipo etc.

O mesmo ocorre com os cristãos: os *mistérios*, isto é, a *história* de Cristo.

E em Shakespeare: crônicas históricas[7].

E conosco, no cinema soviético: a cinecrônica[8], e depois o cinema épico (o meu), com a recriação em *Potemkin* da escadaria de Odessa, ou, em *Outubro*, da praça real do Palácio de Inverno. Para as suas relações com os mistérios, ver *Theatre Arts*[9].

Na segunda categoria, encontramos:

A *mumificação* do herói — para a preservação eterna de seu ser físico (que está novamente de acordo com a lógica primitiva do herói) do Egito aos nossos dias.

A publicação póstuma das obras como memória — aqui também há uma relação.

A *máscara mortuária do herói* está na base do naturalismo da escultura egípcia ("porque o espírito não entrará num invólucro inapropriado"!) e, mais tarde, já nos primeiros séculos da nossa era, das figuras dos ancestrais em Roma, cujos "retratos romanos" *surpreendem pelo realismo*.

Auslauf [a consequência] disso já não é um retrato de família esculpido, mas um monumento público a um herói (os perfis gigantescos de presidentes, talhados nas montanhas da América — precisar o local[10]). Os Budas gigantescos nos templos e nos nichos escavados nas falésias do Tibet. Os Budas da China e do Ceilão[11].

(NB. A propósito, deve-se dizer que se trata de uma "encenação em relevo[12]" — em três dimensões, "plantada" sobre um "bloco figurativo", da mesma maneira que uma encenação em duas dimensões é montada sobre uma série circular "pintada" (Hokusai e seus desenhos monumentais de contornos de montanhas. E nesse mesmo plano, isso interfere em algum lugar com o problema do *Stereo*[13]).

Reescrever [essa parte] para as séries circulares[14].

1. Retirada da máscara (do cadáver).

2. *Abklatsch* [impressão/decalque] a partir de figuras chinesas gravadas nas falésias.

3. Uma foto é uma "tomada" (Balzac)[15].

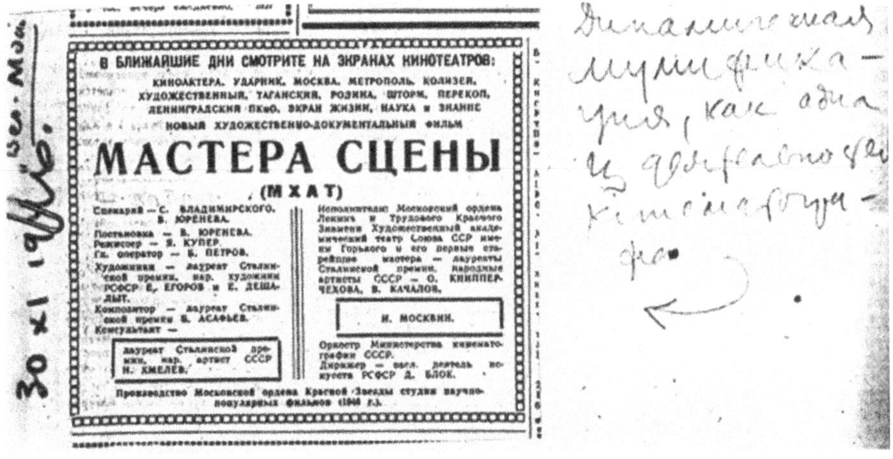

Recorte do jornal *Viêtcherniaia Moskvá*, de 30 de novembro 1946.
Inscrição à margem: A mumificação dinâmica como uma das atividades do cinema[16].

E uma outra coluna que remonta à cine-crônica (foto *animée* [animada]) — onde as duas colunas *übereinanderstimmen* [coincidem].

Mumificação dinâmica como uma das atividades do cinema[17]

Tudo isso se encontra de modo surpreendente no *Fils naturel* [*O filho ilegítimo*] de Diderot[18]. Aqui nós temos um quadro completo da repetição das "fontes", certamente imaginárias, mas inteiramente de acordo com a tradição das verdadeiras leis históricas.

É interessante que mesmo o teatro... é circular (sem "endereço" de entrada, como uma roda), que o teatro é algo onde o espectador e o ator são uma mesma coisa (sem espectador: para si mesmo, como os peregrinos)[19].

À noter [Note-se]:

O "Teatro para si mesmo" como teoria é extremamente interessante nesse sentido (às portas da Revolução e ao fim da soc[iedade] de classes) — aqui, a "roda" (sem espectador) está projetada inteiramente "em si", no indivíduo. A forma colet[iva] mais precoce é introduzida numa entidade circular[20].

Kratovo, 20.VI.47[21]

NB. Provavelmente, para a história do cinema.
A crônica como berço[22].

Verbleibe [sic] *doch, du bist schön* ["Pare, você é belo"]

Sobre a questão das "bases comemorativas da origem da arte".
(O ditirambo — crônica dinástica — reconstrução de uma ação — televisão).
[ver atrás um recorte da revista *Newsweek*, 21 de maio de 1947.
Nota manuscrita à margem do recorte:]
NB. Colocar isso[23] ao lado do recorte sobre o tema das "lembranças" e de seu culto inacreditável em torno da rainha Vitória (*d'après* sua biografia por Lytton Strachey[24]).

Na seção sobre a universalidade e o caráter fundamental dessa *urge* [necessidade], mostrada por esses curiosos exemplos.

17.VIII.47

Verbleibe [sic] *doch* [Pare]
Crônica-televisão[25]
Ao lado de "A rainha Vitória" *d'après* Lytton Strachey — ...Miss Havisham (diga--se, a propósito, também Victorian [vitoriana] — ela é simplesmente a "imagem do conservadorismo", como a rainha). ("Great Expect[ations] [Grandes esperanças]", 1860-1861)[26].

O conservadorismo como o "semblante carrancudo" *des Prinzips "Verbleibe doch"* [do princípio "Pare, um instante"].

TRANSITION

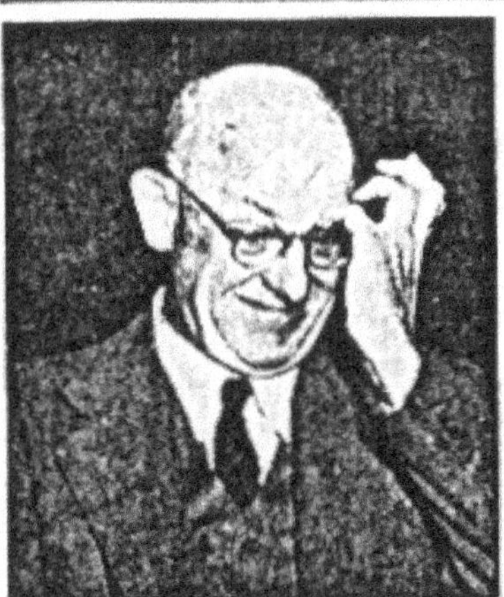

Europeen

Wodehouse's characters have vanished

Not So Funny: P. G. WODEHOUSE, 65,
British humorist, who is on his first visit
to this country since the war, was eager
to explain his 1942 Nazi radio broad-
casts. He had simply used that means of
thanking his friends for gifts and letters,
Wodehouse explained. "It was a crazy
thing to do," he said. "Humor is irrecon-
cilable with Fascism." Wodehouse has
written four new books, one of them
about Jeeves. "I'm afraid my characters
don't exist any more," he said. "I guess
you can say I'm writing historical
novels now."

Memorial: JOHN MILBURN DAVIS, 92,
retired Hiawatha, Kans., farmer, was
buried April 28, in the elaborately costly
memorial he built to his wife's memory.
After Mrs. Davis died in 1930, he had
eleven lifesize statues of his wife and
himself placed under a granite canopy in
Mount Hope Cemetery. Ten of them
were sculptured out of marble in Italy.
Davis once admitted he was the "most
hated man in Hiawatha," because the
townspeople thought he should find some
better use for his money.

Married: ARLINE JUDGE, movie actress,
and HENRY J. TOPPING JR., tinplate heir,
in Miami Beach, April 29.
   ADELE ASTAIRE, 47, onetime dancer
and sister of Fred, and KINGMAN DOUG-
LASS, 51, investment banker; in Warren-
ton, Va., April 28. It was the second
marriage for both. Miss Astaire's first husband, Lord Charles Cavendish, died
three years ago.

Born: A girl, Barbara Davis, to BETTE
DAVIS, 39, movie actress, and her third
husband, WILLIAM GRANT SHERRY, 33,
pugilist-turned-artist; by caesarean sec-
tion, in Santa Ana, Calif., May 1. The
child was Miss Davis's first.

Sentenced: In Frankfurt, Germany,
COL. JACK W. DURANT, 37, was dismissed
from the Army and sentenced to fifteen
years at hard labor for stealing the Hesse
crown jewels. His wife, Wac Capt.
Kathleen Nash Durant, was sentenced
to five years at hard labor last September
for her part in the plot.

Locked Away: The $2,000,000 Hope
diamond will not be worn for twenty
years under the terms of the will left by
its owner, MRS. EVALYN WALSH MCLEAN,
Washington social leader who died Apr.
26. In 1967, her seven grandchildren,
who now range in age from 4 to 7, will
decide its fate. Until then, Mrs. McLean's
entire jewel collection will be held in
trust. The Hope diamond, which once
belonged to Catherine the Great and
Marie Antoinette, is said to have brought
tragedy to each of its owners.

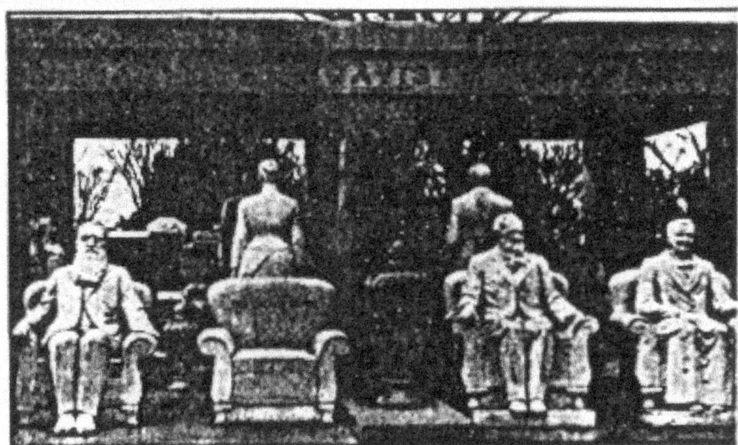

Acme

Residents of Hiawatha would remember Davis, whether they wanted to or not

Recorte da revista *Newsweek*, 12 de maio de 1947.

(Citar aqui o livro [Florence Becker Lennon] sobre Lewis Caroll: *Victoria through the looking glass* [Vitória do outro lado do espelho][27].

Moscou, 10.VI.47[28]

FORERUNNERS [PRECURSORES]

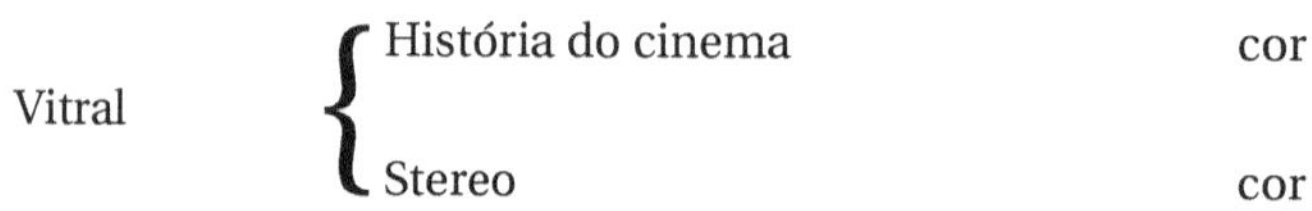

Por exemplo, sobre os *vitraux* [vitrais].

O filme é também (*besides everything in fusion* [além de tudo em fusão] *translucent painting* [uma pintura translúcida] destinada a ser projetada.

Em certa medida, é um *vitraux*! [vitral] [sic][29]

Mas o cinema estereoscópico possui ainda mais em comum com os *vitraux* [vitrais].

Um vitral não é somente *translucency* [translucidez] (na tela: uma superfície colorida jogada sobre a brancura cegante do fundo), mas também, nos séculos XII e XIII, o colorimento de um volume cravado no espaço da nave!

[Não datado — segunda metade do ano de 1947][30]

Do decalque mecânico da realidade à criação fotográfica consciente e à arte da fotografia; e da câmera fotográfica à câmera cinematográfica[31].

A grande arte da fotografia inicial.

A arte fotográfica faz eco ao desenvolvimento da sociedade burguesa, respondendo à sua orientação em direção ao objeto-mercadoria (estatísticas em Balzac), à sua individualização irrepetível (decalque irrepetível) e à sua ampla distribuição comercial.

Essas tendências na corrente real[ista] da literatura e da pintura vêm substituir a época do romantismo revoluc[ionário].

A atitude estritamente negativa dos decadentes da época do Romantismo [tardio] contra a fotografia. A inadmissibilidade ideológica do fotografismo para eles (Baudelaire sobre a fotografia em 1859[32]).

A relação da fotografia com a arte figurativa realista de seu tempo.

Fotografia da época do alto realismo dos anos 1940. Os anos 1950 e 1960. E os anos 70.

A etapa da fotografia monocromática.

Cultura e tradições do princípio monocromático na pintura.

O desenho chinês a nanquim.

A paisagem oriental monocromática.

[Arte] Gráfica.

A escritura luminosa *grisaille* [acinzentada] *vs* as escrituras coloridas[33].

O chiaroscuro [claro-escuro] na pintura italiana.

A escritura luminosa nas águas-fortes de Rembrandt.

Gravura à "maneira negra"[34].

As litografias monotonais de Daumier.

Os mestres da fotografia do século XIX

O caráter factográfico dos primeiros calótipos, daguerreótipos, ambrótipos[35]. Tendência comemorativa utilitária *vs* fotointerpretação.

A organização composicional por excelência do próprio modelo.

A análise tonal dos elementos do próprio objeto.

A reprodução fotográfica inicial.

O deslocamento do princípio organizador criador em direção aos meios de expressividade fotográfica.

O acento sobre a imagem, escritura luminosa[36], tratamento interpretativo e composição do quadro fotográfico.

Especialização em gêneros (retrato fotográfico, natureza morta, paisagem, cenas de gênero, fotorreportagem e crônica, foto trucada, curiosidades fotográficas).

O efeito artístico como resultado das limitações técnicas dos primeiros tempos.

(Analogia com outros campos da arte. Efeitos nefastos para a estilística da excessiva maleabilidade do material).

As características dos primeiros objetivos, do negativo, da granularidade do papel, dos processos químicos da fotografia.

O efeito plástico particular devido à necessidade de uma longa exposição (notadamente na obra de D.O.Hill[37]). O efeito de relevo e a necessidade de uma composição cuidadosa da pose.

Os segredos perdidos dos efeitos picturais da fotografia inicial na relação com o desenvolvimento da técnica.

Para uma seção sep[arada]

Uma tomada das mãos de Victor Hugo (Charles-Victor Hugo, 1853-1855). Autorretrato de Nadar — o fotógrafo nas pupilas dos olhos de Gounod, tomadas separadamente, em 1871[38] (cp [comparar] retrato dos Arnolfini [de Jean van Eyck][39]). Fotos combinadas. Tudo isso no filme de trucagens.

Dupla exposição nas fotografias espíritas falsificadas. A sua difusão.

História da montagem[40]

17.VII.47

Zeuxis (he came from Heracleia to Athens in 424b.C.) — most famous painter of antiquity (painted grapes which birds tried to pick):

"At Crotone he agreed to paint a Helen for the temple of Lacinia Hera, on condition that the five loveliest women of the city should pose in the nude for him, so that he might select from each her fairest features and combine them all in a second goddess of beauty…"

("Cicero and Pliny". p. 318, "the Life of Greece" by Will Durant)[41].

[Zeuxis (ele vem de Heracleia a Atenas em 424 a.c.) — o mais célebre pintor da Antiguidade (pintou uvas e pássaros tentando bicá-las): "Em Crotone, ele aceitou pintar uma Helena para o templo de Hera Lacínia à condição de que as cinco mulheres mais belas da cidade posassem nuas para ele, a fim de que pudesse captar os elementos da beleza de cada uma, e reuni-los na criação de uma segunda deusa da beleza…"[42]

(Cícero e Plínio. p. 138, "A vida na Grécia" de Will Durant)]

Cf. a célebre passagem de Kulechóv sobre a montagem[43]. (11.X.47)

<u>Montagem: substantivada, adjetivada, verbal</u>
Como um componente transversal, que sintetiza (generaliza) os detalhes — reunindo as qualidades particulares.

Zeuxis (ver citação de *Will Durant*).

Agáfia Tikhônovna — de maneira cômica (como se fosse possível acrescentar ao nariz de fulano a indolência de sicrano etc.[44]).

A montagem como criação de uma sensação de volume/relevo de um todo através da combinação de [elementos] picturais de duas dimensões — o "lema" de Benvenuto Cellini (a propósito dos vários pontos de vista da escultura) foi realizado[45].

A montagem como combinação não apenas dos aspectos físicos da aparência sob diversos lados e pontos (Delaunay e os cubistas[46]).

(Montagem dos traços característicos de um herói)

Mas montagem como acumulação de aspectos qualitativos — de nuances do som interior. Por exemplo, em Tolstói.

Ele é o mestre da combinação de traços aparentes na descrição e nas escolhas dos detalhes. Trata-se de uma montagem "substantivada": 4 detalhes do retrato de Katiúcha Máslova[47].

Ele é igualmente o mestre da montagem "adjetivada": não pela visão do objeto em seus diferentes lados, e sim pela visão dos diferentes lados qualitativos que habitam o interior de um fenômeno.

Por exemplo, o sentimento de dor de Ivan Ilitch:
> "De repente ele sentiu
> uma dor
> familiar,
> velha,
> surda,
> lancinante,
> tenaz,
> calma,
> profunda..."[48]

Certamente, impõe-se acrescentar às noções "espontaneamente" surgidas da montagem "substantivada" e "adjetivada", uma montagem "verbal"[49].

Montagem onde o que é tocado *par excellence* é o movimento-ação.

"Tecnicamente" trata-se de um quadro "pincelado" ação por ação:

"... sueco e russo — espetam, furam, cortam..."[50]

Visualmente, no tom usado por Gauguin ao escrever (extasiado) a propósito dos ingleses (Turner?): "Não o trem, mas o movimento do trem"[51] (*vérifier d'après le journal de Gauguin* [verificar no diário de Gauguin][52]).

Seria possível citar aqui o ponto de vista de [Fritz] Mauthner (*Philosophisches wörtebuch* [sic][53]) sobre os *Verbale, Adjektive, Substantive welten* [os mundos verbal, adjetivado e substantivado].

Pois são esses mesmos *welten* [mundos] que, por assim dizer, se refletem na estrutura do espetáculo.

O *Verbale Welt* [mundo verbal] [se reflete] no mundo do "eu quero" do ator no sistema de K. S[talislávski].

O *Adjektive Welt* [mundo adjetivado] [se reflete] na estrutura de imagens de uma obra (imagem da *mise-en-scène* [encenação], imagem de um quadro, imagem de um episódio, imagem da obra em seu conjunto[54]) — do meu sistema enquanto realizador.

O *Substantive Welt* [mundo substantivado] [se reflete?] nas conclusões finais da concepção: um fio condutor (um passo mais longe, até mesmo além dos limites da "alta tarefa"[55] e da " ação que atravessa").

P. ex., a "unidade" como fio condutor de S. M. [Eisenstein], ou os temas subjacentes em Gógol, Púchkin[56].

O tema transversal do "detetive" *as such* [como tal][57] etc.

12.X.47

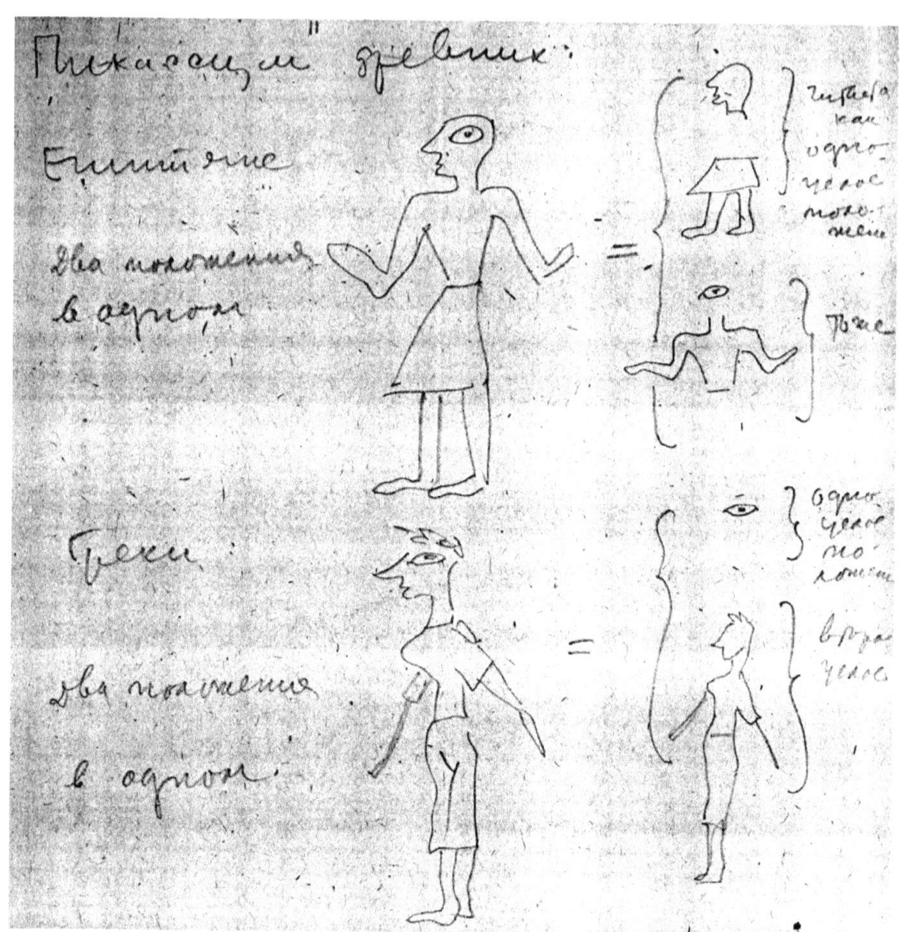

[transcrição das menções manuscritas:]

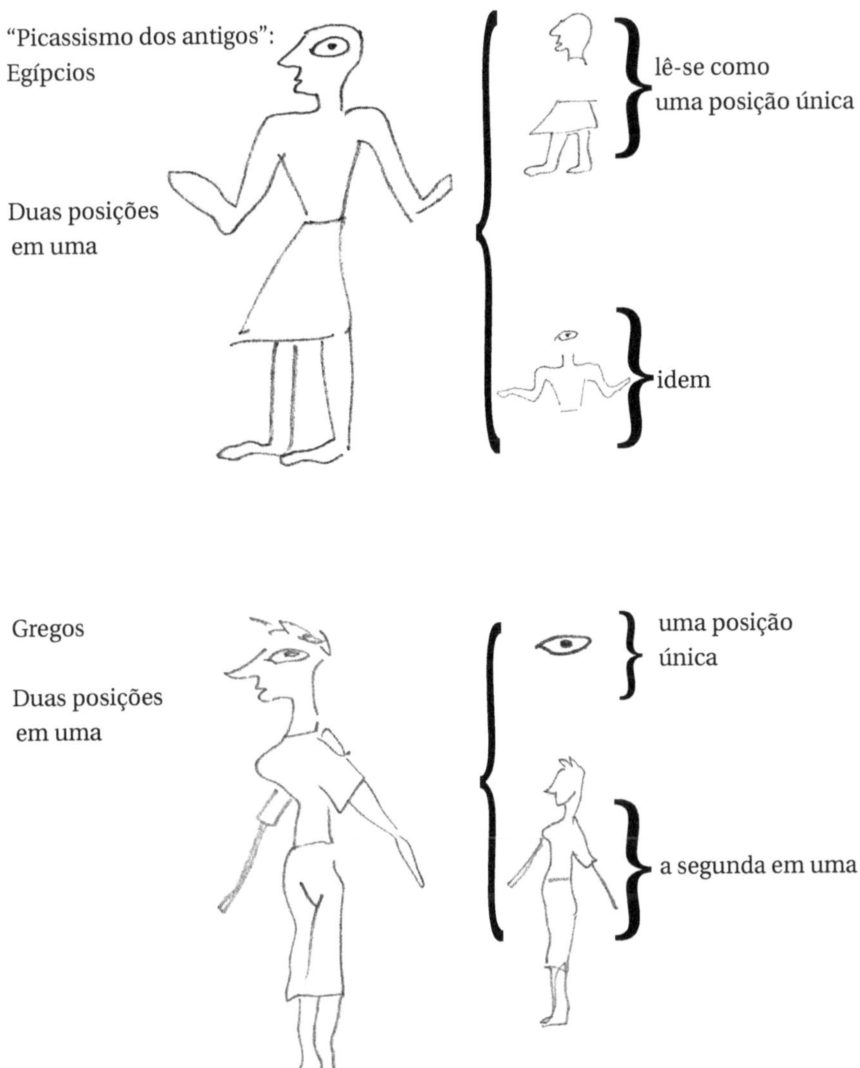

Por que somos obrigados a "ler" isso apenas como "iletrismo"? — a famosa "incapacidade de desenhar o peito e os olhos de perfil"?

A despeito disso, é uma representação multiperspectivista (dupla) do ser humano.

Picasso repete esse princípio de forma voluntária e estudada, e não por razões de *limitation* [limitação], como é flagrante aqui.

12.X.47[58]

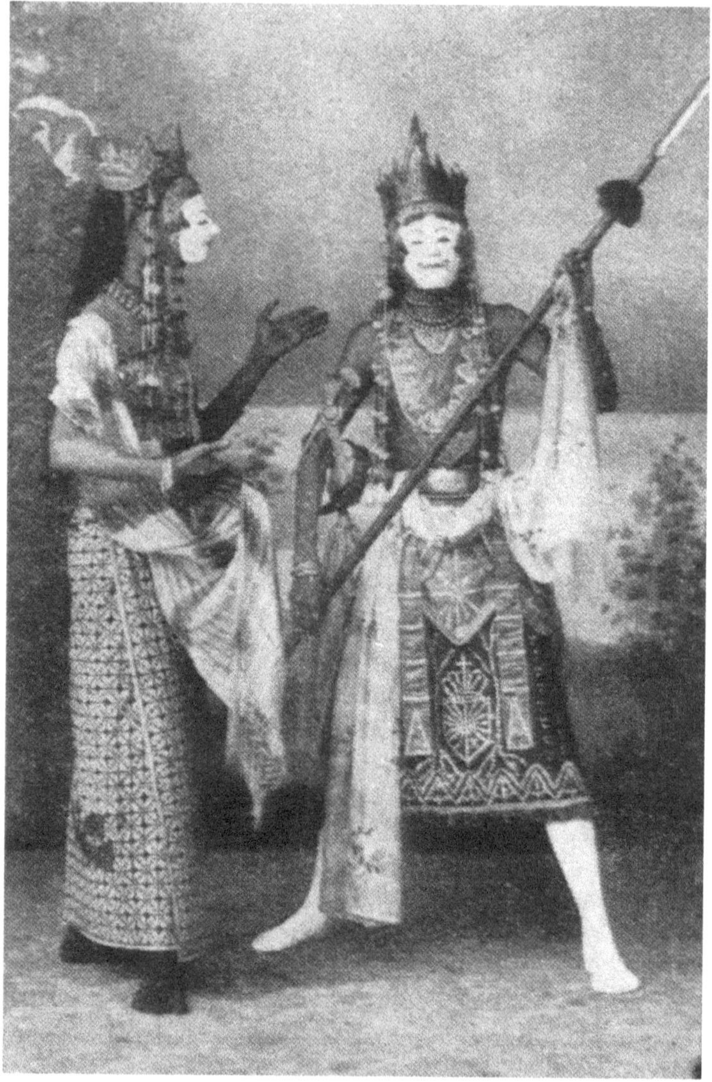

Dois atores com máscaras de Java; o da direita interpreta o sujeito relatado pelo ator da esquerda (ilustração tirada do artigo "Teatro de Java" de Johan Fabricius, publicado na revista *The Listener*, 1946).

A separação do "fonograma" e da "imagem" nas formas primitivas do teatro. A sua sincronização.
A história da montagem (audiovis[ual]).

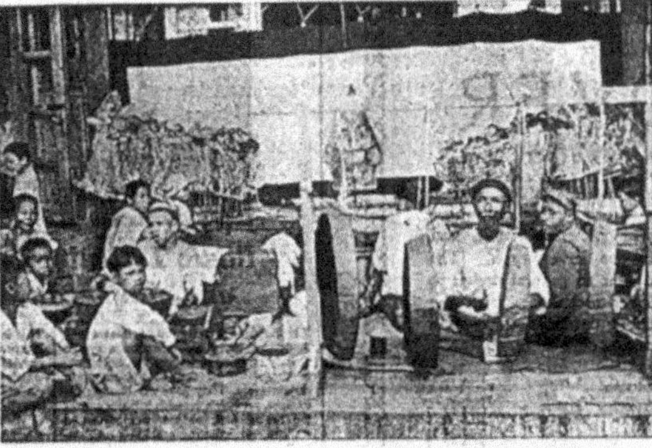

before. The young Javanese asked me if I had enjoyed it and when I said, 'Very much so', he couldn't help telling me that he had acted in it. I threw a glance at him trying to recognise him. Reading this in my eyes, he laughed and told me that it would be difficult for me to remember him, as he had been in the legs of one of the royal elephants. I then assured him that I had been greatly impressed by the very natural behaviour of those elephants and the intelligent acting of the legs in particular. He was pleased.

I cannot resist the temptation of saying a few words about a much less sophisticated but therefore not less amusing form of native theatre in the East Indies. I am now referring to the Komedie Stambul. The language on the stage is not the higher form of Javanese, nor the mixture of higher Javanese and Sanskrit as spoken by the narrator in the Shadow Plays, but the ordinary Malay—the *lingua franca* that is understood in every town and all along the coasts of the manifold islands. The repertoire is built up from super-romantic western plays like 'De Bossu, ou Henri de la Gardere', in case you happen to know this magnificent piece of dramatic art in which virtue triumphs in the end and black wickedness is punished as it deserves—, for our modern sophisticated feelings even more than it deserves. With sorrow I admit it, but even your great Shakespeare is not safe from the ever-hungry enterprise of the travelling Komedie Stambul. A tragedy like 'Othello', or 'Macbeth' is exactly the sort of stuff they are after. The producer does not bother to have Shakespeare's immortal verses translated. The actors just follow the dramatic outline, interpreting the action in their own way, and, if I may say so, improving greatly on Shakespeare by adding many beautiful scenes to it, which the great master himself had not thought of. In the 'Merchant of Venice', for instance, I remember a scene where Shylock enters his little moneylender's office, a big sack on his back with the figure $100,000 on it, and starts to count his money in all secrecy. When Lorenzo elopes with Jessica we are permitted to follow them on their journey into moonshine and happiness. They cross a forest, and seeing perchance a telephone box, Lorenzo borrows two coppers from Jessica and takes the opportunity of ringing her old man up and driving him mad by telling him how much he enjoys his honeymoon and how the more intimate charms of Jessica surpass all his expectations. After that we see the happy couple cross the ocean in a rowing boat while the orchestra, consisting of banjos, guitars and a trumpet, plays the ever-irresistible Barcarolle from the 'Tales of Hoffmann'.

In the end we meet them again in the underworld, and, from the way Lorenzo is being attended to by a happy gang of sing-song girls, we understand that this underworld represents the joys of voluptuous love. There, in a cloud of smoke the devil himself appears and starts to crack bad jokes about boys and girls and offers all sorts of advice to Lorenzo in case he might still lack experience as a lover. The sing-song girls cannot help being amused by this dubious sort of fun and only Jessica turns her face away in shame. When the other girls ask her why she doesn't appreciate the devil's exquisite jokes, she answers '*Belem vergestel tama diya*' (' I haven't been introduced to him yet'). Now this of course is plain satire on our western social laws and if we like we may pocket this bit of fun about our silly habit of introducing everybody to everybody before starting the conversation.

From this you will see that the Komedie Stambul is not without life. Nor are the more serious forms of theatre in Java. Of course, it takes centuries before great historical events have ripened into the legends from which the drama for the shadow plays and the Wayang Orang are extracted.—*Home Service*

The *gamelan*, or native orchestra, of a Javanese Shadow Theatre. Some of the shadow puppets are shown stacked behind

Artigo de Johan Fabricius em *The Listener* sobre o teatro de Java.
Aqui uma orquestra indígena javanesa acompanha um teatro de sobras.

23.XII.47[59]

Sobre as combinações audiovisuais
A linha das im[agens] e a linha do fonograma

Depois dos pergaminhos de Páscoa.

— A linha das notas torna-se linha de imagens sobre a qual cantam (os seres nela representados).

Tal é o Retábulo de Gand, de Hubert e Jan van Eyck: os anjos da parte superior do retábulo aberto cantam e tocam música para as procissões da parte inferior.

N.M. Tchegodáieva[60] deu atenção a isso, mas eu tomei conhecimento pelas palavras de seu oponente, que a criticou severamente a esse respeito por ocasião de sua defesa em 23.XII.1947, no Instituto de história da arte da Academia de Ciências da URSS.

Eu penso que ela tem razão: para mim, é tipicamente a fase que segue os cantos de Páscoa.

Desse ponto de vista, a "ligadura" das duas linhas é interessante: a linha dos "sons" e a das "imagens".

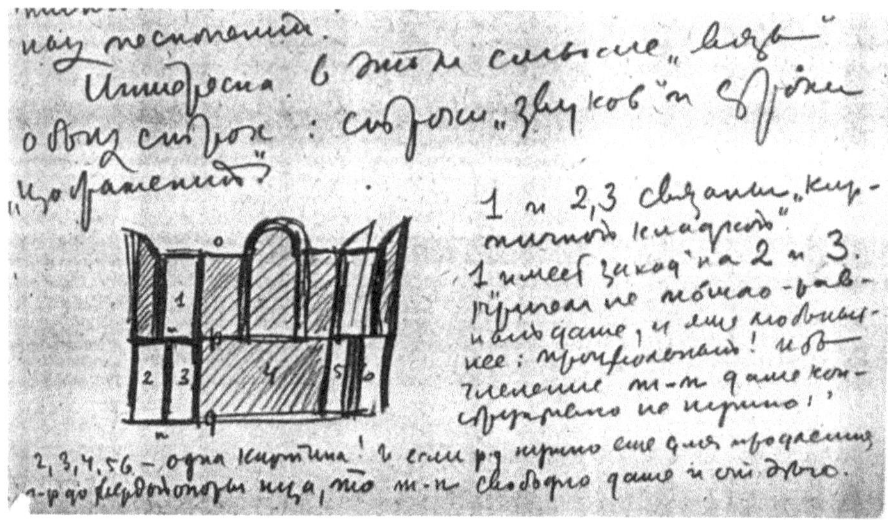

Desenho e texto explicativo, relativos ao Tríptico de Hubert e Jan van Eyck.

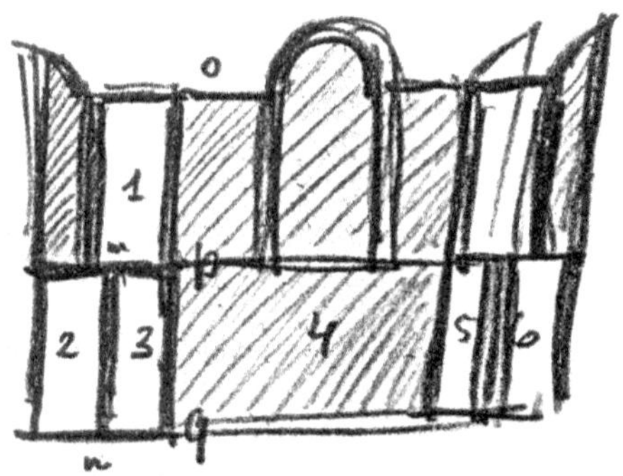

1 e 2, 3 estão dispostos como "tijolos de alvenaria"[61]

1 "recobre" 2 e 3

Além do mais, nem mesmo de modo banalmente igual, mas o que é ainda mais curioso: arbitrário!

Mesmo a divisão m-n não é necessária do ponto de vista da construção.

2,3,4,5,6 — [formam] um só quadro!

E se p-q é necessário para prolongar o-p a fim de que venha a se apoiar solidamente sobre o contraforte, então m-n escapam também a esses imperativos.

O batente é também disposto em "tijolos" de forma bastante elegante: 3:2 (o alto em relação ao baixo), além disso o alto não é dividido em 1:1:1 nem em três partes, mas em duas com 1:2 (painéis da esquerda e da direita) ao mesmo tempo em que o baixo está dividido em 1:1.

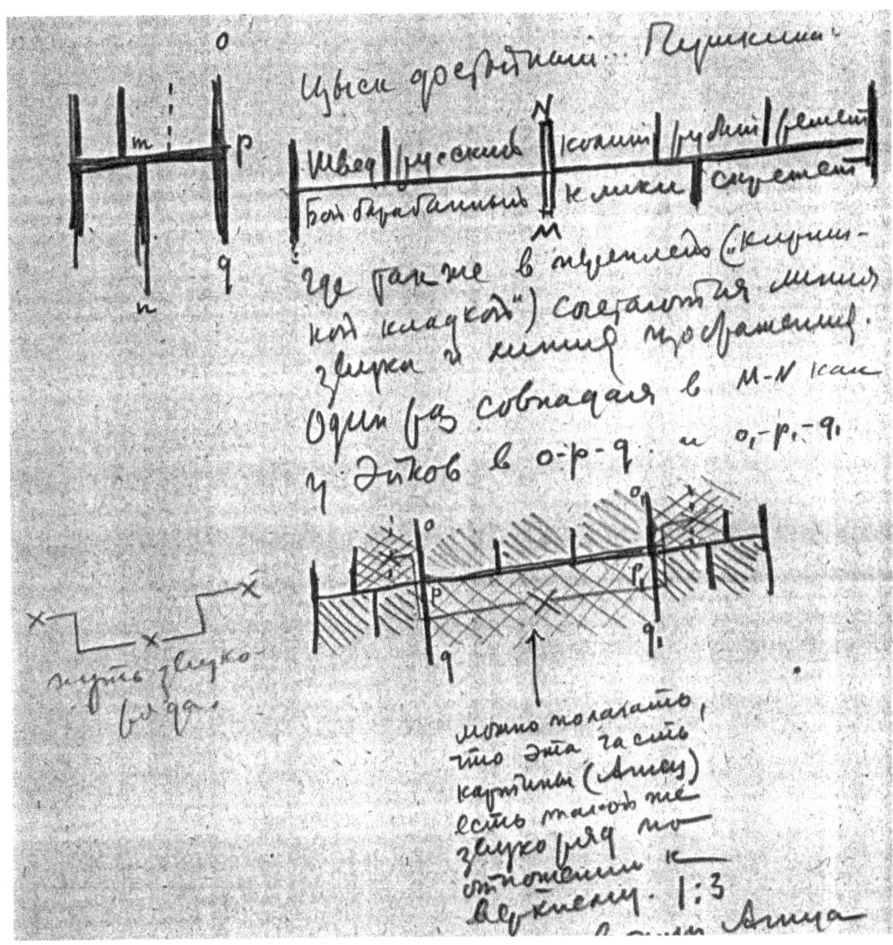

Sequência da análise detalhada do Tríptico de Van Eyck.

[no alto à direita:]
Um refinamento digno de Púchkin:

N [M]

Suecos	Russos	espetam	furam	cortam
Rufar dos tambores		clamores	rangidos	

M [N][62]

Onde da mesma maneira se misturam ("em tijolos") a linha do som e a da imagem.

Elas coincidem uma vez em M-N, como em Eyck: o-p-q e o1-p1-q1.

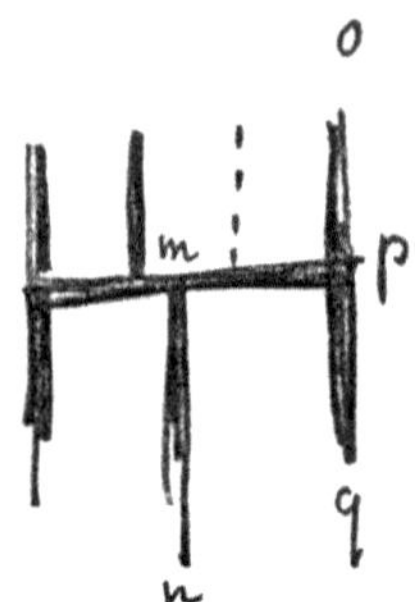

Pode-se supor que esta parte do quadro (Cordeiro), constitui também uma linha sonora em relação à parte superior 1:3.

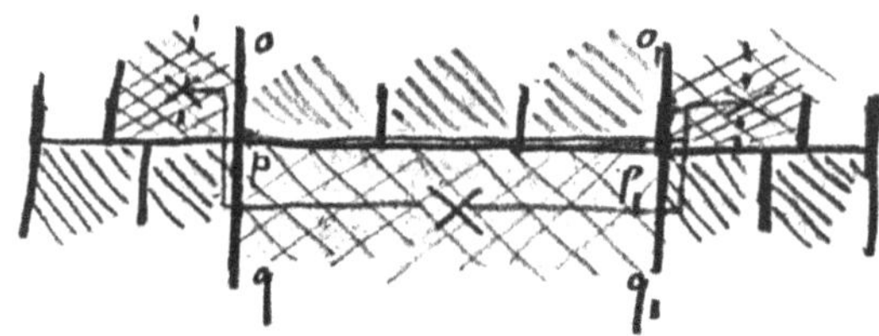

De fato, os anjos em torno do Cordeiro cantam, assim como o grupo de santos à esquerda, com livros abertos e as cabeças elevadas.

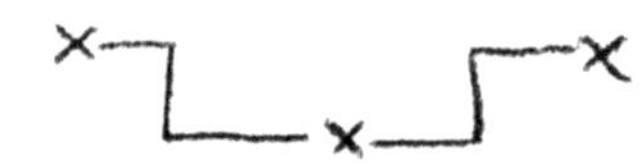

Portanto, a linha sonora ao centro modifica-se[...][63]

A linha do som e a linha das imagens:

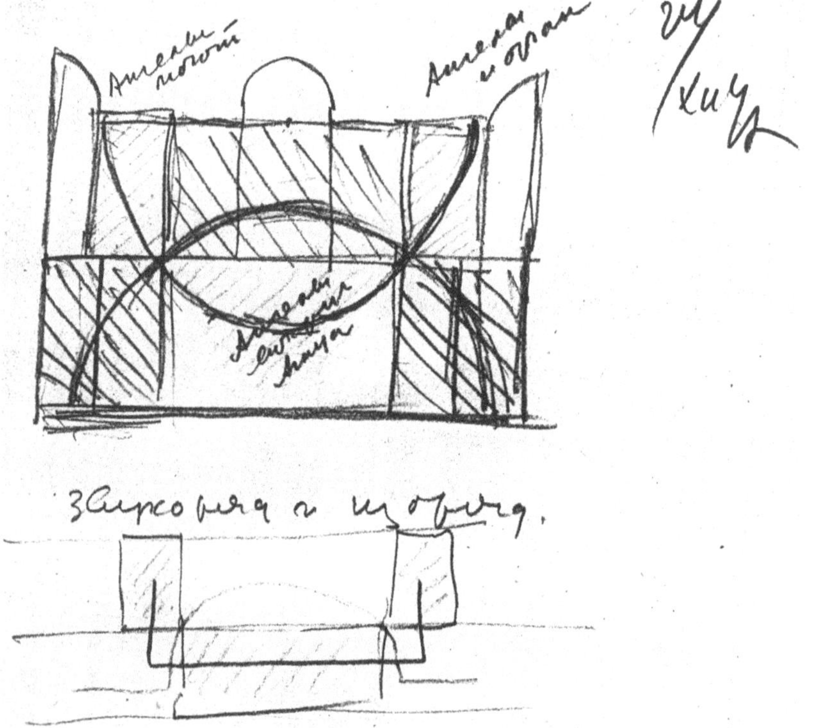

Esquema de análise do Tríptico de Gand aberto e fechado.

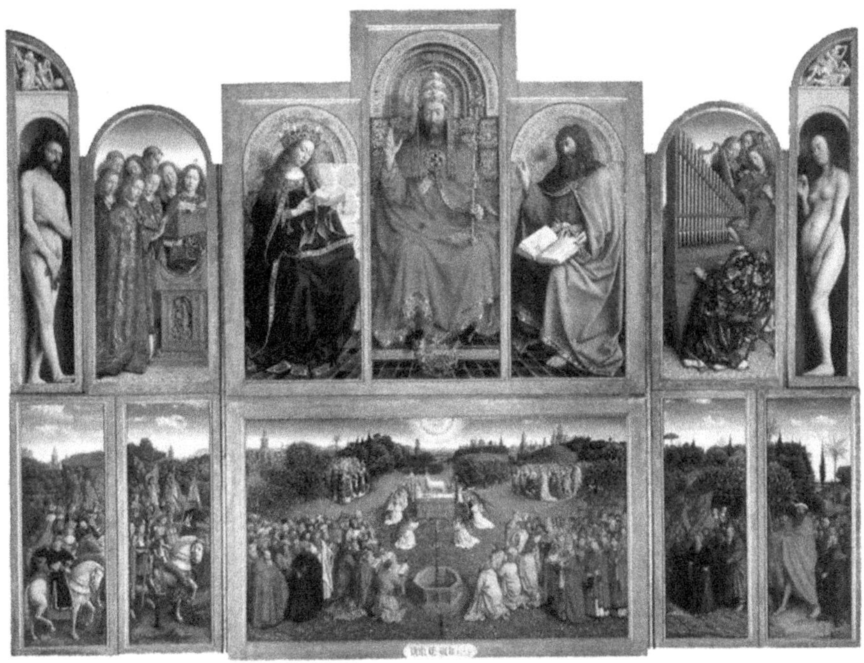

Tríptico aberto de Hubert e Van Eyck.

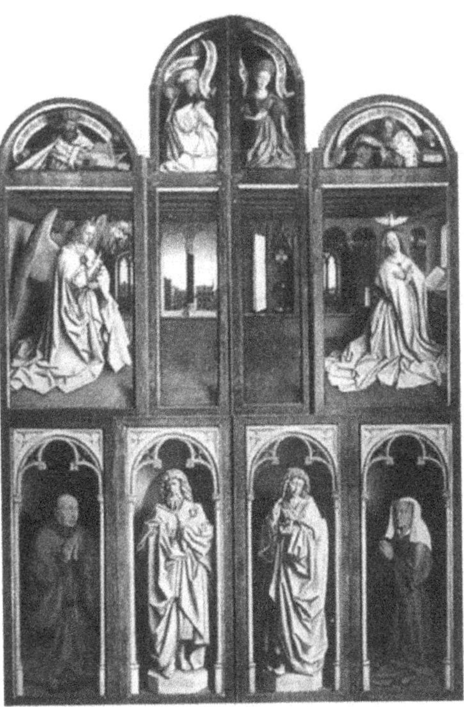

Tríptico fechado de Hubert e Van Eyck.

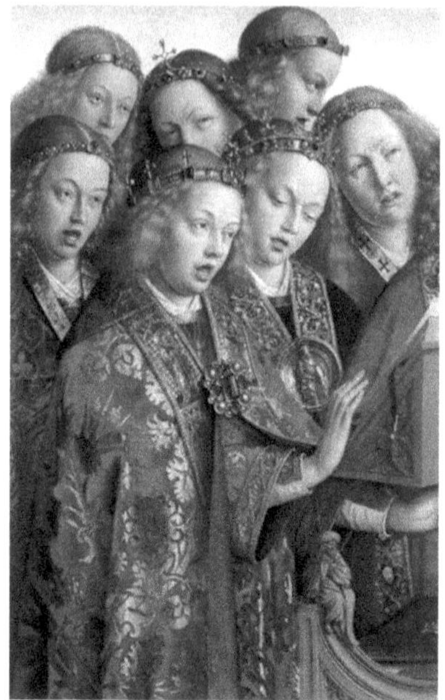

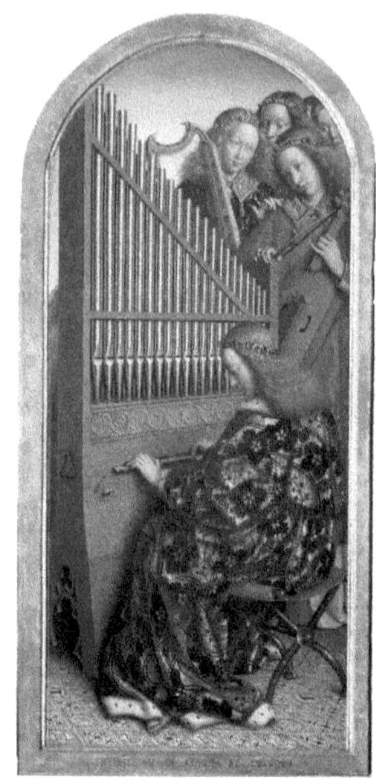

Anjos cantando.   Anjos tocando órgão e cantando.

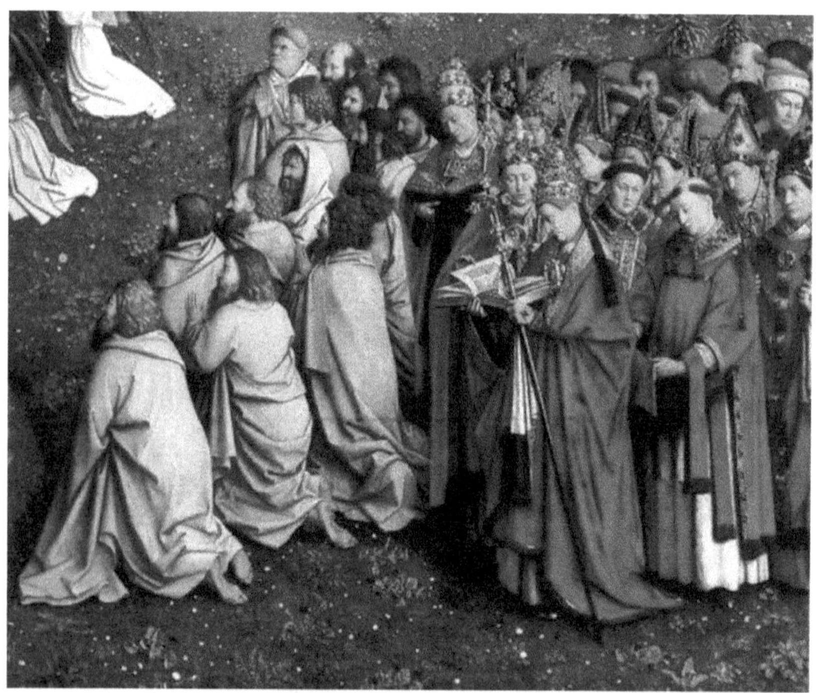

Adoração do cordeiro místico.

24.XII.1947

A música (dois quadros) na fila superior do Retábulo de Gand pode ser compreendida como acompanhamento das procissões da parte inferior (tradição da missa de Páscoa do século XI).

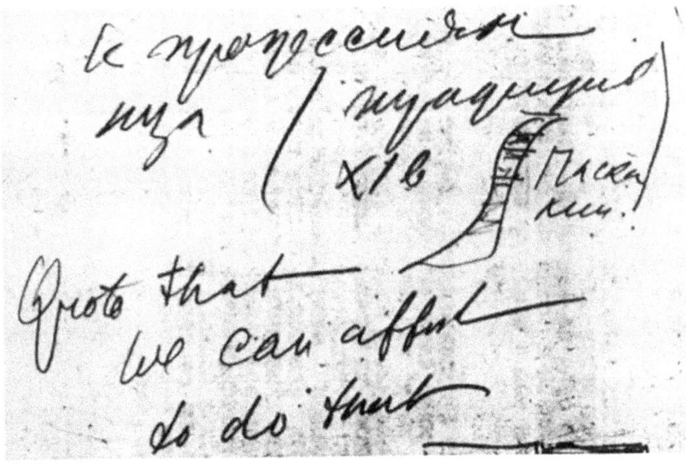

Desenho que mostra a analogia entre as procissões de Páscoa como sequência de montagem e uma sequência de fotogramas sobre um filme.

[abaixo]
Quote that [Notar que]
We can effort to do that [nós podemos nos esforçar para fazer isso].

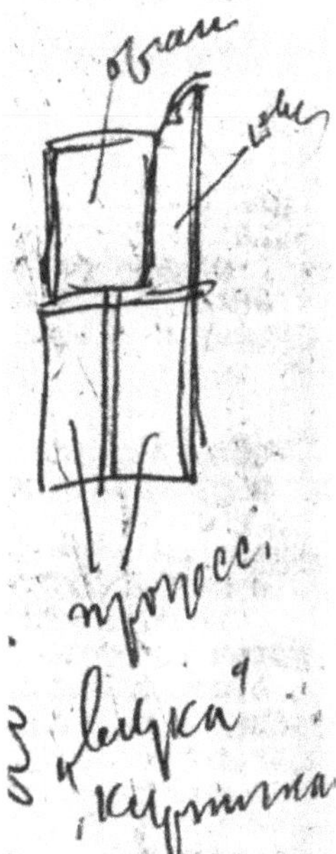

[ao lado]
Órgão
Eva
Prociss[ões]
"Disposição" em tijolos.

Novo esquema de análise do tríptico de Gand.

24.XII.47[65]

História dos problemas
Espaço e tempo na pintura

O tempo, *which grows out* [que cresce] na sucessão da montagem!

(Sobre o problema da <u>multiplicidade de pontos</u> [de fuga], não apenas no espaço, mas também no tempo).

A multiplicidade de pontos [de vista, de fuga][66]

Não esquecer "O casal Arnolfini" de Van Eyck com sua perspectiva de múltiplos pontos [de vista][67]

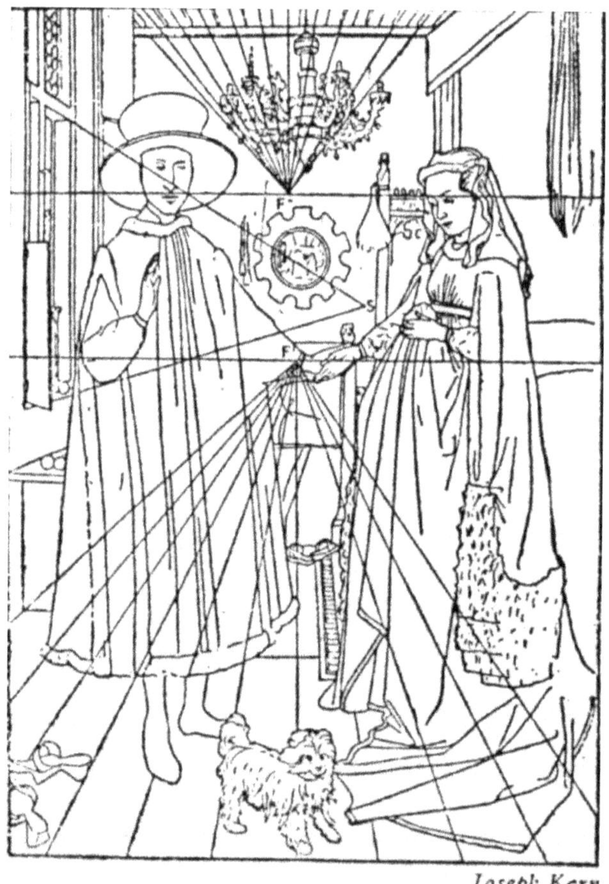

Esquema de três pontos de fuga (S, F1, F2) do Casal Arnolfini, de Jan Van Eyck, reproduzido em The Film Sense.

"Ermólova" é a "mais realista": nela os espelhos dão a possibilidade de *não quebrar* o ambiente[68].

Em Van Eyck o ambiente *está quebrado* em função dos diversos pontos de fuga!

(Habilmente dissimulado *as well as* [bem como] na *Ceia* de Leonardo [da Vinci][69].

Delaunay – tudo está quebrado (não dissimulado)

El Greco – *elasticidade* das figuras[70]. Por exemplo:

(Cf. Van Gogh *Zuave*[71])

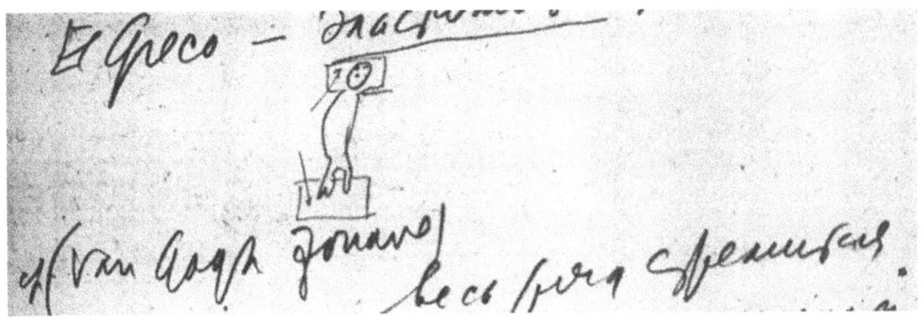

Anyhow [de qualquer modo], toda a série tende a uma *mudança* dos pontos [de vista] e a uma multiplicidade dos pontos [de fuga].

24.XII.47

Espaço e som

As liturgias de Páscoa, *the singing pottery of Peru* [a cerâmica cantante do Peru], *Siamese processions* [as procissões siamesas], Van Eyck e a representação de [personagens] músicos, mas *interrelated* [inter-relacionadas] por suas posições no Retábulo de Gand como uma conexão entre duas linhas.

Tchurlionis *et la distortion* [e a distorção] da imagem, *according to music* [de acordo com a música].

Cf. *Distortion* [distorção] no tom da entonação dos hieróglifos que saem da boca dos personagens dos baixos-relevos maia[s].

25.XII.47[72]

O som em pintura

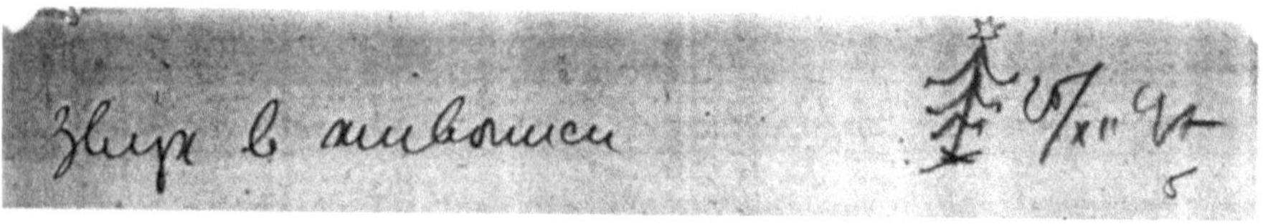

Munch — *O grito* — não apenas a *representação* de um homem que grita, como se encontra, por ex., em Hals a representação de um homem que canta, mas a tentativa de transmitir pela estrutura do quadro a sensação do grito[73].

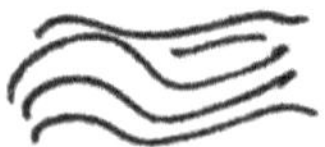

Ou a "Explosão" de Orosco, paisagem desenhada[74] e os *splach* [respingos] de manchas [de nanquim].

As linhas paralelas no Retábulo de Gand de Van Eyck.

Tchurlionis e a dissolução da pintura nos quadros sincréticos de imitação do som[75].

Tudo isso se produz exatamente da mesma forma na poesia (e na prosa).

Linhas paralelas sem *imitação*, mas em função da *representação* do som (descrição).

Suecos	Russos	espetam	furam	cortam
Rufar dos tambores		clamores		rangidos

O ritmo (da batalha) conecta as linhas como uma base comum, um compasso.

A pura reprodução do som, como por exemplo, no delírio do príncipe Andréi (*Guerra e Paz*):

"piit piiti etc."[76] segue *lado a lado com a descrição* da representação, se misturando (alternando) com ela.

Um exemplo de *sincronização* com *super[im]position* [exposição dupla] de um e outro (som e objeto) em Verlaine:

> Les violons
> Longs
> De l'automne
> Mon coeur
> D'une langueur
> Monotone[77]

Naturalmente, o primado da música é mais facilmente realizável na literatura do que na representação: o fenômeno do som na literatura é perceptivelmente *objetivo*, mas na representação [pictural] apenas *sugestivo*.

Enquanto a representação na pintura é objetiva, o som é sugestivo!

(O figurativo *na música* é inteiramente convencional e abstrato [não é concreto, nem objetivo]).

O poema de Verlaine é, portanto, o mais "legítimo" [desse ponto de vista] em literatura:

> *De la musique avant toute chose,*
> *Et pour cela préfère l'Impair*
> *Plus vague et plus soluble dans l'air,*
> *Sans rien en lui qui pèse ou qui pose.*
> *(...)*
> *De la musique encore et toujours !*
> *Que ton vers soit la chose envolée*
> *Qu'on sent qui fuit d'une âme en alée*
> *Vers d'autres cieux à d'autres amours.*
>
> *Que ton vers soit la bonne aventure*
> *Eparse au vent crispé du matin*
> *Qui va fleurant la menthe et le thym...*
> *Et tout le reste est littérature.*[78]

"Literatura" aqui, certamente possui um sentido figurativo e narrativo, e não musical e sonoro.

"A inclinação" para o princípio musical-melódico (sonoro) em detrimento do figurativo é característico de Verlaine.

Púchkin atingiu a perfeição pela harmonia dos dois "caminhos".

E, digamos, Boboríkin — "literatura" *pure* [pura] (no mal sentido do termo, [ou seja] unicamente objetiva e descritiva)[79].

Tremendously important [Extremamente importante]

A forerunner [um precursor] [na linhagem] das perspectivas múltiplas de [Robert] Delaunay, com relação aos fenômenos objetivos do mundo, arquitetura (torre Eiffel) etc., foi Honoré Daumier — no tempo! e no desenvolvimento orgânico da sequência: ele quebrou a figura humana em diferentes *fases sequenciais* de um só e mesmo movimento.

As diferentes fases (no tempo) do movimento humano em Daumier tornam-se diferentes pontos de vista do objeto (no espaço) em Delaunay[80].

Essa conexão repete-se na técnica cinematográfica (*in the broaddest sense: mechanical technic and crative technic* [sic] [em sentido mais amplo: técnicas mecânica e criativa]): o *sistema de quadros* (pequenos quadros) — fases sucessivas de um movimento decomposto e o *sistema dos fragmentos montados* — que repetem como em uma lente de aumento esse mesmo princípio de decomposição em múltiplos pontos de vista.

Pontos de vista múltiplos e temporalidade múltipla!

Historical evaluations [Avaliações históricas]
    [dezembro de 1947 — janeiro de 1948][81]
(Como olhar para diferentes fenômenos da história)

III. O Cinema no sistema das artes
Uma breve visão da história dos meios de expr[essão]
A arte [da época] do imperialismo.

IV. O Cinema sov[iético] e as tradições da cultura russa
A) Parte comum
Conexão efetiva dos mestres do cinema soviético com a cultura russa. Principais tendências:

"a pedagógica", "a épica", "a enciclopédia da vida russa", "a síntese das artes".
B) Parte esp[ecial]
Ação espontânea, influência e form[ação].
História do problema.
Tríade [*nrzb.*]:

Púchkin e [cinema],
Gógol e [cinema]
Górki e [cinema][82]

Da câmera fotográfica à câmera cinematográfica[83]

nº3 <u>O problema da imagem em movimento nas artes visuais</u>.
Teatro de sombras Wayang[84].
Quadros simultâneos. Encadeamento das diferentes fases de um evento (Memling[85], ilustr[ações] da Divina Comédia por Botticelli[86]). Decorações simultâneas no teatro medieval e renascentista[87].)
Cadeia de quadros (Hogarth[88], *O bandido Maragato*, Goya[89]).
O problema da dinâmica da composição.
As diferentes fases da posição de uma figura (Tintoretto, Daumier[90]).
Simultaneidade das diferentes posições de uma figura (múltiplos braços e pernas).
(Manuscrito de Heidelberg de Sachsenspiegel[91], futurismo[92].)

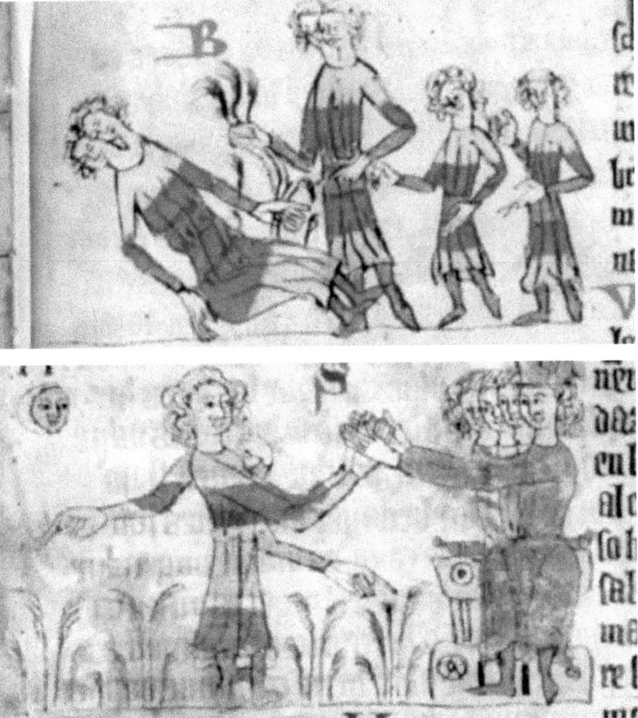

Duas iluminuras do manuscrito de Heildelberg do *Sachsenspiegel*, com duas personagens com braços e cabeças multiplicadas pelo movimento.

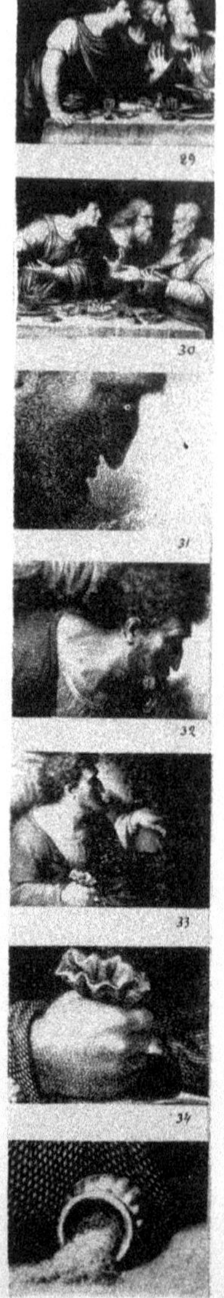

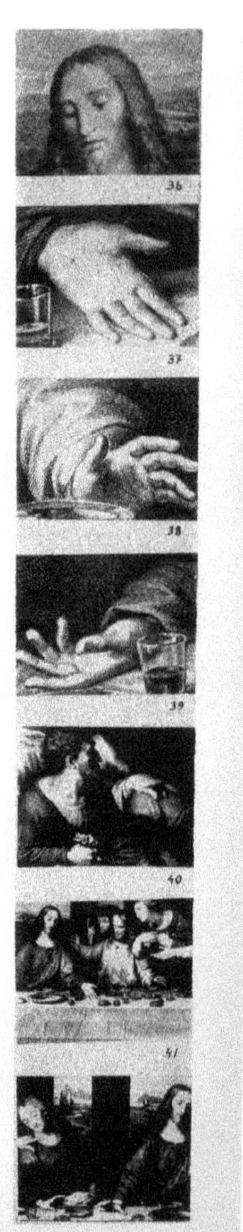

სახვითი ხელოვნების ქმნილების განსხვავება კინოხელოვნების საშუალებით

გაიანე ალიბეგაშვილი

ხელოვნებათმცოდნეობის კანდიდატი

ფერწერული თუ გრაფიკული ქმნილების სტატიკა (მისი დროში უცვლელობით) თუ კინოკადრის დინამიკა... ორივე შემთხვევის საფუძვლის საფუძველია სახვითი მასალა, მაგრამ, ამავე დროს, რა დიდი სხვაობაა მათ ბუნებაში, რა სხვადასხვა პირობებში ვლინდება ეს ჭარისხობრივად ერთმანეთისაგან სრულიად საწინააღმდეგო სპეციფიკის სახვითი მასალები.

ეს წინააღმდეგობანი — სტატიკა და დინამიკა — შეიძლება ხელისშემშლელ პირობად გადააგვეღობს, როცა სახვითი ხელოვნების ქმნილებას კინოს საშუალებებით წარმოვსახავთ ეკრანზე. ამასთან დაკავშირებით მეტად საყურადღებოა ის მეთოდოლოგია, რომლითაც სარგებლობდა ცნობილი კინორეჟისო-

Decupagem em quadros da *Santa Ceia*, de Da Vinci, feita por um aluno de Eisenstein do VGIK.

As experiências de Muybridge com a imagem fotográfica composta[93].

nº4 <u>A invenção da câmera cinematográfica</u>
A forma mais elevada é o cinematógrafo. Montagem e movimento (mobil[idade]).
Seus predecessores na história das artes adjacentes.
<u>Remontagem[94] de um fenômeno.</u>
Pintura. Os ornamentos merovíngios[95].
"Vista de Toledo" de El Greco[96].
<u>Multiplicidade de pontos de vista.</u>
Perspectiva múlt[ipla].
"A ceia"[97]. Dos Arnolfini através de Serov até Delaunay

nº5 Composição audiovisual
A unidade da entonação e do gesto em sua manifestação normal como berço do contraponto audiovis[ual] — para a tendência e para a metodol[ogia][98].
A síntese primária no ditirambo (movimento e som).
Exultant séc. XII-XIII[99]
Procissão objetiva-sugestiva no Sião[100].
Exemplos de cultos.
Festas ligadas a uma música espec[ífica].
Eventos da vida [ligados] a canções (casamentos) e à [música] religiosa funer[ária].
[Festas e eventos da vida,] sociais e nacionais [ligados a] cores.
Relatividade [da significação da cor:]
Casamento branco,
Luto branco para os chineses, negro e roxo [para os europeus].
[Manto] púrpuro do cardeal.
Paramentos dourados, prateados, azuis, brancos [dos padres ortodoxos].
Afrescos coloridos dos teatros orientais (*pars pro toto*)[101]
Organização rítmica do desfile e da linha sonora nas festas municipais.
Entradas.
Emblema da corporação, cor, som (hino).
Cores nacionais e hinos.
Paralelismo da representação (Retábulo de Gand de Van Eyck[102]).
Fusion [fusão] com excesso: Munch, Tchurlionis.
(Analogia com o problema da "musicalidade" e da objetividade em poesia. Púchkin *as opposed to* [oposto a] Mallarmé).
Teatro e teatro de drama musical *par excellence*.
Leitmotiv e suas ligações com o objeto (espada, cadeia, cálice) e com o tema do objeto (do Pai, do Destino, *des Wälsungs*[103]).

nº6 <u>Cor – Stereo – televisão</u>
Breve visão dos problemas preced[entes].
(Da cine-crônica e do cine-espetáculo ao cine-filme)?

nº2 [Desenvolvimento da fotografia]
O daguerreótipo e a invenção da fotografia.
Dag[uerre], Nadar, Talbot.
Os mestres do retrato psicológico:
D.O. Hill, Cameron[104].
Os mestres da fotografia documental:
fotografias da época da campanha de Sebastopol,
Matthew Brady e a guerra civil em NAUS[105], o cerco de Paris (1871) nas fotografias de Nadar[106].
Os mestres da natureza morta fotográfica.
Os mestres da imagem fotográfica do meio ambiente.
Atget, Nadar, Stieglitz: o início do urbanismo e do *plein-air* [ar livre] consequente (sobre as nuvens [?][107])
Ligação com as tradições picturais da época. Contribuição independente.
Degradação da arte fotográfica no limiar entre os séculos XIX e XX, [raízes] sociais desse fenômeno.
A escola russa de fotografia.
Os mestres do documento. [Piótr] Otsup[108].
Mestres do *quadro*. Nappelbaum[109], Sternberg.

nº7 <u>A arte da época do imperialismo e a aparição do *kinematograph* [cinematógrafo]</u>
As tendências estéticas se tornam o ponto de partida de possibilidades técnicas.
A tendência ao divisionismo e à análise como reflexo da decadência da arte.
Aproximação do grau zero (Dada, surr[ealismo] etc.)[110]
O surgimento do cinematógrafo.
Condições prévias para a nova era de reunificação.
A ausência dessas possibilidades no período pré-socialista.

Gênero
Georg-Wilhelm Timm (1820-1895)[111].
"Imagens dos costumes russos".
"Os nossos, extraídos da natureza".
"Fisiologia de São Petersburgo"[112].
E vistas.

Mestres do gênero

O gênero em fotografia.

Snapshot [instantâneo] e desenhos eidéticos rupestres[113].

Snapshot [instantâneo] e predecessor da *candid câmera* [câmera cândida] do jornalismo (foto sem pose, de reportagem) — a futura estética da "vida ao imprevisível" no cinema[114].

O papel do desenvolvimento da imprensa e dos jornais ilustrados como estímulo.

Vista do Palácio de Cristal, de 1854, iluminado por ocasião de sua inauguração[115].

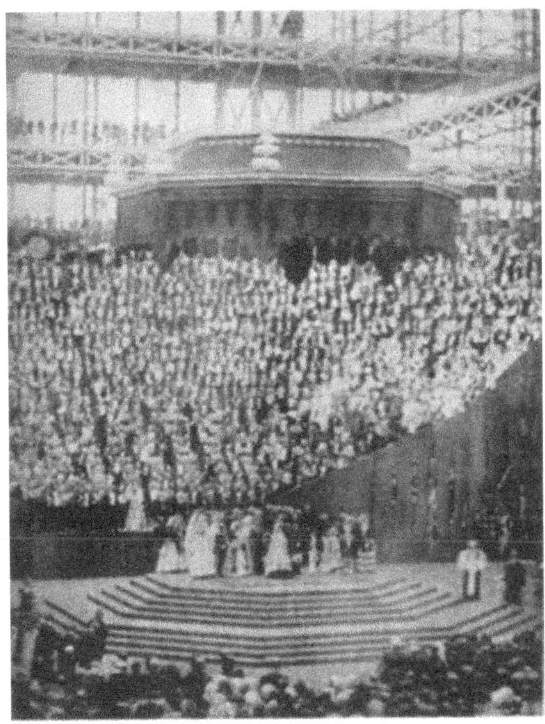

Gangorra 1857 "Fotografia instantânea".

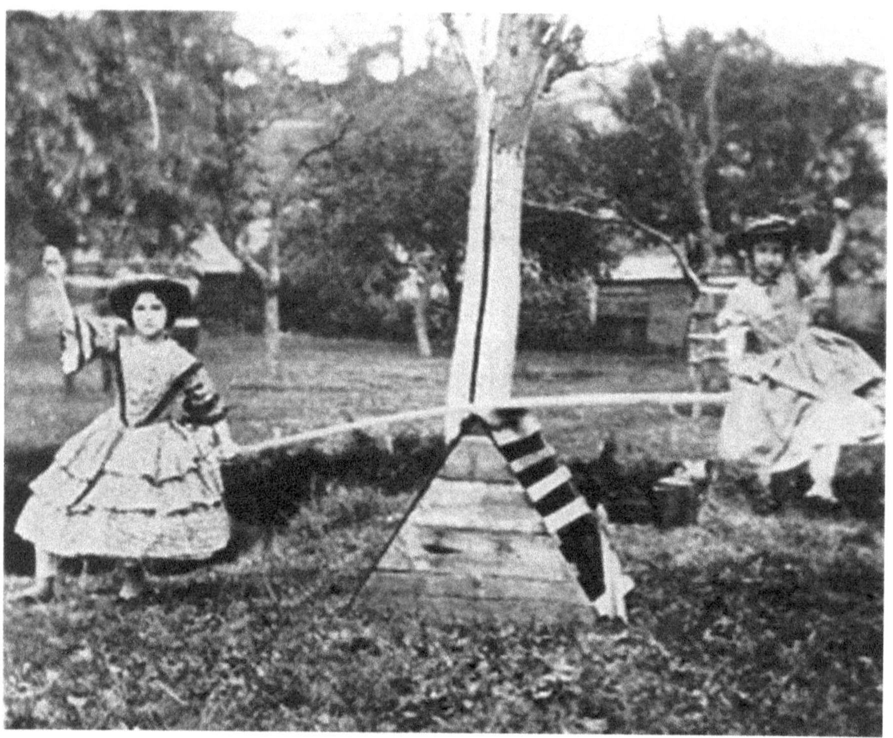

O pioneiro do *snapshot* Paul Martin, nascido em 1864[116].

[Ele] começa na qualidade de mestre da gravura sobre madeira para os jornais. Passa à fotografia em 1883[117].

Do dispositivo multicâmera de Muybridge à câmera manual de 1890 via câmera fixa [de cinema] (inventada por Eastman em 1886).

Passagem à foto pura, à reportagem e à fotocrônica. Matthew Brady[118] etc.

Célebres fotografias instantâneas, fotorreportagens.

Condições fotográficas utilitárias para o escocês David Hill.

1. Jacques Mandé Daguerre (1787-1851) e Nicéphore Niepce (1765-1833) como mestres da arte fotográfica.

2. Henry Fox Talbot (1800-1877) como fotógrafo. Paisagem. Natureza morta ("Pencil of Nature", 1844[119]).

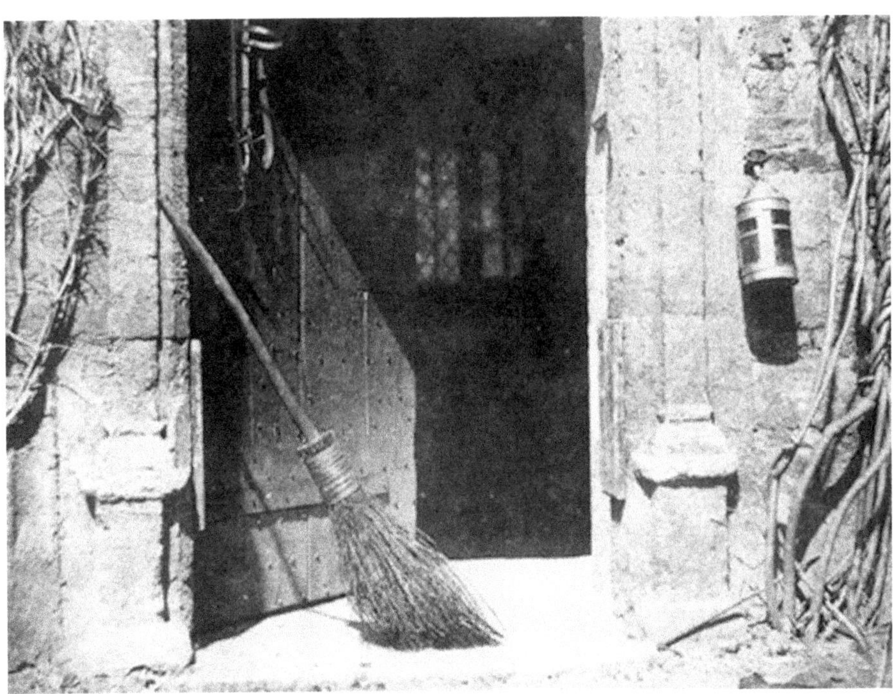

William-Henry Fox Talbot, *The open door* (A porta aberta), abril de 1844.

As naturezas mortas de Henri le Secq ("Fantasias", 1855).

<u>Os mestres do retrato psicológico</u>.
David Octavius Hill (1802-1870).
Mestre da iluminação. Característico por sua escolha do ângulo de pose (não mais da câmera). Reenquadramento[120]. Escolha dos detalhes do ambiente. Da atmosfera geral. Gênero (marinheiros, pescadores).
Julia Margaret Cameron (1815-1879). Mestre do claro-escuro.
Nadar (Gaspar-Felix Tournachon, 1820-1910). Mestre da individualização do retrato.
Etienne Carjat (1828-1906). Mestre do retrato documentário.
Análise dos melhores retratos fotográficos de personagens históricos. Retratos fotográficos de Karl Marx nos anos 1960 e 1970.
Mestres do gênero

28.XII.47

Mais um *device* [plano]:
A mecanização do movimento

Silhuetas móveis (sombras).
Jogo de mãos.
O Wayang[121] em duas dimensões [plano] e as [figuras] chinesas transparentes coloridas.
Lanterne magique [lanterna mágica] e com partes móveis (lembranças da minha infância).

Mecanismo exterior.
Marionetes em três dimensões. Técnica do marionetista.
Guignol e Petruchka.
Animated threedimensional doll (by handmovement) [boneca animada à mão em três dimensões].
Synchronized by changing voice of manipulator [sincronizada pela mudança de voz do manipulador].

Mecanismo interior.
Figuras-autômatas.
Jogos móveis (caixas com pássaros do século XVIII). Jogos mecânicos.
Figuras de cera moventes (Cleópatra e a serpente)

Mecanismo do movimento para projeção
Diretamente das figuras multiplicadas [desenhos animados] (três dimensões). Stárievitch. (-Ptúchko)[122].

Som mec[ânico]
Caixas de música.
Pianos mecânicos.
Rolos perfurados
1807 (*Kymograph — moving cylinder for recording continuous movement* (*Young*) [kimógrafo — cilindro móvel para gravar o movimento contínuo]
1857 (*Phonoautograph. Voice vibrations recorded on revolving cylinder* (Scott[123]) [Fonoautógrafo. Vibrações vocais gravadas sobre um cilindro rotativo]
1877 *Microphon* [microfone]
⎱ (*Edison*)
1877 *Phonograph* [fonógrafo]
1870 *Celluloid* [celuloide] (*J.W. and I.S.Hyatt*)[124]

Organização artística de um fenômeno em movimento no tempo

<u>Movimento do espectador.</u>
Conjunto arquitetural e considerações sobre a duração da mudança de impress[ões] do púb[lico].
Problema do ritmo.
Acrópole (Choisy)[125].
Parque inglês.
Praça M[ichel]-Angello.
Interieur St Sophia[interior]
Chartres[126].
Procissão (Gregor)[127].

<u>Movimento de um objeto.</u>
Ditirambo do coro e entradas *pageant* [do cortejo].
Dança coletiva, dividida em...
Lições de música e linha sonora.

<u>Fotografia em movimento</u>
Marionetes   (movimento do exterior)   - marionetista
Autômatos   (movimento do interior)   - mecanismo
Teatro de sombras (movimento, reflexo de um objeto
              primeiramente — silhueta (sombra)   - marionetista

<u>Fotografia em movimento</u>
Forerunners [precursores].
Antes deles: na pintura etc.

A anima[ção] e a história do grafismo.
Comic strip [história em quadrinhos nos jornais diários]
<u>Animação</u> (em uma série de fenômenos ligados ao problema da criação da imagem em movimento).
<u>Problema da reprodução da dinâmica dos fenômenos — reprodução por meios estáticos</u>:

Repres[entações] rupestres;
- desenho linear — origina-se da silhueta rupestre
 - ligação com a caligrafia chinesa;
  - ilustração do livro renascentista, gravura em madeira e metal;
   - gravura linear alemã e francesa;
    - desenho linear ao estilo imperial (Schinkel, [Fiódor] Tolstói, "Dúchenka"[128]);
     - *Olaf Gulbransson*[129].

Problema da fixação da dinâmica dos fenômenos

Problema da reprodução dinâmica de um fenômeno em movimento
Zootrópos etc.

Epopeia animalizada[130].
Totemismo e animismo[131].
Culto do animal doméstico.
[Peças] satíricas.
Batrachomyomachia[132].
Esopo – La Fontaine – Krilov[133].
Laços com as representações infantis.
Anderson – Lewis Caroll.

"Imageria" primitiva.
Viagens feitas ao final do século XVIII.
Scroll pictures [rolos de pintura] chineses.

Lubok – *Image d'Epinal*

Gênero mitológico
que divide o mito em três partes, segundo os três principais elementos que o
compõem:
 o elemento religioso-cultual
 e o maravilhoso-fantástico
 e as condições históricas.
 A partir disso:
 série de lubok religiosos (Serafim Saróvski[134]),
 série de lubok de contos (Bova[135]),
 série de lubok históricos (o cerco de Sebastopol[136]).

<u>Gênero da bilína [épico] e heróico</u>[137]

canta os generais, comandantes, tsares (tia Pácha chora sobre a "vida" dos generais).

Ligação com a "Vida dos santos" e "Tchéti- Miniêi" [hagiografias].

Platov. Kozmá Kriutchkov[138]. Etc.

<u>Gênero moralizador e edificador</u>

que emana das lições de moral e dos sermões.

<u>Gênero da atualidade</u>

actualité[s] [atualidades] com acento na crônica criminale na crônica em geral (como mais tarde nos jornais do tipo de "Birjovka" e "Viétcherka").

Monstros (Posada[139]).

<u>Gênero satírico e panfletário</u>

vasilada mexicana[140].

"Como os ratos [enterram] os gatos"[141] etc.

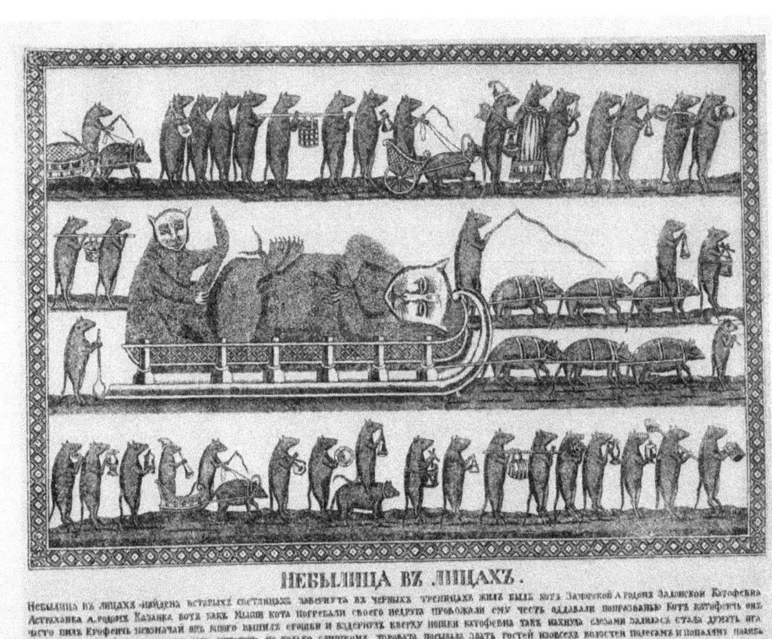

Como os ratos enterraram o gato.

(lubok retirado de um livro conservado na biblioteca de Eisenstein).

Montagem (?)
1) Etapa automática
2) Etapa consciente:
a. etapa de tomada de consciência, de desagregação e remontagem
b. etapa de reinterpretação dos fenômenos — da "montagem" dirigida a um objetivo

Etapa estática
Etapa dinâmica

<u>Raízes da reprodução — na reprodução de algo semelhante a si mesmo</u>
Reflexo e reprodução.
Primeiramente: asa dinâmica: ato comemorativo, que é audiovisual; o reflexo se produz "nele mesmo" — na *impersonisation* [personificação] (o ator "atua" — torna-se Dionísio). Reprodução apenas durante o tempo da ação [duração].
Em seguida:
a primeira etapa não é reflexo, ela preserva o próprio objeto (mumificação), e para sempre;
a segunda etapa é o molde real e físico (a máscara comemorativa é, de fato, o início. Egito, Roma).

O problema da projeção
(Muralidade)

<u>O problema da projeção de uma imagem fixa</u>
Imagem fixa opaca: pintura mural, afresco, ilusão espacial de perspectiva (Pompeia, murais em trompe-l'oeil).

<u>Drapeado mutante</u>
"revestimenta"
Chambre ardente [câmara ardente][142].
Ornamentação de templos com galhos pelo [princípio] *pars pro toto* — e sua *transformação* em bosque (mecanização dos dioramas de Daguerre).

<u>Afrescos intercambiáveis</u>
Tapeçarias figurativas penduradas — p[ars] p[ro] toto.
Gobelins.
Supressão da "contradição" entre *intérieur* e *extérieur* [interior e exterior] no trabalho de Le Corbusier[143].
A parede de vidro e a paisagem no interior da casa.
(árvores que germinam [através da casa], presença de bacias etc.)

É assim no Oriente.

Os "Jardins suspensos" de Semiramis.

Loggia renascentista e o sistema de terraços: a entrada da arquitetura na paisagem e da paisagem na arquitetura.

Versalhes. Tsárskoe Seló. Pávlovsk.

Divisão em maciços.

Vitral (999)

Como imagem transparente.

Como meio de atirar uma mancha de cor.

Lanterna mágica.

A dinâmica da projeção

Silhueta em movimento.

O teatro de sombras.

Diretamente sobre a parede.

Por meio de uma tela.

Teatro de sombras animado.

Wayang javanês; para os chineses, em cores.

Karagheuz tur[co].

A dinâmica do reflexo.

Consideração sobre a projeção dos vitrais em função das horas.

A combinação inversa.

O *Palais de l'Industrie* de 1889 e o farol rotativo.

Os fogos de artifício como escritura de cor dinâm[ica].

[Lista das invenções]

(*d'après* [de] Lewis Mumford, [*Technics and Civilization*, 1934, 4ª edição[144]])

1558 *Camera with lens and stop for diaphragm* [Camera com lentes e sistema de parada do diafragma] *Daniello* [sic] *Bárbaro*[145]

1590 *Compound microscope* (Jansen) [Microscópio composto[146]]

1714 *Typewriter* [Máquina de escrever]

1719 *Threecolor printing from copper plate* [Impressão tricolore sobre placa de cobre]

1796 *Lithography* (!) [Litografia]

Im[agem] e som em dinâmica

1807 *Kymograph – moving cylinder for recording continuous movement* (*Young*) [Kimógrafo – cilindro móvel para gravação de movimento contínuo]

1839 *Electrotype* (*Jacobi*) (?) [Eletrótipo]

1939 *Callotype* (*Talbot*) [Calótipo]

1839 *Daguerreotype* [Daguerreótipo] (*Niepce and* [e] *Daguerre*)

1840 *Micro-photography* [Microfotografia] (*Donne*)

1841 *Papers positives in photography* (*Talbot*) [Positivos sobre papel em fotografia]

1855 *Television* [Televisão] *Caselle*

1856 *Color photography* [Fotografia colorida] (*Zenker*)[147]

1858 Phonautograph. Voice vibrations, recorders on revolving cylinder (Scott)[148] [Fonautógrafo. Vibrações vocais, gravações sobre cilindro rotativo]

1864 *Motion Picture* [Imagem em movimento] (Ducos)[149]

1870 *Celluloid* (*J.W. e J.S. Hyatt*) [Celulóide][150]

1877 *Microphon* (Edison) [Microfone]

1877 *Phonograph* [Fonógrafo]

1882 *Motion picture camera* (*Marey*) [Câmera de imagem em movimento]

1886 *Hand câmera* (*Eastman*) [Câmera manual]

1889 *Modern motion picture camera* (*Edison*) [Câmera moderna de imagem em movimento]

1893 *Moving Picture* (*Edison*) [Imagem animada]

1894 *Jenkin's "Phantoscope" – first moving picture of modern time* [Fantoscópio de Jenkin – primeira imagem animada da época moderna]

1895 *Moving Picture projection* (*Edison*) [Projeção de imagens animadas]

1907 *Television-photograph* [Televisão-fotografia] (*Korn*[151])

1920 *Radio broadcasting* [Radiodifusão]

1927 *Radio television* [Radio televisão]

Fotos combinadas e impressas

Céu + nuvens

Primeiramente: Gustave Le Gray (1856)[152]

C. Silvy, aluno de Paulo Delaroche (1860)[153]

O pintor Rejlander (1803-1875) –

O.G. Rejlander, "*The two ways of Life* [as duas maneiras de viver]" com 30 negativos (o primeiro combinado a partir de 3, 1851).[154] O primeiro "nu" é atribuído a ele. Mas há os daguerreótipos de 1841 sobre o mesmo tema. Entretanto, foi ele que fez as fotos do livro de Darwin: *The expression of the Emotions* [A expressão das emoções]" de 1872[155].

1862: Fotografias de G.B. Duchenne (de Boulogne) para o livro *Mécanisme de la Physionomie Humaine, ou Analyse Electrophysiologique de l'expression des Passions* [Mecanismo da fisionomia humana, ou análise eletrofisiológica da expressão das paixões][156].

Fonótipo

A escritura luminosa [foto-grafia] do som. Experiências de 1841.

<u>Rumo à degradação</u>[157]
Crianças com a aparência se "Cupidos" (1881)
Fotografias com títulos:
"*Dolce far niente* [sic. doce ociosidade]" – "Inocência" – "Contemplação" – "Devaneio" etc.

Retoque. [Franz] Hanfstängl de Munique na Exposição de Paris de 1855.
[Antoine Samuel] Adam-Salomon (1818-1881) é o mais famoso[158].

Decoração para a fotografia (fundos)
Catálogos da firma americana L.W. Seavey, 1870
(falésias em papel-machê, cercas camponesas e assim por diante)
1888: mais de 800 desenhos — árvores, pontes, chaminés, pilastras, riachos, rios, oceano.
Interiores: alcova, biblioteca.

<u>Jornais ilustrad[os]</u>
Aparecem em 1840-1850
"Illustrated London News" 1841-1842.
159 fotografias de Roger Fenton sobre a campanha da Crimeia[159].
[Felice] Beato – fotos de revolta na Índia, 1855[160].
[Matthew] Brady (1822-1896) – 7000 fotografias da guerra civil[161].

<u>Foto aérea</u>
[Samuel] King e [James Wallace] Black — vistas aéreas de Boston (1861)[162].
Londres – [Henry] Negretti (1863)[163].

Primeira foto na neblina, [*Cf.*] Chineses e japoneses com neblina. Whistler. *Impressionists* [Os impressionistas].
Cathedral on a misty morning [A Catedral de Duham em uma manhã brumosa] – "*Misty morning on the Wear* [Manhã brumosa sobre Wear]" by [por] William McLeish of Darlington. Sensação em 1882[164].

Algumas das primeiras fotos com retroiluminação — tiradas por Nadar nas catacumbas parisienses (1860)[165].

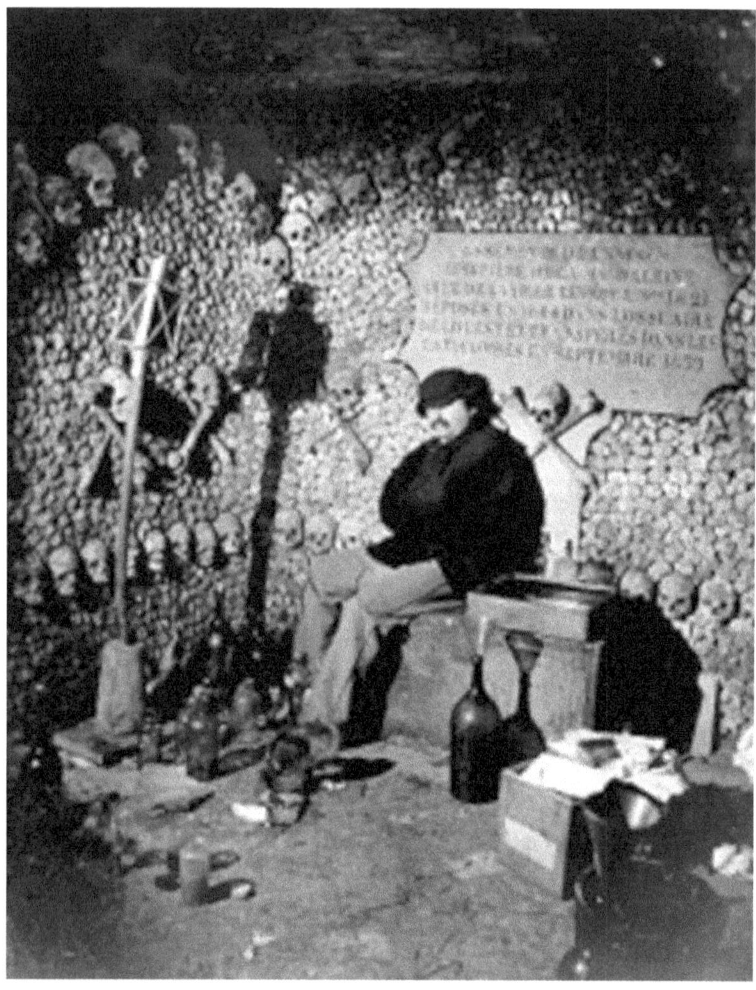

Autorretrato de Nadar nas Catacumbas de Paris, 1860 (na época a captura da imagem requeria um tempo de exposição de 18 minutos).

1870 – América, introdução de <u>estúdios elétricos</u> ("Uma revolução na fotografia"), registros [tomadas] com luz elétrica.

Câmera Kodak inventada em 1888 (em 1896 são vendidas 100.000).

<u>Eugène Atget</u> (1856-1927), ant[igo] ator[166]
Paul Martin (nascido em 1864)[167]

A <u>estereofotografia</u> passa a ser conhecida a partir de 1841.
David Brewster (1781-1868)[168]
"Epidemia estereoscópica":
Exposição industr[ial] de Lon[dres] de 1851
e [Exposição] universal de Paris, 1855.
A moda dura até 1860.

"*<u>Neue Sachlichkeit</u>*" [Nova Objetividade]

Retratos fotográficos de Balzac, Hugo, Andersen etc.

<u>Primeira exposição de fotos</u>
Em Paris, 1844
Em Londres, 1852

<u>F[oto] M[ontagem]</u>
Montagem por meio da combinação da reprodução pictural das foto[grafias]
(Assembleia de sac[erdotes] esco[ceses] por D.O. Hill).
Montagem por meio de impressão combin[ada].
O.G. Rejlander and H.P. Robinson exploited the montage picture, and the former used thirty negatives to produce his famous Two Ways of Life (1857) [exploraram a imagem montada, e o primeiro utiliza trinta negativos para produzir seu famoso "Two Ways of Life"] (*Vict[orian] snapshots* [instantâneos vitorianos]. p. XIV.)[169]
Montagem por meio de tomadas combin[adas].

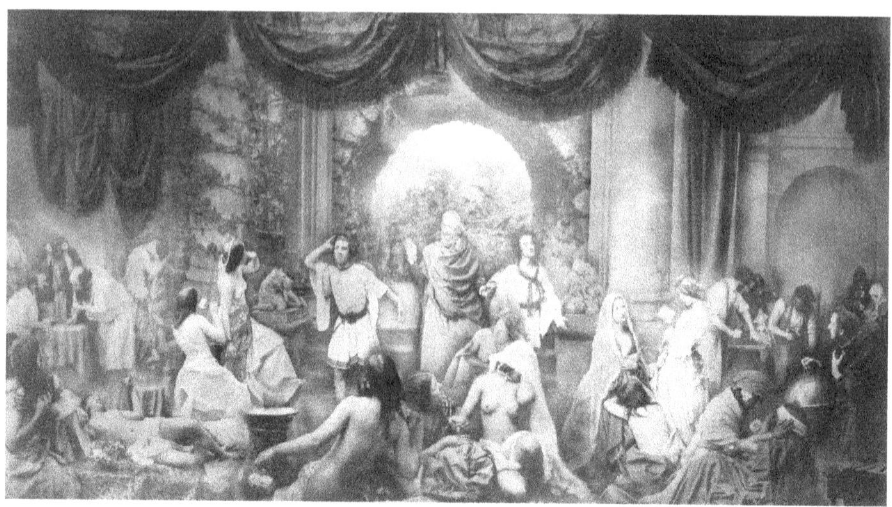

Oscar Rejlander, *Two ways of life* (1857).

Álbuns de fotografias dispostas narrativamente, dos anos 1900.

Do tipo *Le Rêve* [o sonho da trabalhadora] — 20 fases da narrativa em sequência[170].

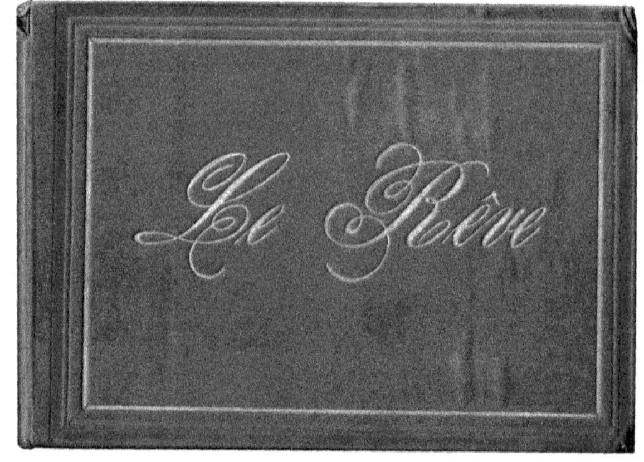

Capa do *Rêve* que Eisenstein possuía, com sua assinatura no frontispício , de 12 de fevereiro de 1935 (conservado em sua biblioteca).

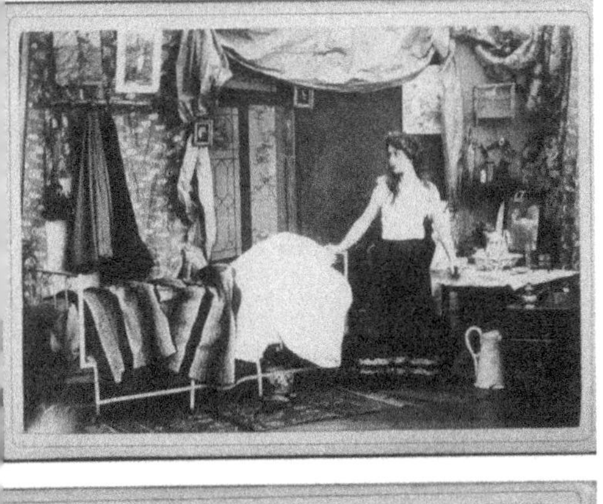
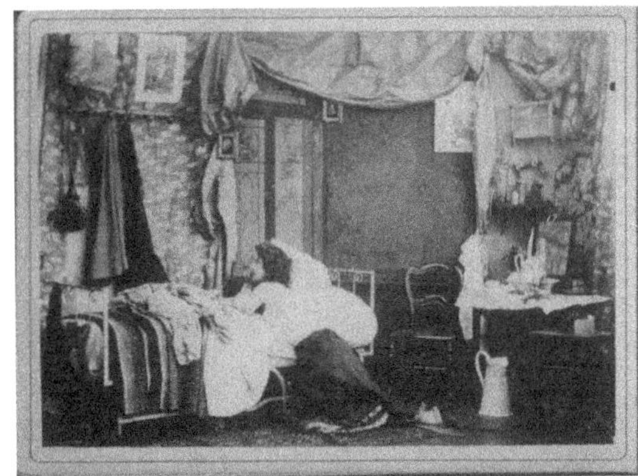
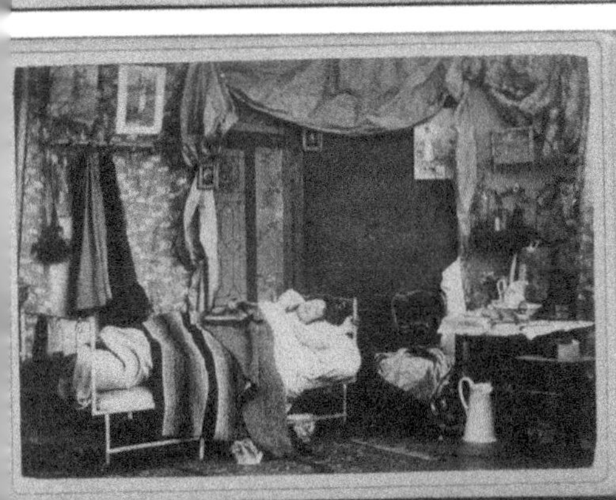
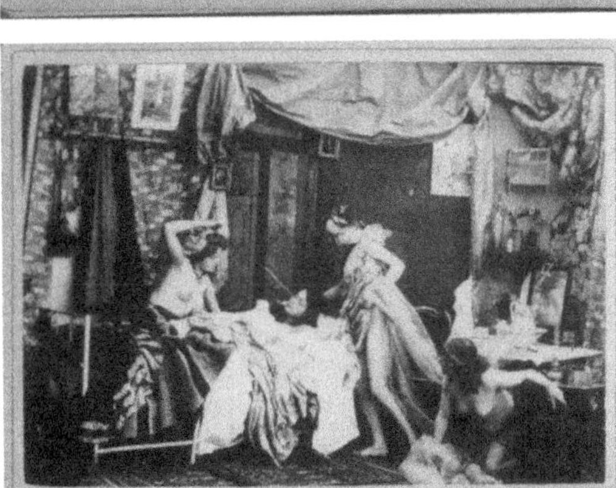
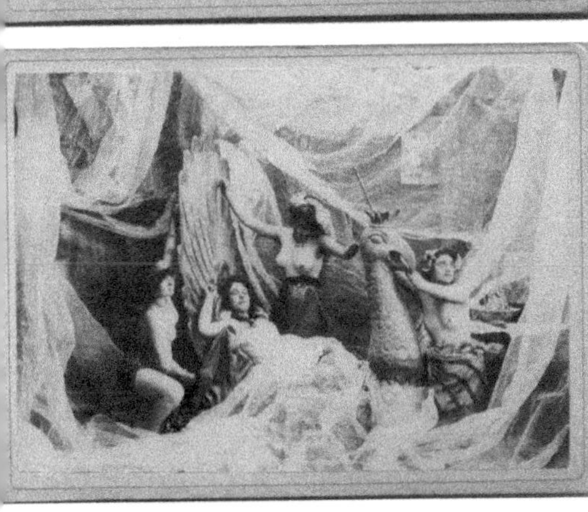
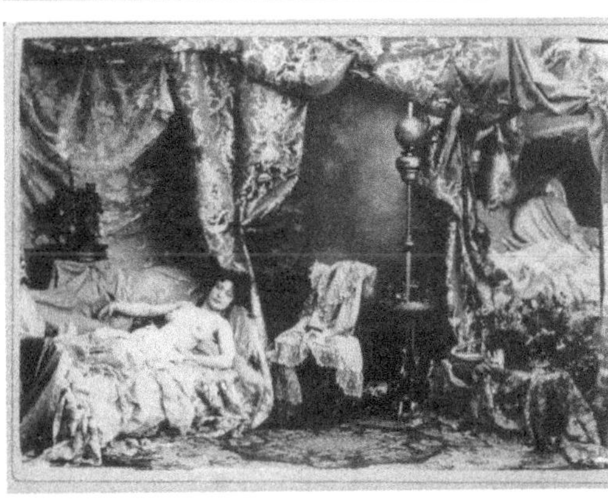
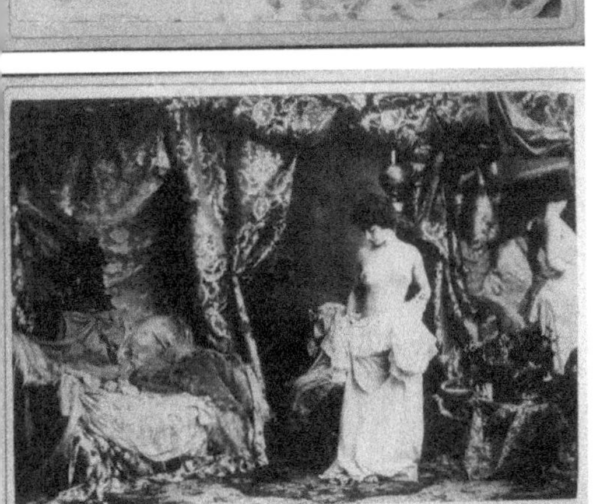
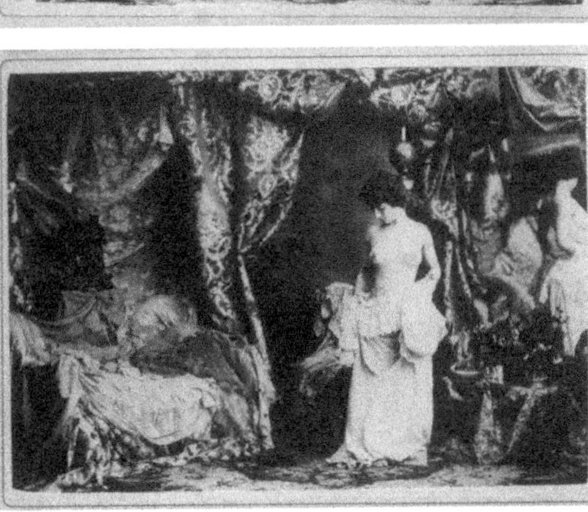

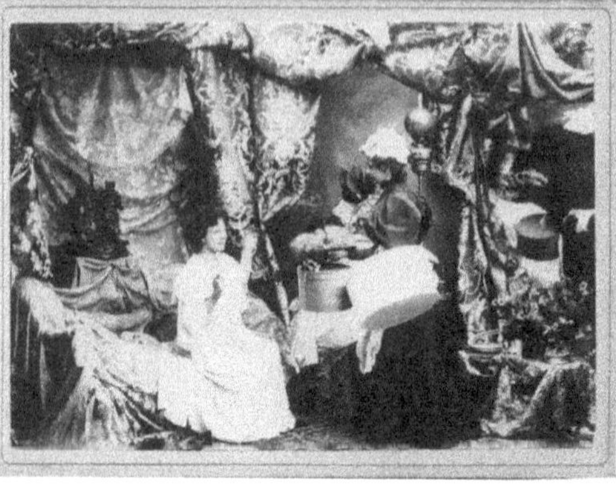
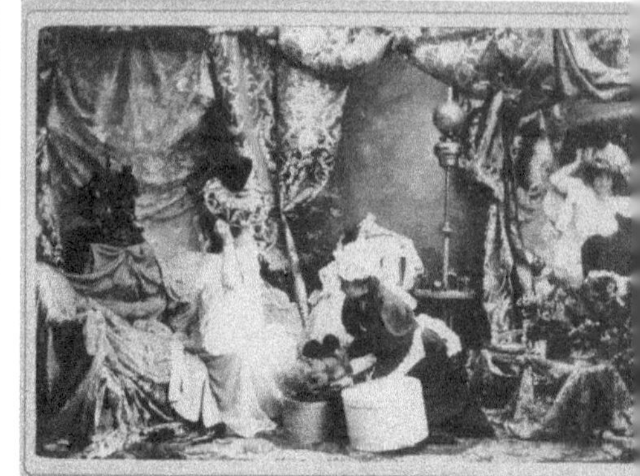
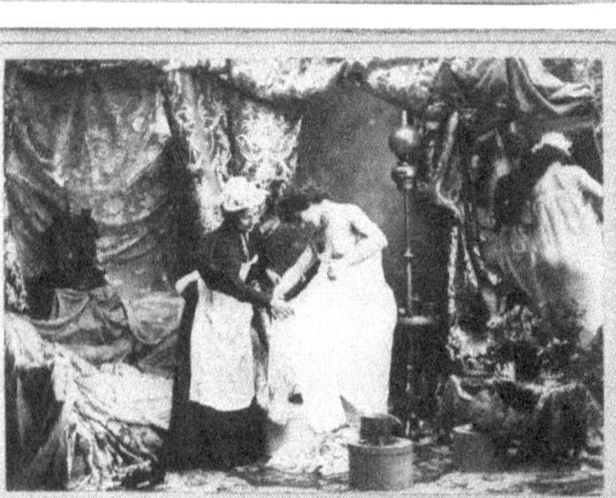
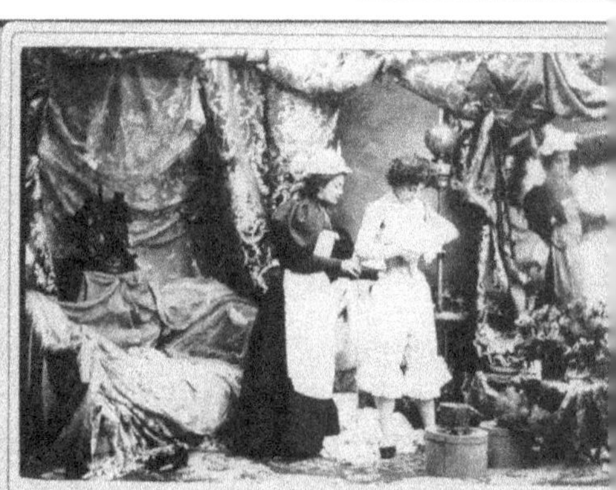
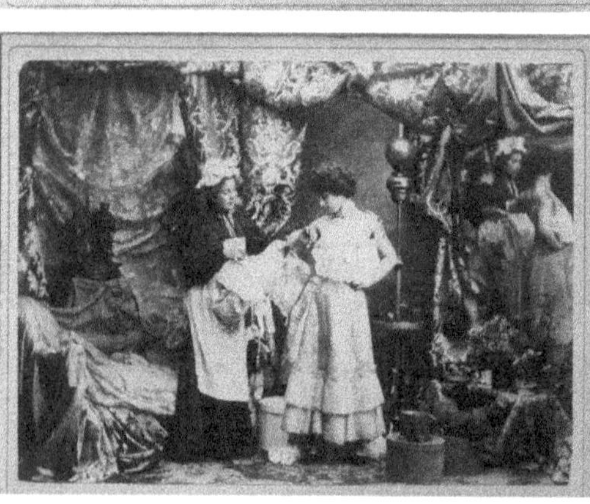
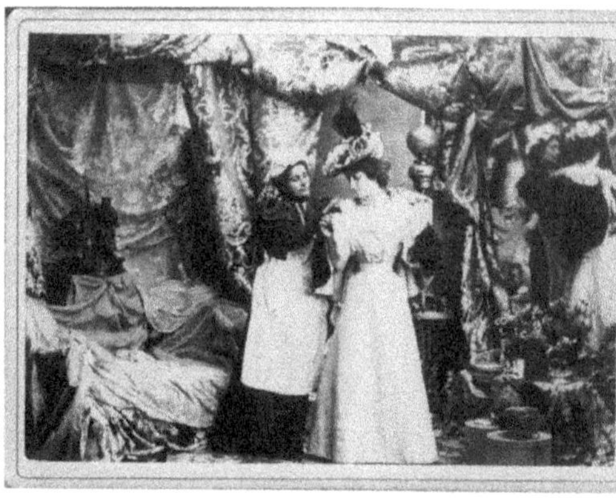
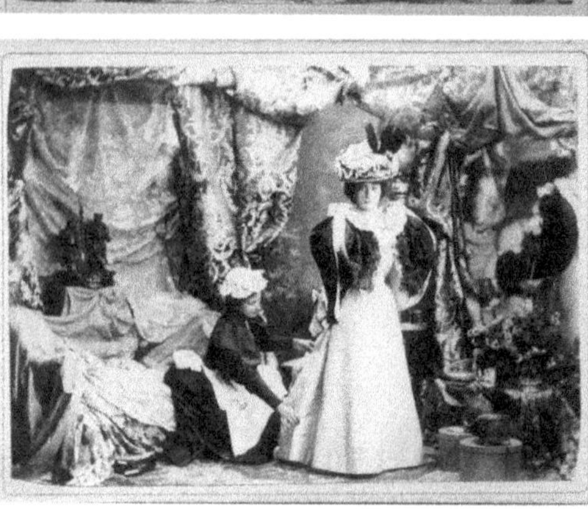
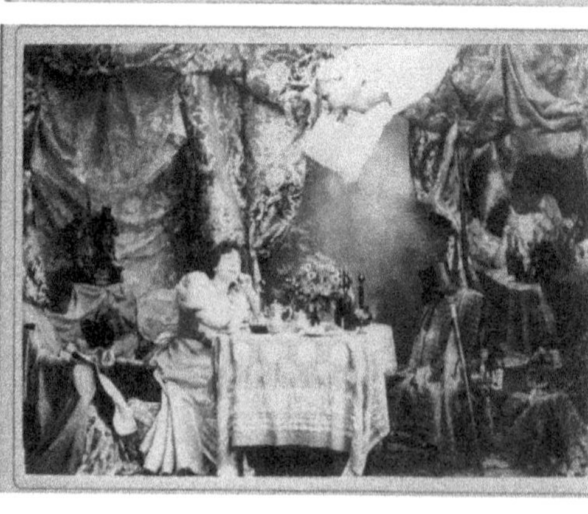

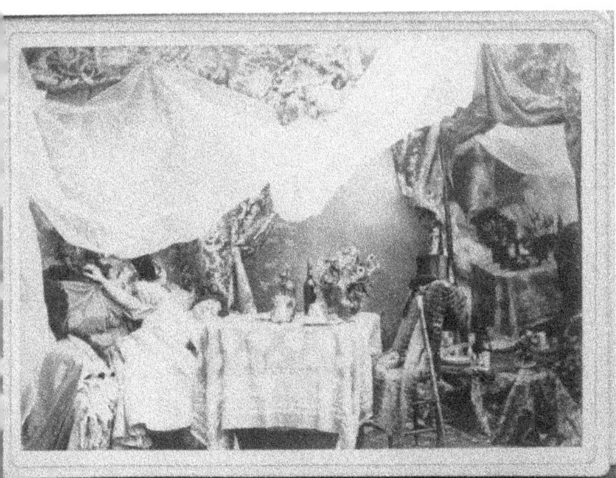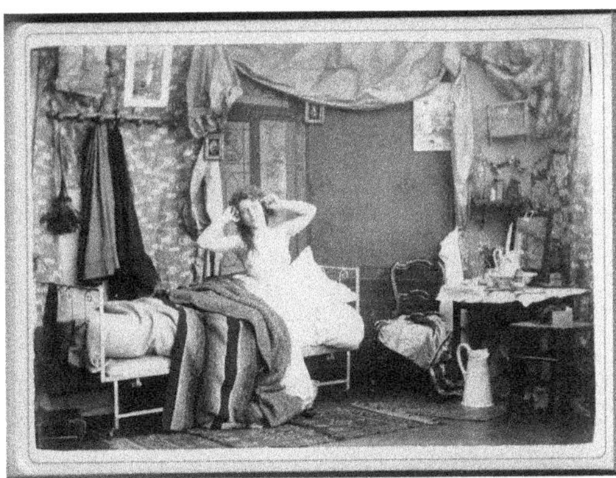

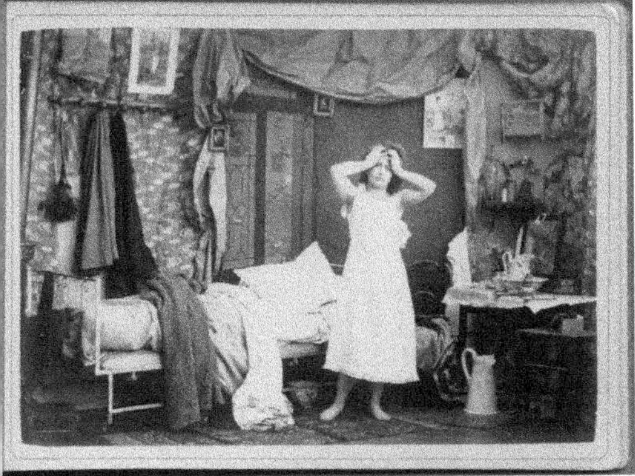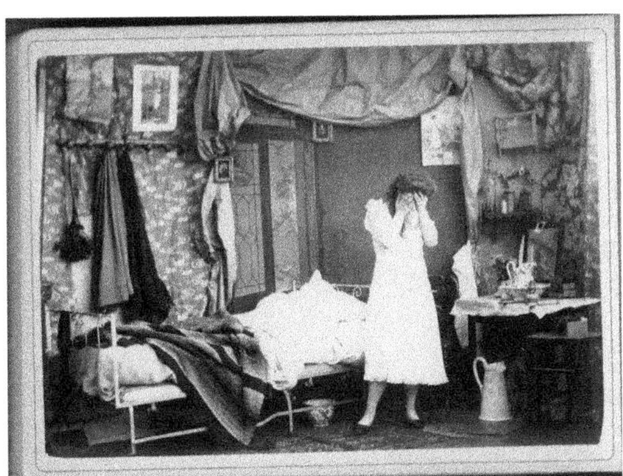

Catálogo *Collection Nilsson 1897*[171].
Klebebilder [colagens][172] do mesmo período ("Panorama"). "Duelo de damas"[173].

Fotomontagem
George Gross e Heartfield. Primeiras experiências e o termo [surgido em] 1915[174].
Fotomontagem abstrata.
Orientada politicamente.
Apogeu da fotomontagem de propaganda: o jornal AIZ na Alemanha[175].
Ligação direta — já a título de fenômeno imaginado — com os princípios do cinema soviético.

Fotogramas
Moholy(-Nagy)
Man Ray[176].
gravuras em cores dos anos 1400.

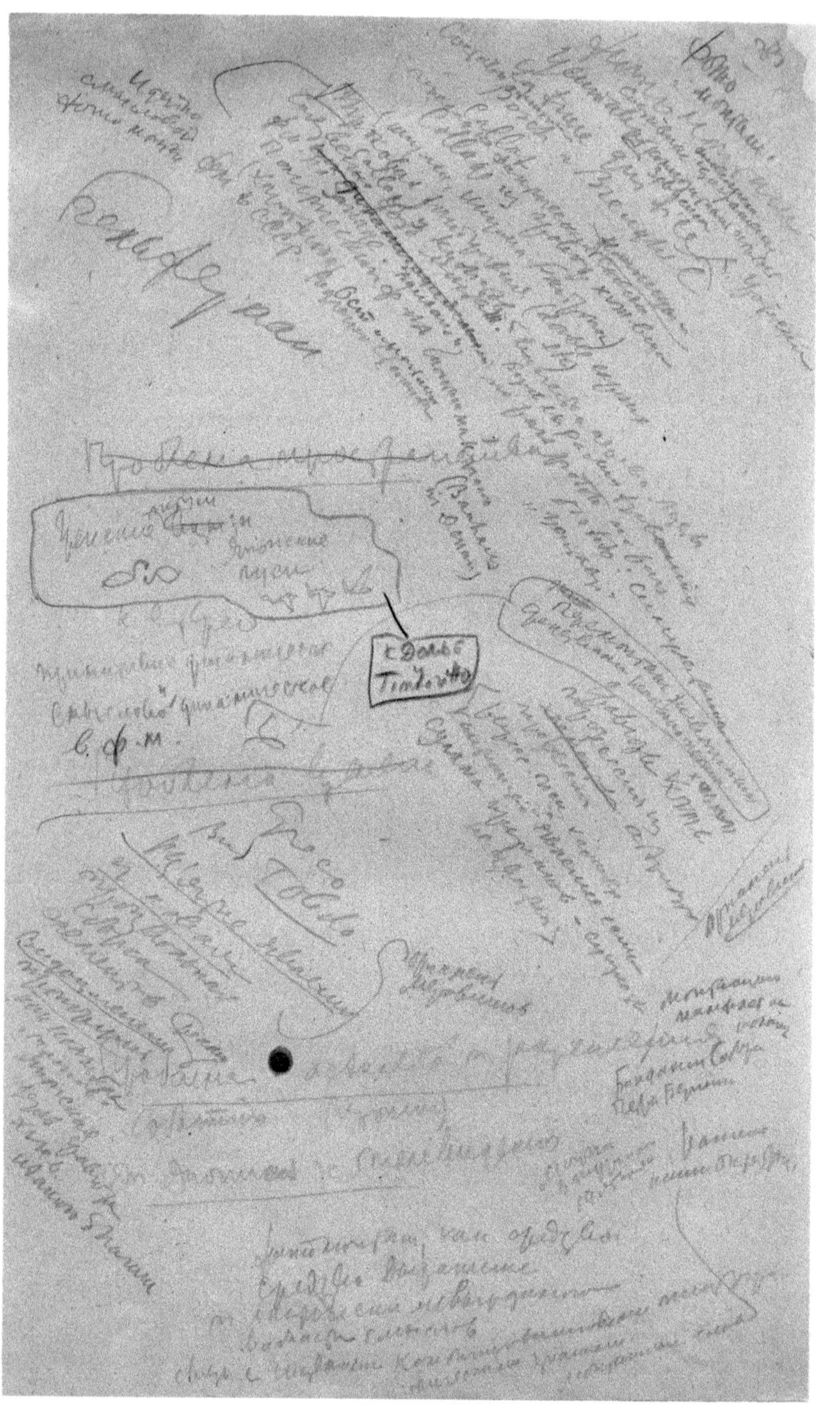

Uma página do manuscrito de Eisenstein que corresponde ao texto abaixo.

<u>Fotomontagem</u>
Representações pint[adas] compósitas.
Centauro. Retrato compósito de Zeuxis[177].
"Grotescos".
La truie qui file [alimentação de suínos][178].

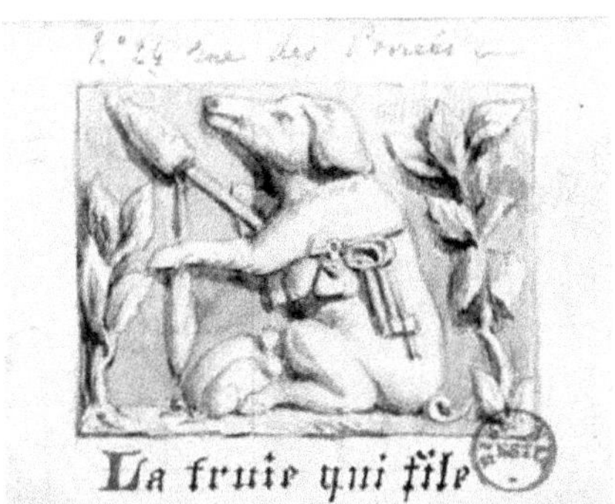
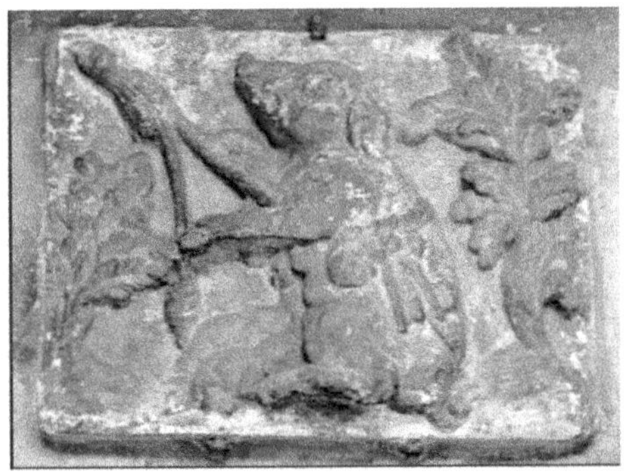

Duas figuras da "Truie qui file" ("A porca que fia"), desenhadas em baixo relevo.

Figuras compósitas
Bosch e Breughel.
Callot.
Passagem para as efetivas tesoura e colagem.
Collage [colagem] a partir de gravuras do século XVIII.
(Biombos, o biombo de Byron[179])
Collage [colagem] dos cubistas (madeira colada, jornais, cartas etc., segundo *pars pro toto*: "Centauro" simultâneo).
A fotomontagem propriamente dita.
A f[oto] m[ontagem] no Ocidente. A *Bauhaus* e a montagem de materiais (*Bauhaus in Dessau*)[180].
A fotomontagem política (Heartfield)[181].
Fotografia trucada (*double exposure* [dupla exposição] etc.).

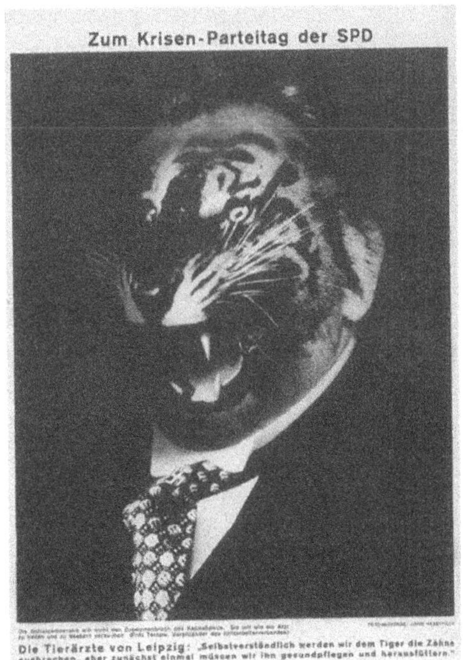

A fotomontagem ideologicamente orientada. A fotomontagem na URSS. Ródtchenko, Stiepánova, OST e a montagem[182].

<u>Em direção ao relevo</u>

O dinâmico primitivo e o dinâmico conceitual na f[oto] m[ontagem].

Remontagem[183] de uma paisagem real por meio da pintura.

Gravuras dos séculos XVI, XVII, XVIII

Profissão a partir dos atributos de uma profissão.

(Caráter psic[ológico] regress[ivo]. "Kantismo": um fenômeno é a soma de seus atributos — a essência é desconhecida.)

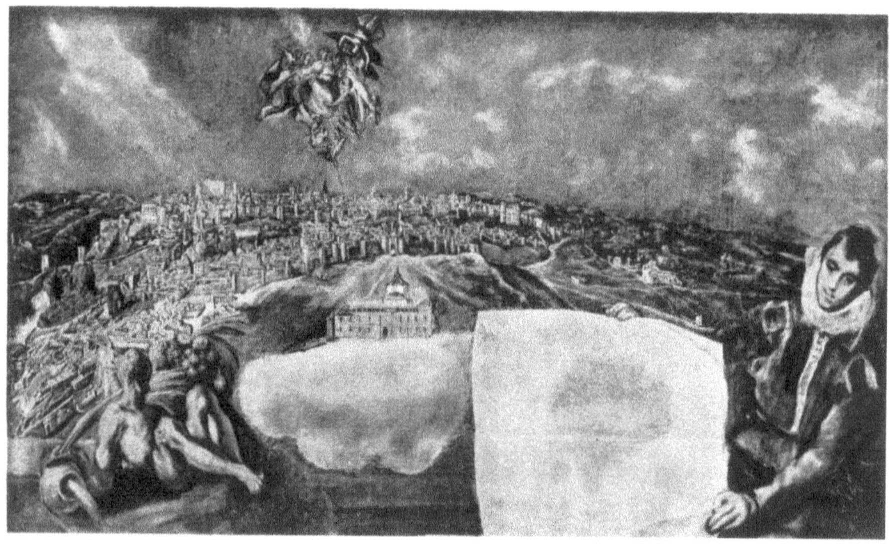

El Greco – "Vista de Toledo"[184]

<u>Partição de um fenômeno e novo conjunto</u> arbitrário dos elementos.

Ornamentos dos merovíngios[185].

Modificação visual das proporções como incubadora de "planos"

Gravuras sobre madeira japonesas do século XVIII. Utamaro, Sharaku[186].

Galos gregos e gansos japoneses[187]

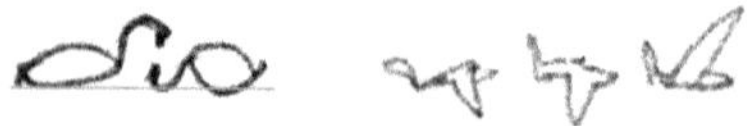

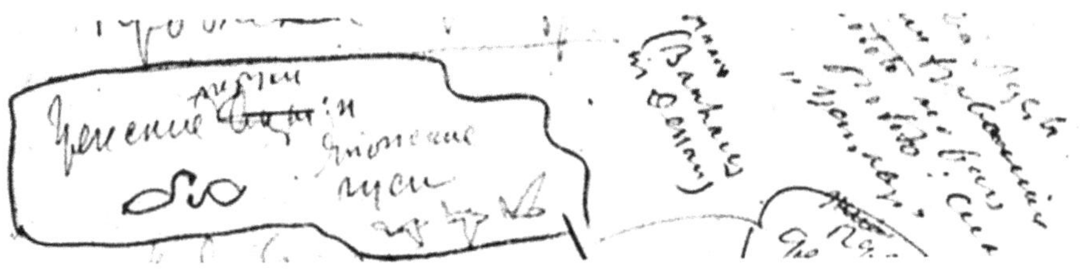

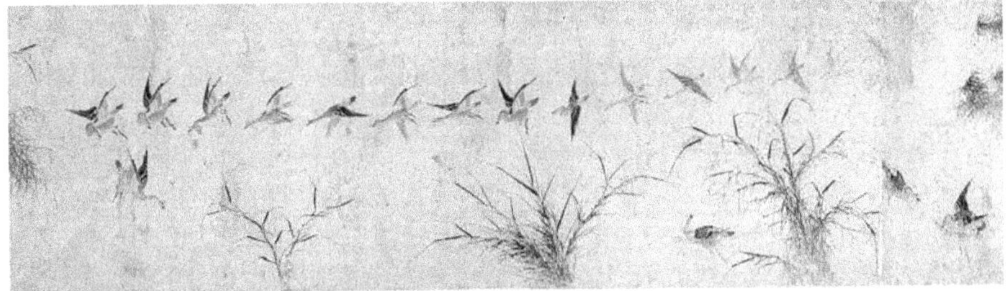

Pintura chinesa de Ma Fen da série "100 gansos".

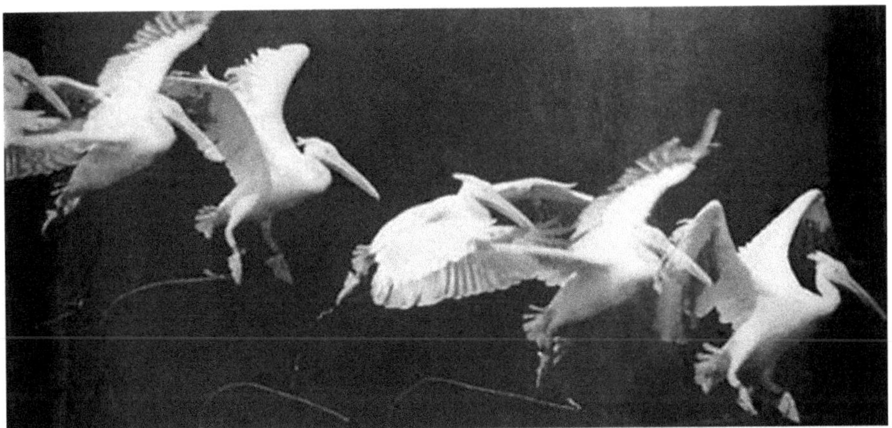

Cronofotografia de Jules-Etienne Marey.

— para Daumier e Tintoretto[188].

<u>Problema da *actualité* [da atualidade] e da fixação dos acontecimentos (crônicas).</u>
De Dionísio à televisão[189].
O panfleto de montagem sobre as colunas — Baldaquin da Basílica São Pedro por Bernin[190].
A fotomontagem como meio. Meio de expressão plástica do que é inexprimível no domínio do sentido. Relação com os sistemas combinados — os signos pictográficos.
Montagem nas revistas de 1905[191].
Nossas primeiras palavras montadas [em] *Outubro*[192].

Pintura e fotografia

Constantin Guys[193]

Cinematografismo[194]. *The everchanging flow of a scenery* [O fluxo sempre cambiante do cenário].

Dinamismo.

Particularidades coloríst[icas].

Daumier

Título de séries lito[gráficas] – "Actualités"[195] [Atualidades] – Crônica.

O olho dirigido para a vida.

Distorção satírica.

Instantaneidade da fotografia instantânea *no comportamento*.

Chiaroscuro [Claro-escuro].

Goya

Los Desastres de la Guerra [Os desastres da guerra] e a *Tauromaquia* (asa naturalista da série das águas-fortes).

Menzel[196]

A pintura de Menzel como substituto da fotografia (equivalente à usina e às recepções da alta sociedade).

Diferença fundamental entre as imagens de Menzel e as vinhetas dos livros[197].

"Instantaneidade" do movimento e ponto de vista sem cavalete[198]. Ligação com Hokusai.

Plano próximo e metáforas plásticas.

Tradição de Chodowiecki [Khodovietski] (1726-1801)[199]

Callot

"Les Grandes Misères de la guerre [As grandes misérias da guerra]"[200]

Edgar Degas

Efeito da instantaneidade no comportamento. Mas também o quadro.

Instantaneidade da fotografia instantânea no corte do quadro (pela primeira vez).

Quadros pela primeira vez. "Banhistas"[201].

Prédica temp[eramental] da saída à rua [ao exterior][202] e aos interiores burg[ueses].

Pintar como se vê (casas vistas de baixo).

Lautrec

Continuação de Ed[gar] Degas na mesma direção.

Tentativa de Manet. "Bomba explodindo".

Essa tradição vem da litografia das *actualités* [atualidades].

Intensificação da tendência e a aproximação à foto-olho[203].

Degas e a prédica da entrada na vida, na temática da cidade
(*d'après* [de] Slocombe[204] e das cartas)
"Cortes" de Degas como reconstrução do "*Snapshot* [instantâneo]" do olho[205].

Degas sobre o ângulo de tomada dos edifícios, que, por uma razão qualquer, jamais se desenham de baixo (para o ângulo e para o ponto de vista natural)[206].

Degas e a fotografia.
Lautrec e a fotografia.

Degas e a foto
1894 – *époque de la grande passion de la photographie* [época da grande paixão pela fotografia].

Lettre de Paul Poujaud à Marcel Guérin [carta de Paul Poujaud a Marcel Guérin], *1931*[207].

Degas – fotografou!

Lettres de Degas [cartas de Degas], 104: *Mme Howland*[208], extraído das cartas a partir das quais Fromentin fez os *Mestres de outrora*[209].

Sobre as trucagens
Dupla exposição e sobreimpressão.

Espetáculo de luzes de Loïe Fuller[210] e as "transformações" nos pequenos teatros em "O inferno" e "O paraíso" em Paris[211], "O palácio das miragens" (1907) com 45 efeitos de mudança de luz (no Museu *Grévin*)[212].

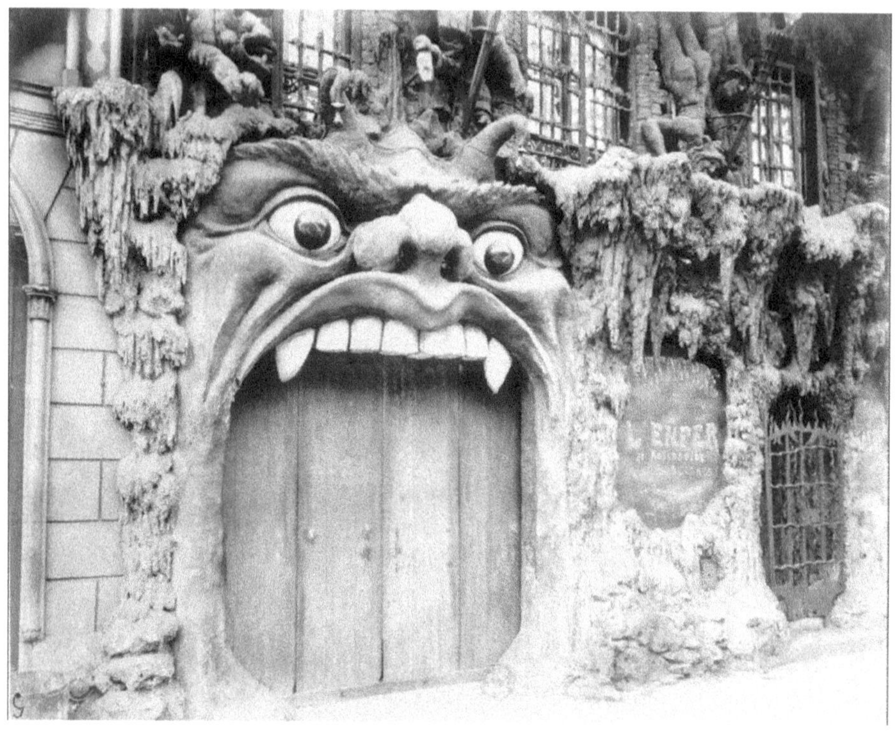

Fotografia de Eugène Atget da fachada do bar O inferno (1898).

"O teatro [nasceu] na praça"[213]

Curiosities: a babá de Washington[214], o diabo marinho.

Aldeia negra na exposição de 1900.

A "Importação de selvagens", como berço do *travelogue*!

A reconstrução de sua vida cotidiana e de seu ambiente (lembro-me de Riga!).

A relação entre a epopeia animalesca [e] o filme de animação

(*Krazy Kat, Mickey Mouse, Donald Duck — notez* [note]: K.K., M.M., D.D.)

Com… animais à mostra e zoológicos?

E animais vestidos. *Barnum.*

Novamente "formas inferiores".

Barnum como circo e como *curiosity* [curiosidade]. Cf. Kunstkameras [*Kunstkammern*, gabinetes de curiosidades] dos séculos XVII e XVIII.

E Barnum como autor do filme de vulgarização científica. (Nos primeiros tempos *fakes* [ilusões]. Depois…)

NB. A paixão típica de cineastas progressistas por todos esses gêneros (Chaplin em Santa Monica. Nós. O teatro de esquerda e o teatro de feira, a *commedia dell'arte* etc.)

Anyhow [De qualquer forma] — o interesse por isso, certamente, repousa sobre um fundo arcaico: uma relação de dominação dos animais selvagens (de caça e domésticos), e [do animal] cultual-totêmico.

"O animal" no cinema.

Filmes de leões. Tarzan. (Comédias com leões e leopardos.)

Rin-tin-tin e Lassie — cachorros[215].

Fliska[216] — cavalo.

"Animismo" — o antropomorfismo neles.

A tradição de Jack London, Sutton-Thompson, Kholstomer[217]. E antes deles a tradição das parábolas e das fábulas. A tendência reformista.

O Novo Centauro da cine-epopeia americana (segundo *Sound and Sight*[218]). O *cowboy* e seu cavalo, o "totem do corcel".

Buffalo Bill in actions against Indians [em ação contra os índios] – *B.B. as show* [como espetáculo][219].

Rodeo Shows [espetáculos de rodeios] — *Cowboy films* [filmes de *cowboys*].

"O teatro nasceu na praça"
O melodrama de bulevar e Griffith.

(Sobrevivências e degenerescências do *Grand Guignol*[220])

O próprio "Grand Guignol" é uma sobrevivência do "teatro como cadafalso" (termo de Evréinov para a ligação entre o teatro e as execuções[221]). O primeiro substituto das execuções reais foram as cenas de martírio nos mistérios. Naturalismo dessas cenas. Naturalismo do "Grand Guignol".

"Grand Guignol" e *tough style* [estilo duro], o mais novo gênero de filmes na América e Inglaterra, *as opposed* [por oposição] ao romantismo melodramático e ao sentimentalismo dos filmes da época de Griffith.

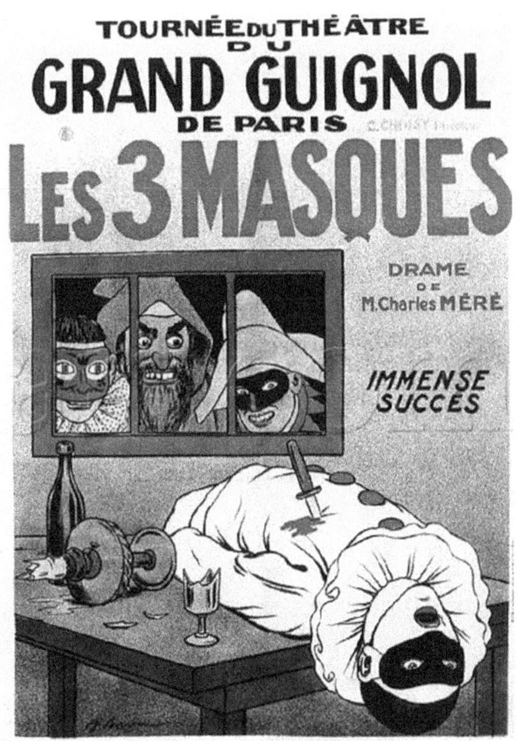

Funambule[222] e Deburau[223]

Farsa e fantasia (o feérico).

De Deburau { Méliès (diretamente) / Charles Chaplin (princípios)

Exaltação dos gêneros inferiores (*low-brow* [incultos]).

Jules Janin e Deburau (*Le Théâtre de Quatre Sous* [O teatro de quatro vinténs])[224].

Isso se repete no [cinema]: Gilbert Seldes e o Chaplin inicial ("*Seven lively arts*", 1924. Importância do livro e o protesto das "*popular arts* [artes populares]" contra a *genteel art* [arte distinta]. *The Great God Bogus* — manifesto[225]).

Méliès só tinha [*quatre sous* <quatro vinténs>] na velhice, e sua "ascensão" póstuma deve-se essencialmente a [Georges] Sadoul, membro da *Cinémathèque Française* [Cinemateca Francesa] e autor de uma monografia sobre Méliès[226].

Atrações de bulevares.

Nickelodeon, Ventríloquos, Panópticos[227].

A esse propósito, também as fotografias tiradas nos bulevares ("atiradores"[228])

"O teatro nasceu na praça" (Púchkin)

0. A importância das representações populares de feira e dos jogos para o desenvolvimento do teatro.

Commedia del'arte.

Renovação do teatro que vem dos divertimentos populares mais baixos.

Teatro de feira democrático *versus* teatro oficial. Seus conflitos.

(3) Nickelodeon, Ventriloquismo, Panóptico — vêm do mesmo meio: *forerunners* [precursores] feirantes do cinema em oposição às "formas elevadas" de espetáculo.

A ausência de reconhecimento do cinematógrafo [é similar] à ausência de reconhecimento dos teatros de Nápolis [?], Faenza, Bidet [?], Deburau[229].

Bulevar do crime[230] e bioscópio.

Laço tradicional – comunidade do repertório original: melodrama, farsa, diorama.

<u>"Panóptico dinâmico"</u> <u>– relação com os Dionísios e os mist[érios]</u>

Oberammergau[231] como a penúltima etapa sobrevivente do teatro comemor[ativo].

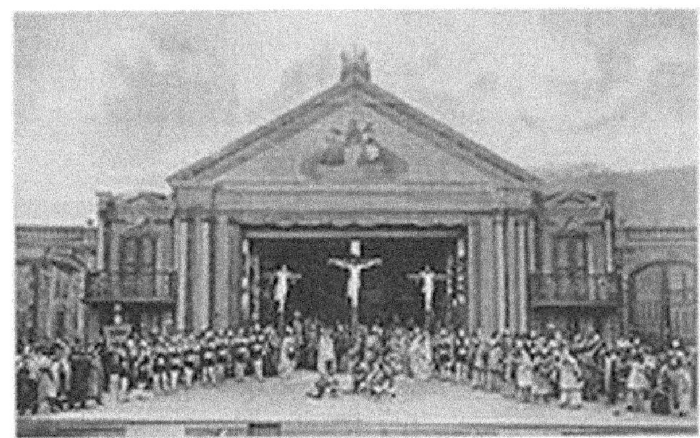

Encenação da Paixão de Cristo em Oberammergau, 1900.

Barbas verdadeiras que crescem e jogo profissional de "não atores" (habitantes — carpinteiros, cultivadores etc.). <u>Não apenas</u> dá prosseguimento às tradições das festas das corporações dos tempos antigos (ligadas prof[issionalmente] a encenações que envolvem figuras dos mistérios e de santos patronos: por exemplo, Santa Bárbara é venerada por *miners and electricians* [mineiros e eletricistas] — [porque] seus *persecutors* [perseguidores] foram mortos por um relâmpago[232]; ou São Lucas é o patrono dos pintores no México etc.), mas as <u>raízes</u> desse fenômeno remontam a uma forma (relativamente) intacta (como o axolotl, que sobreviveu até a nossa época e passa, ao longo de sua vida de animal muito particular, do estado de guelra ao de pulmão, na ocasião da descida das águas[233]).

1050 *First real lenses* [primeiras lentes verdadeiras] (Al Hazen)

1270 *Treatise on lenses* [tratado sobre as lentes] (Vitellio)

     Compound lenses [lentes compostas] (Roger Bacon)[234]

1285-1299 *Spectacles* [óculos][235]

1041-49 *Movable type* [tipos móveis] (Pi Sheng[236])

1147 *Use of wood cuts for capital letters* [utilização de peça de madeira para as letras maiúsculas] (*Benedictine monastery at Engelberg* [abade beneditino de Engelberg])

1300 *Wooden type* [tipos em madeira] (Turquestão)

1390 *Metal type* [tipos em metal] (Coreia)

1409 *First Book of Movable Type* [primeiro livro com tipos móveis] (Coreia)

(1418 *Authentic wood engraving?* [gravura sobre madeira autêntica?])

1423 *First European Woodcut* [primeira gravura sobre madeira europeia]

1446 *Copperplate engraving* [gravura sobre couro]

1440-1460: *Modern printing* [impressão moderna] (Guttemberg and Schoeffer)

1483 *Copper etching* [gravura sobre couro]

1508 *Multicolored woodcut* [gravura sobre madeira multicolorida]

Cronistas-litógrafos da "epopeia napoleônica" e das revoluções de 1830 e 1848 – Charlet (1792[-1845])[237] e Raffet (1804[-1860])[238].

Documento social. Mayhew *London Labour and London Poor* (1861)[239] e *London* de Gustave Doré, 1872[240].

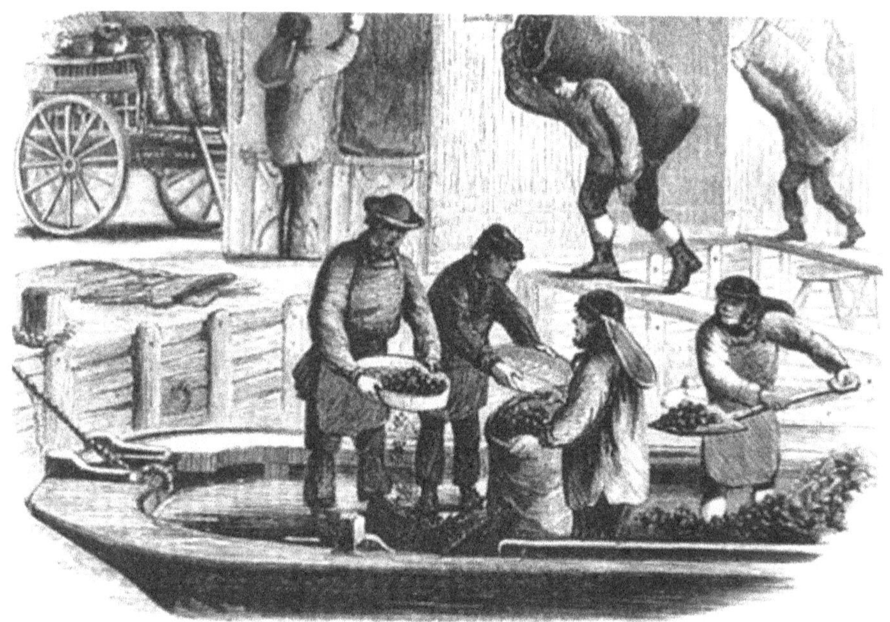

Ilustração do livro de Mayhew London *Labor and London poor*.

Tomadas americanas das greves – 1902, 1912, (1915)
Klondike – *Gold Rush* [a febre do ouro] 1897
A Bolsa 1863

Crônica

Os predecessores dos jornais ilustrados. Volantes e panfletos. (Agora, no México — *llamentos* [sic] [lamentos].

Crônica através dos gabinetes das figuras de cera — "moldes"[241].

Relação com as máscaras mortuárias e a plástica do retrato romano[242]. Naturalismo da crônica.

Relação com as pastorais de Natal nas igrejas. *Berceau* [manjedoura]. Como mostra das *actualité[s]* [atualidades]. Monsieur Tussaud traz uma cópia de cera das cabeças de Luís XVI e Maria Antonieta alguns dias após a execução[243].

Exposição de autênticas *masques mortuaires* [máscaras mortuárias], de moldes de mãos. Busto de Maria Antonieta — em vidro.

Musée Tussaud, Londres.

Musée Grévin, Paris[244].

O *Wachsfigurenkabinett* [gabinete das figuras de cera] em Hamburgo[245].

Figuras de personalidades púb[licas].

De criminosos (até Gorgulov[246] e Mussolini).

Encenação de eventos históricos nos cenários (Guy Fawkes[247]).

A execução de Maria Stuart[248].

Seguem: as Catacumbas, a Revolução Francesa, Napoleão em Malmaison[249].

A saída triunfal do Papa. "O assassinato do duque de Guise", diretamente dessa tradição[250].

Dioramas da vida de santa Tereza de Lisieux[251].

Panoramas. (*Golgotha* e o *Circo de Nero* por Jan Styka, a *Defesa de Sebastopol*[252]).

Reconstrução dinâmica, embora provisória, dos eventos nos espetáculos de massa: Dionísios, os mistérios da Revolução Francesa, os espetáculos de massa na Leningrado do início da Revolução!

Transição para a cine-crônica[253].

"Eden Musee on Twenty-Third Street in New York. There were wax works and all sorts of horrors — President Garfield being shot, and the Chicago anarchists making bombs…" (d'après [Upton] Sinclair [Presents William] Fox. p. 32)

[O museu Eden na rua vinte e três em Nova York. Havia obras em cera e todo tipo de horrores — O presidente Garfield sendo assassinado, e os anarquistas de Chicago fabricando bombas… (de [Upton] Sinclair [apresentação William]Fox. p.32][254]

Mme Tussaud's [no museu]
<u>Lubok</u>:
 Religioso
     Criminal
          Heróico
               Servil (tsares)

<u>Panóptico</u>
Mesma linha

<u>Cinema inicial</u>
Mesma linha

Barnum

Eram gabinetes de curiosidades [Kunstkammern] democráticos e gabinetes de raridades trazidos ao mercado e às praças.

Museus populares no estilo dos museus abertos pelo Estado (O Louvre foi aberto depois da Revolução Francesa, a National Gallery de Londres, em 1824).

Museus de figuras de cera e "gabinetes"

O Museu de figuras de cera de Curtius em Paris antes e depois da Revolução[255].

Madame Tussaud, a sobrinha, faz os moldes das faces das cabeças cortadas de Luís XVI e Maria Antonieta, de Marat assassinado e da condenada Charlotte Corday, de Robespierre guilhotinado, da princesa de Lamballe etc. Antes disso, faz os seus retratos vivos. Eles buscam vestimentas autênticas. O primeiro cônsul (Napoleão) posa para eles. O filho de Sanson[256] adquire uma lâmina de guilhotina e a carruagem de Napoleão para o museu. Mme Tussaud está em Paris desde 1802. A "câmara dos horrores" com o retrato de criminosos (Fieschi e outros[257]). O sino da prisão de Newgate é adquirido em 1903.

Pretensões documentais

O museu Grévin de figuras de cera (1827-1892) em Paris.

"Sequências" históricas. Catacumbas. A Revolução Francesa de 1789. A autêntica banheira de Marat e os objetos usuais da época (facas de "O amigo do povo", faca e etc.). Uma noite em Malmaison (Napoleão I e seus hóspedes). Personalidades criminosas e públicas.

O Panóptico de Hamburgo foi criado em 1879 por Friedrich Hermann Ferber (1849-1908). Dentre outros objetos, as máscaras mortuárias (original) de Goethe e do pai da frenologia, Gall. Cópias de outras máscaras. Uma sala de criminosos.

Um museu iluminista de anatomia fazendo parte do Panóptico.

Panóptico

O filme de vulgarização científica

Kunstkammern e gabinetes de curiosidades dos poderosos príncipes e aristocratas dos séculos XVII-XVIII.

A "Kunstkamera" de Pedro, o Grande[258].

Berço dos futuros museus

Componente democrático — a praça do mercado *Schaubude* [teatro de feira].

Charlatães.

Europa.

O Barnum nos seus inícios, e o museu Barnum.

No Lubok (monstros de *Posada*)

Museus de anatomia existem até hoje nas feiras de Paris.

Seção de anatomia no panóptico de Hamburgo.

O Panóptico unifica:

1) *travelogue* [viagem], <u>importando</u> e <u>exportando</u> os "selvagens". *En grand* [em larga escala]: importações de *tribes* [tribos] inteiras para as exposições em 1854 (Inglaterra), 1889 (Paris), 1900 (Paris). Lembro-me em Riga. Exposição colonial de 1935. *Reservations in the USA* [reservas aos Estados Unidos].

2) *Actualité* – retratos de cera de *prominent people* [personalidades proeminentes] e de criminosos *par excellence* e de cenas inteiras (*Musée Grévin*). Jornal em escultura de cera. A tradição do Lubok.

3) A linha do cadafalso continua – *chamber of horrors* [câmara dos horrores].

4) O panorama da história com um toque patriótico-propagandista: encenações históricas, *Magna Charta* [*Libertatum*] em Mme Tussaud e *Henry V*.

5) Informações de vulgarização científica. Ensino e ilustração.

6) Às vezes, mesmo religiosos (*Grévin* – catacumbas)

Estória eidética[259] [que ocorre] <u>ao mesmo tempo</u> que o evento ("um camelo passa...")

Conto dos Voguls[260] (não dramático, mas "planamente" crônica)

O efeito emoc[ional] desses contos.

Os contos de caçador e os contos de caçador entre aspas – *Tall tale* [conto alto] como passagem à forma artística. Uma mudança voluntária. *Exaggeration* [exagero].

Travelogue [estórias, filmes de viagem]

"Viagens"[261].

As viagens de Daniil Mnikh[262].

Pelegrinos.

Poemas-reportagens e primeiras crônicas.

Livros sobre viagens, a enorme quantidade deles.

Contos do mar (em todas as épocas)

Bestiários

e a passagem à importação de monstros. *Faking them* [falsificando-os] (Barnum).

Século XVIII. Início do romantismo. Rousseau e Drang (ímpeto) para viagens. "Cartas de um viajante russo" de Karamzin[263]. "Arzrum" de Púchkin[264].

Travelogue [viagem] — *Ersatz* da "vontade de mudar de lugar"[265]. "Importação de lugares".

Tabernas orientais e *Nachtlokale* [casas noturnas].

Os cottages espanhóis e mauritanos em Hollywood.

A casa pompeiana (e as togas romanas) do príncipe Bonaparte ([*travelogue*] <u>também na história</u>)[266].

Teatro de feira – no trem.

Panoramas.

Gewitter am Rhein [Tempestade sobre o Reno] – Kempinsky[267].

Importação direta de imagens (pelo *pars pro toto* – familiarização com outros países).

Elefantes e leões na época de Ivan, o Terrível.

...Jenny Lindt e Barnum's monsters [os monstros de Barnum] (fundamentalmente o mesmo!)[268].

Aldeias negras na exposição de 1900 (e antes).

Chalet Suisse[269] [chalé suíço]

Scroll Picture [rolos pintados] chineses. *Travelogue* [viagem] de rios – passagem do documento à impressão.

Daguerre e Niepce enquanto mestres da fotografia art[ística].

Hill (1802-1870)[270]

Julia Margaret Cameron (1814-1879).

Eugène [sic] Carjat (1828-1906)[271].

Nadar (Gaspard-Felix Tournachon) (1820-1910)

Talbot — paisagem em geral e naturezas mortas (*par excellence*) *Pencil of Nature* 1844.

Henry Le Secq, *Fantaisies* (*Naturmorte* [sic]) 1855.

Charles-Victor Hugo (1826-1871).

Atge[t] e o gênero.

O gênero alargado e Paul Martin no *Snapshot* [instantâneo], e na crônica.

(A pré-crônica e o *Wachsfigurenkabinett* [gabinete de figuras de cera]).

Crônica: Brady e Gardner e a guerra c[ivil] am[ericana].

Sebastopol.

O cerco de Paris e Nadar.

Foto-crônica da guerra de 1914.

Cine-crônica.

A foto trucada.

Degradação da fotografia "artística".

A influência nefasta dos pré-rafaelitas sobre Cameron[272].

O renascimento da fotografia.

O entusiasmo de Degas. Lewis Carroll. Lautrec. Os impressionistas e a foto.

A foto (abstrata) de esquerda.

Fotogramas (Man Ray, Moholy[-Nagy])[273].

Fotomontagem.

<u>A passagem à fotografia animada.</u>

<u>A degradação da fotografia.</u>
Duas tendências:
1) A foto naturalista (Zola).
2) O desprezo pelos meios orgânicos de expressão fotográfica: a composição e a escritura luminosa.
Embellissement [embelezamento] por meio da composição diante da câmera – acessórios e teatralização.
Retoque do positivo e do negativo.
Referência ao retrato de "salão" e à pintura [de salão].
As raízes sociais desse fenômeno: a rubicunda classe que desaparece e a pequena burguesia.
As tendências literárias narrativas "anedóticas" em fotografia. A relação com as tendências da pint[ura] (os anos 60 *d'après* [segundo] "*Fruehzeit*[274] [*der Fotografie*]"). O Griffith em seus inícios.
Meissonier e a foto-ilustração encen[ada] como vulgarização máxima da arte fotográfica (anos 1900)[275].
O renascimento da fotografia nos anos 1920 e 1930 do século XX. Urbanismo e industrialização. O culto do objeto em estreito contato com o imper[ialismo].

O nascimento do ângulo de tomada[276]. A história do ângulo de tomada. O cine-efeito potencial do ângulo de tomada na pintura e na foto. *Doppelbild* [imagem dupla] com um enorme ruptura em relação à percepção habitual, de onde a dinâmica. O espectador adota em pensamento uma posição de onde esse ângulo[277] é possível.

A fotografia de "esquerda".

A fotografia abstrata (sem objeto[278]). Os fotogramas de Man Ray e Moholy-Nagy[279].
A des-objetivação da foto como a <u>despersonalização</u> no imperialismo, a des-nacional[ização].

A foto erótica e semierótica e as tradições da *image galante* [imagem galante]. A foto burguesa a serviço da pornografia.

A foto de esquerda.
A coincidência entre a imagem[280] e o fato no período de superação da devastação.
Daí, a conclusão errônea da negação da imagem[281] em nome do fato[282].
A estetização errônea do fato. Documentalismo.
A teoria do "material esteticamente experimentado".
Literatura factográfica[283].

Um aporte positivo: o controle das possibilidades da técnica e da câmera de fotografia.

A descoberta das possibilidades expressivas não apenas da natureza intocada, mas também dos objetos e dos produtos da técnica e da indústria.

Fetichização excessiva disso, como um reflexo do s[ocialismo?].

O "coisismo" substitui o expressionismo[284].

A significação soc[ial] de tudo isso.

31.XII.[47] — 1. I. 48

Degas e o cinematógrafo

O entusiasmo pelo elemento da *crudité* [obscenidade] nas banhistas é uma passagem <u>direta</u> para a "estética" do personagem-tipo em todo o seu aspecto "indecoroso", em toda a sua qualidade "*d'être mal léché*" [grosseira] (com os Goncourt, Zola, Huysmans).

A "estetização" disso a um grau repugnante e rasteiro em *Tony* e *Besta Humana* de Renoir (filho)!

L'amour de l'art [o amor pela arte][285] (1931) — há ali fotografias de E. Degas!

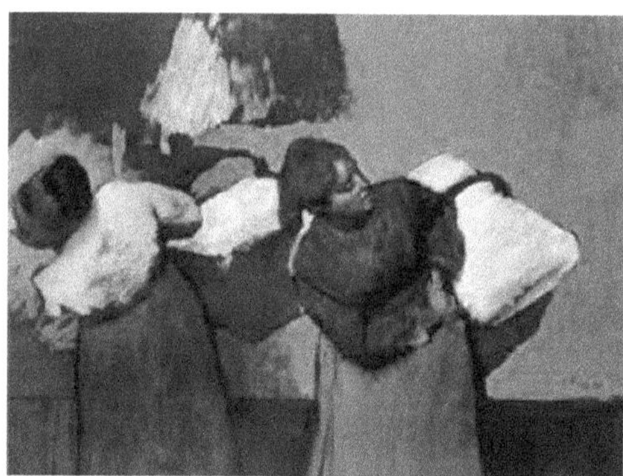

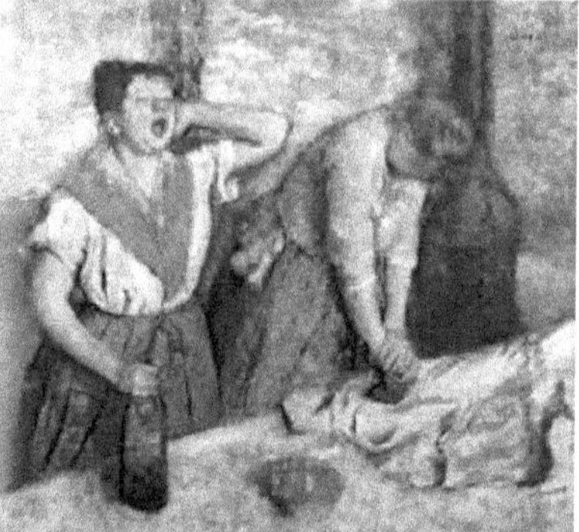

Les blanchisseuses [as lavadeiras] xx [p.] 30
Les repasseuses [as passadeiras] xxx [p.] 36[286]

Em um quadro, duas fases do movimento, dividido em duas figuras: cine-efeito.

É o mesmo papel que desempenha Mme. Jeantaud e seu reflexo no espelho [p.] 43[287]

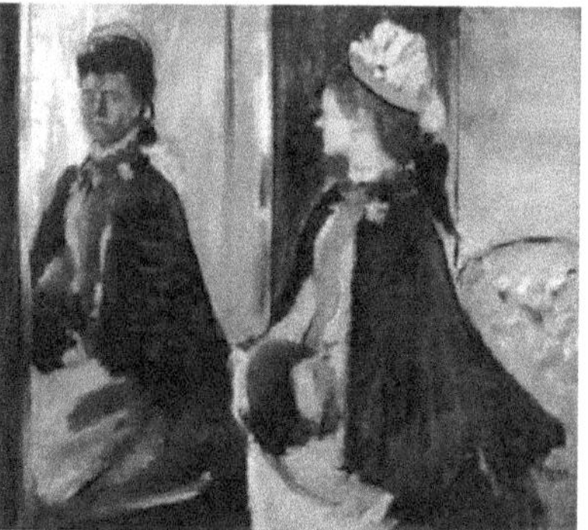

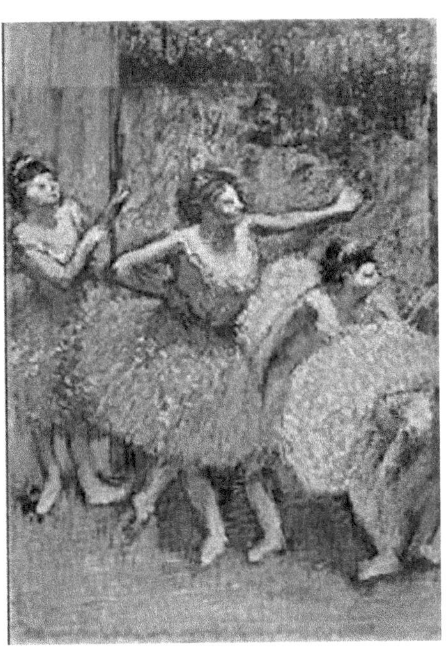

Danseuses vertes [dançarinas verdes] — 3 fases [p.] 52

Os números das páginas se referem a [edição]: *Georges Rivière, M. Degas, bourgois de Paris* [M. Degas, burguês de Paris][288]

Primeiros planos
Em pé – Callot, Chodoviecki [sic][289].
As meias-figuras – não dominam.
O detalhe – domina.

3. I. 48
Vasari sobre Leonardo
Quoting Petrarch [citando Petrarca]:

E l'amor di saper che m'ha si acceso
Che l'opera e ritardata dal desio.[290]
My love of knowledge so inflamed me
That my work was retarded by my very desire.

(Yo tambien)[291]

3. I. 48

Sobre a tradição dos desenhos de um só traço.
Cf. Picasso, Claude Mellan (a espiral e o Cristo[292]), as rendeiras da França do século XVII, o retrato de um cavaleiro (século XVIII) no México etc etc.

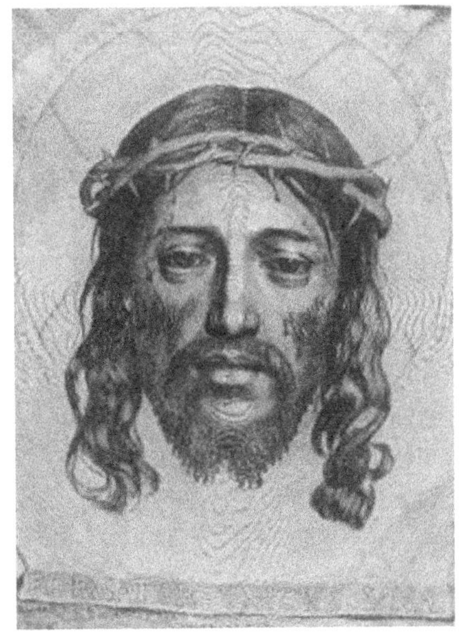

Introdução à *História geral do cinema*

Manifestamente, o sujeito se reparte [como segue]:
A história dos meios expressivos do cinema virá no primeiro volume da <u>História geral do cinema</u>.
E no primeiro volume da <u>História do cinema soviético</u>: "a origem das espécies"[293].

Isso significa, no primeiro [volume]:
A história do plano próximo
A história do problema do tempo
A história do som na pintura
A história da associação do som e da imagem na pintura
A história do problema do espaço
A história do problema do movimento
A história do problema da cor *up to the cinema* [antes do cinema]
A história da montagem
 em pintura
 em literatura
 em arquitetura etc. etc.

E no segundo [volume]:
O caminho em direção à crônica (os panópticos, a história da imprensa e das folhas ilustradas etc.)
O caminho em direção às fotos reveladas
O caminho em direção à fixação das imagens
O ato de comemoração como *nux* [núcleo] de todas as artes representativas delas mesmas.
Vorstufe [fase preliminar]
à rep[resentação]
no som
na síntese
E a crônica (reconstrução = um evento em *pars pro toto*), e o jogo do ator.

Dionísios – mistérios – Diderot – K.S.[294] – Mascaras a gás[295].

3. I. 48[296]

Fatos concernentes
<u>as origens do jornal</u>
<u>Cf. A. de Chambure, *A travers la presse* [através da imprensa], Paris, 1914</u>[297]

Muito boa coleta de textos.

Eugène Atget
O bosque de Boulogne e Versalhes:
Um mestre da "atmosfera" psicológica
Maestria da composição

Pintores-fotógrafos (Hill, Rejlander, Degas, Lautrec)
Hill – mestre da iluminação, caracteristicamente ancorada no ângulo de pose dos personagens (não ainda da câmera)[298]

Accent[u]er [acentuar] – as etapas históricas do desenvolvimento soc[ial] e téc[nico].

3. I. 48

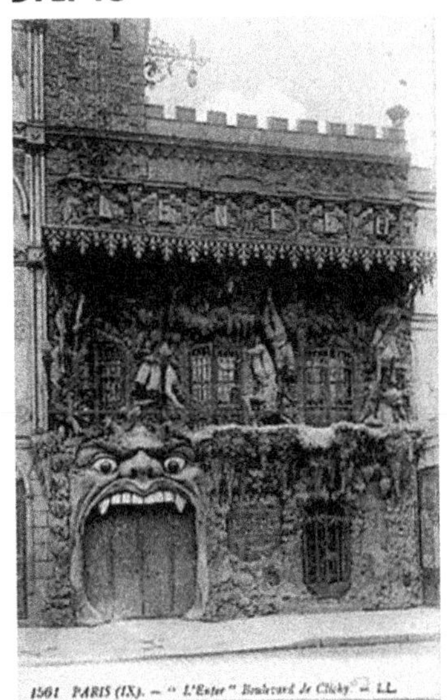

Fundidos[299]
Transformações, Metamorfoses
Paris, Montmartre

L'enfer (*Hell*) [O inferno][300]
Cabaret unique au Monde [Cabaré único no mundo]
Tous les soirs de 8h1/2 à 2h du matin [Todas as noites de 8h1/2 às 2h da madrugada]
Attractions Diaboliques [Atrações diabólicas]
Supplice des Damnés [Suplício dos condenados]
Ronde des Sorcières [Roda das feiticeiras]
La Chaudière, Les Métamorphoses des Damnés etc. etc. [A caldeira, As metamorfoses dos condenados etc. etc.]

Le Ciel. Illusions, Visions [O céu. Ilusões, Visões]
Le Cabaret du Ciel (Heaven) [O cabaré do céu]
53, Boulevard de Clichy [53, Boulevard de Clichy]
Création unique au Monde [Criação única no mundo]
Art and Fun [Arte e diversão]
Tous les soirs de 8h1/2 à 1h1/2 du matin [Todas as noites de 8h1/2 à 1h1/2 da madrugada]

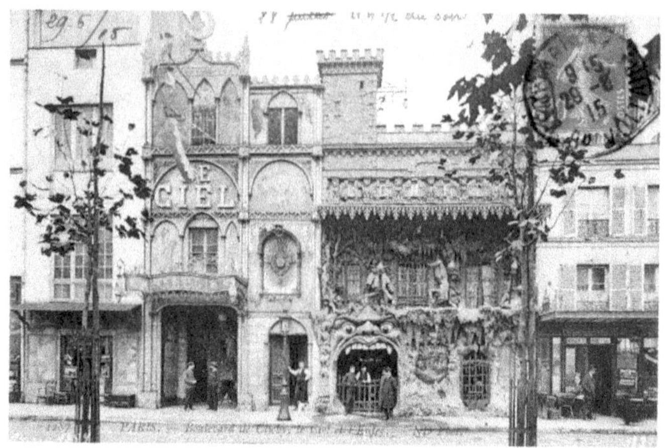

Prêche Humoristique [Prédica humorística]

Les Dickinson's Sisters, Les Femmes Caméléons [As irmãs Dickinson, As mulheres camaleoas]

Rêve de Moine (scènes paradisiaques) [Sonho de um monge (cenas paradisíacas)]

Le Mimoscope (création unique), Le Printemps, La Confession [O mimoscópio (criação única), A primavera, A confissão]

Visions aériennes, Acrobatie Céleste [Visões aéreas, Acrobacia celeste]

Transformation em Ange d'un Spectateur de bonne volonté [Transformação em anjo de um espectador de boa vontade]

no programa de 1929!

E em geral, parece, na Exposição de 1900]

4. I. 48[301]

Actualités reconstruites au studio[302] **[Atualidades reconstruídas no estúdio]**

(por exemplo, "Potemkin" 1905 [segundo] G. Sadoul; ou exatamente a mesma coisa em "Méliès")[303]

Responde ao relato – à narrativa de um participante ou de um viajante, transposta em imagens.

Cf. "Méliès". p. 199-200: história do "Couronnement [d']Edouard VII [coroamento de Eduardo VII]"[304]

E em seguida (mais tarde) não é "a narrativa que é levada ao ateliê", mas a câmera que faz as tomadas dos eventos.

Plain [sic] *air* [a tomada ao ar livre] do "Potemkin" procede da mesma forma para a <u>reconstrução</u> da história.

"*Státchka*" *as well* ["A Greve", igualmente].

4. I. 48[305]

Moralité[306] – *Faits divers* [**Moralidade** – *Crônica das ocorrências*[307]]

Espetáculo de culto — os Dionísios e os mistérios — são ... filmes "históricos".
Eles são profundamente contemporâneos.
Aristófane se distingue de Ésquilo.
É mais nítido quando, dos mistérios, surge a *moralité* [moralidade].
Nos mistérios já existem diabos e o quotidiano (gênero) onde é possível.
Como na pintura religiosa — o quotidiano está presente, por exemplo, no nascimento de Maria (cama, louça, remédios etc.).
Não esquecer: o religioso não pode ainda ser abstrato. Quando ele começa a "abafar o quotidiano"? Pois no mosaico, o fundo é em ouro e azul, não há cotidiano?
As vestimentas são contemporâneas, com exceção do Cristo [que é representado] em sua túnica convencional.
A *moralité* [moralidade] é uma "cônica das ocorrências" — em geral um crime sensacional do tipo *Jack the Ripper* [Jack, o estripador] ou algo desse gênero, revestido por uma capa moralizadora, ou seja, literalmente um *corrido*[308] teatral (*llamento* [lamentação]): o anúncio de um crime sensacional com todos os estribilhos moralizadores de costume.
É interessante que o surgimento das folhas ilustradas coincida com a extinção da *moralité* [moralidade] ou, antes, que no momento em que se desenvolvem as "sensações" ilustradas, a *moralité* venha se exprimir e crescer em peças de ordem complexa. *Fait divers* [*a crônica das ocorrências*] e o seu papel no drama não cessa.
"Cadáver vivo", "os dramas" de Dostoiévski (em seus romances), todo um período do teatro francês (pedir emprestado o livro fran[cês] de Abram Efros sobre esse assunto[309]).

4. I. 48[310]

Pars pro toto
Na época da *pars pro toto* do século XIX surge o "milagre" *of deducing an animal from a jaw-bone. The idea of it had to come exactly at this time* [de deduzir um animal a partir de um osso do maxilar. Essa ideia ocorreu precisamente naquele momento][311].

Perspectiva múltipla

Leonardo (*Cena* ["A ceia"])[312]

Arnolfini[313].

Benvenuto Cellini a propósito da escultura e de sua poliprojeção nos quadros, cada um constituindo uma projeção[314].

Os inícios da litografia da Rússia

D'après [segundo] A.F. Korostin "Os inícios da litografia na Rússia, 1816-1818". M[oscou], 1943[315].

Primeiro álbum de litografia:

"Gravura sobre pedra, executada em São Petersburgo em 1816".

Principal participante: Orlóvski.

Dele, o poeta Viázemski escreveu:

"A brava Rússia de antanho

À posteridade, tu a passarás,

Tu que, sob o lápis da nação,

viva, a capturaste."[316]

Aqui se expressa o essencial de sua tarefa:

"capturá-la (a Rússia) viva" e "passá-la à posteridade" (p. 60)

Refletir – preservar – transmitir.

O primeiro livro russo litograf[ado]

Aziátski muzikálni jurnal [revista de música asiática], outubro 1816, publicada em Astrakhan pelo professor de música Ivan Dobrovólski (p. 73).

A. G. Venetsiánov (1780-1847). Retratos de personagens "históricos" (1818-1819) (p. 93).

Cerimônias e festas

N. Serra-Capriola, "Os montes acima do Neva" do original de K. [von] Hampeln, 1817.

"A festa nacional russa", "Festas em Ekaterinhof" (também de Hampeln), (p. 99, XX).

5.L.48

Títulos de montagem

Caracteres de diferentes tamanhos
Caracteres que crescem
[Inter]títulos que avançam (*as step from them*[317] [como se dessem um passo à frente])[318].

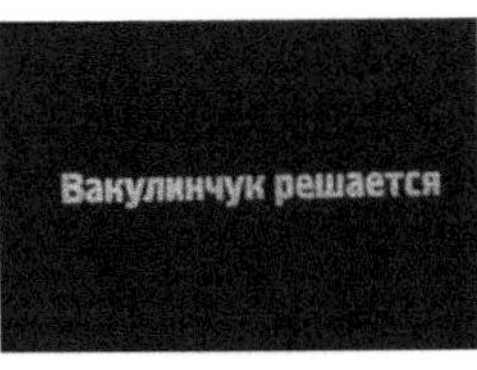

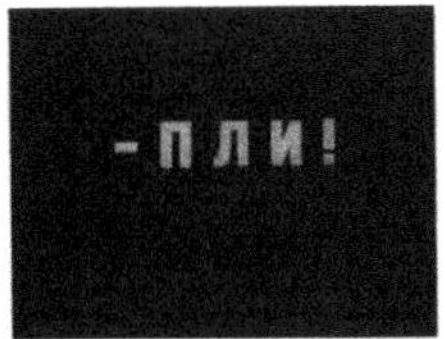

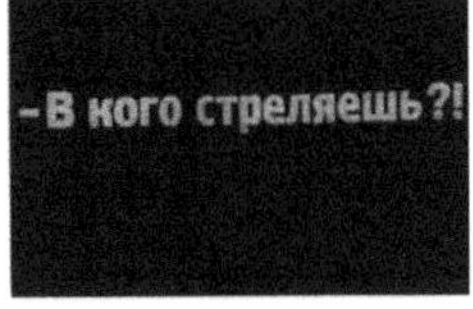

O Encouraçado Potemkin: sequência da execução "por exemplo" de um grupo de marinheiros e reação de Vakulintchuk: 1. Vakulintchuk reage; 2. Fogo!; 3. Irmãos!; 4. Em quem vocês vão atirar?![319]

<u>Ligação direta com as "letras gritantes" dos jornais.</u>
Curiosamente, esse estilo (para os <u>jornais</u>) iniciou-se apenas a partir da primavera de... 1898!
Com o início da guerra hispano-americana (pela "independência" de Cuba). [Arthur] Brisbane, um assistente de [William Randolph] Hearst, o introduziu. A guerra foi "criada" por Hearst e sua furiosa companhia.

Cf. John K. Winkler, *William Randolph Hearst*, NRF. Trad. M. Lebas:
p. 165: "...la guerre fut declarée. Vint alors une nouvelle éruption d'excès typographiques. Brisbane introduisit les titres en majuscule dans l'Evening Journal. Quelques-uns avaient quatre pouces de haut. L'Evening World suivit l'exemple. Parfois toute la première page des deux journaux n'était plus qu'une salade de titres..."
["... a guerra foi declarada. Veio então uma nova onda de excessos tipográficos. Brisbane introduziu os títulos em maiúsculas no *Evening Jounal*. Alguns com quatro polegadas de altura. O *Evening World* seguiu o exemplo. Por vezes, toda a primeira página dos dois jornais não passava de uma salada de títulos..."]

p. 169: "... Le jour où fut annoncée la victoire de Dewey à Manille, le 2 mai 1898, le Jounal publia un fleuve de supplements... le tirage atteignit le nouveau record de 1 600 000 exemplaires... L'influence de la violence typographique apportée par l'usage que le Journal fit des caractères géants pendant la guerre est visible dans presque chaque journal américain à present..."[320]
["... O dia em que foi anunciada a vitória de Dewey em Manila, em 2 de maio de 1898, o *Journal* publicou um rio de suplementos... a tiragem atingiu o novo recorde de 1 600 000 exemplares... A influência da violência tipográfica trazida pelo uso que

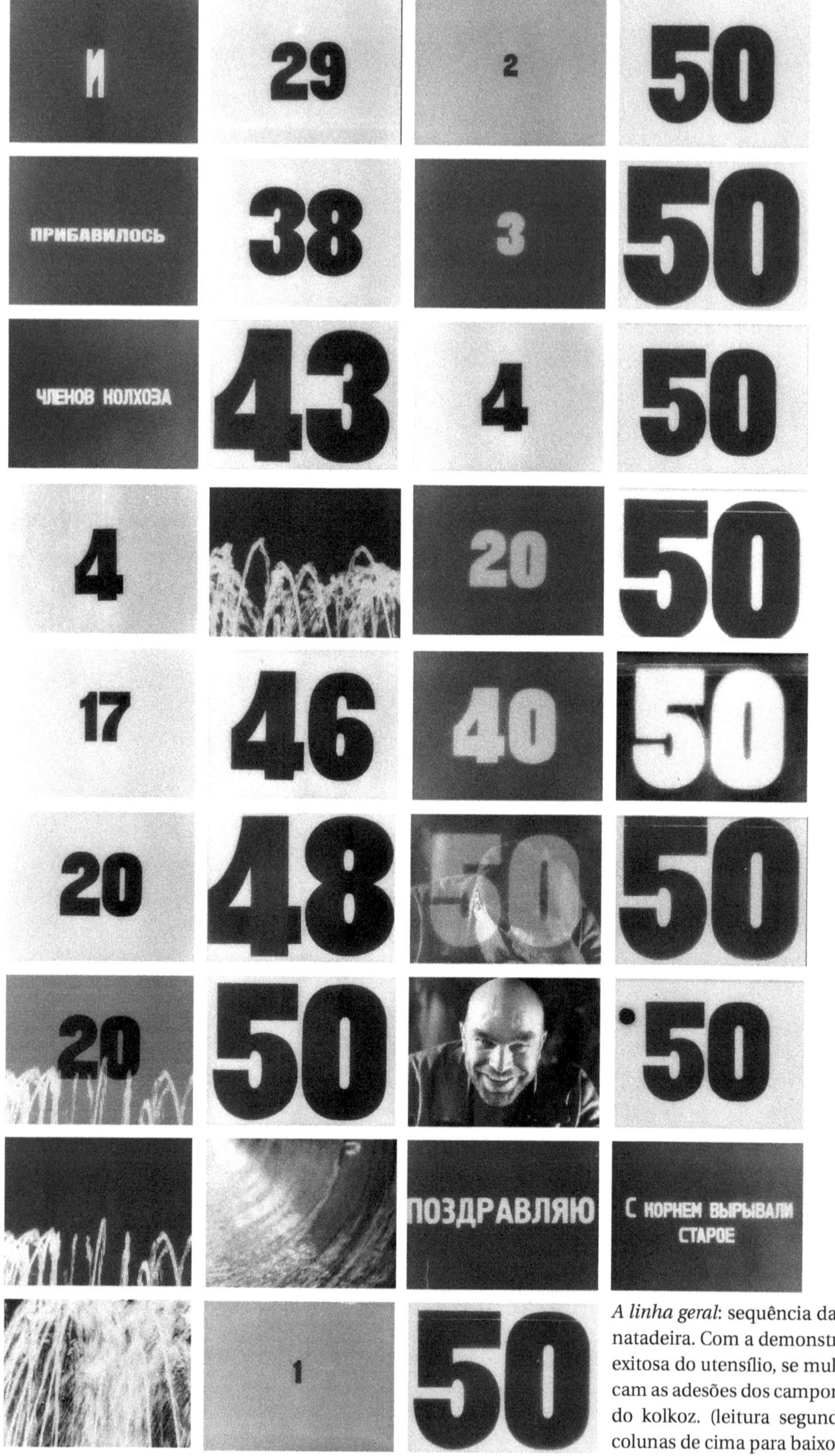

A linha geral: sequência da desnatadeira. Com a demonstração exitosa do utensílio, se multiplicam as adesões dos camponeses do kolkoz. (leitura segundo as colunas de cima para baixo)

o *Journal* fez dos caracteres gigantes durante a guerra é visível em quase todos os jornais americanos atuais..."]

Cf. Também *Some Newspapers and Newspaperman* de Oswald Garrison Villard, NY Knopf, 1923, 1926

Ilustrações:
Contrapágina 20: *The Tribune's First Page before Hearst Invaded the New York Field* [primeira página do jornal *Tribune* antes de Hearst invadir Nova York]
(uma modesta página cinza – uma superfície toda cinza).

Contrapágina 36: *A Spanish War First Page of Hearst's Evening Journal*

> *BOMBARDED!* 2a
>   *OUR FLEET ATTACKS* a   } *[The titles occupy]*
>   *Matanzas*   *2/3 of the whole page*
> *CITY MAY BE IN RUINS* 11/2 a

[Guerra espanhola na primeira página do *Evening Journal* de Hearst, 28 de abril de 1898.]

> BOMBARDEADO! 2ª
>   NOSSA FROTA ATACA a   } Os títulos ocupam
>   Matanzas   2/3 de toda a página
> CIDADE TALVEZ EM RUÍNAS 11/2a

(gritos frenéticos das manchetes)
Contrapágina 28: *The (New York) Tribune as It Is Today, Showing the Hearst Influence upon its headlines and make-up.*
[*O New York Tribune* tal como é hoje em dia, mostrando a influência de Hearst na manchete e na composição].
(jornal típico de hoje em dia com suas habituais manchetes gritantes).

NB. Tentar precisar, com relação ao cinema.
NB. NB. Em panfletos, os caracteres grandes já existiam antes, por exemplo: *A War Department Poster* [um cartaz do ministério da Guerra]:
    $ 100.000 REWARD! [100.000 DE RECOMPENSA!]
    THE MURDERER [O ASSASSINO]
    of our late beloved President ABRAAM [sic] LINCOLN [de nosso bem-amado presidente ABRAHAM LINCOLN] *is still at large...*[está em liberdade...]
    no mesmo *New York Tribune*!

No entanto, a manchete daquele jornal: *Highly Important!* [Altamente Importante!]; *The President Shot* [O presidente foi assassinado] não se compara ao *Bombarded!* [Bombardeado!] (de Hearst)

Cf. Stefan Lorant, Lincoln. *His Life in Photographs* [Lincoln,. *Sua vida em fotos*]. Duel Sloan, NY, 1941[321].

O problema do tempo na pintura

O problema do espaço[322]

5. I. 48

Combinações audiovis[uais]

A etapa do texto inscrito na imagem.
Maya. Idade Média. *Comic Strip* [quadrinhos].

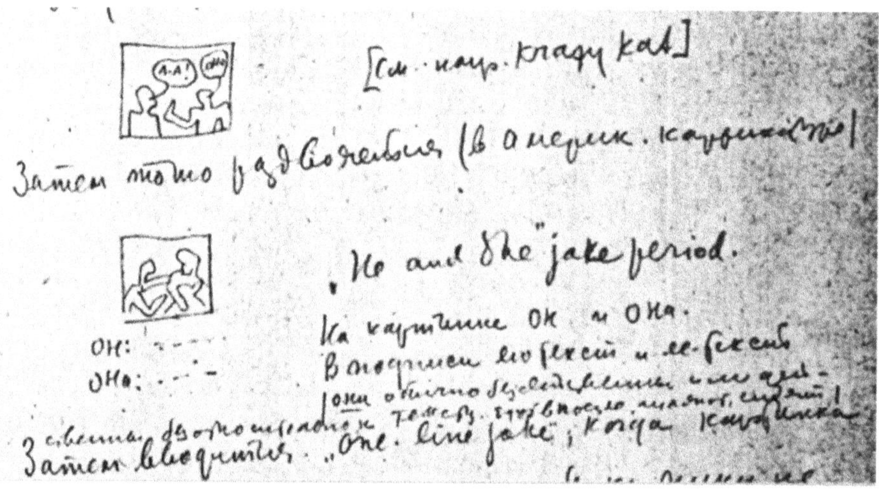

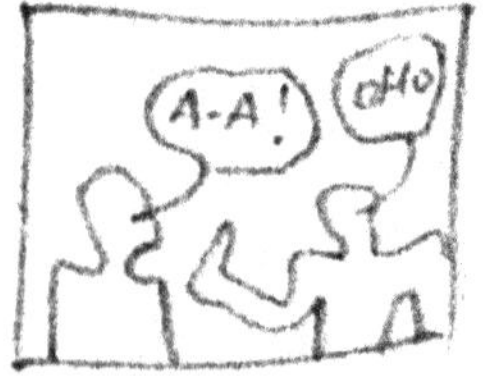

Cf. Por ex., *Krazy Kat*
Depois *toto* [o todo] se divide em dois (na caricatura americ[ana]):

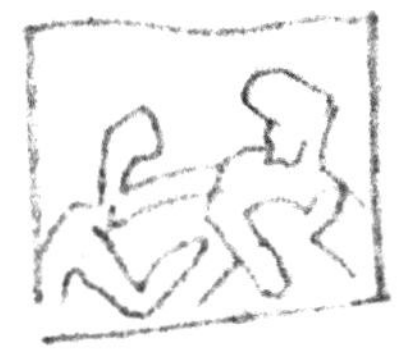

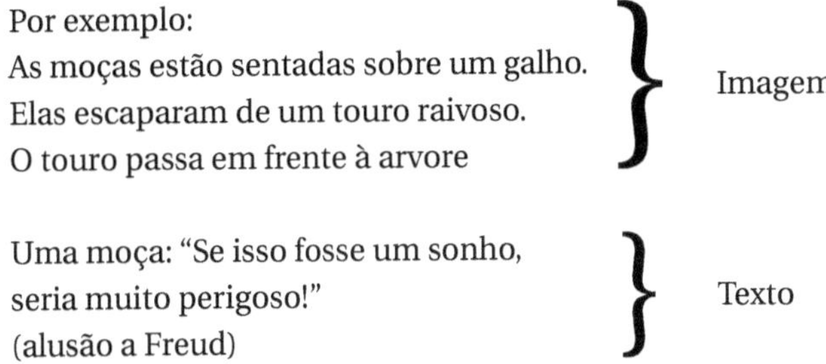

He and She joke period: [período da piada "Ele – Ela"]
No quadrinho: Ele e Ela
Sob a imagem, o texto de cada um.

(Eles estão geralmente inativos ou fazem algo sem nenhuma relação com o texto: viajam de trem, passeiam ou estão sentados).

Em seguida vem o *one-line joke* [piada de uma linha só], em que desenho e texto são indissociáveis: o texto não pode ser compreendido sem o desenho. Da mesma forma o desenho sem o texto – o sentido – o conteúdo – se <u>repartem</u> entre a imagem e o texto (o fonograma): é de sua *interrelation* [interrelação] que se <u>forma</u> o sentido.

Por exemplo:
As moças estão sentadas sobre um galho. } Imagem
Elas escaparam de um touro raivoso.
O touro passa em frente à arvore

Uma moça: "Se isso fosse um sonho, } Texto
seria muito perigoso!"
(alusão a Freud)

Aqui, geralmente a <u>autoria</u> do texto e do desenho pertence a uma única pessoa.
Como Gavarni no passado[323]. Nosso Fedotov[324].
Daumier, menos (Philipon imaginava o tema e o texto para ele).
Nos EUAN[325] o *New Yorker* reivindica a "descoberta" desse estilo.
Mas a primazia é atribuída ao antigo colaborador do *Judge* (1920-1923) e seu redator (1923) *Norman Anthony* (célebre por ter editado em 1931 *Balyhoo*[326]).
Cf. *How to Grow Old Disgracefully, or Anthony's Adversities. A Hilarious Autobiography by Norman Anthony*, 1946, Eagle books Inc.
(A propósito, também: *Illustrated by the Author* [ilustrada pelo autor]).

p. 67: "...There's only one objection I have to *The New Yorker*. In their introductions to *The New Yorker Albums* (reprints of their best cartoons), they go to great lengths to take credit for creating "modern type of humor". Which is professionally known as the "one-line joke". The old-fashioned humor was the "Pat and Mike" Style of caption which used two lines. It was also known as the "He and She" joke period. They are not in error; there's nuts.

Judge introduced the one-line joke long before *The New Yorker* was in existence. In fact, I cam remember a time just before Christmas in 1923 (*The New Yorker* started in 25) when Teddy Roosevelt Jr called me up and asked me if he could buy the original of a drawing he'd admired in a recent Judge. He wanted to give it to a friend as a present so I sent it over to him as a gift from us.

It was a picture by Dr. Seuss (Ted Geisel) and showed a drunk looking with disdain at a nightmarish pink elefant, and saying: "I'll take an aspirin and then where will you be?..."

["...Tenho apenas uma objeção ao *The New Yorker*. Em sua introdução ao *The New Yorker Albums* (em que reeditaram as melhores caricaturas do jornal), eles fazem de tudo para se atribuir o mérito pela criação de um "tipo moderno de humor". Que é profissionalmente conhecido como *one-line joke* [piada de uma linha só]. O humor antigo era no estilo da série "Pat and Mike", em duas linhas, também conhecido como o período da piada "Ele – Ela".

Eles não estão só enganados; eles são malucos.

O *Judge* introduziu a "piada de uma linha só" muito antes do *The New Yorker* sequer existir. Eu lembro que antes do Natal de 1923, (o *The New Yorker* iniciou em 25) Teddy Roosevelt Jr me chamou para saber se poderia comprar o original de um desenho que ele admirara, publicado recentemente pelo *Judge*. Ele desejava dar a um amigo, e então eu lhe enviei como presente nosso.

Era um desenho do dr. Seuss (Ted Geisel) que mostrava um bêbado olhando com desdém para um elefante rosa tenebroso, e dizendo: "Eu vou tomar uma aspirina, e aí, pra onde você vai?..."]

É notável que essa construção da síntese dos elementos opostos (o texto e a imagem) seja a reconstituição (em espiral) da fase sincrética.

As crianças pequenas (de 2-3-4 anos) desenham da mesma forma: fazem manchas, riscos e comentam a sua interpretação (Cf. exemplos em *Alschuler e Hattwick, Painting and Personality, Chicago Univ. Press*, 1947). *And here-in lies the attraction* [e nisso está a sua atração].

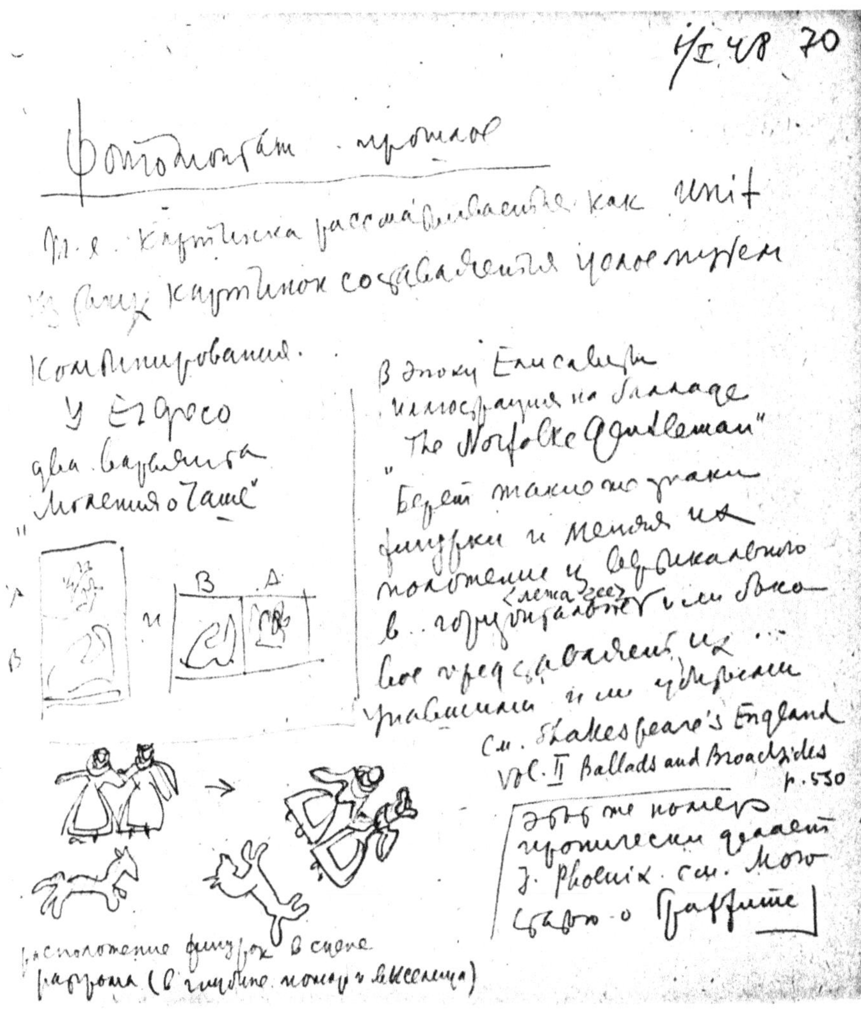

6. I. 48[327]

Fotomontagem — o passado

I.e, o quadrinho é considerado como *unit* [uma unidade].

Os quadrinhos, uma vez combinados, formam um todo.

Em El Greco há duas variantes da "Prece a Getsêmani"[328].

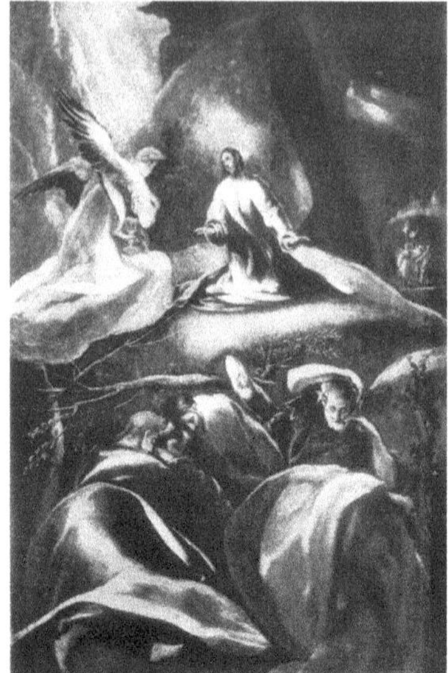
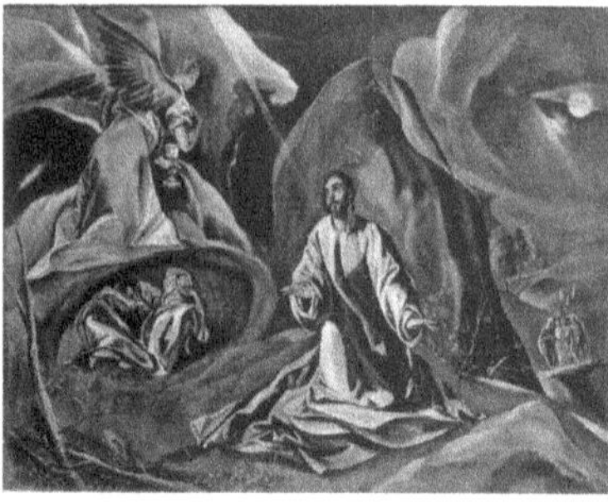

Duas versões de "O Cristo no jardim das oliveiras" ou "A agonia do Cristo no jardim das oliveiras".

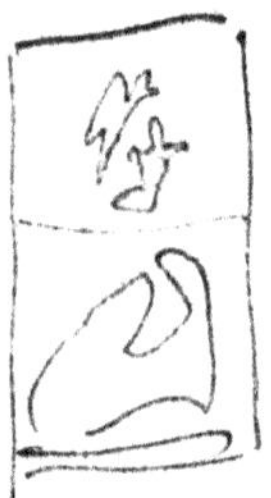
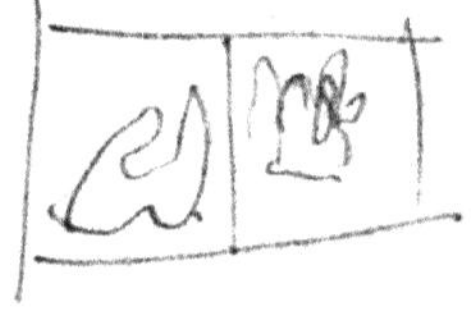

El Greco, *O Cristo no jardim das oliveiras.*

À época elisabetana — ilustração com a balada "The Norfolke Gentleman" [O cavalheiro de Norfolke][329]. Tomam-se os mesmos signos-figuras e os fazem passar da posição vertical à... Horizontal (deitada), ou de lado, e as apresentam... Caídas ou mortas.

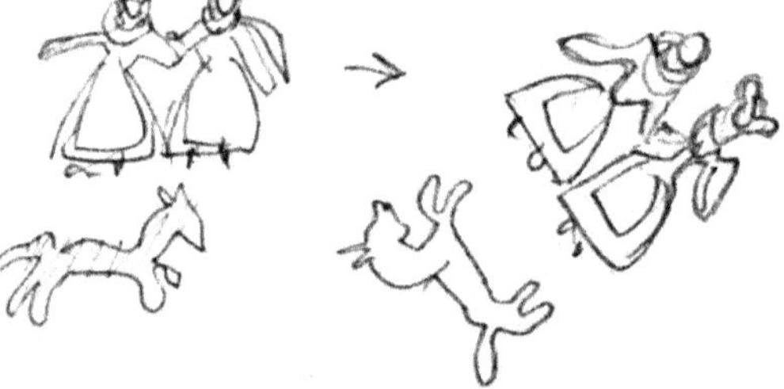

Desenhos que se referem à ilustração da balada
"The Norfolk Gentleman."

Disposição das figuras numa cena de derrota (ao fundo um incêndio e uma forca). Cf. "Shakespear[e]'s England", vol. II: "Ballads and Broadsides". p. 530[330].

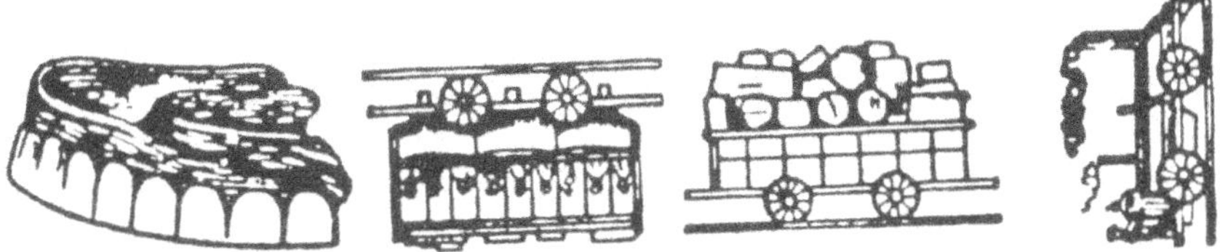

J. Phoenix faz ironicamente a mesma coisa. Cf. meu artigo sobre Griffith[331].

11. I. 48

O contrarrelevo[332]
como etapa inicial da escultura
E a classificação: <u>relevo – fatura – cor</u>

<u>O contrarrelevo como etapa (preliminar) da escultura.</u>
Rodin *knetet* [molda] depois de ter apalpado Isadora ("Memoirs" [memórias])[333]
O erotismo presente, e a extensão erótica dessa manipulação, não desmente nada: é aquela pré-etapa indiferenciada da criação, que pode perfeitamente transbordar na criação da obra escultural... À semelhança de algo que toma a forma de criança (através do coito)!

É também o berço de uma fatura tangível. É preciso ter em mente que a <u>fatura</u> é a pré-pintura: a pintura é a factura *rafinée* [refinada] <u>ao olho</u>, da mesma forma que o desenho é o "contorno" de um objeto (Hokusai) [refinado] <u>à mão</u>.
NB. *Very important* [muito importante]!

A cor <u>certamente</u> vem do tato (pois <u>também a visão</u> vem do tato!). A própria divisão em tons quentes e frios constitui a tradução concreta das sensações térmicas em função da copresença reflexiva de sombra e luz na cor.

Nós, portanto, (desse ponto de vista) <u>lemos</u> a cor por meio do tato, da nossa sensibilidade ao calor!

E a profundidade do tom? Trata-se do tato espacial, isto é, já *ausgewachsen* [cultivado], proveniente do tato factural [textural] — desde os gestos finos (microapalpamentos com as terminações nervosas dos dedos) até o gesto que apalpa no espaço (com os mesmos dedos que são para o corpo extremidades, tanto quanto as pontas dos nervos do tato são extremidades para as mãos): mas aqui já há uma *übergang* [transição] para a verdadeira *raumkunst* [arte do espaço], para a [arte] plástica (no sentido da escultura), ou seja, para a etapa buscada[334].

E ainda: um desenho sobre uma superfície plana é um gesto *dreidimensionaler* [tridimensional] que se apoia sobre o plano.

Dessin [desenho] — na caligrafia há uma tentativa falha de "perfurar" a superfície plana, que exprime uma resposta à pressão (ação = reação) que afasta as duas metades da pena.

Com o aumento da pressão da pena e da pressão (equivalente) dada em resposta pela superfície sob a pena, alarga-se a linha riscada com tinta.

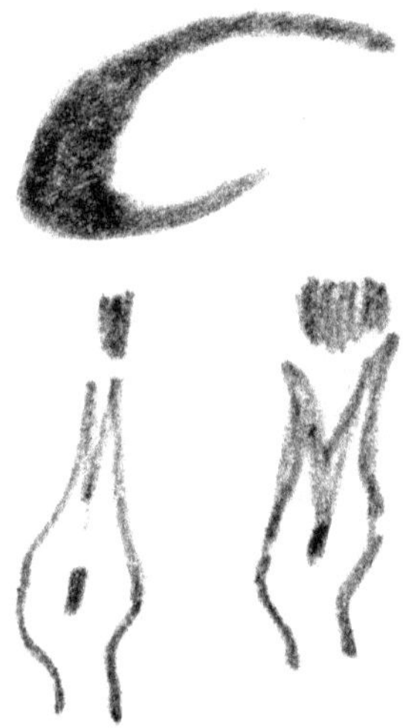

É interessante que o engrossamento da linha *seja lido*... por meio do relevo (Cf. as gravuras do conde Tolstói para "Dúchenka"[335]: sombreados com espessura) — é verdade que aqui há em primeiro lugar uma espécie de ilusão de "sombra", mas não somente!

21. I. 48

A arte da animação, i.e., <u>a confrontação de fases desenhadas</u> — de desenhos de momentos isolados em continuidade de movimento, possui um *forerunner* [precursor] no balé (diga-se a propósito, na forma mais alta de animação: audiovisual!).

Ao menos para Diaghilev na época de Fokin.

Recuperação das poses, das fases.

A transposição dessas poses em fases do movimento pela sua reunião através de um dançarino em movimento.

Cf. "L'après-midi d'un faune" na compreensão dos ensaios de Nijínski, segundo Lifar ("Diaghilev")[336].

Great [genial]!

21. I. 48

O fenômeno de <u>obtenção da sensação de movimento a partir da confrontação de diferentes fases</u> é conhecido há muito tempo. Com base nele, realizou-se o truque do arbusto que surgia, crescendo de um grão. Em seguida, eram apresentados ao espectador arbustos de diferentes tamanhos — mesmo quando se utilizava um obturador (que recobria cada uma das fases com a capa do "mago"). Da percepção do espectador, eles se uniam para formar uma só imagem de um arbusto que crescia![337]

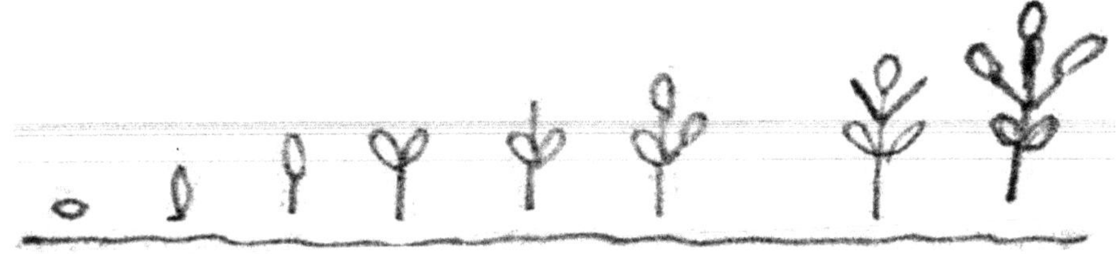

(Verificar em Houdini, "The Unmasking of Robert Houdini")[338]
Great [genial]!

To-day, Thursday, July 3, 1845, First Representation

OF

The Fantastic Soirees

OF

Robert-Houdin,

Automata, Sleight-of-Hand, Magic.

The Performance will be composed of entirely
novel Experiments invented by

M. ROBERT-HOUDIN,

Among them being:

The Cabalistic Clock   Obedient Cards
Auriol and Debureau   The Miraculous Fish
The Orange-Tree   The Fascinating Owl
The Mysterious Boquet   The Pastrycook of the
Pierrot in the Egg   Palais Royal

To Commence at Eight o'clock.

Box-office open at half-past Seven.

Price of Places: Upper Boxes, 1 fr. 50 c.; Stalls, 3 fr.;
Boxes, 4 fr.; Dress Circle, 5 fr.

Programme for the opening of Robert-Houdin's theatre in Paris. Repro-
duced from the American edition of his " Memoirs."

[37]

Programa de abertura do teatro Robert Houdin reproduzido na edição das suas memórias.

30. I. 48

A montagem com pontos [de vista] múltiplos (projeção)
Uma história que começa com o <u>ornamento</u>.

Citação de Benvenuto Cellini
"I say that the art of sculpture is eight times as great as any other art based on drawing, because a statue has eight views and they must be equally good...
... A painting is nothing more than one of the eight principal views required of a statue..."
January 28, 1547
Letter to Benedetto Varchi.

["Eu disse que a arte da escultura é oito vezes maior do que qualquer outra arte baseada no desenho, porque uma estátua possui oito pontos de vista e todos devem ser igualmente perfeitos...
...Uma pintura não é mais do que um dos oito principais pontos de vista requeridos por uma estátua..."]
28 de janeiro de 1547
Carta a Benedetto Varchi[339]

<u>Delaunay e Picasso</u>
"eight views" *of a statue combined into one in space (deformed)* [oito pontos de vista de uma estátua combinados em um só no espaço (deformado)].
PoNitilliste technique extended upon subjects [técnicas pontilhistas estendidas aos objetos].
Montage: eight views patched to each other and combining themselves <u>in time</u> [montage: oito pontos de vista colados uns aos outros e se reunindo <u>no tempo</u>].
E o mais curioso é que a aparição do desenho se passa precisamente da mesma forma sobre o plano histórico:
contorno – esboço – silhueta – projeção sobre uma superfície plana.
Mas isso é mais evidente no ornamento.
Cf. Análise: "O urso na arte dos povos da Ásia", S.V. Ivanov, na coletânea da Academia de Ciências da URSS, "À memória de V.G. Bogoraz", 1937. p. 1-46.

Vista de cima

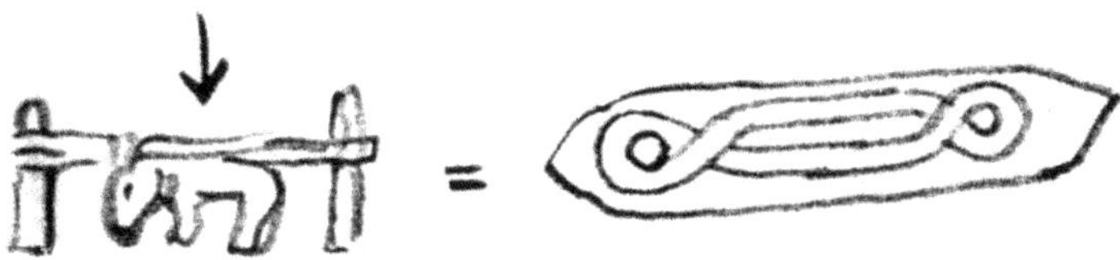

30. I.48

Sobre a história do "Positivo-negativo"

"... No ornamento, como no trabalho fotográfico, há um "positivo" e um "negativo". Enquanto o pesquisador não tiver uma visão clara de <u>quais</u> são precisamente os elementos de ornamento que são positivos, ou seja, os motivos (desenhos) que constituem por assim dizer o objetivo do artista, e quais são os elementos negativos, ou seja, os elementos "restantes", desprovidos de sentido em sua origem, nenhuma análise de ornamento do ponto de vista de sua temática (assunto) será possível.

"Com relação à escultura de madeira de <u>Amur</u>[340], sabe-se que o padrão (positivo) não é [o uso] da parte profunda da madeira, mas, ao contrário, da superfície elevada dela..."

(p. [30-]31, Coletânea da Academia de Ciências da URSS, "À memória de V.G. Bogoraz", 1937. Artigo de S.V. Ivanov, "O urso na arte dos povos da Ásia").

Todas as variações são interessantes:

A <u>passagem</u> da leitura do positivo à do negativo como positivo (Cf. Shelthema, *Altnordische Kunst*[341]).

Uma leitura dupla e simultânea do bronze chinês como contorno de uma figura plana e como contorno dos orifícios do interior da figura ou de suas extremidades (*Ritual Bronze of China* [Bronzes rituais da China][342]).

A leitura do "espaço em branco" esquizofrênico (Rorschach) e a carta de Rilke a Rodin a esse respeito[343]. (*Dahin herumwühlen* [remexer sobre isso]!)

REVELAÇÃO NA TORMENTA E NA TEMPESTADE[1]

NOTAS PARA UMA HISTÓRIA DO CONTRAPONTO AUDIOVISUAL

Notas e textos sobre a música, próximas do texto que segue, extraídas de caderno de Eisenstein.

1

[29 ? junho 1947]

A união do som e da imagem como etapa suprema do desenvolvimento do <u>objeto sonoro</u>.

Aqui, sob a forma de uma representação para a qual se encontra a correspondência sonora interior mais adequada em termos de conteúdo e forma.

Nas etapas iniciais, o som acompanhando o objeto.

O som é igualmente como uma cópia de um fenômeno natural, assim como o objeto é uma reprodução de sua aparência.

Objetivo "ritual" de cada uma das cópias[2] — ou seja, não o objetivo estreitamente material da reprodução, mas [um objetivo] mágico.

O que é "mágico" igualmente na obra de arte não é o naturalismo da reprodução, mas a <u>maneira como ela age</u> [sobre o espectador].

Por sua imagem interior, ela [a obra de arte] é <u>mágica</u> e distinta do fenômeno natural propriamente.

Às vezes, obriga-se o objeto figurativo a adquirir um som indissociável dele próprio (como um protótipo daquele objeto).

Vaso peruano com o som de gritos do "parto". O vaso é semelhante a um ventre, tem uma barriga como reservatório de alimentos e como habitat do feto[3].

Ou a célebre vaca metálica na qual se queimavam pessoas vivas, cujos gritos escapavam através da goela [do animal], ganhando o timbre... De um mugido[4].

Às vezes, procurava-se e encontrava-se uma aparência correspondente ao som e fabricava-se um instrumento que o emitia.

Elaboração do primeiro instrumento talhado em madeira — um tambor — sob a forma de um animal emitindo um som.

A isso se liga a história dos instrumentos de música e as formas musicais decorrentes (aqueles como meio de encarnação destas. As próprias formas são cópias do mundo animista que as rodeia).

Tradition [a tradição] dos primeiros princípios *prevails* [predomina] em sua forma mais pura — nos traços essenciais — <u>por toda a história da música</u> até hoje.

Eis alguns dados sobre o berço da música chinesa (*d'après* [por] *Phyllis Ackerman[n]*, Ritual Bronzes of Ancient China. [The] Dryden NY Press, 1945. p. 74) :

…Two deep pots found in the Sha Kuo T'un cave approximating in proportion a Shang bronze ritual food container… were probably used in the ritual androphagy…

…These vessels simulate drums. The fluted rim-band represents the edge of the streched drum-top, the criss-crossed strings held the hide taut. In the other design the hide top had been bound with cord or thong below the edge and from this hung six rattles to enrich the percussive choir.

Just such globular pottery rattles occur at Indus sites and the drums explain hitherto mysterious objects shown on Indus seals standing before the cultic ox: they are drums, and some appear to have rattles hung on them in the same way.

Moreover rattles have been found in the Kansu painted pottery in the form of a tortoise and of a bird, almost certainly a pheasant, both earth symbols in the early dynatic period.

<u>The very first ritual</u> as described by Chinese legendary prehistory required a drum, and another text tells of two drums <u>an earthen whistle</u> and a "starter" and "stopper".

Clay whistles are found at Chinese neolithic sites.

The "<u>starter</u>" in the early dinastic period is a chapperless bronze bell (to be struck with a baton) with a handle (potsong), and a number of these have been found made of red pottery approximately contemporary with the remains at Sha Kuo T'un.

<u>Drum beating represents thunder.</u>

In later mythology, Lei Kung, the Duke of Thunder, held a cluster of drums, while another spirit of thunder stood <u>on five drums</u>.

In the Dionysos cult the "bull roarer" or Konos was used to make this sound, a pointed ovoid of wood or bone, whirled at the end of a long cord which had been injvented by the ancestors 10 000 years before, in the Kybele cult drums were important.

<u>Tigers or similar great felines, were an animal attribute because their roars were equivalent to the thunder,</u> also bears with their thunderous growls, and elephants (a common figure on Indus valley seals) with their trumpeting. An Indus valley amulet shows a man playing a drum standing before a tiger as if making explicit the animal's siginificance. <u>Thunder express the Yin</u> earth energy, and the <u>rattle would have made the sound </u>of their Yin agency, <u>the wind as would the whistle…</u>"

[Os dois vasos profundos encontrados na gruta de Sha Kuo T'un, de proporção equivalente aos bronzes rituais da época Shang, eram provavelmente utilizados nos ritos antropofágicos...

Esses vasos simulam tambores. A borda estriada representa a parte superior do tambor, e os fios entrecruzados mantêm a pele estendida. Em outro modelo, a pele era fixada sob a borda por uma alça ou corda, e de lá pendiam seis guizos para enriquecer o conjunto percussivo.

Justamente esses guizos esféricos de cerâmica ocorrem em sítios indus, e o tambor explica objetos até então misteriosos que figuram em selos indus diante do touro sagrado: trata-se de tambores e parece que alguns têm guizos pendurados da mesma forma.

Além deles, outros guizos foram encontrados em cerâmicas pintadas da época Kansu, em forma de tartaruga ou pássaro, quase certamente um faisão — um e outro, símbolos da Terra no início daquele período dinástico.

O próprio primeiro ritual, como descrito pela lenda pré-histórica chinesa, exigia um tambor, e em outro texto fala-se de dois tambores, de um apito de terra e de instrumentos para marcar o "início" e o "fim".

Os apitos de argila são encontrados em sítios neolíticos chineses.

No princípio do período dinástico, o instrumento de "início"é um sino em bronze sem o badalo (devendo ser tocado com um bastão) e munido de uma alça (*potsong*); muitos deles, em argila vermelha, foram encontrados e datados aproximadamente da mesma época dos vestígios de Sha Kuo T'un.

As batidas do tambor representam o trovão

Na mitologia tardia, Lei Kung, o príncipe do trovão, guardou um punhado de tambores, enquanto um outro espírito do trovão se mantinha sobre cinco tambores.

No culto de Dionísio o "mugido do touro" ou "Konos" era usado para fazer esse som: um objeto ovóide, de madeira ou osso, girava na ponta de uma longa corda inventada pelos ancestrais dez mil anos antes, por ocasião do culto de Cibele, onde os tambores tinham um importante papel.

Os tigres ou outros felinos grandes constituíam um atributo animal porque seus rugidos eram equivalentes ao trovão, e também os ursos com seus rosnados trovejantes, e os elefantes (uma figura corrente nos selos dos vales indus) com suas trombetas. Num amuleto do vale indu figura um homem tocando um tambor diante de um tigre como para explicitar o significado do animal. O trovão exprime o Yin, a energia terra, e o guizo deve aparentemente transmitir o som de um outro elemento Yin, o vento, como um apito...][5]

Assim:

The very first ritual [O primeiríssimo ritual] constitui-se de dois elementos que exibem em sons o elemento dos "golpes" de trovão (*drums* [tambores]) e o do "assovio" do vento (*whistle* [apito]).

Expressam-nos o tambor e o apito (assim como o *rattle* [guizo]).

Essas são as premissas dos grupos de instrumentos que se conservaram para sempre: os instrumentos de golpe [percussão] e os de vento, do ponto de vista da orquestração.

Mas aqui nós temos uma divisão também conservada para sempre entre acompanhamento (as percussões *par excellence*) e melodia (os instrumentos de vento *par excellence*), do ponto de vista da estrutura musical[6].

A noter [Note-se] que ambas, a estrutura da orquestra, e a da música propriamente, decorrem do mesmo princípio que visa refletir a realidade em suas manifestações mais impressionantes do ponto de vista sonoro — os fenômenos da natureza.

De fato, os sons mais diretamente inteligíveis na natureza são os assovios e uivos do vento e os golpes de trovão.

"O murmúrio do riacho", "o sussurro das folhas" etc. são menos "fundamentais" do ponto de vista da imitação que suscitam[7].

Mas não se deve esquecer de que "o murmúrio do riacho" é a música preferida... do uzbeque[8,9].

E preferida enquanto estetização da "força" para ele vital da água, permitindo o crescimento. Assim, "o encanto estético do murmúrio" de l'*aryk*[10] é um reflexo condicionado que garante a vida àquele que a possui.

A predileção dos uzbeques pelo indispensável murmúrio leva-os constantemente a produzir quedas d'água em miniatura. Para que sempre possam ouvir "a água correndo", em particular ao se levantarem à noite.

(*This is by itself* [isso é por si só] um exemplo encantador do modo como os objetos utilitários e indispensáveis à vida corrente se tornam elementos de decoração estética.

Cf. predileção dos projetistas chineses por jardins que contenham igualmente pequenas quedas d'água.

A utilidade delas em regiões menos áridas da China não é tão grande para que também sejam produzidas por lá.

Nesse caso, a sua existência deve-se realmente à tradição — *Phyllis Ackermann*, por exemplo, considera que o berço da cultura chinesa parte dos centros da Anatólia e do Azerbaidjão, onde, certamente, o *souci* [cuidado] com a água uzbeque deve ter movimentado aqueles que, posteriormente, conduziram esse movimento para a construção dos incríveis sistemas de irrigação na antiga Ásia central.

As vozes das bestas agrupam-se em séries.

Phyllis Ackermann coloca numa mesma série os animais "trovejantes": o tigre, o urso, o elefante.

E com o mesmo êxito pode-se agrupar entre "os que assoviam" uma série de vozes de pássaros.

Essas vozes certamente possibilitaram diferenciações entre diversas *Abstufung* [gradações] no interior do assovio-uivante espontâneo e contínuo do vento.

Não nos esqueçamos de que o personagem do "Rouxinol-salteador"[11] guarda em si a lembrança da imitação do assovio do pássaro como o instrumento mais antigo, ainda inseparável do seu detentor, ou seja, dos lábios pressionados a assoviar!

Como técnicas de instrumento de "assovio", isto é, que já se distinguem [das aptidões humanas], temos, em estágios mais remotos, o assovio das flechas que os tártaros de Batu Kahn[12] amplificavam ao fixar nelas apitos de argila.

Schwirr-holz [molinete de madeira, "zumbidor"] que não se desloca no ar em comprimento, mas em círculo.

Ocorre o mesmo com o instrumento de sopro: passa-se da coluna comprida (o *karnay* uzbeque[13], por exemplo) ao tubo arredondado, no momento em que se aprende a dobrá-lo em espiral.

O fole dos órgãos, dos mais antigos aos mais aperfeiçoados, distingue-se pelo fato de que o instrumento é <u>imóvel</u>, e que é o ar que se desloca no interior dele (ao contrário da flecha e do *Schwirr-holz* [molinete]).

O próprio fole é como um ramo da boca enviando ar ao instrumento.

E o próprio instrumento é como uma prolongação do processo de emissão de um som articulado pelo homem: a coluna de ar enviada pelos foles do diafragma, *as conflicting* [como entrando em conflito] com as resistências — laringe, dentes, lábios, língua, ao passar pelo nariz (de onde vêm os sons nasais, guturais, labiais etc.).

"O grupo de cordas" tem claramente uma origem mais recente. Ele exige concepções mais pesquisadas e um certo refinamento técnico face aos objetos da realidade.

Ele <u>não está</u> próximo do berço, e isso está claro mesmo nos exemplos de *regress* [regressão].

Essa regressão é claramente indispensável para que ele encontre toda a sua expressão e se situe entre os instrumentos mais fundamentais.

Fundamentalmente "bárbaro", o culto da exterminação humana — o militarismo — busca naturalmente na música retornar aos [instrumentos] mais primitivos, despertando as camadas mais baixas da consciência — que datam do mesmo tempo que essas formas de música, e nós vemos que as pérolas da consciência da música militarista são atualmente a orquestra militar de <u>sopro</u> com batidas de <u>tambor</u>.

E na época de Frederico II (e depois na de Paulo[14]) havia o som estridente de flautas (*fifres*) e o <u>rufar</u> do tambor (isto é, a reunião do *drum* [tambor] e do *rattle* [guizo] !). Também no plano rítmico a música militar se fundamenta em bases primitivas: ritmo em dois tempos e marcha ao som do tambor!

Ocorre o mesmo com o jazz — essa orquestra especialmente sensual, ou seja, *regressive* [regressiva]: em primeiro plano o baterista e ao lado o saxofone e o trombone!

Para serem descobertos, os instrumentos de corda friccionada necessitaram de toda uma série de representações refinadas e da síntese de numerosas observações sobre a interação de diferentes elementos naturais.

Sem falar da necessidade de alcançar a etapa de produção... As cordas feitas com tendões ou entranhas de animais mortos (como escreve Bierce[15]), ou as cordas finas, que exigem conhecimento das propriedades da mesa de vibração e das capacidades do ar fechado para essa vibração.

(Em analogia, para "copiar" a vibração de partes como a laringe ou a língua, assim como fazem as partes vibrantes dos instrumentos de sopro, mas aqui isso não funciona).

É necessário definir:

1) <u>O que</u> o grupo de cordas reproduz que provém da natureza.

2) Como o pensamento inventivo encontra-se aí confrontado.

É necessário estar no estágio da produção de ferramentas, em que, após o martelo que *bate*, passou-se à lâmina *cortante* da faca: o surgimento da faca afiada de um lado corresponde, depois do martelo da idade da pedra, à idade do bronze.

A batida do tambor corresponde a um estágio anterior àquele do movimento cortante do arco; semelhante àquele da faca, quando se passou da faca de pedra cortante dos dois lados à lâmina metálica afiada de um único lado (forjada ou fundida).

Quer dizer, a uma outra etapa do pensamento.

De onde se introduz o <u>som</u> das cordas friccionadas — será talvez do "grito" da vítima transpassada por uma faca (embotada)?

Ou do ruído da "serra"? Dois fatos conduzem nessa direção: o ruído da serra circular nas datchas, não muito longe de onde me encontro agora[16] e... Certamente uma recordação de infância, uma caricatura que eu vi há muito tempo na revista para crianças "São Nicolau", que costumava receber quando era pequeno.

Em lugar de um arco, davam a um violoncelista cego... Uma serra.

Ele continuava seu movimento (de serra?) e serrando o violoncelo, não notava diferença.

Será que isso — *as so often* [como tão frequentemente] — é engraçado não apenas por causa das associações entre a aparência do arco sobre as cordas e a da serra sobre a madeira, mas por terem uma origem genética comum, uma engendrando a outra?

A serra, a propósito, é um instrumento muito antigo — em um livro alemão sobre a cultura pré-histórica, ela está datada [17] e surgiu inicialmente como um sistema de pequenas pedras chatas e talhadas em pontas, dispostas e fixadas em uma espécie de mandíbula de tubarão ou repiques de madeira, em que são colocadas como... dentes (não seria seu protótipo animal?).

(Precisar as referências e as compilações).

A etapa da "serra" é sem dúvida particularmente elevada — após a descoberta da possibilidade do "corte" da faca e seu aperfeiçoamento.

A serra é igualmente um meio de produção de pranchas etc.[18]

Eu vi um desses instrumentos rudimentares do tipo "corda friccionada", nas profundezas do Haiti.

(No livro, parece, *Wirkus, The White King of La Gonare*[19])

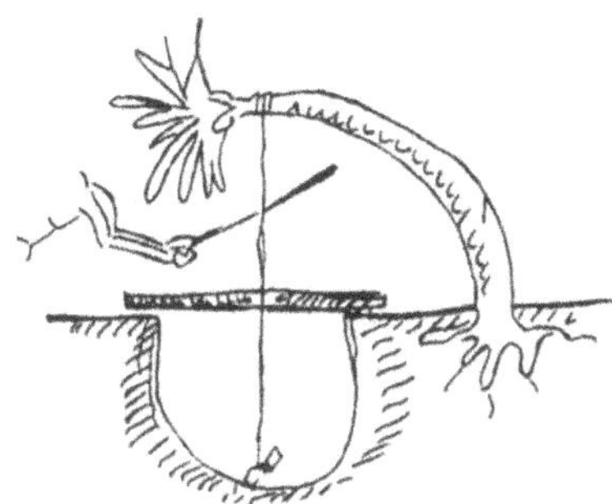

É interessante por seu elo fisicamente indissolúvel com a natureza: o "buraco" na terra, o ar que o preenche, a tensão trazida pelo tronco de uma árvore jovem, e a interação da corda friccionada com o "sistema".

Além disso, já existe aqui o tendão ou a corda e (parece) a prancha-tabuleta que recobre o buraco. (i.é. a disponibilidade da serra como instrumento?) *Dieses fraglich ??? [é duvidoso???].*

A ligação panteísta e ritual com a terra-mãe é aqui mais que evidente.

Fazê-la ressoar e cantar é por si só surpreendente.

Como um complexo que reagrupa a força vital da árvore — o nada (o vazio do buraco), a linguagem vibrante da prancha, a interação do homem, esse dispositivo de natureza e terra etc. etc. — é extremamente surpreendente.

2

2.VII.47

O contraponto audiovisual

O mais complicado, pois o mais fundamental para os princípios da estética audiovisual do cinema, era (e é, sempre) a separação da sincronia[20] natural (tal como se produz na "ordem das coisas") e a instauração de uma sincronia própria ao autor, que exprima o seu pensamento, uma sincronia entre o mundo dos sons e o das aparências.

Desse ponto de vista, o cinema falado teve que integrar esse princípio à montagem ordinária: onde a vontade do autor para exprimir sua vontade criadora "separa" o curso dos fenômenos e os recria em função das leis estabelecidas por ele — autor.

E desse ponto de vista, o cinema sonoro constituiu um preâmbulo para a compreensão da cor. A cor, na estética cinematográfica, só se torna compreensível e assimilável a partir do momento em que se entende a necessidade de separar as cores do objeto do objeto propriamente; e a existência de uma nova união arbitrária, efetuada pelo autor, dos elementos das cores com os elementos do objeto — sob o signo da expressão emocional e semântica que o autor sustenta com eles e do tratamento decorrente[21].

A leitura do princípio de "sincronia" (mesmo no nível mais corriqueiro) só é possível depois de encontrar, ver e reconhecer os casos de assincronia.

(Engels considera que a ideia de igualdade não é preliminar, mas [que deve ser compreendida] como resultado da percepção da presença da desigualdade[22]).

Ou melhor: o estágio da igualdade primária está presente de fato, mas não pode ser <u>levado em conta</u> enquanto não for sublinhado pela desigualdade.

A "igualdade" de todos os órgãos dos sentidos é primariamente polissensorial. Não vemos a luz sem a ausência de luz-escuridão.

E mais ainda: [é indispensável] a presença do fenômeno, tanto em seu aspecto sincrônico, quanto em seu aspecto assincrônico.

É interessante que na prática consciente do cinema a assincronia do som (da música) e da imagem se apresente antes da sincronia.

Banquete da *Motion Pictures Engineering Society*, Nova York, oct. 1930.

Eu escuto (alguém, mas quem ?) contar sobre como surgiu o primeiro rudimento de "sincronia" cinematográfica da música e da imagem: sob a forma de um piano e de um filme na época do cinema mudo.

Foi necessário o desenrolar de todo um segmento da história do cinema antes que alguém decidisse conscientemente fazer algo de tão evidente e que hoje parece ter tido sempre o seu lugar: tocar piano <u>durante</u> o filme!

E no entanto foi exatamente assim!

Antes, o piano tocava <u>entre</u> os quadros e à espera deles.

NB. Eu mesmo me lembro de filmes sem música e sem legendas, e do lanterninha que se punha ao lado da tela e lançava explicações[23]; eu me lembro ainda de uma frase que ouvi quando devia ter uns oito anos: *Die Damen werden aus dem Kafee gehoben* [As damas levantam-se e saem do café]...

Tratava-se de uma comédia em que as damas se revoltavam contra seus maridos.

As "sufragistas" eram, então, um tema popular.

Os homens haviam sido transformados em trabalhadores domésticos.

Eles cozinhavam. Passeavam com as crianças em seus carrinhos de bebê etc.

As damas fumavam nos cafés e nos clubes. Faziam política etc.

Os homens fomentam um contragolpe.

Eles se precipitam nos cafés.

E... *Die Damen werden aus dem Kafee gehoben*

Na realidade, eu me lembro bem disso porque nesse momento a minha governanta julgou que o filme "não era para a minha idade" e que também eu deveria *aus dem Kino gehoben*; fez-me sair do cinema (*The Royal Bio*) e, apesar dos meus gritos de raiva, levou-me para casa.

E eu me lembro do banquete dos engenheiros, porque nele — sob a presidência de Bill Hays[24]! — embora eu fosse convidado de honra, *[I] did break the news* [anunciei] que deixaria a *Paramount*[25].

De um modo ou de outro, encontrou-se [alguém] que decidiu colocar simultaneamente o que antes [costumava] ser apresentado e percebido sucessivamente.

Ele passou a tocar piano não mais entre quadros, mas... Durante o filme.

Temo precisar em que momento foi introduzido o acompanhamento de ruídos, ou seja, diferente de uma sincronicidade "imaginada" (escolha de uma "música adaptada" ao humor e ao tema do filme), dando uma sincronicidade "figurativa" (de objeto), (barulho de trem, quebra de vidro, ruído de pratos, pisadas de sapatos, tiros etc.)

Creio que isso, provavelmente, é anterior ao piano. Seria natural supor que o som figurativo é mais "velho" que o imaginado.

Mas o mais provável é que nos diferentes pontos do mundo cinematográfico, os acompanhamentos musicais e os de ruídos tenham surgido em momentos diferentes e se combinado de modos diversos.

(O "Colombo chinês", então, descobriu a América pelo outro lado, pelo lado da Ásia, não atravessando o Atlântico, mas o oceano Pacífico?!).

É até mesmo provável que a música tenha engolido o figurativo primitivo em nome de formas mais elevadas — da ilustração emocional.

De toda forma, o acompanhamento de ruídos desaparece antes de renascer nos princípios da sincronização mecânica que tanto brilha, sobretudo, no reino dos diálogos, e não apenas em seus inícios, mas em geral no mau cinema falado! (o cinema sonoro sem contraponto audiovisual).

De todo jeito, é interessante notar que na etapa da prática pré-consciente, e mesmo pré-musical, a concepção da assincronia e da sincronia e das passagens de uma à outra segue o primeiro protótipo do primeiro instrumento de música.

O instrumento de que se trata é o tambor.

E seu protótipo é o trovão.

Mas o trovão está ligado aos efeitos luminosos mais poderosos da natureza — ao relâmpago ofuscante que rasga a escuridão (ou tormenta) da noite!

Hoje em dia, todos sabem desde a infância que o golpe do trovão e o relâmpago não se produzem simultaneamente (sincronicamente) como encarnação sonora e visual do mesmo fenômeno natural ("colisão de nuvens" como é conhecido, sem entrar nos detalhes da natureza verdadeira do fenômeno).

Mas todos sabem igualmente que na realidade o trovão e o relâmpago — para a nossa percepção — não coincidem quase nunca.

Ou melhor, coincidem uma vez, no momento para nós culminante da tormenta, suscitando em nós um terror que nenhum outro fenômeno pode igualar.

Antes e depois desse golpe de trovão sincrônico, ocorrem fases em que o trovão e o clarão são assincrônicos — em uma linha que se aproxima progressivamente do ponto culminante e depois se afasta dele pouco a pouco.

O fundamento desse "fenômeno" é igualmente conhecido.

A coincidência tem lugar quando a tormenta está "sobre nós". A não coincidência, quando ela "se aproxima" ou "se afasta", ou seja, quando se encontra certa distância de nós.

Assim, pela diferença de velocidade entre a luz e o som, a percepção do relâmpago adianta a percepção do trovão, que na realidade se produz simultaneamente.

Eis onde está na verdade a "Revelação na tormenta e na tempestade" em relação ao contraponto audiovisual!

(Dar uma olhada no velho Morozov — por zombaria!)[26].

3

2.VII.47

La Musique

Diz respeito ao trovão. Essa imitação (primitiva) já não é tão engraçada e nem tão "longínqua". O que ocorre em relação ao trovão e ao vento, ocorre também, em seguida, <u>sempre</u> na música, que sempre reproduz, se nem sempre imita. Desde o "engano" ordinário da natureza [a "cópia" animal] até a reconstrução do princípio de estruturação dos fenômenos[27].

Trovão-relâmpago como primeira sincronia e apreensão da independência no tempo, mesmo que sejam organicamente inseparáveis. Definição da "distância" da tormenta em função da não coincidência do barulho do trovão e do clarão dos relâmpagos.

Para a percepção primitiva que ignora o fato de serem simultâneos, (não há) uma "correção de distância" que permita decompor essa simultaneidade. A aproximação da tormenta é a aproximação da sincronia.

Nos grandes modelos há uma busca através da estrutura (*Wagner, Rimski-Korsakov, Prokofiev*). E depois, a busca de um equivalente musical não somente ao protótipo sonoro, mas também ao plástico (Prok[ofiev] *par excellence*) ou ao bem emocional não objetivo (Tchaikóvski).

Nas danças regressivas — [semelhantes à] orquestra de jazz — tudo é também imitativo (e, diga-se, primitivo), são simplesmente selvagens ou fenômenos impressionantes.

Protótipos rítmicos da tchetchetotka[28]: golpes de chicote.

Black bottom — os pés dos negros aderem [ao solo].

Fox trot — índios *on the war path* [a caminho da guerra]

Lindy hop — o voo de Lindberg

Turkey trot — o passo do peru

O papel do "primitivo", do negro, nisso. O branco "degenerado", ou seja, que retorna aos estágios inferiores da consciência, é fascinado por isso, e o mesmo na arte (*primitivism in Middle-Ages Art* [primitivismo na arte da Idade Média]).

Aqui, na música, de modo nítido e tangível como em nenhum outro lugar, coincidem em uma única e mesma estrutura <u>a cópia do aparelho subjetivo e a cópia do ambiente natural objetivo.</u>

(N.B. Isso ecoa *on a higher level* [em um nível mais alto] com o conhecimento [da dialética] de si e da natureza: os místicos sentiam e provavam [as coisas], antes [que se tornassem presentes] de modo objetivo na realidade social.

O aparelho sonoro da voz:
partes mais baixas (víscero-diafragmáticas) e partes mais altas (sibilantes)
e
o trovão — vento
([instrumentos] de vento em inglês *wind instruments*).

Parece-me que essa dupla base *thunder-wind* [trovão-vento] — a melodia e o acompanhamento passando pela etapa de construção da música — pode ser considerada também presente no fundamento do princípio do **contraponto audiovisual**.

Nele, a <u>totalidade</u> do domínio musical se coloca na posição de uma de suas asas contituintes, deixando a outra ao domínio da representação.

Eu, pessoalmente, avancei nas minhas pesquisas e descobertas através de uma oposição marcada — manifestamente instintiva no que concerne à música — no interior da representação plástica, decompondo-a em "dois planos", como a melodia e o acompanhamento na música.

1.   Uma relação normal do primeiro plano e do fundo.

2.   Uma hiperbolização do primeiro plano à maneira de Greco, Degas, Lautrec ("A linha geral" *par excellence*, objetiva 28[29]). Aqui há uma dissociação dos dois [planos] pelo ângulo de uma representação anormal de suas relações.

3. A dupla exposição como composição arbitrária, a reunião de dois planos que existem e vivem de modo independente.

É significativo que na época das minhas primeiras elaborações relativas às combinações audiovisuais — quando me preparava para "O prado de Beijin" — eu tenha buscado um equivalente da correspondência dos dois domínios — som e imagem — introduzindo-o em cada um desses domínios: para a música, isso não foi necessário — ela está na base dos dois planos, mas para a composição da imagem, lutei para conseguir um análogo musical.

Como, por exemplo, o princípio *utilisé à outrance* [usado exageradamente]:

a imagem "de fundo", sobre a qual se destacaria o primeiro plano, deveria ter uma escala maior ("perspectiva inversa") que a do primeiro plano. "O pai" deveria ser uma retroprojeção, filmado em plano mais próximo que "Stepok", embora estivesse mais longe do espectador[30].

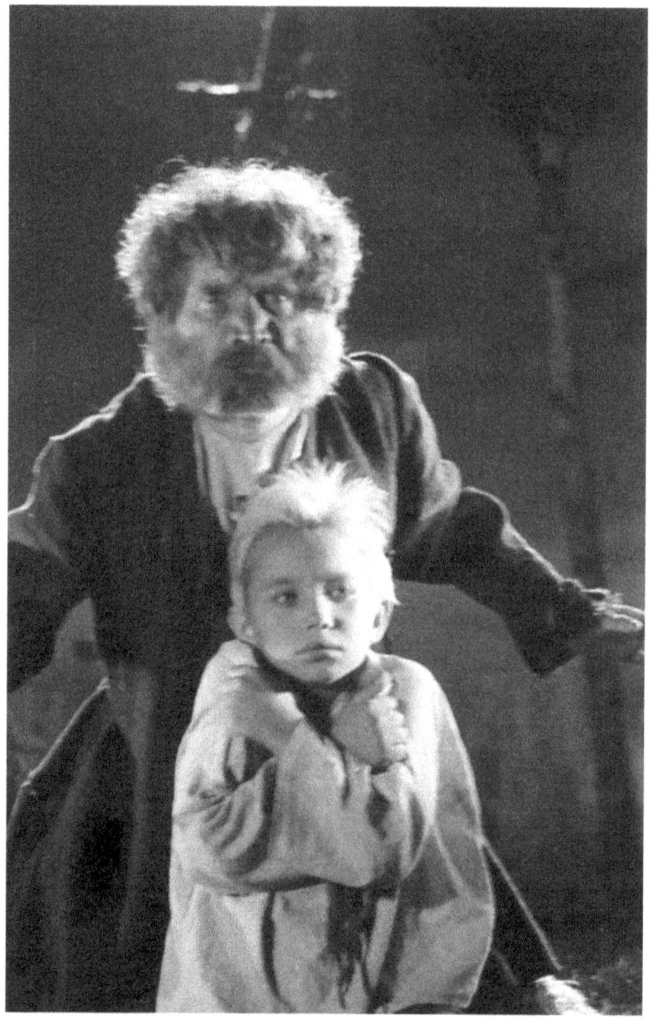

O prado de Bejin (1935-1937): Pai e filho.

O mesmo para a carruagem sobre o fundo de mulheres cantando em plano próximo.

Além disso, a extrema *tension* [tensão] expressiva válida em si mesma (por exemplo na cena "Pai e filho"), é interessante como introdução na plástica do princípio da estrutura da música e, pelo ângulo da assimilação dessa estrutura musical, do princípio do contraponto audiovisual.

A profundidade do efeito imediato da estrutura musical (e da música) repousa no fato de que o jogo mútuo entre o rugido do trovão e o assovio do vento (depois os derivados da interação desse par — os primeiros choques emocionais dos primeiros homens) está na base da música ao longo da história, como vemos.

Isso está, diga-se, bem mais próximo nas camadas de nossa consciência sensorial do que poderíamos imaginar.

Não esquecer do grande percentual de pessoas suficientemente "instruídas" que à maneira dos selvagens se deixam levar pelo pânico... Do trovão: por exemplo, o falecido Granóvski![31] ("esconde a cabeça") O medo "pânico" diante do trovão de animais e pássaros. (O nosso falecido Joltik[32], que deslizava para debaixo da cama durante a tormenta).

(N.B. E aqui, e aqui, um mergulho *intrauterino*![33])

E o trovão e o uivo do vento como atributos (quase) inevitáveis e (quase sempre) necessários quando se trata de mergulhar o espectador no terror "melodramático". Temos aqui a atmosfera clássica de uma noite de tempestade: ao fundo, o uivo do vento, pontuado pelos golpes do trovão. Resultado: um público gelado de terror!

Cf. na coletânea: *Cartwell and Cerf, Famous Plays of Crime and Detection,* é um atributo inevitável na atmosfera das "coisas assustadoras" clássicas, melodramáticas, como *The Bat (Mary Roberts Rinehart and Avery Hopwood, 1908-1920), The Cat and the Canary (1921, Bayard Veiller), Seven Keys to the Baldpate (George M. Cohan, 1913).* E as chuvas que lhes são próximas "por metonímia" *(Payement Deferred, Jeffrey Dell, 1934),* as noites escuras *(Sherlock Holmes, W. Gillette, 1899),* os momentos culminantes em *Under Cover, Roi C. Megrue, 1914,* e em *The Thirteen Chair Bayard Veiller, 1916),* as sessões de espiritismo no escuro etc. etc.

(Em todos esses casos, o "terror" não é transposto para uma atmosfera puramente psicológica sem os efeitos "exteriores").

Não esquecer de coisas como *"Wuthering heights"* [As alturas dos morros uivantes], onde o "terror" clássico do início está ligado à tempestade etc. etc.[34] Citar o tambor e o assovio como os primeiros meios de REFLEXÃO [em maiúsculas no original] dos fenômenos sonoros da natureza.

Como origens da reflexão dos objetos da realidade, antes que aprendessem a refletir objetivando o assovio.

Objeto da realidade-realidade objetiva[35].

ELOGIO DA CINE-CRÔNICA[1]

7. XI. 47

É um trabalho sobre a crônica como *forerunner* [precursora] do filme artístico[2].

Como domínio do cinema, ocupando o mesmo lugar que o ornamento na história das artes figurativas.

Trata-se aqui de uma análise detalhada dos fundamentos psicológicos do ornamento.

Do ponto de vista histórico, é <u>assim</u> que se forma o cinema.

Os inícios: "Potemkin".

Essa tendência não se extingue.

In Which We Serve[3] de *Noel Coward* e o ecletismo inglês.

Jean Renoir e o naturalismo [*La Bête humaine, Toni*] como compensação à superestética de *Nana*[4].

Roma, città aperta[5] como tentativa de síntese.

Kliátva [O Juramento] e Molodáia gvárdia [A Jovem Guarda][6] como síntese formal.

Trata-se aqui também de uma incursão no futuro: a *Television* e sua aproximação com... os Dionísios. (*D'après* [segundo] o exposto em *Stereokino* Nº1[7]).

* * *

A crônica é uma <u>etapa</u> do filme art[ístico]. A inicial.

Assim como as pinturas rupestres e o ornamento são uma etapa da futura arte figur[ativa].

A crônica é a etapa da pintura rupestre e do ornamento na história do filme art[ístico].

Na crônica encontram-se as mesmas duas fases: 1) [pintura] rupestre e 2) ornamento.

A primeira é a etapa eidética: a fixação automática.

Assim eram as "antigas" crônicas: até a revolução, possuíam um mesmo modelo, o do "jornal Pathé".

Sem princípio eidético[8].

Fundamentalmente eidética no *slogan* "A vida surpreendente" e nas experiências de Gan (Aleksiêi)[9], por exemplo "Útro na dvorié" [manhã no pátio]. (O que se passou em uma dada manhã no pátio: Passou uma mulher com baldes. Uma galinha passeava. Crianças brincavam etc.) Totalmente na linha de temas do tipo "A saída dos operários da fábrica Lumière", "A chegada do trem" etc.

É o mesmo (em espiral!) que a etapa rupestre eidética — isto é, uma etapa pré-artística da arte figur[ativa].

É a fase do movimento ao redor do contorno.

Ela se decompõe segundo os meios empregados:

I. O artista gira ao redor do contorno da representação não somente com a mão e o olho, mas [ele] próprio.

a) Figuras rupestres gigantescas

b) O traço no conto sobre Hokusai, que desenha numa praça com uma vassoura, mas cuja representação só pode ser vista do telhado de um pagode [templo].

c) Em *Saul Steinberg*[10] — um perfil grande [projetado] na calçada e os transeuntes confusos ao passar por ele.

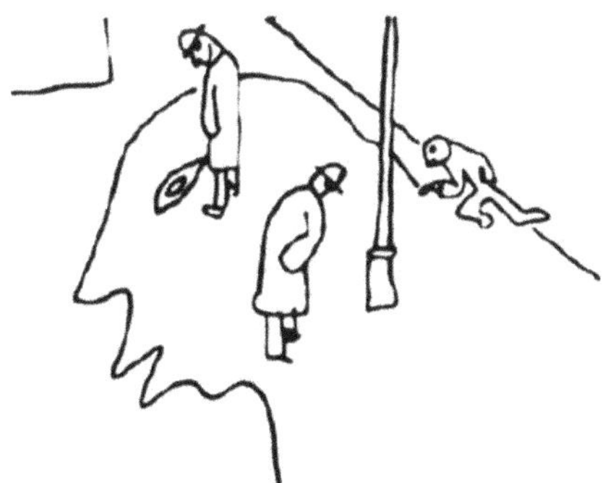

A propósito, o protótipo desse tipo de desenho é um fato: as crianças, de quatro no asfato, traçam com giz gigantescos perfis — "deslizando" ao redor do seu contorno. (As crianças "repetem" a fase do "movimento ao redor")

II. O movimento ao redor se centra na mão traçando o contorno.

As pinturas rupestres dos noruegueses (Cf. "*Propyläen*"[11]) são na maioria dos casos de tamanho igual ao original — do animal!

Quer dizer que de fato é traçada a volta da silhueta (o contorno).

Sobrevivência na supressão das silhuetas (por exemplo no século XVIII, Cf. em Lavater o esquema dessa "mecânica"[12] — o antigo contorno dos selvagens é aqui "industrializado", "manufaturado" (os japoneses também conhecem as silhuetas).

Schattenspiel Wayang [teatro de sombras Wayang] em Java; nos turcos, Karagheuz etc.

Kinderspiele [jogos infantis] — coelhos de sombras feitas com as mãos etc.

Lotte Reininger[13] e o culto da silhueta. Ainda em nossos dias (por exemplo, em Kislovodsk).

Schreckenkünstler [mestre das silhuetas] corta diretamente do papel preto *de acordo com a natureza* das silhuetas reduzidas em escala[14].

Os mecanismos para diminuir a silhueta realmente traçada repetem o *Schift* [deslocamento] de II à III[15]. 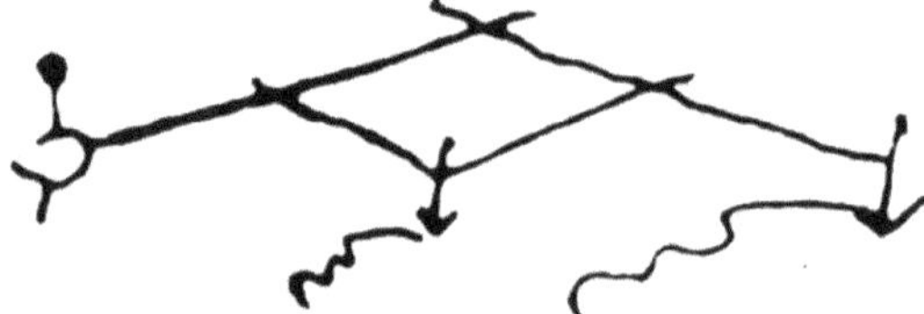

III. O "movimento ao redor" do contorno do objeto não é feito pelo artista, nem por sua mão em tamanho real, mas por seu olho: em qualquer escala. O mesmo em Hokusai: podia desenhar uma paisagem sobre um grão de arroz!

A segunda fase é a fase do ornamento.
Trata-se já da fase da crônica "sábia", e não automática.
É uma etapa do tipo "Kinopravda" ou "Kinoglaz"[16].
Primeiramente, é necessário elaborar a questão do "ornamento" como decoração.
Seu *nux* [núcleo] é novamente o "movimento ao redor".
O mais simples: a linha faz a volta da forma. A linha sublinha a ligação.

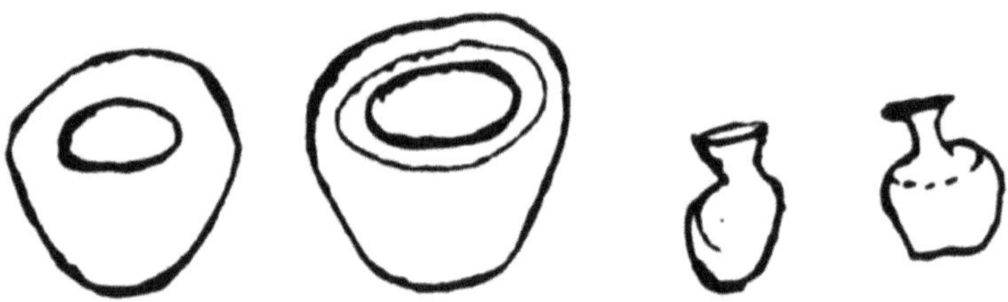

E a elucidação das formas. É uma transferência de si para o objeto. "Autorretrato".

E a "linha" aqui é o traço de um colar ou de um cinto ao redor de si (do pescoço ou da cintura).

E o colar está ligado à tatuagem.

A tatuagem é inicialmente um movimento automático ao redor da forma do corpo com a "representação" desse movimento no próprio corpo.

Quer dizer que o movimento ao redor da forma é ao mesmo tempo <u>o reflexo e o fato</u>, que são ainda indissociados.

O movimento ao redor do contorno não pode ser suprimido, separado do objeto e transferido para um outro — a superfície plana de uma rocha, de um muro, da areia, de uma tela, de um papel! E a própria tatuagem é o <u>traço</u> (já <u>marcado</u>) do movimento ao redor — da apreensão tátil das formas de seu próprio corpo — de sua consciência plástica como conjunto de articulações.

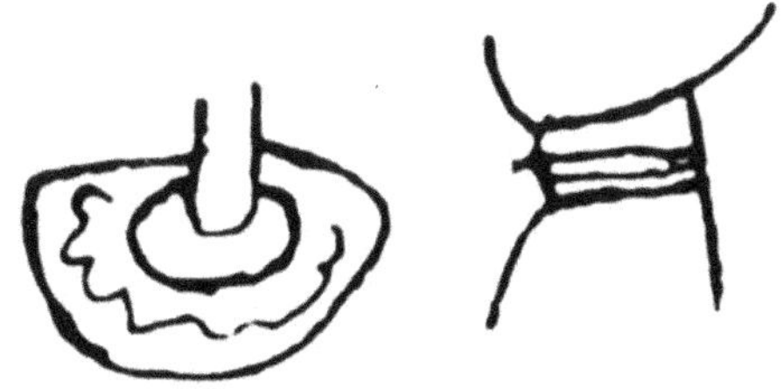

(Encontra-se depois nos trajes a tatuagem que "veste" o corpo: as "articulações" do traje repetem os esquemas de valorização do corpo pela tatuagem: gola com o contorno do pescoço, cintura etc.

A lembrança dessa etapa se conservou (indivisibilidade do contorno e do objeto do contorno), por exemplo, nas fantasias de *Tabarin* (século. XV-XVI).

Quem é o melhor pintor ? — O cu. Porque produz tinta e ao mesmo tempo pinta um quadro.

Quem é o melhor tipógrafo? O cu. Porque produz tinta e ao mesmo tempo faz a impressão.[17]

De outra forma, <u>de onde</u> [viriam] esses "exemplos"?

Para a crônica inicial, é <u>absolutamente</u> a mesma coisa: o <u>contorno</u> do acontecimento é ao mesmo tempo o <u>produto</u> da arte (da crônica).

Já na segunda etapa da crônica, nós temos tudo em plena correspondência com o ornamento.

1) Na base há a mesma apreensão do acontecimento (como antes, de si mesmo). Apreensão no sentido de movimento ao redor do acontecimento, buscando divisá-lo para o conhecer (como a conquista do corpo pelo "exame" com as mãos, pelo movimento ao redor da forma). *À noter* [Note-se]: as crianças e os espectadores pouco cultivados <u>olham</u> as imagens dos livros <u>fazendo voltas com os dedos sobre elas</u>. E os cegos ainda mais. E o movimento ao redor tende, de modo seletivo, <u>a articulações e ligações decisivas</u>.

(A divisão e o estabelecimento de ligações e de transmissões constituem a base do conhecimento de um modo geral).

Mas aqui, todos são — precisamente — elementos da estrutura do ornamento.

"Imagicidade" quer dizer: a elaboração do fenômeno em sua representação em uma etapa ainda pré-imaginada[18].

"Fragmento de realidade não deformado".

Ligação com a representação rupestre.

A 1ª função do ornamento: o movimento ao redor de si passa ao movimento ao redor do fenômeno. ([Semelhante] à representação rupestre).

N.B. Supõe-se o seguinte esquema:

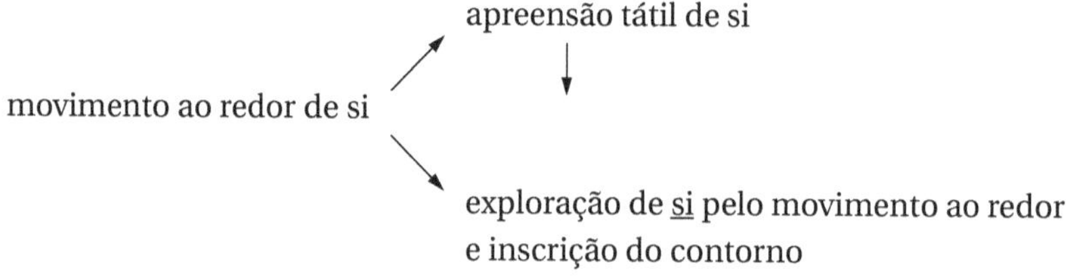

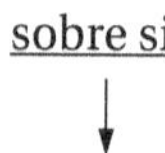

movimento ao redor dos fenômenos (animal)
e simultaneamente diferenciação do movimento
ao redor e da superfície: diferimento do movimento
ao redor sobre as paredes
(a rocha)

Atribuição mágica pelo desenho
(dos elementos M[asculinos] aos F[emininos]
e dos F[emininos] aos M[asculinos].

É mais nítido nas etapas seguintes:

O colar Tehuan é o nítido acabamento da construção de si por um objeto de valor real (isso "serve" evidentemente às mulheres dos miliardários, que portam ornamentos de diamantes).

Ou os escalpos à cintura (segundo o *pars pro toto* escalpo = cabeça. *À noter* [Note-se]: também as *Reduced Heads* [cabeças reduzidas] peruanas). Mas o portador de troféus possui nele tantas forças humanas — tantos homens — quantas forem as cabeças. O mexicano vencedor se revestia com a pele do inimigo — pela mesma razão.

Anteriormente — *heads* [cabeças] tendo para o selvagem a mesma importância que as joias mais tarde.

O motivo de tudo isso é a conservação, a acumulação.

Mas a crônica é *avant tout* [antes de tudo] <u>conservação</u> *et* <u>acumulação</u> daquilo que teria desaparecido: um meio de <u>reter</u>. E hoje um ornamento de diamantes é <u>antes de tudo</u>... Um investimento financeiro.

A pintura corporal e a tatuagem são <u>a mesma coisa</u>, mas apenas pelo aspecto mágico.

O desenho atribui poder na pintura.

O desenho atribui um segundo *sex* [sexo] para a invencibilidade.

E segundo o *pars pro toto* <u>supõe-se</u> que essa operação permita atingi-la.

É aí que reside a *futility* [*sic*] [futilidade] da magia: a pintura se torna um objeto realmente suspenso [no pescoço] e surge então um verdadeiro "poder" — *avant tout* [antes de tudo] material.

As garras de urso ao redor do pescoço — é a etapa mágica — o poder imaginário.

Nesse sentido, uma moeda de ouro pendurada já constitui um <u>poder</u> real nas mãos do seu detentor. Entre elas, há a passagem do pensamento coletivo mágico não diferenciado à etapa da propriedade privada.

A tatuagem, numa segunda etapa, é o *embellissement* [embelezamento] no sentido da atribuição pelo desenho de traços que se deseja — nisso reside o <u>embelezamento</u>. Não no sentido de que o conjunto de traços tornaria alguém "mais belo", mas porque segundo o *pars pro toto* os traços acrescentam <u>à pessoa novas qualidades</u> (um traço ao lado do olho de uma mulher faz dela uma criatura divina — um ser *b[i]s[ex]* [bisexual]:

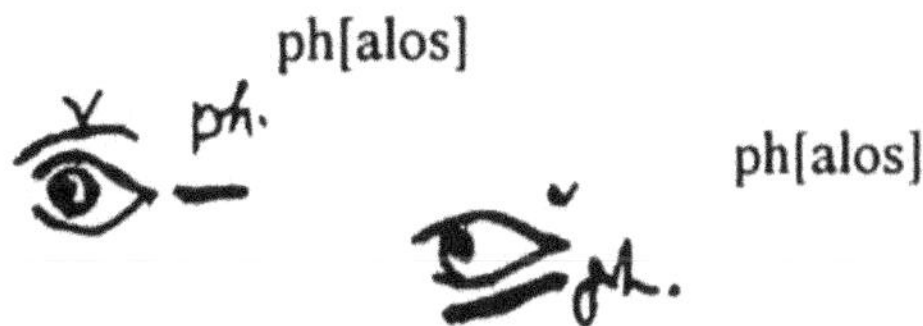

Não está nisso o fundamento do fato de se sublinhar o olho? Em geral?

Inicialmente para si — para sua natureza, para suas <u>qualidades</u>. Depois, para sua fortuna, — e a partir desse momento, já não é mais mágico, mas... Prático e efetivo.

Obviamente, esse é também o berço da "beleza".

É belo o que está mais perfeitamente adaptado à vida nas condições dadas. (Tigre, o belo-selvagem).

Depois, para uma <u>destinação dada</u>

(galgo — cavalo de corrida — percherão)

Depois, como <u>expressão de uma ideia</u>

(igreja gót[ica] ou automóvel aerodinâmico, e tudo o que precede, mas <u>lido</u> na categoria elevada de um intelectualismo maior do "leitor").

Portanto, na categoria da "beleza" se inscreve tudo o que permitiu isso.

É belo um ser em plena saúde, de faces coradas.

Paliativo — corar quando se está pálido.

Um corpo bronzeado. Paliativo: *Easy to tan* ["bronzeado fácil"] e outras tinturas para o corpo. Perfumes "para os homens" — em tons de cheiro de cavalo, de automóvel etc. (li uma publicidade desse tipo!).

Mas para nós já é uma ficção, e indigna. Nos primeiros níveis, a ficção = fato, e não há diferença.

Resta à beleza a autenticidade do que há de valor, que já se associa à representação do belo estético (desenvolver).

Anyhow [de qualquer modo]. Nessa etapa da crônica — intervém a primeira intelectualização, a diferenciação, que corresponde totalmente à etapa do ornamento.

Aparece o *pars pro toto*.

Mas ainda como <u>pré-sinédoque</u>, isto é, como um detalhe qualquer dentre as possibilidades, o que ainda não é sinédoque, isto é, a típica, em que um único detalhe substitui o todo.

Diferença fundamental

do detalhe próximo na crônica

— plano próximo em Griffith (na mesma linha com uma potencial possibilidade de ir mais longe)

— <u>nosso</u> plano próximo (*pince-nez* do médico em "Potemkin").

Por fim, nessa etapa surge também a preocupação com o <u>ritmo</u> da montagem.

É [semelhante] <u>à repetitividade</u> [rítmica] <u>no ornamento</u>, que é o *nux* [núcleo] da repetição rítmica na arte futura.

não esquecer que o ornamento é repetido não somente em sua forma mais simples:

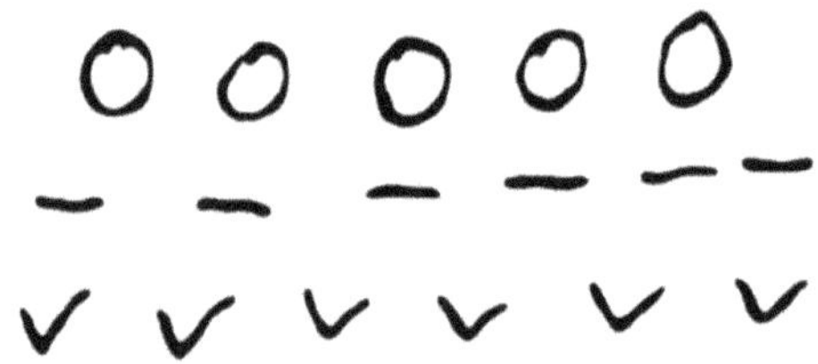

Mas em qualquer forma

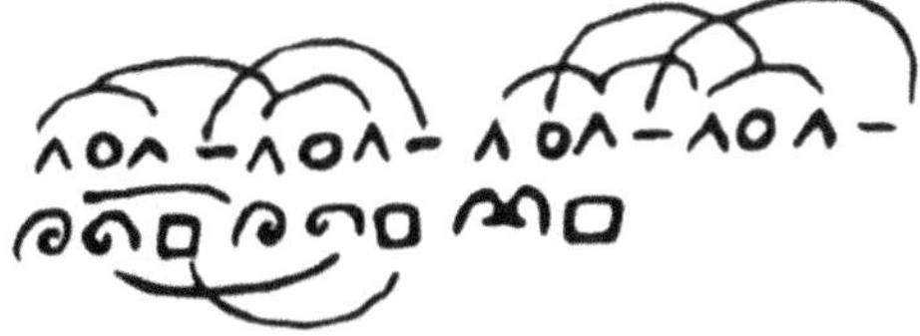

Ainda: (cesta – vaso)

Protótipo do trançado no ornamento (como <u>uma</u> das linhas de sua formação:
A linha da experiência da <u>reunião de diversos *pars pro toto*</u>)[19].

(*Abgesehen* [independentemente da] simples "inércia" na etapa seguinte — como um conjunto de construç[ões] em mad[eira] nas formas arquitet[urais] do Partenon.

Também possui sua *Gegenstück* [similaridade] na crônica: trançado — ligação pela <u>montagem</u>.

Etapa da <u>protomontagem</u>: um tema é colado a outro para que fiquem juntos numa mesma faixa. *Übergang* [passagem] — necessidade de mostrar sucessivamente <u>o que foge</u> e <u>o que prossegue</u>. Há aqui <u>total</u> correspondência com o <u>trançado</u> de dois fios!!!

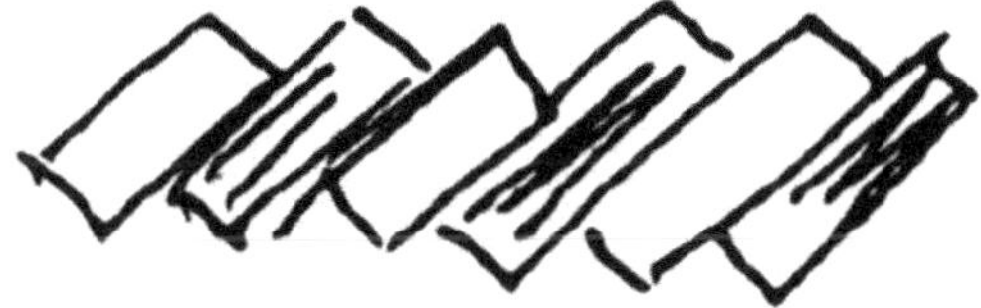

(alternância de planos próx[imos] de falantes
Cf. tenho algo sobre isso em algum lugar)

Se quiser — a protomontagem é então [semelhante] à reprodução do fenômeno da filmagem.

Lá, [ocorrem] as fases do <u>ato</u> do movimento.

Aqui, as <u>fases do evento</u> [estão] igualmente coladas umas às outras com os mesmos "espaços", como no movimento entre pequenos quadros [fotogramas][20].

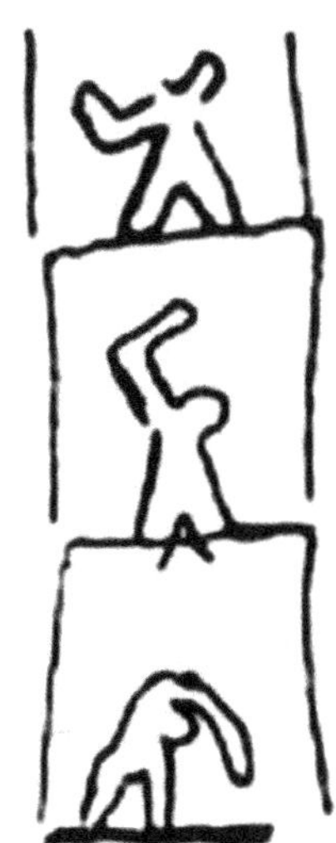

A transposição do *pattern* [desenho] do trançado em desenho de ornamento se repete aqui pelo fato de que o princípio de reunião das fases do movimento (para [criar] o efeito do movimento na tela) torna-se também o princípio de reunião das partes na montagem.

De modo que a crônica do tipo transitório "Kinoglaz [Cine-olho]" ocupa <u>exatamente</u> o mesmo lugar que o ornamento entre a representação rupestre e a que é propriamente figurativa.

A noter [Note-se]: Em seus excessos, ele [cine-olho] "descamba" para um verdadeiro ornamentalismo, um "jogo de futilidades" — degeneração e decadência do jogo estético.

Jogo estetizado por planos da realidade e pelo arbitrário de oposições, sem pesquisas sobre uma oposição de elementos da realidade por meio da reconstituição de sua <u>imagem</u>, que intervém na terceira fase do *Potemkin*: onde todos esses elementos se tornam <u>meios</u> de criar uma <u>imagem</u>[21].

<u>Nós vimos:</u>

1) Segundo o método do "movimento ao redor" do evento (movimento que faz o ornamento em torno de articulações no corpo, no objeto, na arquitetura — onde o friso ornamental "corre" em redor da cornija do prédio etc.).

2) Como meio de conservação e de acumulação.

3) Pela manifestação do *pars pro toto* sob a forma de protosinédoque do plano próximo informativo, em que o plano próximo substitui o objeto (sinédoque).

4) Pelo *nux* [núcleo] do ritmo ([similitude] — repetição e ritmo no ornamento).

5) Segundo a sua <u>pré-imagicidade</u>, para a qual ele [o ornamento] prepara todos os dados como <u>protoimagicidade</u>.

Segue na arte o fenômeno da <u>reornamentação</u> como regressão, ou seja, o retorno das formas desenvolvidas de arte à ornamentação (os "motivos de tapeçarias" representam a mesma tendência, mas não na película, e sim num retângulo, num círculo. Como, por exemplo, Matisse).

1. Nos psicopatas (ver, por exemplo *Pinzhorn, Bildnerei der Geisteskranken* [a arte dos doentes mentais][22], nº "*Art et Styles*" [Arte e estilo], Kretschemer, *Medizinische Psychologie* [Psicologia médica][23], tendência manifesta à geometrização ornamental.

(O cansaço e *Kritzeln* [o rabisco] automático. Sei disso por experiência própria. Sei disso por Max Schtrauch.[24])

2. Em determinadas fases de colapso da arte burguesa.

Jugend-Stil [da revista *Jugend*]. *Pré-rafaelitas. Munch. (Der Schrei* [o Grito] etc. Ver sobre isso *Primitivism and Modern Painting* [Primitivismo e pintura moderna][25].

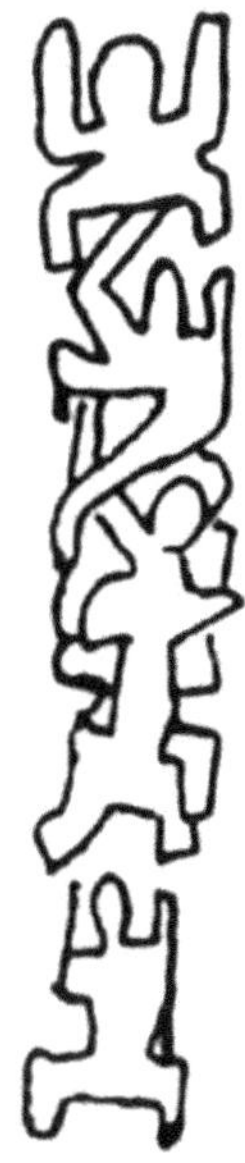

Tipicamente Yo [Eu]

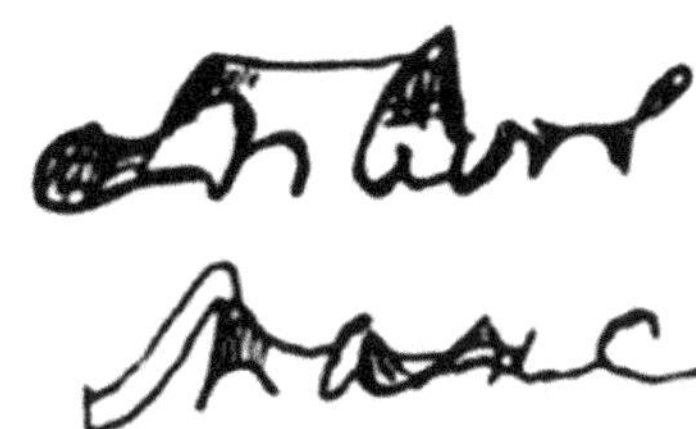

Preenchimento de um rabisco de Max ("Teu Max")[26]

3. Isso já concerne a outros domínios.

Por exemplo. a repetitividade ornamental "Três, sete, ás" de Hermann, que enlouqueceu[27].

Sobre o ponto de vista de *Worringer* (*Abstraktion und Einfühlung*[28] [Abstração e Empatia] sobre o ornamento como "ponto de apoio contra o caos do universo".

Pode-se muito bem zombar:

Notando que frequentemente se tece ornamentos ao longo de um corrimão, *Worringer* viu nessa situação o próprio papel do ornamento na história da arte, na qualidade... De um corrimão para a alma humana assustada *fassing* [sic. frente] ao Universo.

7. XI. 47

[A passagem para a televisão]

Dos "Grandes dias" de Virta[30] à "televisão" há um passo — no espetáculo resistem <u>apenas</u> as cenas "para espiar" — elas são uma espécie de paliativo daquilo de que é capaz a "tele".

Todo o resto não é mais do que "ninharias" e "trivialidades".

O avanço para a televisão se faz por meio da "cronicalização": <u>o documento da</u>

época contemporânea encenado (paliativo).

(Potemk[in] — documento encen[ado] (qual Racine[31] !) do passado).

"O juramento" e "A jovem guarda".

Da crônica à "tele".

A aproximação à "tele" ocorre pelo cinema em relevo: a realidade se torna invasiva, assim como a etapa seguinte é uma intrusão da tela em geral.

(*A noter* [Note-se]: minha aproximação do assunto no artigo sobre o *stereo* [o cinema em relevo])[32].

If this is to go [Se isso deve entrar] na história do cinema, então é necessário dizer que o ponto de partida da nova era (também nas artes) — da arte cinematográfica soviética, assim como da cultura da humanidade em geral — foi a crônica.

A crônica e seu papel de fundadora do cinema soviético.

NB. A "estilização documental" é o *slogan* pós-guerra do maneirismo estético atual: *Roma, cità aperta*[33] e *We serve* de *Noel Coward*.

Eles repetem a evolução do teatro em geral, como antes todas as operações comemorativas, nas primeiras etapas da consciência, a reprodução da ação, sobretudo nos locais em que ela se realizava — eram uma participação real na ação[34].

Were You there when they nailed Him to the tree ["Você estava lá quando eles o pregaram à árvore"] cantam os negros no *Spirituals*, descrevendo exatamente o que o culto se esforça em atingir.

E a comunhão? — como uma real união com o evento?

E a televisão é a encarnação extrema dessa *urge* [necessidade], atualmente realizada apenas por uma participação espacial real.

Uma participação provisória por meio da reflexão e da reprodução — toda a cultura pré-televisiva foi desviada. O espacial é o televisivo. É uma fronteira na crônica como uma forma última de fixação do que foi. *Time and space interrelations again* [Novamente interrelações do tempo e do espaço]...

À televisão

A propósito de "Electra", *Green Pastures*[35] [Verdes Pastagens], e *News of the Nation* [Notícias da Nação[36]]

(*d'après* [segundo] o que está escrito sobre a imagicidade de Gógol[37]).

Als Forderung und Aktualisierung des Verflossenen [como presságio e atualização do passado]:

Vestir trajes de hoje em dia — torna atual.

E o inverso: pôr o passado em trajes atuais — comungar com o passado — tornar-se contemporâneo e participar de um evento passado.

O LUGAR DO CINEMA NO SISTEMA GERAL DA HISTÓRIA DAS ARTES[1]

31. I. 1948

Relação e síntese etc. (de acordo com o início do meu programa do GIK[2])

Why the film is tops [*sic*] [Por que o filme constitui o topo].

Difusão de massa.

O espectador *shapes the film* [dá forma ao filme] "votando com os pés" (*not to be quoted* [não mencionar]!)

No Ocidente "em nome do espectador" — proxenetismo.

Para nós — com participação direta — espiritual e material (do Estado e da educação).

O cinema como o instrumento mais perfeito não apenas de influência sobre, mas também de reprodução e de reconstrução do homem em toda a diversidade de seus *backgrounds* [contextos], ambientes etc.

Mas também em seu método — o reflexo mais completo do homem.

O cinema como cópia do aparelho psicológico humano[3].

Continuity of flow of images [continuidade do curso das imagens] (K. S[tanislávski] utiliza precisamente o filme quando quer dar esclarecimentos!)

Close-ups as points of insistance of interest (Cf. *dreams*) [os close-ups como pontos de focalização do interesse (Cf. sonhos)]

Fading in and out [aparição e desaparição que se fundem] e desaparição da consciência (o sonho ou a quase consciência). Fundidos. Multidimensionalidade dos cursos simultâneos de pensamento.

"Lembranças".

Flash backs. Soft [leve]

E mais complexo: estrutura metafórica, evidente nos procedimentos e escondida nas profundezas da composição. Possível em um grau menor nas outras artes: "colunas" e limites de suas possibilidades (Hegel). Em parte alguma nas outras artes [...][4].

O cinema como o automascópio[5] técnico mais completo do fenômeno de reflexão da realidade, que se encontra no fundamento da formação e da constituição da consciência humana.

A história do cinema do ponto de vista da mecanização dos meios técnicos do próprio processo de reflexão e de fixação dos resultados dessa reflexão.

Etapa da reflexão estática.

Do fenômeno eidético à câmera fotográfica.

O imediatismo automático da reflexão dos fenômenos da realidade no fenômeno eidético.

A fixação da reflexão da imagem dos fenômenos na memória.

O problema da reprodução pelos meios técnicos dos processos: a obtenção de uma cópia dos fenômenos da realidade pelo ângulo das mecânicas e sua fixação pelos meios técnicos[6].

Obtenção da cópia:

Nux [núcleo] para todos. *Everything keeping his* [sic] *imprint* [tudo conserva sua marca]. As vestimentas, a casa. *National shrines* [os locais santos nacionais]: a pequena casa de Pedro I, a casa de Roosevelt, os relicários (a mesma coisa + *pars pro toto*). *Souvenirs* [lembranças]. Autógrafos etc. (*Mrs Avischam*. A rainha Vitória). "Abraçar os traços dos passos".

Conservação por meio da reprodução eficiente ("encarnação"): ritual comemorativo. Reflexo no sentido dos episódios da ação. Reflexo pela encarnação no *choro* [coro] do ditirambo. Reprodução (imagem) = evento (na etapa do pensamento indiferenciado). Coro = Dionísios.

Reprodução somente durante o tempo de atuação.

Conservação do objeto propriamente em lugar do seu reflexo (mumificação).

Etapa de moldagem física real (em relevo). Máscaras mortuárias (Egito, Roma. Perpetuação da tradição até os nossos dias). Ressonância com o cinema em relevo (*stereo*).

Etapa do berço do princípio negativo/positivo. Fundamento da possibilidade de produzir muitas cópias.

O problema da obtenção de uma imagem plana.

O reflexo na água.

A substituição da superfície especular da água pela superfície de um espelho polido.

Refletir-se em um espelho.

A silhueta e o desenho do contorno de um outro.

O contorno traçado à mão de um objeto real ou da silhueta de uma sombra como primeira tentativa de mecanizar o reflexo de uma aparência real. Parte importante da parcela não mecanizada desse processo, como em todas as etapas manufatureiras (artesanais) da técnica. (Representação rupestre. Retratos de perfis do [século] XV como os de Domenico Veneziano. Silhuetas. Retratos do fim do século XVIII e início do XIX).

Caráter primitivo da técnica fotográfica de obtenção mecânica do desenho da silhueta. (Silhuetas sobre frutos em vias de amadurecer, obtidas graças a papéis colados que deixam intacta uma parte da superfície. A renovação disso nos fotogramas de Man Ray e Moholy-Nagy sobre papel fotosensível). (Religar à técnica de fixação).

Desenvolvimento dos meios técnicos acessórios.

A grade com visor de Dürer e Holbein permitindo tranpor a visão no espaço de uma figura [e obter] a deformação angular dessa figura traçada sobre uma superfície.

Instrumentos para elevar e reduzir a silhueta em Lavater (1741-1801)[7].

O fisionotraço[8] — aparelho de Chrétien e Quenedey do tipo pantógrafo para elevar diretamente o perfil. Primeira exposição em 1793.

Renovação da tendência eidética e protofotografismo no estilo de pintura dito *trompe-l'oeil* [ilusão]. (Lendas chinesas sobre Wang Wei que, antes de sua morte, passou para o outro mundo entrando em uma caverna que ele havia desenhado), anedotas sobre o tema de Zeuxis, século XVI, autorretrato em um espelho convexo. Tetos de Tiepolo; séc. XVII e XVIII (tipo de quadros chamados *verre cassé*[9] [vidro quebrado]). Segundo a descrição do presidente de Brosses[10]. Pintor americano da segunda metade do séc. XIX. O quadro de Rembrandt *La Ronde de nuit* ["A ronda da noite"] apresentado como um *trompe-l'oeil* por ocasião da sua exposição em um museu de Haia [?]. Dioramas. Dioramas animados como precursores do cinema "de visão".

Aparição da <u>lente</u> e da possibilidade diretamente ligada de projetar os fenômenos sobre a superfície plana.

1050. As lentes na Antiguidade. As primeiras lentes de Alhazen. 1270. Tratado sobre as lentes de Witelo[11] e Roger Bacon. (1285-1299 invenção dos óculos).

Camera obscura. Informações estabelecendo que a *camera obscura* teria sido conhecida por Aristóteles. Século XVI. Nas dimensões de um cômodo (Leonardo da Vinci). Cabine. Descrita por *Daniel Barbaro* 1558, *Giambatista della Porta* 1540-1615 e no *Oculus hoc est: Fundamentum opticum* de Christoph Scheiner (1619)[12]. Caixa do *abade Nollet* (séc. XVIII)[13]. De lá vem o nome foto – e cine – "câmera".

Pesquisa de uma superfície fotossensível, capaz de tocar automaticamente a imagem projetada.

Elementos primitivos da técnica fotográfica — "a maçã de Newton" da técnica fotográfica.

Vitrúvio e Fabricius (1565) sobre as capacidades do óxido de prata de reproduzir em tons de cinza e negro uma imagem obtida através de uma lente.

<u>Obtenção de imagens fotográficas não fixadas</u>.

Schulze (1727) na Alemanha; Priestley (1733-1804) na Inglaterra, Charles na França. Resultados dos anos 1770-1780.

Wedgewood (1802). James Watt e Humphrey Davy. Fracassos em fixar as imagens.

Pesquisa de meios químicos permitindo uma fixação permanente da imagem projetada. Etapa da imagem "única".

Nicephore Niépce (1765-1833) e [Louis-Jacques-]Mandé Daguerre (1787-1851). Heliografia (1824). Calótipo de Talbot (1834-1839). Daguerreótipo de Niépce e de Daguerre (1839). Ambrótipo etc.

O problema da fixação do fenômeno refletido e a possibilidade de produzir muitas cópias de uma prova.

A história do princípio negativo/positivo.

Marcas e matriz. *Siegelring* [anel de sinete]. Selos babilônicos. Selos maias para decorar o corpo. Impressão antiga sobre tecidos e preservação da tradição do têxtil artesanal do Oriente e do Ocidente. *Nux* [núcleo] na técnica da moldagem da máscara. (1) mecan[izada]. (Aplicação da imagem). Impressão da imagem gravada sobre o papel. (2) mecan[izada]. (transferência da im[agem]).

Abklatschbilder [cópia] dos peregrinos da gravura rupestre de Confucius na China antiga[14].

Relação entre reprodução visual e história das técnicas de impressão.

1041-49 – primeiros tipos móveis (Bi Sheng, China); 1147 – letras capitais em madeira (abade beneditino de Engelberg[15]); 1300 – tipos em madeira (Turquestão); 1325 – um padre japonês (Priester) Riskin [?] distribui aos peregrinos imagens sagradas sobre placas de estanho (a técnica era conhecida anteriormente (Julius Kurth)). Segundo as suposições de Kurth, não está longe dos *Zügeldruck*, impressões de desenhos gravados sobre azulejos; 1390 – tipos metálicos (Coreia); 1409 – primeiro livro composto com caracteres móveis; 1423 – primeira gravura sobre madeira na Europa. 1440-1460 – início da impressão de livros contemporânea (Gutemberg e Schöffer); 1446 – gravura sobre cobre; 1483 – início da água-forte; 1508 – gravura policromática europeia; 1709 – impressão em tricromia com placas de cobre; 1796 – início da litografia.

A etapa das impressões "únicas" (Cf. mais altas) dos primeiros tipos de precursores da fotografia contemporânea.

1841. Descoberta do positivo sobre papel por Fox Talbot (1800-1877) e início da era da técnica fotográfica contemporânea negativo-positivo e da fotografia propriamente dita.

Impressão direta.

Impressão das mãos nas cavernas.

Impressão de uma placa de madeira gravada nos pães de especiaria russa impressos.

"Renovação" da impressão dir[eta]. O autógrafo e seu *nec plus ultra*.

O "teatro chinês" de Sid Grauman em Hollywood e as marcas das mãos e dos pés das celebridades[16].

Placas para a tatuagem.

"Matrizes".

PIONEIROS E INOVADORES[1]

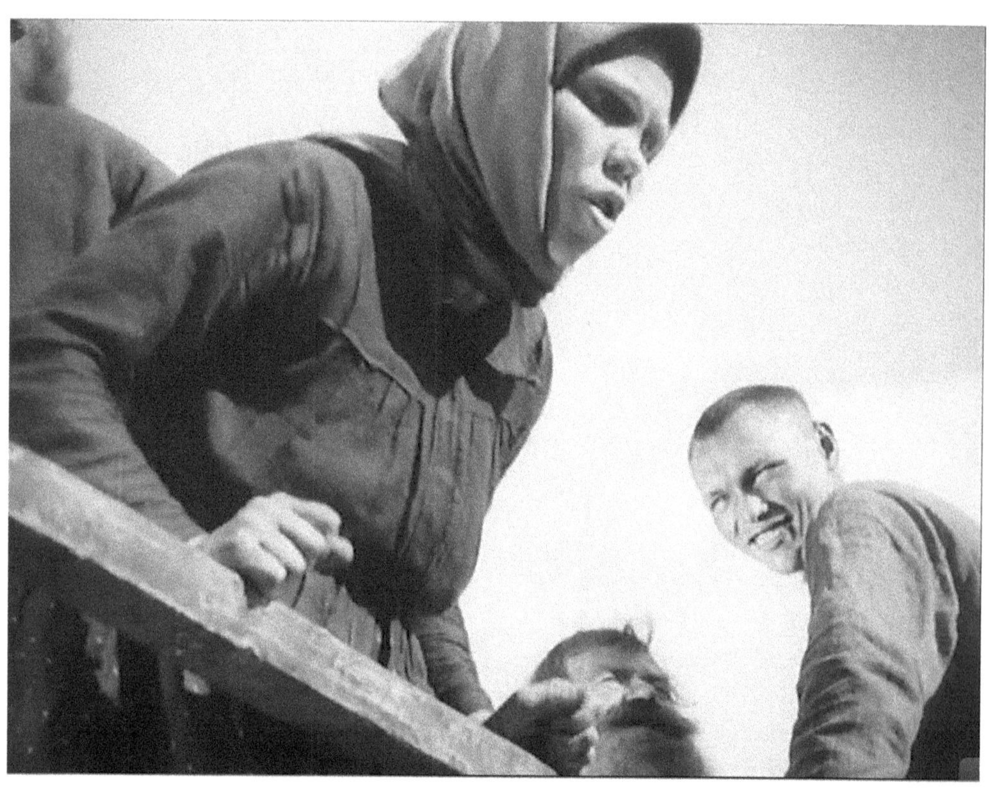

Marfa Lapkina incitando os camponeses a fundar um kolkoz em *A linha geral*.

1. I. 48

YO[2]

Não apenas [a relação do meu cinema] com a crônica (episódios de crônica na *Greve*, e mais ainda em *Potemkin*, que constituem o calendário da sequência), mas também a relação com... O filme científico e técnico (e a partir deles, com os precursores da crônica e desses tipos de filme)[3].

A greve (todo o ciclo "sobre a ditadura"), foi realizada sob o signo de "como fazer" a <u>revolução</u> — como filme técnico-científico.

Ela foi precedida pela teoria da montagem das atrações, elaborada sobre o modo "como fazer" <u>uma obra permitindo a reconstrução da consciência</u>.

As raízes da engenharia: [lições] "como construir pontes"[4].

E as raízes das matemáticas: "pesquisas de uma unidade [de medida]"[5].

Quando foi feita *A greve*, o tema foi aprofundado:

da exposição descritiva dos <u>sintomas dos fenômenos</u> (uma espécie de pesquisa científica inglesa), passou-se ao fundamento <u>humano e emocional</u> da revolução;

de lá [surgiu] *Potemkin*, caracterizado por sua espontaneidade, sua rebelião, sua revolta, e não pela edificação da revolução planejada pelo partido, que haveria de figurar em *Outubro* e em *A linha geral*[6] — a revolucionarização de tudo que existe (política agrícola e a reconstrução [do campo])[7].

A partir daí, entretanto, houve uma mudança de direção.

Outubro não foi um filme histórico-partidário.

Isso ficou ao encargo de Emler[8].

A linha geral não foi um filme contemporâneo-partidário (pós-outubro).

Isso ficou ao encargo d[o filme] *Contraplano*[9].

A intenção da *Greve*: como <u>ocorrem</u> as revoluções em geral; mas resultou na concretização do vínculo com a terra.

A intenção do Potemkin: como ocorreu a <u>revolta</u> concreta de 1905; mas resultou em uma generalização da ênfase revolucionária.

A análise estrutural de uma obra (mont[agem] das atr[ações]) é precedida, para mim, pela análise estrutur[al] do movimento expres[sivo] (*Auswuchs* [desenvolvimento] desde o empirismo de M[eyerhold] até a minha própria teoria do movimento expressivo)[10].

As raízes da cronicidade e do documentarismo como objetivização estão na minha aposta... No circo. O trabalho físico concreto do circo como processo e como produto (o conteúdo de um número = seu trabalho), sem o sentido figurado do ator e sem a representação do que quer que seja, é <u>seguramente</u> o "documentarismo" na esfera da pantomima!!![11]

A etapa intermediária — de compromisso — é o teatro de convenção: um espetáculo sem pretensão à "vida verdadeira", mas uma aposta na representação: "nós não somos os personagens vivos da peça, mas atores que os interpretam"[12].

O outro extremo — também de compromisso — é o MKhAT: diante de você está a verdade verdadeira das experiências — experiência factual, correspondente às situações da "*pieça*"[13] (*next step* [o passo seguinte] após a reconstrução naturalista da aparência de um fenômeno na primeira etapa do MKhAT)[14].

O circo — pura e simplesmente. Você vê diante de si o trabalho no trapézio que é... O trabalho no trapézio.

Durchbruch [avanço] meu em direção a isso, presente no meu primeiro passo independente: o boxe em *O mexicano*[15] — passando da dança "metrorítmica"[16] a um combate real (no qual *o mais real* costuma ser não apenas a predeterminação do final, mas muito frequentemente o "roteiro": o número do round em que deve terminar [a luta] e o encadeamento das peripécias!).

Novamente as origens se encontram "sobre a praça pública" — na feira: nos equilibristas e halterofilistas – como um espetáculo factual de força e agilidade real. (E com o mesmo % de *fakery* [fingimento] que há na crônica — ligeiramente (é inevitável!) — encenado. Os halteres são *un peu truqué*[es] [um pouco falseados] etc.)

O <u>inovador</u> é aquele que faz explodir a tendência uniforme da evolução no salto revolucionário de uma qualidade nova em meio ao processo geral de desenvolvimento[17].

O processo de lançamento de um objeto homicida permanece, mas ele contém uma explosão inovadora que faz passar da corda do arco que lança a flecha à pólvora propulsora do projétil. Do núcleo maciço lançado ao projétil que explode (shrapnel etc.)

O <u>pioneiro</u> é outra coisa.

O pioneiro foi o primeiro a ter a ideia de utilizar uma placa para a impressão de uma gravura.

O inovador é aquele que viu a possibilidade de fabricar a partir daí os caracteres de impressão móvel.

O pioneiro é aquele que inventou a imprensa (embora a passagem dos pés, utilizados para pressionar — ainda hoje há lugares na França em que se pisa as uvas —, à máquina faça dele um verdadeiro "inovador"). O inovador é aquele soube ver "as novas qualidades" dessa impressão — como meio de impressão automática, fazendo explodir a tradição do cilindro ou da mão que alisa como únicos meios de obtenção de uma impressão.

Assim eu fiz explodir do interior a linha (a tradição) da crônica e do documento (e do filme "educativo" de vulgarização científica) em *A greve* — tomei essa linha e, do interior, eu a repensei com uma nova expressão qualitativa.

Assim eu fiz explodir do interior da linha os princípios de montagem de Griffith (através de Kulechóv) com o tropo de montagem e a imagem.

E na fase seguinte, Pudôvkin fez explodir a abstração "revolucionária" de *Raio da morte* (o *Raio* é contemporâneo de *A greve*[18]), odiando e negando aquele filme (sob influência de *A greve*), e afirmando o passado revolucionário concreto e real com *A Mãe*[19].

Assim, inscrevendo Gorki, em lugar de Púchkin e Tolstói, na linha das encenações de obras literárias, ele deu um salto do "progressivo" ao "revolucionário-bolchevique", e de Protazánov — da revolução como material do cinema — ao cinema a serviço da revolução, ao realizador como revolucionário pelos meios do cinema[20].

Assim, em *A Mãe*, ao "negar" (ultrapassar) a primazia das massas (*A Greve, Potemkin*) no tema revolucionário, Pudôvkin revela imagens das personalidades dos revolucionários e [das pessoas] que marcham pela revolução[21].

Trabalhar bem a ideia da contribuição progressiva de cada um e como o testemunho é transmitido aos seguintes no movimento geral.

Analisar aqui a *genealogia geral* do desenvolvimento progressivo.

Notar a extinção do artista na linha do desenvolvimento progressivo. Os "limites". E, certamente, os fatores determinantes favoráveis. *Par exemple* [por exemplo] em meu "documentarismo" — [introduzir] o método de Griffith; a "khanjonkovschina"[22] de Pudôvkin — [introduzi]-la + minha *Greve*; em Vertov — o "vejo" de Whitman: uma voz narrativa potencial (com um texto "de autor") no cinema mudo[23].

Assim, por exemplo, o cinema de Pudôvkin é limitado por sua <u>fonte literária</u>.

(Fracassos em roteiros não literários).

E a passagem de Pudôvkin ao cinema *Sprech* [falado] – ainda que de grande tradição" – é impossível[24].

Kulechóv "findou-se" com a aparição de *A greve*.

Como Vertov.

Meu limite é o cinema intelect[ual][25]

Progressivo de modo linear e do ponto de vista do historiador da arte: ênfase crescente posta sobre o "personagem do herói" (Lápkina, Grózni[26] — é duvidoso que isso seja progressivo: antes, uma recidiva).

Progressivo: tecido — [construção] audiovisual, musical em cores.

O novíssimo — A batalha de Stalingrado[27] — fecha o círculo da estilística com o retorno às fontes ("em nova qualidade"): a imagem é substituída por figuras segundo o princípio do panóptico (ou seja, retorno total às fontes!!!) e não pela interpretação.

Característico desse tratamento é a colagem de citações de personagens de um filme a outro, *abgesehen* [sem levar em conta] a maneira, o estilo etc. Mesmo de episódios inteiros! Gelovani ou Schtrauch[28] passam de um filme a outro como se eles fossem semelhantes... "As paisagens" no melhor dos casos são filmadas de modo diferente, mas não são absolutamente interpretadas de forma diferente.

E pela técnica — [o salto] do cinema à televisão.

A partir do trigésimo aniversário [do cinema soviético] — nova contagem.

"Renascimento"[29].

Instantâneos, como o [*Cine-*]*verdade leninista*[30].

A[*leksándr*] *Niévski* e o cinema audiovisual.

A[*leksándr*] *Niévski* e o filme histórico.

Em seguida: desenvolvimento
da revolução ao tema do partido.
Ao "herói" e do "herói em geral" ao herói do partido e ao retrato.
Cine-retrato.
E todo o resto do problema do retrato.
E como digressão — autorretrato: direto.
Autobiografia e participação pessoal:
Chaplin depois de *Uma vida de cachorro* até Verdoux[31] e Stroheim.
Autorretrato do tipo "Tempestade sobre Toledo"[32]. Yo. [Eu].
Autorretrato lírico — Dovjênko.

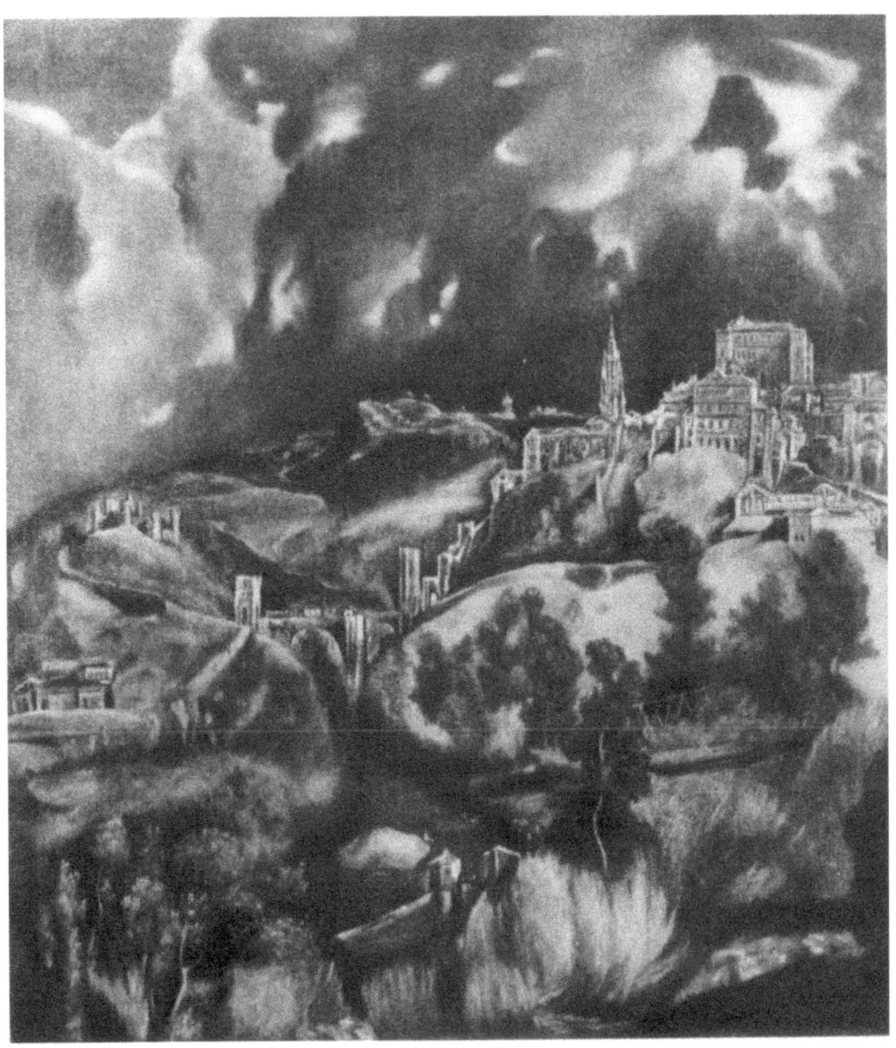

Greco, "Tempestade sobre Toledo" ou "Vista de Toledo" (1597-1599)

NOTAS

O HERDEIRO

1   Este texto é um dos primeiros do conjunto de notas dos anos 1946-1948, redigidas com o objetivo de constituir uma "História geral do cinema". Trata-se, além
disso, do fruto de muitos anos de reflexão sobre a genealogia de todas as formas cinematográficas e de seus antecedentes na história das artes. Em seus escritos teóricos
e em seus cursos no VGIK (escola de cinema criada em 1919 em Moscou), Eisenstein
analisou as potencialidades "cinematográficas", o "cinematismo" das artes tradicionais, considerando o cinema como um "herdeiro legítimo" delas (sobre esse termo
e sua aplicação, ver *Cinématisme* e *Mouvement*. Fonte: RGALI, 1923-2-993. p. 19-29.
Primeira publicação: *Kinoviêdcheskie Zapíski* n° 28, 1995. p. 115-119.

2   Trata-se aqui, provavelmente, do "neo barroco" ou barroco tardio ou ainda do
rococó (século XVIII), denominação usada pelos historiadores da arte para designar
um período em que o ornamental e a ilusão de ótica, entre outros elementos, con-
tribuem para a sobrecarga e o excesso. É nesse período que Eisenstein inclui toda a
evolução da arte em direção a sua "degenerescência", no fim do século XIX (ver *infra*).

3   O tema da degenerescência das "outras artes", levadas pela degenerescência
da sociedade burguesa, é constante nos textos de Eisenstein dos anos 1930 e 1940
(ver a esse respeito obras como *A natureza não indiferente* e *cinematismo*). Ausente
dos textos da década de 1920, o tema não é apenas um tributo pago ao dogma stalinista do "realismo socialista" — pois ele é encontrado igualmente nos marxistas
Georg Lukács e Max Raphael. Veremos, mais adiante, que esse tema "marxista" se
associa às profecias *fin-de-siècle* ao estilo de Nordau.

4   Alusão ao livro de Jean (Hans) Arp e El Lissitzky, *Kunstismus, 1914-1924*, Zurique, Munique e Leipzig, Eugen Rentsch, 1925. No contexto de um desenvolvimento sobre a *pars pro toto*, há uma referência a ele em *Método*, de maneira depreciativa: "A *pars* triunfo do *toto* [...]. Na pintura, isso é indicado pela recusa da integridade sintética do quadro tomado como um todo e por um elã em direção aos 'ismos' — cada um deles constitui a hipertrofia de um elemento isolado" (*Dickens & Griffith*. p. 198, e "The Psychology of Art", *Psychology of Composition*. p. 13).

5   Richard Wagner, solidário aos movimentos revolucionários de 1848 (ele participa do levante de Dresden e precisa se refugiar na Suíça), adota mais tarde, depois da vitória de 1870, uma posição de hostilidade à fidelidade à Bismarck, posição acompanhada de nacionalismo e de antissemitismo. Em "A encarnação do mito" (1940), Eisenstein escreve sobre Wagner: "o compositor pôde exprimir de forma poética ideias que nos são próximas e caras, as ideias que o inspiraram na época da Revolução de 1848, de que ele tinha participado (...). Como se sabe, Wagner renegou essas opiniões de sua juventude (*Conception*. p. 112-113).

6   Theodor Lipps (1851-1914), filósofo alemão que desenvolveu uma filosofia da arte e uma estética psicológica. Um dos primeiros a apoiar Sigmund Freud em sua teoria do inconsciente. Ele desenvolveu a noção de *Einfühlung* (empatia), vinda de Robert Vischer e retomada por Wilhelm Worringer, antes de se aproximar da fenomenologia de Husserl. Ele é autor de *Ästhetik. Psychologie des Schönen und der Kunst* (1903-1906) e de obras como *Grundtatsachen des Seelenlebens* (1883); *Raumästhetik und geometrisch-optische Täuschungen* (1897); *Komik und Humor* (1898) ; *Vom Fühlen, Wollen und Denken* (1902); *Leitfaden der Psychologie* (1903). Lipps foi muito influente na Rússia e na URSS (ele é amplamente evocado em 1925, por Lev Vygotsky, em sua *Psicologia da arte* [trad. Paulo Bezerra. São Paulo: Martins Fontes, 2001], por exemplo). Eisenstein refere-se a ele em diversas ocasiões, na série de textos do início dos anos 1920, reunidos sob o título "O movimento expressivo" (*Movimento*. p. 212, 216).

7   Denis Diderot introduz a noção de "nuance" como diferença quase imperceptível entre um ser ou um objeto e outro. Assim: "O observador é forçado a passar de um indivíduo a outro: mas o historiador da natureza é obrigado a abraçá-la em grandes massas; essas massas, ele as separa nos lugares da cadeia em que as nuances lhes parecem mais vivamente cortantes; e ele não se deixa imaginar que essas divisões sejam obras da natureza" (artigo "Animal", *Encyclopédie*, I, 471b). Ou: "O universo nos oferece apenas seres particulares, de número infinito e quase sem divisão fixa e determinada; não há nenhum que possa ser chamado de primeiro ou de último; tudo se encadeia e se sucede em nuances insensíveis; e se, através dessa uniformidade imensa de objetos, alguns parecem romper a superfície e dominá-la, como picos de rochedos, eles devem essa prerrogativa somente a sistemas particulares, a convenções vagas, a certos acontecimentos vagos e estranhos, e não ao arranjo físico dos seres ou à intenção da natureza" (artigo "Encyclopédie", *Encyclopédie*, V, 640a, e "Bois", *Encyclopédie*, II, 297a.). Essa "igualdade" entre os seres e os objetos pa-

rece, para Eisenstein, estar relacionada aos ideais de igualdade social da Revolução Francesa. No capítulo 2, Eisenstein cita "L'Art poétique" ("A arte poética") de Verlaine, mas omite os versos "Car nous voulons la Nuance encor, /Pas la Couleur, rien que la nuance! /Oh! la nuance seule fiance…" [Tradução para o português de Augusto de Campos: "Pois a nuance é que leva a palma, /nada de cor, somente a nuance! / nuance, só, que nos afiance /o sonho ao sonho e a flauta na alma!". Tradução para o português de Guilherme de Almeida: "Nós só queremos o meio-tom, /Nada de cor, somente a nuança! /Oh! A nuança é que faz a aliança /Do sonho ao sonho e do som ao som!] (ver *infra*).

8   É, em russo, a tradução do *Aufhebung* hegeliano.

9   No 17º congresso do PC (b) da URSS, em 1934, Stalin, em seu relatório, anunciava a "supressão das classes parasitas" e, portanto, da "exploração do homem pelo homem" e a construção de uma sociedade sem classes (retomado em *Les Questions du léninisme*, tomo 3. p. 151-152, disponível em <www.marxisme.fr>).

10   Max Simon Nordau (Südfeld Simon Miksa) (1849-1923), médico, ensaísta, crítico sociológico, cofundador da organização sionista mundial com Theodor Herzl; autor de livros muito controversos, entre os quais *Entartung* (1892 [*Dégénérescence*, Paris, Félix Alcan, 1894. Em português: *Degeneração.* Rio de Janeiro: Laemmert, 1896]), dedicado a Cesare Lombroso, *Die conventionellen Lügen der Kulturmenschheites* (1883 [*Les Mensonges conventionnels de notre civilisation.* Paris: Félix Alcan, 1897. Em português: *As mentiras convencionais de nossa civilização.* Trad. M. C. da Rocha. Rio de Janeiro: Francisco Alves, ano não disponível]), *et Paradoxe* (1885 [*Paradoxes sociologiques.* Paris: Félix Alcan, 1896. Em português: *Paradoxos.* São Paulo: Cultura Moderna, 1885]). Eisenstein evocou as polêmicas entre Nordau e Wagner em *Método* (capítulo "Grundproblem" [o problema fundamental], *Metod* 1. p. 131-134; *Psychology of Composition.* p. 7-9). Eisenstein também se refere a ele em "Montagem vertical" (julho-agosto de 1940, publicado em *Iskússtvo kino* n° 9, setembro de 1940, e em seguida em *Film Sense* e em *SW* 2. p. 367).

11   *Kadriki*, pequenos quadros, ou seja, fotogramas. Ver "O erro de Georges Méliès" (*Sovietskoie kino*, n° 3-4, 1933. p. 63-64 [*SW* 1. p. 258-260]).

12   O "método do cinema" remete ao livro inacabado *Método,* que sintetiza a reflexão de Eisenstein sobre os fundamentos do fenômeno cinematográfico, exposta desde "Dramaturgia da forma fílmica" (1929) e, em seguida, em *Montagem,* sob o nome de *Ur-Phänomen des Film* (ver *Cinématisme,* capítulo 1): a superposição de duas imagens imóveis (fotogramas) produz o conceito de movimento na percepção do espectador.

13   Cf. a referência a "reductio ad absurdum" do pontilhismo (Seurat, Signac) em "Laocoon" (*SW* 2. p. 155; *OS 4/2*).

14   Termos utilizados nas teorias das cores, da percepção colorida etc., convocados pela evocação do pontilhismo (Signac, Chevreul etc.).

15   Faz-se certamente uma distinção entre o detalhe (micro, em Daumier e Tin-

toretto) e a organização de conjunto das pinturas de Goya (macro). Daumier é um dos artistas mais frequentemente evocados por Eisenstein em sua busca por "antecedentes" do cinema (decomposição do movimento e montagem de diferentes momentos na mesma figura, assim dinamizada. Cf., entre outros, "La Dramaturgie de la forme filmique" ("A dramaturgia da forma fílmica") em *Cinématisme*. Em "O movimento expressivo" [1923], Eisenstein faz de Daumier o "representante na litografia" da "biomecânica" [*Movimento.* p. 214-6] e o aproxima novamente de Meyerhold em "Kaputt" [1926] [Ibid. p. 241]). A aproximação de Daumier e Tintoretto se encontra igualmente nos cursos do VGIK de 1941: ao decomporem o movimento em suas diferentes fases como o cinema faz, esses dois artistas "interrompem a inércia da percepção". Em Tintoretto, porém, "com uma deformação do corpo menor" do que em Daumier, mas "suas figuras flutuantes são pintadas literalmente como uma espiral. Michelangelo também é evocado, por fazer o mesmo na escultura (*Short Fiction Scenario.* p. 16-17). Goya realizou uma série de pequenos quadros narrando a captura do bandido dos grandes caminhos, Pedro Piñero, conhecido como "El Maragato", que se tornou um herói nacional. Eisenstein grafa seu nome erroneamente, como Margorotto.

16   *Mariage à la mode*, de Hogarth, sequência de cenas satíricas que retraçam a triste vida de um casal em Londres, no século XVIII. Essa série é evocada desde "Le carré dynamique" ("O quadrado dinâmico", 1930), em que é qualificada de "deliciosa sequência de cenas [de teatro] e nada mais" (*Au-delà des étoiles.* p. 218), e, em seguida, em "Laocoon" (*SW* 2 et *Il montaggio, OS 4/2*), "Pair-impair" ("Par-ímpar") e "Le dédoublement de l'unique" ("A duplicação do único") (*Cinématisme.* p. 178, 197) (*Metod* 2. p. 174).

17   Em seu ensaio "El Greco y el cinema", relacionado a *Montage* (1937), Eisenstein dá o mesmo exemplo de um "efeito cinematográfico" na decoração de um vaso grego que exibe uma briga de galos: "As duas figuras, no primeiro caso, e todas as quatro, no segundo, são reciprocamente idênticas em todos os pontos, à exceção de um detalhe, colocado de maneira claramente oposta em um deles (ou seja, em um contraste máximo). O efeito é absolutamente similar ao produzido pelo salto de um quadro a outro no cinema: tem-se uma 'imagem-conceito' do movimento" (*Cinématisme.* p. 85). Essa referência é retomada mais adiante, no capítulo 2, e acrescida da relação com uma pintura chinesa.

18   Referência à imagem de uma antiga procissão dançante egípcia, no livro de Joseph Gregor, *Weltgeschichte des Theaters* (Vienne. Phaidon: 1933. p. 85). Ver mais adiante uma outra alusão a esse baixo-relevo, ligada à obra de Gregor.

19   Wilhelm Busch (1832-1908), desenhista e poeta alemão, autor da série desenhada em sequências *Max und Moritz*, entre outros. Ele é considerado um dos pioneiros das histórias em quadrinhos, depois de Rodolphe Toepffer. Eisenstein faz menção a ele em um de seus diferentes textos consagrados a Disney, *On Disney* (em francês, *Disney*), entre os quais está um ensaio de 1940, "Disney" (*Metod* 2. p. 254-

295; *Eisenstein Collection*. p. 85-184). Nenhum dos dois usa filacteras ou balões, abordados mais tarde, em relação com o cinema sonoro.

20   O termo usado por Eisenstein tem um sentido médico ou biológico pouco adequado aqui, quando ele designa, sobretudo, uma "evolução em direção a", sem conotação patológica. Ele o emprega novamente às p. 31 e 150.

21   Cf. "Dramaturgie de la forme filmique": "A arte é sempre conflito [...], posto que ela existe, de acordo com sua essência, no conflito entre o ser natural e a tendência criadora" (*Cinématisme*. p. 22).

22   "Zur Wahrheit gehört nicht nur das Resultat, sondern auch der Weg. Die Untersuchung der Wahrheit muss selbst wahr sein, die wahre Untersuchung ist die entfaltete Wahrheit, deren auseinander gestreute Glieder sich im das Resultat zusammenfassen" ("Da verdade faz parte não somente o resultado, mas também o caminho. A busca da verdade deve ser ela mesma verdadeira, a verdadeira procura é a verdade desdobrada, seus membros dispersados para fora se juntam no resultado", Karl Marx, *Notes sur la censure prussienne* [1842]. Paris: Spartacus, 1961. p. 12. A citação se encontra também em "Montage 38" (*Le Film: sa forme / son sens*. p. 227-228, e *La Non-Indifférente nature*).

23   Cf. O capítulo "Sobre uma paixão de Honoré de Balzac", em *Método* (*Metod* 1. p. 295-316 e 309-310). Eisenstein baseia-se no desenvolvimento do princípio da "unidade na diversidade", indo das formas biológicas mais inferiores (ele cita o exemplo das colônias lineares de vermes platelmintos) até as mais elevadas, como se se tratasse de uma organização sócio-política. Ver também o esboço de seu prefácio para *Método*, em que ele cita o zoólogo Armand de Quatrefages sobre "Syllis prolifera" (*Eisenstein dans le texte*. p. 38 e 65-66 [nota 46]). Eisenstein considerava a montagem audiovisual do cinema como uma das formas em que esse princípio se manifestava por si só, na estética.

24   Cf. "Laocoon", em *Montage* (*SW* 2; *OS 4/2*) e *Método*.

25   Eidético: termo recorrente na reflexão de Eisenstein, talvez um empréstimo do psicólogo Aleksándr Luria, que estudou um caso de "memória eidética" quase absoluta, "fotográfica", com Solomon Cherechevski (*L'Homme dont la mémoire volait en* éclat. Paris: Seuil, 1991 [1965]), procedendo por uma transposição para imagens de palavras ou situações que deveriam ser memorizadas, por "purificação", generalização. No pensamento de Eisenstein, esse termo em geral se opõe ao icônico, figurativo, como a oposição entre *obraz* e *izobrajenie* (ver, por exemplo, em "El Greco y el cine", a propósito de *Tempestade sobre Toledo*). Em Platão e em Husserl, o termo se refere à pura essência das coisas. Aqui, "eidético" conhece uma acepção um tanto peculiar, como volta a ser o caso mais adiante, neste mesmo texto e em particular no capítulo 4, "Elogio da cine-crônica": designa um estágio pré-simbólico em que as "ideias" (no sentido de Platão) são acessíveis imediatamente (sem mediação). A queda na simbolização (a expulsão do paraíso) é então compensada pelo recurso ao olho mecânico, ele também pré-simbólico (a objetiva). Esse esquema pode parecer

próximo daquele que Kracauer e em seguida Bazin estabeleciam — o primeiro também fala do "paraíso" como um espaço pré-simbólico —, com a diferença de que Eiseinstein tem por objetivo a contemplação das ideias e não o surgimento do real.

26   Alusão a *The Clansman: an historical romance of the Ku Klux Klan* (New York. Grosset & Dunlap: *circa* 1905), de Thomas Dixon, adaptado por Griffith em *O nascimento de uma Nação*. Ver as "Mémórias", em que Eisenstein escreve: "Estou pronto para acrescentar fé na crença absurda segundo a qual a imagem do carrasco pode ser impressa, como uma fotografia, sobre a retina da vítima. É sobre essa ideia absurda que se funda a prova da culpa do negro que violenta a garota no romance *Clansman*, apologia do nascimento da "Ku-klux-klan", que serviu de base para *O nascimento de uma nação*, de Griffith (*Mémoires* 1. p. 32-33).

27   *Khronika* designa cinejornais e documentários. Daqui em diante, usaremos o termo "crônica" ou "cine-crônica" para nos referirmos a esse gênero cinematográfico.

28   Deve-se ao viajante, fotógrafo, cineasta e conferencista americano Burton Holmes (1870-1958) a palavra "travelogue", designando os relatos de viagem — séries fotográficas projetadas, com a ajuda da lanterna mágica, em alternância com os filmes. Holmes praticou a conferência documental de viagens ilustradas (1904) depois de ter usado a lanterna mágica e o cinema. Ele publicou quatorze volumes de *Travelogues* entre 1919 e 1922. Nas décadas de 1920 e 1930, ele produziu um grande número de documentários de viagem, distribuídos pela Paramount e, em seguida, pela MGM.

29   Cf. "Hors-Cadre" (1929), em que Eisenstein parte do jogo sobre as desproporções entre os objetos em função de sua importância psicológica (exemplo emprestado do psicólogo Aleksándr Luria, mas que Tiniánov, por sua vez, tira de uma narrativa de Tchékhov em seus "Fundamentos do cinema" [*Poétique du film. Les formalistes russes et le cinéma*. Lausanne: L'Âge d'Homme, 2009. p. 76]): "A representação do objeto em suas proporções reais é apenas um tributo pago à ortodoxia da lógica formal, submissão à inalterável ordem das coisas. Na pintura e na escultura, essa representação volta inexoravelmente durante os períodos de instalação do absolutismo, substituindo a expressividade da desproporção arcaica pela estrita escala hierárquica de uma harmonia oficialmente imposta (*Cahiers du cinéma*, n° 215, setembro de 1969. p. 22).

30   *O canto da campanha de Igor*, mais antiga obra literária dos eslavos orientais, que data do fim do século XII. Esse poema épico é baseado em uma campanha militar de 1185, conduzida por Igor Sviatoslavitch, príncipe de Novgorod-Severski, contra os cumanos, que levou ao fracasso. Embora baseado em um acontecimento real ("documentário"), e o poema é colorido emocionalmente pelo imaginário folclórico (largamente pagão) e pela palavra subjetiva e exaltada dos personagens e da própria narração [*skaz*]. Em "Montage 1937", esse gesto é evocado no contexto da decomposição de um movimento em diversas fases (p. 107).

31   *Les Grandes Misères de la guerre* (*As grandes misérias da guerra*), dezoito águas-fortes evocando a Guerra dos Trinta Anos, que tomava a Europa e havia ganho

a Lorena em 1633. Georges Sadoul escreveu um estudo sobre Jacques Callot: *Jacques Callot miroir de son temps* (Paris: Gallimard, 1969).

32   *Los Desastres de la Guerra* (*Os Desastres da guerra*), série de 82 águas-fortes de Goya, realizada entre 1810 e 1815 e publicada em 1863. Elas evocam as extorsões cometidas pelas tropas francesas durante a invasão da Espanha por Napoleão (1808-1814) e a Guerra de Independência. Em 1951, Jean Grémillon realiza um filme com Pierre Kast a partir dessa série, com o título *Les Désastres de la guerre* (*Os desastres da guerra*).

33   Trata-se de mistérios gregos (cultos).

34   Filme (perdido), baseado em um roteiro de Vladímir Gardin, sobre as extorsões cometidas por soldados alemães na cidade polonesa de Kalisz. O filme foi rodado no pátio da casa de Nirnsee (ver *infra*) e pretendia ser uma "representação documental" dos acontecimentos.

35   Edifício residencial célebre, situado no número 10 da ruela Gnezdnikovskii. Atribuído ao arquiteto Ernst-Richard Nirnsee, ele foi construído em 1912 e, com mais de oito andares, é um dos primeiros "arranha-céus".

36   Referência ao conde Fiódor Petróvich Tolstói (1783-1873), artista gráfico e escultor, e a Bogdánovich (ele será abordado novamente mais adiante).

37   Olaf Gulbransson (1873-1958), ilustrador e pintor que começa a publicar seus primeiros desenhos em 1892, na Suécia. Exilado na Alemanha, ele integra a equipe do *Simplicissimus* de 1902 a 1944. Eisenstein possuía um álbum de desenhos do artista (*Fünfzig unveröffentlichte Zeichnungen. Herausgegeben von Alfred Mayer*, Munique, 1914), adquirido em Berlim, em 1929. Eisenstein analisa diversas ilustrações de Gulbransson para *Tante Frieda*, de Ludwig Thomas, em "Par-ímpar" (*Cinématisme*, reproduzido em *Metod*), e se refere a ele em suas "Notas sobre o desenho", de 1932 (*On Disney.* p. 69).

38   Aubrey Beardsley (1872-1898), ilustrador "art-nouveau" oriundo da tendência pré-rafaelita e influenciado pela estampa japonesa e a arte rococó. Beardsley é conhecido por seus desenhos em preto e branco, sinuosos e estilizados, criados para a *Salomé* de Oscar Wilde, por muito tempo proibidos na Grã-Bretanha por seu "erotismo perverso".

39   Desenho linear ou desenho de traço. Desenho que retraça o contorno dos objetos sem indicar relevo ou volume.

40   Eisenstein fala do "mistério" do "desenho linear" em *On Disney* (p. 59-60) e na passagem intitulada "Notas sobre a linha e o ornamento" (*Metod* 2. p. 430-456). Ele explica o "fascínio pelo desenho de contorno fechado" de seus próprios desenhos, dos desenhos animados de Disney e das obras de desenhistas como Gulbransson e Beardsley, pelo efeito de movimento que a linha suscita, e também pela "protoplasmaticidade" e a "onipotência" do desenho linear, que é capaz de se metamorfosear livremente e que provém diretamente da percepção pré-lógica ("ainda não há uma diferença de princípio entre o movimento do próprio objeto e o movimento do olho

em volta do contorno do objeto! Subjetivo = objetivo!" [24.VII.1940]. Em notas de 1940, ele escreve: tanto o traço quanto a linha "são a *pars pro toto* do objeto intei-ro, por sua propriedade mais impressionante — sua mobilidade." (*Eisenstein dans le texte*. p. 44-46).

41   *Gestalter*-ismo: *mise en forme,* formatação (equivalente do russo *oformlenie*). Eidética: ver *supra*, nota 25.

42   D'Ors faz com que Rembrandt figure entre os pintores barrocos (*Du Baroque* [*Lo Barroco*]. Paris: Gallimard, 1968 [1935]. p. 87, 91 e 126), relacionando-o à Contrarreforma (p. 105). É, porém, de Rubens que ele aproxima Watteau: "O processo pictórico dos pintores da Flandres é similar ao do pintor de Valenciennes: há a mesma gama quente, que parece iluminada desde seu interior, a mesma liberdade — moderna — das cores distantes do tipo primitivo dos cromatismos inscritos em contornos, a mesma pincelada, ampla e cursiva, traçando com graça as caligrafias do barroco" (*Du Baroque,* op. cit. p. 199). O autor também trata de Rembrandt em *Coupole et Monarchie.*

43   Cf. *On Disney* (p. 49-53).

44   Provavelmente *flip books* ou *flick books* que, ao serem folheados rapidamen-te, recriam o efeito de movimento entre as imagens fixas sucessivas. Aqui, eles são aproximados das máquinas ópticas (zootropo, fenaquistiscópio).

45   O termo russo empregado aqui por duas vezes — *perejitok* (sobrevivência) — tem conotação negativa no contexto soviético (em que é usado para designar as sobrevivência do Antigo Regime).

MUMIFICAÇÃO DINÂMICA
Notas para uma *História geral do cinema*

1   Fonte: RGALI, fundo 1923, lista 2. p. 3-5.

2   Essa citação da primeira parte do *Fausto* de Goethe (cerca de 1700), extraída da cena em que Fausto sela o pacto fatal com Mefistófeles, volta a aparecer em diversas ocasiões nessas "Notas", às vezes grafada erroneamente ["Und Schlag auf Schlag! / Werd' ich zum Augenblicke sagen: / *Verweile doch! du bist so schön!* / Dann magst du mich in Fesseln schlagen, / Dann will ich gerne zugrunde gehn! / Dann mag die Totenglocke schallen, / Dann bist du deines Dienstes frei, / Die Uhr mag stehn, der Zeiger fallen, / Es sei die Zeit für mich vorbei!". J. W. Von Goethe, *Faust, erster Teil,* 1698-1706, *in Werke*, vol. 3, *Dramatische Dichtungen.* p. 57; em português: "E sem dó nem mora! / Se vier um dia em que ao momento / Disser: Oh, para! És tão formoso! / Então algema-me a contento, / Então pereço venturoso! / Repique o sino derradeiro, / A teu serviço ponhas fim, / Pare a hora então, caia o ponteiro, / O tempo acabe para mim!". GOETHE, Johann Wolfgang von. *Fausto. Uma tragédia.* Primeira parte. Trad. Jenny Klabin Segall. São Paulo: Editora 34, 2004. p. 169]. Essa exclamação exprime o desejo de parar o tempo, o medo da velhice e da morte que o pacto deveria prevenir. Eisenstein a cita igualmente em "Foreword", texto que abre suas "Memórias", depois de uma série de reflexões sobre o "tempo perdido" e a época presente (*Mémoires* 1).

3   VIEM, Instituto de Medicina Experimental da União Soviética que fazia, entre outras coisas, pesquisas sobre a imortalidade física.

4   Referência à concepção de Lucien Lévy-Bruhl do "pensamento pré-lógico" que Eisenstein introduziu nos anos 1930, em sua teoria do filme (ver "Novos problemas da forma no cinema" [1935] em *Film Form, A forma do filme.*).

5   Por diversas ocasiões, Eisenstein evocou os ritos dionisíacos antigos (festas em homenagem a Dionísio) a propósito da estrutura do *pathos* no ditirambo e do papel que eles exerceram enquanto berço do teatro — e, consequentemente, do cinema. Cf. "Le dithyrambe et la danse macabre" ["O ditirambo e a dança macabra"], em *Neravnodúchnaia priroda* 2. p. 200-221 (esse texto não figura na edição francesa da NIN, baseada na edição russa de 1964 [*Iz. Pro.*].

6   O desenho a seguir retraça uma das procissões da Paixão de Cristo, filmada em *Que viva México!*, em Amecameca.

7   Diversas peças de William Shakespeare se intitulam "crônicas" (*The True Chronicle of the History of the Life and Death of King Lear and His Three Daughters*; *The Chronicle History of Henry the Fifth*), ou são próximas a esse gênero (*The Tragical History of Hamlet, Prince of Denmark*; *The Famous History of the Life of King Henry the Eighth*; *The Life and Death of King John*). Além disso, na maioria de suas peças históricas, o dramaturgo bebeu na fonte das *Crônicas de Inglaterra, Escócia e Irlanda*, redigidas por Raphael Holinshed (a primeira edição data de 1577). Holinshed havia sido encarregado de escrever uma cosmografia universal e de compilar a história do mundo, do Dilúvio a Elisabeth I.

8   *Khronika*, as atualidades (ver capítulo 1, nota 27). A ligação que aqui se estabelece entre as crônicas históricas em Shakespeare e as cine-crônicas justifica a opção por manter esse termo, próprio ao léxico cinematográfico russo.

9   *Theatre Arts* (Nova York). Relação entre os filmes de Eisenstein e os mistérios medievais. Há dois artigos sobre Eisenstein nesse periódico: L. Lozovick, "Soviet Cinema: Eisenstein and Pudovkin" (vol. 13, setembro de 1929. p. 664-675), e H.D. Glans, "[O segundo nascimento de um filme clássico]" (n° 6, 1943).

10   Trata-se do Monte Rushmore, na Dakota do Sul, onde a própria montanha de Black Hills foi esculpida (por John Gutzon Borglum), ganhando, entre 1927 e 1941, quatro bustos dos presidentes norte-americanos George Washington, Thomas Jefferson, Theodore Roosevelt e Abraham Lincoln, com 18 metros de altura.

11   Cf. Henri Asselin, em *Paysages d'Asie. Sibérie, Chine, Ceylan* (Paris: Hachette, 1911), que evoca os budas gigantes de Kia-ting, na China, "entalhados na própria pedra do rochedo, ornados de barbas e cabeleiras verdes, e cujo mais alto mede 150 pés", ou os de Gal Vihara, no Ceilão, com 15 metros de altura, esculpidos nas falésias da cidade-jardim de Polonnaruwa, capital medieval dos séculos XI e XII.

12   Em russo: *misantsêna* [transliteração russa para *mise-en-scène*].

13   Cf. O estudo que Eisenstein escreveu no mesmo período, "Du cinéma en relief" (ou "stéréocinéma") (1947) (*Mouvement*, capítulo 6), ["Sobre o cinema em relevo" (ou "stereocinema"); em português, poderíamos também traduzir por "Sobre o cinema tridimensional", já que é disso que se trata]. Em sua nota sobre a história do desenho linear, de 4 de outubro de 1940, Eisenstein escreve que o olho e o diapasão do movimento da mão que produz seu movimento podem gerar [uma representação] de diferentes amplitudes, indo do movimento dos dedos [ou do movimento] do corpo + mão até a

mobilização do corpo inteiro (Cf. Hokusai é tão capaz de desenhar sobre um grão [de arroz] quanto de desenhar com uma vassoura figuras que só podiam ser distinguidas a partir de uma torre, de montanhas ou de árvores (*Metod 2.* p. 438-439).

14   São práticas em que se rodeia o motivo para ter dele vistas de todos os ângulos. Cf. a "fotoescultura" de François Willème (1859-1860), na qual Villiers de L'Isle Adam se inspirou em *A Eva futura,* para a "replicação" da moça (F. Willème, "La sculpture photographique" ["A escultura fotográfica"], *Le Moniteur de la photographie,* 15 de maio de 1861).

15   Balzac evoca o daguerreótipo em *O primo Pons.* Nadar faz referência ao exposto pelo autor em "Balzac et le daguerréotype" ["Balzac e o daguerreótipo"]. Para ele, "cada corpo na natureza se encontra composto de séries de espectros, em camadas infinitamente superpostas, em películas infinitesimais, em todos os sentidos segundo os quais a ótica percebe esse corpo", donde "cada operação daguerriana vinha surpreender, desprender e reter uma das camadas do corpo objetivado, ao aplicá-la (NADAR. *Quand j'étais photographe.* Paris: Flammarion, 1900. [reedição: Arles: Babel, 1998. p. 17-18). [O texto de Nadar em francês: "Chaque corps dans la nature se trouve composé de séries de spectres, en couches superposées à l'infini, foliacées en pellicules infinitésimales, dans tous les sens où l'optique perçoit ce corps"; "chaque opération daguerrienne venait donc surprendre, détachait et retenait en se l'appliquant une des couches du corps objecté"].

16   Essa frase esclarece um recorte do jornal *Viêtcherniaia Moskvá,* datado de 30 de novembro de 1946, reproduzido no texto. Anuncia-se ali a estreia do filme *Os mestres da cena (MKHAT)* [em francês, *Les Maîtres de la scène*], constituído de fragmentos de espetáculos de teatro clássicos. Dentre os atores citados, figuravam alguns já mortos nesse período, como N. P. Khmelióv e I. M. Moskvin, cujos nomes foram assinalados com um quadrado negro.

17   "Essa frase explica o recorte colado do jornal *Viêtcherniaia Moskvá* de 30 de novembro de 1946, que anuncia a *première* do filme *Masterá tsêni* [*Mestres da cena*] (MXAT); este filme é constituído por fragmentos de espetáculos teatrais clássicos. Nele, o espectador pode ver atores que já nesse tempo haviam falecido, como N.P. Khmelióv e I.M. Moskvin"

18   *Le Fils naturel ou Les Epreuves de la vertu* [*O Filho natural ou as provações da virtude*], comédia em cinco atos, de 1757. Jogo de duplos em que um homem apaixonado encarrega um amigo de interceder a seu favor junto à mulher amada. Ela, por sua vez, se apaixona pelo amigo que, no final, se revela ser seu irmão, filho ilegítimo do pai dela.

19   Cf. o artigo "Diderot a parlé du cinéma" ["Diderot falou do cinema"] (*Mouvement*).

20   Eisenstein evocou o "monodrama" e o "teatro por si mesmo", de N. N. Evrêinov, no capítulo "Cinema e teatro Nikolai Evrêinov" de *Método* (*Metod* 1. p. 116-129).

21   Fonte: RGALI, 1923-2-1017. p. 1-4.

22　O termo "berço" aparece em diversas ocasiões para designar a origem de um fenômeno. Aqui, a "cine-crônica", na origem do cinema, é convidada a se diferenciar na arte, processo que é analisado no capítulo 4, "Elogio da cine-crônica". A mesma expressão se encontra em "Notas para um curso sobre a psicologia da arte", de 1947, onde está relacionada ao ornamento (ver abaixo) (*Psychology of Composition.* p. 16). Encontra-se ainda, mais adiante, o uso dessa noção a propósito de outros fenômenos, dentre eles a música.

23　O recorte de *Newsweek* se refere a um homem de negócios canadense, John M. Davis, que havia mandado edificar um memorial à morte de sua mulher comportando onze estátuas de mármore da esposa e de si mesmo.

24　Giles Lytton Strachey (1880-1932), escritor e crítico britânico que inaugurou um tipo de biografia combinando compaixão e irreverência. Em *Eminent Victorians* (*Vitorianos eminentes,* 1918), biografias de quatro grandes figuras da época vitoriana (o cardeal Manning, Florence Nightingale, o Doutor Thomas Arnold e o general Charles George Gordon), e em *Queen Victoria* (*A Rainha Vitória,* 1921), ele coloca a hipocrisia vitoriana no centro de seu trabalho.

25　Ver mais adiante, no capítulo 4, "Elogio da cine-crônica" e em seu *Überganz zum television.*

26　Miss Avishan, personagem central de *Great Expectations* (*As Grandes Esperanças,* 1861), de Charles Dickens. Abandonada por seu noivo no dia do casamento, ela mandou parar todos os relógios no instante exato em que tomou conhecimento de sua infelicidade e permaneceu no estado em que a notícia a surpreendeu: portando seu vestido de noiva e calçando um só pé do sapato de cetim branco.

27　LENNON, Florence Becker. *Victoria Through the Looking Glass.* Nova York: Simon & Schuster, 1945. Discípula de Freud, a autora se interroga sobre o fato de que o reverendo Charles Dogson, autor de tratados de matemática e de lógica, tenha podido escrever, sob o nome de Lewis Carroll, as aventuras de *Alice no país das maravilhas.*

28　Fonte: RGALI, 1923-2-1016. p. 1.

29　Eisenstein usa essa palavra em francês, no plural.

30　Source: RGALI, 1923-2-1015. p. 5-6.

31　O par *fotokamera/kinoapparat* designa a máquina fotográfica e a câmera de cinema, invertendo-se os termos em relação ao francês e ao português (máquina fotográfica ou *appareil photo*/câmera de cinema ou *caméra de cinéma*).

32　Charles Baudelaire, "Salon de 1859: Le public moderne et la photographie" ("Salão de 1859: o público moderno e a fotografia"), em *Curiosités esthétiques* (Paris. Gallimard, La Pleiade, 1932. p. 223). Convém destacar que Baudelaire é caracterizado por Eisenstein como "decadente".

33　*Sviétopis* (escritura — *pis* — de luz — *svieto*) é o equivalente russo de *foto-grafia.* Mas, na escrita de Eisenstein, a expressão não designa a fotografia estritamente, pois logo em seguida ele a utiliza a propósito de águas-fortes de Rembrandt.

Trata-se, sobretudo, de evocar, de maneira mais ampla, o contraste monocromático, o jogo de luz e de sombra nas artes gráficas e na pintura, de que o cinema é "herdeiro" (Kulechóv usa a palavra *sviétopis* para se referir à imagem cinematográfica). Construída da mesma maneira, a palavra *Tsviétopis,* formada sobre as raízes das palavras "cor" (*tsvieto*) e "escritura" (*pis*), designa os contrastes de cores. *Grisaille* designa uma pintura de tipo monocromo, que se vale de variações de cinza. Em "Non pas coloré mais en couleur ["Não colorido mas em cores"] (1940), "Le mouvement de la couleur" ["O movimento da cor"], parte do ensaio inacabado *Montage 1940,* e no estudo "Couleur" ["Cor"], Eisenstein estabelece que as gamas de preto, cinza e branco do cinema clássico não são a ausência de cor, mas a exploração finamente nuançada da paleta de cores desses três tons (ver *Réflexions.* p. 137-143; *Mouvement.* p. 51-75; *Neravnodúchnaia priroda* 1. p. 228-335).

34   No *mezzo-tinto* (meia-tinta) ou "gravura à maneira negra", a chapa, antes de se traçar o desenho, é preparada de maneira a oferecer um fundo negro.

35   Daguerreótipo (1835-1839, Louis Daguerre), calótipo (1841, William Fox Talbot) e ambrótipo (1854, James Ambrose Cutting) são procedimentos fotográficos sucessivos, apresentando características próprias. O daguerreótipo é uma placa de cobre recoberta de prata que realiza diretamente um positivo e não permite a reprodução; o calótipo é um negativo sobre papel que permite a tiragem de positivos por contato; o ambrótipo é um negativo sobre placa de vidro com colódio, colocado sobre um fundo negro para se obter uma imagem positiva.

36   *Sviétopis* é o equivalente russo de *foto-grafia* (ver *supra,* nota 33).

37   David-Octavius Hill (1802-1870), pintor de Edimburgo, autor de um tratado sobre a reprodução pela gravura de pinturas de paisagem. Associado a Robert Adamson, ele foi o primeiro a colocar em operação a invenção de Fox Talbot (negativo/positivo) em inúmeros retratos e paisagens, chamados de calótipos. No livro de Vladímir Nielsen que Eisenstein prefacia, *Izobrazítielnoe postroiênie filma* (Moscou, Kino Foto Izdat, 1936 [*The Cinema as a Graphic Art.* Nova York: Hill & Wang, 1936]), há um capítulo inteiro dedicado à fotografia e Hill é citado diversas vezes. Em *Método,* Eisenstein dedica-lhe igualmente uma passagem sobre um quadro em que Hill retrata 400 padres escoceses de 1843, para o qual utilizou a fotografia: "as fotografias eram admiráveis, mas quanto ao quadro, ele era horroroso", pois cada fotografia chamava um "extra-campo", o que fez do quadro do conjunto um caos (*Dickens & Griffith.* p. 156-157).

38   Há muitos retratos de Charles Gounod por Nadar a partir de 1859, mas a fotografia em que aparecem apenas os dois olhos data de 1890. Vê-se em suas pupilas o reflexo do fotógrafo em operação.

39   Duplo retrato, conhecido como o retrato de *Arnolfini e sua esposa* ou *O casal Arnolfini,* de Jan van Eyck (1434). Eisenstein o evoca em "El Greco y el cine" (*Cinématisme.* p. 111-112), dizendo que "Van Eyck dotou de um espelho convexo o habitat de Giovanni Arnolfini e de sua esposa Giovanna, utilizando sua propriedade ótica com humor para refletir-se a si mesmo no quadro, entrando junto com seu aluno na peça

representada [...] para que não reste dúvida a esse respeito, na parede, acima do espelho suspenso, uma inscrição dá a data do retrato: 'Johannes de Eyck fuit hic [esteve aqui] 1434'." Eisenstein também analisa essa pintura em "Montagem vertical" (1942), mas do ponto de vista do espaço construído a partir de três pontos de fuga (em *Film Sense;* em francês, *Le Film: sa forme/son sens.* p. 271-272; em português, o artigo foi publicado sob o título de "Sincronização dos sentidos". Trad. Teresa Ottoni, *O sentido do filme,* Rio de Janeiro, Jorge Zahar Editor, 2002. p. 70). A obra é ainda comentada neste livro, em diversas ocasiões.

40   Fonte: Muzei kino 40 - I - 12/4. p. 9-11, 13.

41   DURANT,Will.*The Life of Greece,* Nova York, Simon & Schuster, 1939. O autor se refere a Zeuxis no capítulo XIV de seu livro, em particular sobre seu gosto pelo *trompe-l'oeil,* que ganha efeitos de relevo sobre uma superfície plana, assim como sobre sua rivalidade com Parrhasios.

42   Cf. Cícero, *De Inventione II* (1-3), que fala de "jovens virgens destacadas por sua beleza". Por decreto, o povo deu ao pintor a liberdade de escolher uma delas para honrar a encomenda feita a ele: decorar o templo de Junon. "Ele escolheu cinco; (...) Zeuxis não acreditou que poderia encontrar reunidas em uma só mulher todas as perfeições que ele queria dar a sua Helena. De fato, a natureza jamais produz algo perfeito: ela parece temer esgotar suas perfeições ao concedê-las todas a um indivíduo apenas e cobra seus favores na forma de alguma desgraça." Erwin Panofsky analisou esse episódio a partir dos comentários feitos por Bellori em *L'Idea del Pittore, dello Scultore e dell'Architecto* [1664], manifesto da arte clássica que privilegiava a dimensão intelectual da criação em detrimento à cópia mimética (ver *Idea.* Paris: Gallimard, Tel, 1983 [1924]).

43   Trata-se da "geografia criada": "Apenas pela montagem poderíamos mostrar uma mulher que, na natureza, na realidade, não existiria, pois filmamos os lábios de uma mulher, as pernas de outra, as costas de uma terceira, os olhos de uma quarta. Colamos esses fragmentos, observando certa ligação entre eles, e obtivemos um novo personagem, partindo de um material perfeitamente real". (*L'Art du cinéma. Mon expérience* [1929], em KULECHÓV, L. *Écrits 1917-1932.* Lausanne: L'Âge d'Homme, 1995. p. 153).

44   Agáfia Tikhônovna, personagem de *O Casamento,* de Nikolai Gógol (1835). Ela tem quatro pretendentes e, no início do segundo ato, gostaria de poder combinar as qualidades que reconhece em cada um deles: o nariz deste, os lábios daquele, o charme do terceiro e a solidez do quarto. Eisenstein realizou os cenários e os mapas de cena de uma montagem dessa peça, em novembro de 1920 (ver *Esquisses et dessins.* Paris: Cahiers du Cinéma, 1978. p. 37).

45   Em seu *Trattato della scultura* (1565-1567), Benvenuto Cellini defendia que "a pintura é uma das oito vistas principais contidas na escultura" (*Traité de la sculpture,* capítulo VI, *Œuvres complètes.* Paris: 1847. p. 398-399). Em um texto sobre Prokofiev, "Le téléphone dénonciateur" ["O telefone delator"] (1946), Eisenstein cita

longamente uma carta de 1547, de Cellini a Benedetto Varchi [grafado erroneamente como Barchi no livro], em que o escultor argumenta queos oito pontos de vista das cinco faces da escultura se tornam quarenta quando nos movimentamos em relação a ela (*Réflexions*. p. 180-181; a outra versão desse texto está em *NIN* 2 — "Le téléphone révélateur" ["O telefone revelador"] — não contém essa passagem). Dessa forma, o espectador é convidado a dar uma volta em torno da composição, em um movimento cinemático que se aparenta ao que Eisenstein analisa em seu texto "Ermolova" (*Cinématisme,* capítulo 8).

46   Ver as análises de "Tour Eiffel", de Delaunay, e dos quadros de Picasso em *Cinématisme*. p. 222-225, 232-233.

47   Personagem do romance *Voskrechênie,* de Liev Tolstói (*Ressurreição*. Trad. Rubens Figueiredo. São Paulo: Cosac Naify, 2010 [1899]). O exemplo se baseia no estudo de Evelina Zaidenchnur, "Portret Katiúchi Máslovoi: k laboratori tvórchestva Tolstógo" ("Retrato de Ekaterina Máslova. Laboratório da criação tolstoiana"), *Sbórnik Gossudárstviennogo Tolstóvskogo muzêia,* Moscou, 1937. Esse estudo, que examina as vinte variantes da descrição física de Ekaterina Máslova — nariz, testa, olhos, bochechas, cílios etc. — em termos de montagem, é explicitado em "El Greco y el cine" (*Cinématisme*. p. 94-96) e evocado igualmente em um curso do VGIK, proferido em setembro de 1941 e publicado em *Short Fiction Scenario* (p. 16).

48   L. Tolstói, *Smiert Ivana Ilítcha* (*A Morte de Ivan Ilitch.* Trad. Boris Schnaiderman. São Paulo: Editora 34, 2006 [1881-5]).

49   Sobre essa distinção, ver a análise do "método de montagem" e da "verbalidade da metáfora" em Stanislávski, Whitman, Lessing, Homero, Mallarmé, Shakespeare, Púchkin e Joyce em *Montagem* (*Montaj.* p. 189-271; parcialmente traduzido para o francês em *SW* 2. p. 109-202 e *OS* 4). Uma das primeiras descrições feitas por Eisenstein de seu próprio estilo como "mundo adjetivado" se encontra em um artigo do fim de 1925-início de 1926, intitulado "Ob igrié predmiêtov" ("Sobre o papel dos objetos") (*Kinoviêdchevskie Zapíski,* n°36-37, 1997-1998. p. 34-38). O "cinema intelectual" pode ser considerado como uma tentativa de realizar a montagem "substantivada", que acompanha uma série de artigos de 1928 e 1929, tais como "A.I. 28" (*Eisenstein dans le texte.* p. 147-160), "Perspectives" [Perspectivas] (*Au-delà des étoiles.* p. 185-199), "Dramaturgie de la forme filmique" (*Cinématisme.* p. 21-42).

50   A. Púchkin, "Poltava", Terceiro Canto (em *Œuvres poétiques.* Tomo I. Lausanne: L'Âge d'Homme, 1981. p. 513 [tradução motificada]). Citado igualmente em "Montage 38" (*Le Film: sa forme/son sens.* p. 235-242), "Pouchkine monteur" ["Púchkin montador"] (*Mouvement.* p. 42).

51   Provável alusão a *Rain, Steam and Speed — The Great Western Railway* (*Chuva, Vapor e velocidade — a ferrovia do Grande Oeste,* 1844), de William Turner.

52   GAUGUIN, Paul. *Noa-Noa.* Paris: Bartillat "Omnia", 2011 [1901]. Esse "Diário do Taiti" de Gauguin não comporta nenhuma passagem ligada à frase aqui citada. Na antologia concebida por Daniel Guérin sob o título *Oviri. Ecrits d'un sauvage (1892-*

1903), encontra-se uma referência a Turner (Paris: Gallimard, 1974. p. 180). Eisenstein menciona a relação entre Gauguin e Turner em um parêntese de seus "Conspectus of Lectures on the Psychology of Art" (*Psychology of the Composition*. p. 21) e se interessa mais longamente pelo pintor com relação à cor em "Forme et contenu" ["Forma e conteúdo"] (*Le Film: sa forme/son sens*. p. 282-283; em português, a menção a Gauguin aparece em "Cor e significado". Trad. Teresa Ottoni, *O sentido do filme*. Rio de Janeiro: Jorge Zahar Editor. p. 80). Nesse último texto, ele se refere ao *Gauguin* de John Rewald (Paris, Hyperion, 1938), que reproduz as "Notas sobre a pintura" do pintor, às quais ele empresta suas citações, assim como às cartas citadas pelo autor.

53   *Wörterbuch der Philosophie. Neue Beiträge zu einer Kritik der Sprache*, Munich-Leipzig, Georg Muller, 1910 e depois Leipzig, Felix Meiner, 1923. Fritz Mauthner (1849-1923), escritor judeu tcheco de língua alemã, prolixo em diversos domínios (crítica, paródia, poesia, drama, budismo, filosofia), que havia empreendido uma análise do nacionalismo linguístico a partir da noção de língua materna e uma crítica da linguagem, nomeadamente com *Beiträge zu einer Kritik der Sprache* (*Contribuições a uma crítica da linguagem*, 1901) e *Die Sprache* (*A Linguagem*), em que ele expressa uma concepção cética e nominalista da linguagem, inspirada em *Górgias* de Platão e na filosofia de Nietzsche (*Verdade e mentira no sentido extra-moral*). Citado por Wittgenstein em seu *Tractatus logico philosophicus*, ele exerceu uma influência sobre as vanguardas literárias (dos expressionistas ao Dada), depois sobre Borges e James Joyce, que o apresentou a Samuel Beckett (ver Jacques Le Rider, *Fritz Mauthner Une biographie intellectuelle*, Paris, Bartillat, 2012). Em "Dickens, Griffith et nous" ["Dickens, Griffith e nós"], Eisenstein o cita igualmente, a propósito da metáfora (*Le Film: sa forme/son sens*. p. 400 [em *A forma do filme*. Trad. Teresa Ottoni, Rio de Janeiro, Jorge Zahar Editor, 2002. p. 213]).

54   Nos três casos, "imagem" se converte na palavra *obraz*.

55   *Sverkhzadátcha*: noção de Stanislávski em *An Actor Prepares* (*A Preparação do ator*. Trad. Pontes de Paula Lima. Rio de Janeiro: Civilização Brasileira, 2006 [1936], capítulo 15).

56   Sobre a unidade e o tema subjacente ou transversal (fio condutor), ver "O ator e seu tema" (*Metod 1*. p. 225-249) e, no artigo inacabado "Púchkin e Gógol" (1946-9), a questão do tema subjacente nos escritores russos (fragmentos publicados em *Kinoviêdchevskie Zapíski*. n° 36-37, 1997-1998. p. 180-220).

57   Cf. "On the Detective Story" ["Sobre a história de detetive"], em que o assunto é o "segredo da história misteriosa" como "mistério do salto" do pensamento pré--lógico identificável na estrutura da intriga policial, independentemente do material e dos personagens (*The Psychology of Composition*. p. 57-84).

58   Fonte: Muzei kino, 40-I-12/4. p. 9-11. O texto "Elogio da cine-crônica" deveria seguir essa nota, segundo a cronologia. Foi publicado separadamente nesta edição (ver mais adiante, capítulo 4).

59   Fonte: Muzei kino, 40-I-12/9. p. 1-6.

60   Natália Mikháilovna Tchegodáieva (1907-1977), filha do filósofo Mikhail Gerchenzón, trabalhava naquele momento em uma tese sobre Jan Van Eyck, defendida com sucesso em 1949. Em "Notas para uma *História geral do cinema*", de Eisenstein, há uma cópia do resumo da tese, em que são sublinhados os pontos a seguir (aqui indicados em itálico): "8. Uma seção separada da obra é dedicada à descrição e à análise da obra principal dos irmãos Van Eyck, o Retábulo de Gand. A presença de dois conjuntos estilísticos de imagens é pronunciada: um, mais arcaico, se funda sobre *correlações lineares e rítmicas*; o outro é mais realista e emocional, com *elementos espaciais e plásticos* no lugar de honra. A unidade do conjunto é sublinhada; a unidade ao mesmo tempo de significação e de composição. 9. [...] No retábulo de Gand, podemos ver a comparação da *imagem do ambiente do artista (imagens dos painéis externos*, com seu realismo, clareza e simplicidade), interpretada no espírito dos novos ideais burgueses do século XV, *com a imagem do universo transfigurado (nos painéis internos)*, apresentado na glória do triunfo e da exultação [...]". A essa última frase, Eisenstein acrescenta, à margem: "Cf. [*O enterro do*] *conde de Orgaz*, de El Greco" [fonte: Muzei kino, 40 - 1- 12/11. p. 17]. Sobre *O enterro do conde de Orgaz*, ver a parte intitulada "Pathos" em *NIN* 1. p. 251-270.

61   Ver o capítulo "Mètre et rythme. Composition sur la base de 'l'imbriquement'" ["Métrica e ritmo. Composição na base do 'imbricamento'", em *Montagem* (*Montaj*. p. 311-326; não consta de *SW* 2 nem de *OS* 4). Essas premissas são desenvolvidas em *NIN* 2 (p. 265-275). "Imbricamento", termo da marcenaria, designa a sobreposição entre música e imagem, correspondendo, na poesia, ao *enjambement* [pode ser traduzido por *encavalgamento* ou *encavalamento*; desalinhamento da estrutura métrica e sintáctica de uma composição, em que os versos se sucedem se pausas] (op. cit. p. 244).

62   No desenho de Eisenstein, a ordem das letras está invertida.

63   Linha ilegível em razão da deterioração do papel.

64   Fonte: Muzei kino, 40 - I - 12/II. p. 20 (verso).

65   Fonte: Muzei kino, 40 - I - 12/10. p. 1-6.

66   Ver igualmente a parte "Montage cinéma à multiples point de vue", em *Montagem* (*Montaj*. p. 156-295; *SW* 2. p. 109-223), "Montage et architecture" ["Montagem e arquitetura" e "Ermolova" (*Cinématisme*, capítulos 2 e 8).

67   "No retrato do casal Arnolfini de Van Eyck, há pelo menos três perspectivas, a partir de diferentes pontos de fuga", criando, entre outras coisas, "uma tensão entre impressões de profundidade contrastantes" (ver "Montagem vertical", em *Film Sense*, reproduzido em *SW* 2. p. 344-345; *Le Film: sa forme/son sens*. p. 271-2, com a reprodução do quadro que nós reproduzimos aqui, omitida em *SW;* "Sincronização dos sentidos", *O sentido do filme,* op. cit. p. 70).

68   Referência a um retrato da atriz de corpo inteiro, feito por Valentín Seróv (1905). O argumento da superioridade de Seróv sobre Picasso e Delaunay aparece igualmente em "Ermólova" (*Montaj*. p. 135-155; *SW* 2. p. 82-105; *Cinématisme*, capítulo 8).

69   Cf. aqui também "Montage vertical": "Em 'A ceia', de Leonardo da Vinci [...], os objetos sobre a mesa são mostrados em uma perspectiva baseada num ponto de fuga diferente daquele sobre o qual é construído o resto da sala" (*SW* 2. p. 344). Faz--se também referência a "certa gravura de Dürer" que utiliza a dupla perspectiva (em *The Film Sense*, é reproduzida uma gravura sobre madeira da série *Die kleine Passion* [1509-1511], que comporta 37, acompanhadas de versos de Benedikt Chelidonius [British Museum]).

70   Em "El Greco y el cine", Eisenstein analisa a "elasticidade" das figuras pintadas por El Greco, e explica suas posturas às vezes "impossíveis", como uma forma de "montagem" de diferentes fases de um mesmo movimento, distribuído pelas diferentes partes do corpo. A pequena figura desenhada por Eisenstein nestas "Notas para uma *História geral do cinema*" contém, ainda, uma outra referência importante: a da interpretação feita pelo psiquiatra Jean-Martin Charcot e por seu assistente Paul Richer, no livro *Les Démoniaques dans l'Art* (1887), da figura de um menino possuído, representado no afresco de El Greco intitulado *O milagre de São Nilo*. De acordo com Charcot e Richer, que se esforçavam para encontrar na história da arte representações de posturas corporais que eles analisavam como manifestações visuais de doenças mentais como a histeria, esse menino mostra uma das formas típicas da postura corporal descrita como *arco em círculo* (Cf. J.-M. Charcot e P. Richer, *Les Démoniaques dans l'art*, seguido de *La foi qui guérit*, com apresentação de P. Fédida e G. Didi-Huberman. Paris: Macula, 2000. p. 49; dois capítulos do livro foram traduzidos para o português em *Grande histeria*, org. QUINET, Antonio. Rio de Janeiro: Contra Capa, 2003). Já Eisenstein interpreta essa mesma postura como uma forma de "montagem" corporal, o que confere à figura um alto nível de dinamismo e de mobilidade (ver "El Greco y el cine", *Cinématisme*. p. 99-102).

71   Referência à série de retratos de soldados da infantaria do regimento de Zouaves estacionado em Arles, pintados por Van Gogh em 1888. Em *Zouave sentado*, o pintor cria uma impressão de "elasticidade" do modelo sentado em função de sua escolha do vermelho vivo para as calças do soldado (Cf. "El Greco y el cine", *Cinématisme*. p. 104. Van Gogh é, aliás, comparado a El Greco. p. 77-79). O estatuto da cor em Van Gogh também é analisado em *Mémoires* 1 (p. 308) e em "Forme et Contenu" (*Le Film: sa forme/son sens*. p. 283-284); em português, a menção à cor em Van Gogh aparece em "Cor e significado". Trad. Teresa Ottoni, *O sentido do filme*. p. 81, 86 e 101.

72   Nessa data, Eisenstein desenha um pinheiro diferente daquele do Natal russo (7 de janeiro). Inicialmente proibido, no contexto da luta antirreligiosa, o pinheiro (introduzido por Pierre le Grand e por muito tempo exclusivo para a venda de bebidas) passou a ser novamente tolerado a partir de 1935, para celebrar o Ano Novo, e depois, já nos anos 1940, foi instituído com essa finalidade. Ver também "The Christmas Tree" (1946) (*SW* 4. p. 60).

73   Cf. "O efeito de horror autêntico, o pintor só poderá atingi-lo quando o *grito* da imagem for retomado por um *grito* transferido para o plano da composição, do

meio e da forma (ver, por exemplo, o desenho de Munch intitulado "O grito"...)" ("Ermolova", *Cinématisme*. p. 222).

74   Cf. "Prometheus (*Expérience*)" (*Cinématisme*, capítulo 4), dedicado a Orozco.

75   Mikalojus Konstantinas Čiurlionis (1975-1911), compositor e pintor lituano. Sua pintura integra o movimento do simbolismo e do *art nouveau*. Um tríptico aborda o tema do mar (ele também havia composto sobre esse tema musical sua *Sonata do mar* (1908), que compreendia três movimentos: *Allegro, andante* e *finale*. Ele "compõe" com frequência "continuações" de seus quadros, cujos títulos fazem regularmente referência à música, por exemplo a outras "sonatas", como à *Sonata do sol*, de 1907, em quatro quadros.

76   "De súbito o fio dos pensamentos [do príncipe André] quebrou-se-lhe e sem poder saber se era o delírio que o levava consigo ou se ouvia, realmente, alguma coisa, pareceu-lhe perceber uma voz que sussurrava constante e cadenciadamente as mesmas sílabas lancinantes: "Piti... piti... !" (Liev Tolstói, *Voiná i mir*, [1865-1869], Livro 3, terceira parte, capítulo 32 [*Guerra e paz*. Trad. Rubens Figueiredo. São Paulo: Cosac Naify, 2011]. Eisenstein não reproduz exatamente o som ouvido pelo príncipe em seu delírio que, originalmente, é "piti-piti-pitii").

77   O texto exato de "Chanson d'automne" ("Canção de outono") é "Les sanglots longs/ des violons/ de l'automne/blessent mon coeur/ d'une langueur/ monotone." A tradução para o português de Alphonsus de Guimaraens é a seguinte: "Os soluços graves/ Dos violinos suaves/ Do outono/ Ferem a minh'alma/ Num langor de calma/ E sono". A tradução de Guilherme de Almeida é ligeiramente distinta: "Estes lamentos/ Dos violões lentos/ Do outono/ Enchem minha alma/ De uma onda calma/ De sono".

78   Paul Verlaine, "L'Art Poétique" (*Jadis et naguère*, 1874).

79   Dmítri Petróvitch Boboríkin, crítico literário russo do século XIX.

80   Cf. "Ermolova". Nesse texto (em que Daumier é rapidamente evocado), é atribuído a Seróv o desenvolvimento de um percurso do olhar e de uma série de posturas corporais por parte do espectador (*Cinématisme*. p. 224). Ver também "Le dédoublement de l'unique" (Ibid).

81   Fonte: RGALI, 1923-2-1021. p. 14-56, 58-59.

82   Dentre as teses que apresentou à Academia de Ciências da URSS em 30 de setembro de 1947 sobre o papel das tradições da cultura russa no cinema soviético, Eisenstein mencionou a influência dessa tríade como uma das "principais tendências": "Púchkin — 'Pois sentimentos nobres com a lira despertei' — o civismo. Gógol — o ideal do 'mestre'. [...] Górki, em quem artista e função pedagógica são coisas inseparáveis (RGALI, 1923-2-1025, L. 5). Em seus livros e artigos, ele reiteradamente apontava para a importância da poética desses escritores na formação do cinema como arte. No artigo "Trinta anos do cinema soviético e as tradições da cultura russa" (1947), Eisenstein descreve a tríade "Tchékhov – Levitan – Tchaikóvski" como uma tríade que instaura na alma do artista o pressentimento imediato das possibilidades

de uma fusão mais plena entre música, poesia e pintura" (IP. T.5. S.195 [*Obras escolhidas,* tomo 5. *p. 195*]).

83   Com relação à díade *fotokamera/kinoapparat* em russo, ver a nota 31 (supra).

84   Teatro Wayang, espetáculo tradicional das ilhas de Java e Bali. A palavra "Wayang" significa "sombra". Ver a referência ao artigo sobre o teatro em Java (em *The Listener*).

85   Eisenstein escreveu sobre a combinação de diversos acontecimentos temporais no mesmo espaço no políptico de Hans Memling, *A paixão de cristo,* em *Montagem* ("Montage 1937". p. 106, e *Le Film: sa forme/son sens.* p. 328).

86   Em 1481, Sandro Botticelli começou a ilustrar a *Divina comédia* de Dante em gravura, para uma edição florentina. Em seguida, Lorenzo di Pier Francesco de' Medici encomendou-lhe a ilustração de uma edição manuscrita. O artista executou 92 desenhos, feitos com ponta de metal sobre pergaminho, retomados com tinta e parcialmente coloridos. Dispostos no verso das folhas, os desenhos permitiam que o leitor pudesse ver o texto e a ilustração correspondente na mesma visada. As composições, que servem como encadeamento para as situações, valem-se da repetição de figuras, em particular nas cenas de grupo, o que certamente inspira Eisenstein em sua consideração sobre as "fases" dos movimentos distribuídos pelos diversos personagens. Eisenstein também se refere a elas em *Método* (*Metod* 2. p. 72).

87   Herdeiro do drama litúrgico, o teatro medieval utilizava cenários simultâneos, dispondo sobre o palco "mansões", compartimentos justapostos que representavam os diferentes lugares da ação. Os atores passavam de uma mansão a outra para indicar a mudança de cena e de lugar. O uso desse recurso se manteve até Corneille e o teatro barroco perpetuou essa prática até a imposição do cenário único, por volta de 1650.

88   Alusão à série *Marriage à la mode,* inúmeras vezes evocado (ver capítulo 1, nota 16).

89   Série de seis pequenas pinturas, nomeadas "A captura do bandido (apelidado de) El Maragato".

90   Cf. "Para reproduzir o movimento de maneira expressiva, [o cinematógrafo] recorre a um artifício de método similar aos de... Daumier e Tintoretto" ("Ermolova", *Cinématisme.* p. 212). Ver também *Montagem* ("Montage 1937". p. 105-106).

91   O *Sachsenspiegel (Espelho dos saxões)* é a mais importante compilação medieval de leis consuetudinárias saxônicas, datada do século XIII. Um dos manuscritos é conservado em Heidelberg. Algumas das iluminuras contidas nesse manuscritos mostram diversas posições simultâneas de um mesmo personagem (dotado, assim, de vários braços e várias cabeças).

92   A referência ao futurismo e à multiplicação das pernas ou das patas de um personagem ou de um animal em movimento já se encontra em "Dramaturgie de la forme filmique" ["Dramaturgia da forma fílmica"] (1929) (*Cinématisme.* p. 27) e depois em "Montage 1937".

93   Cf. Francis Galton, "Explanations by Composites of Muybridge's photographs of the conventional representation of a galloping horse" (*Nature*, junho 1882): a classificação a que se dedica Galton nesse trabalho funde em uma imagem composite diversas imagens decompostas do movimento do cavalo.

94   *Peremontaj*: essa noção, utilizada aqui como "reconstrução", designava, na União Soviética, o trabalho de "remontagem" de filmes (da época tzarista ou vindos do estrangeiro), visando sua distribuição. Essa operação se devia ao mesmo tempo às exigências técnicas (acréscimos de intertítulos em russo), práticas (a modificação da duração dos filmes, principalmente no caso dos *serials*) e ideológicas (mudanças no conteúdo dos intertítulos e de certos episódios pela montagem nos filmes de ficção e por uma nova combinação de materiais documentais ou de cinejornais antigos ou estrangeiros). Ver "Do teatro ao cinema" (*Le Film: sa forme/son sens.* p. 120-121; [*A forma do filme*, op. cit.). Kulechóv praticou a *peremontaj* e se refere a ela em seus escritos (op. cit. p. 64-67), assim como Viktor Chklóvski ("Le montage pour la censure" ["A montagem para a censura"], em V. Chklóvski. *Textes sur le cinéma.* Lausanne: L'Âge d'Homme, 2011. p. 221).

95   Sobre o ornamento anglo-saxão na época merovíngia (500-750), ver *Metod* 2. p. 107. E aqui mesmo, mais adiante, nota 182.

96   Sobre a "remontagem" da paisagem de Toledo, pintada por El Greco em *Vista de Toledo* (1609) e *Vista e plano de Toledo* (1610), ver "El Greco y el cine" (*Cinématisme.* p. 67-73) e "Montage vertical" (*Le Film: sa forme/son sens.* p. 273-274; em português, "Sincronização dos sentidos", *O sentido do filme*, op. cit. p. 71-72). No segundo quadro em particular, El Greco apresenta em uma só imagem uma "vista aérea" da cidade — na qual um edifício importante, o Hospital Tavera, foi girado e aumentado, tratado, segundo o pintor, como um "modelo", uma maquete de arquitetura, para que sua fachada fosse visível para o espectador —, e seu mapa. Dessa maneira, a perspectiva linear da vista aérea se combina com a projeção ortogonal de um mapa, produzindo uma imagem composite resultando de um processo de montagem.

97   Eisenstein compara a combinação de perspectivas múltiplas em "A ceia" de Da Vinci com a possibilidade de criar um efeito de representação com perspectivas múltiplas na percepção de um filme, por meio da montagem dos diferentes quadros, cada um deles tomado de um ponto de vista diferente. "A ceia" deu origem a diversos exercícios de decupagem (*raskádrovka*) e montagem, no âmbito dos cursos do VGIK em 1934. Konstantin Pipinachvili, que foi aluno de Eisenstein antes de tornar-se cineasta, mostrou em seu estudo "Uma decupagem em quadros de 'A Última Ceia' de Leonardo da Vinci" a multiplicidade das ações combinadas na tela a partir dos jogos de mãos e olhares (*Iskússtvo*, n° 5, 1967. p. 52-55), reeditado em uma brochura por Gaiane Alibegachvili ("Análise das possibilidades cinematográficas de uma pintura") (ver também Edoardo Grossi [ed.], *Sergej Ejzenštejn: oltre il cinema.* Venise: La Biennale di Venezia/Biblioteca dell'immagine, 1991. p. 201-216). Em "Montage vertical", Eisenstein fala da diferença entre os pontos de fuga dos objetos sobre a mesa e a peça

em "A ceia", e cita igualmente Van Eyck e Dürer (*Le Film: sa forme/son sens.* p. 271; *O sentido do filme.* p. 70).

98   Cf. "Montagem vertical" (em *Nieravnodúchnaia priroda* 1. p. 84-163; *SW2* p. 327-399; em português, publicado como "Sincronização dos sentidos", *O sentido do filme,* op. cit. p. 51-76). Sobre a correlação entre gesto e música, ver "O gesto decisivo", na edição russa de *A natureza não-indiferente* (Ibid. p. 164-199) e "Quelques mots sur la composition plastique et audiovisuelle" ["Algumas palavras sobre a composição plástica e audiovisual"] (*Cinématisme,* capítulo 5).

99   *Exultant:* eles exultam (do latim *"exsultare",* saltar, ser tomado pela alegria). Exultar, exultação: esses termos reaparecem com frequência para qualificar as formas estéticas medievais tanto na pintura (pinturas murais e miniaturas exultantes e iluminadas) quanto na arquitetura (igrejas se projetando em direção ao céu; vitrais irradiando suas cores), na música (polifonias antigas e hinos) e no teatro (nos cânons do cômico e do gênero que termina no século XIII, fornecendo a base dos gêneros visualmente polifônicos).

100   Alusão às numerosas procissões religiosas da Tailândia, em particular por ocasião de casamentos.

101   *Pars pro toto:* noção central na teoria estética de Eisenstein, ligada ao pensamento pré-lógico e a diversos procedimentos artísticos e simbólicos (sinédoque, *close up* etc.). Ver "Nouveaux problèmes de la forme au cinéma" ["Novos problemas da forma no cinema"], (1935), em *Le Film: sa forme/son sens.* p. 151-166, *SW3.* p. 30-46, *Dickens & Griffith,* passim.

102   Ver acima.

103   Lista dos leitmotivs em *Die Walküre* (*A Valquíria,* 1870), de Richard Wagner (o pai, o destino, os Wälsungs), que Eisenstein havia encenado em 1940 no Teatro Bolshoi, no contexto do pacto de não agressão germano-soviético. Os Wälsungs são uma família de heróis da mitologia escandinava, descendentes do deus Odin, mencionado em *Nibelungenlied* (a canção dos Nibelungos). Eles constituem uma família mitológica na tetralogia de Wagner. As notas de Eisenstein sobre Wagner e *A valquíria* encontram-se em seu artigo "L'incarnation d'un mythe" ["A encarnação de um mito"] (*Conception.* p. 110-118) e em suas notas de produção da ópera (*Metod* 2. p. 192-225). Trechos em Jay Leyda e Zina Woynow, *Eisenstein at Work,* Nova York, MoMA, 1982. Thomas Mann escreveu uma novela intitulada *Wälsungenblut* (em português, *O sangue dos Walsungs*).

104   David Octavius Hill, ver *supra,* nota 37. Julia Margaret Cameron (1815-1879). Ver *infra.*

105   Matthew Brady (*circa* 1823-1896), fotógrafo americano que realizou milhares de fotografias durante a guerra civil americana, tanto das próprias batalhas (Antietam, Bull Run) quanto dos cadáveres que delas resultavam. Eisenstein usa aqui o acrônimo SASSH (Sévero-Amerikánskie Soedínnie Chtáti), transcrito do inglês NAUS (North America United States), em uso no momento da guerra civil

americana.

106   Gaspar-Félix Tournachon, conhecido como Nadar (1820-1910) foi pioneiro da fotografia aérea e partidário dos deslocamentos em aeróstato. Durante o cerco de Paris pelos alemães (1870-1871), Nadar se colocou a serviço do governo, a fim de observar o inimigo, estabelecer dados cartográficos e se comunicar com o país. Ele mandou fabricar 66 balões e permitiu a evacuação de Gambetta para Tours para organizar a resistência ao invasor.

107   Palavras ilegíveis. Pode-se conjecturar sobre a intenção de Eisenstein de evocar as fotografias de céu e de nuvens feitas por Alfred Stieglitz (1864-1946) em sua série "Equivalentes" (1931); o fotógrafo realizou igualmente vistas urbanas e industriais, rompendo com o pictorialismo do início de sua carreira.

108   Piótr Ótsup (1883-1963), fotógrafo russo e soviético, repórter fotográfico (guerra russo-japonesa, revoluções de 1905 e de outubro). Fotógrafo do Kremlin entre 1918 e 1935.

109   Moissei Solomônovitch Nappelbaum (1869-1958), fotógrafo russo de estúdio, autor de diversos retratos de personalidades científicas, políticas e artísticas (Mandelstam, Essiênin, Blok etc.) e, em especial, de um dos mais famosos retratos de Lenin.

110   Tema da decadência abordado desde "O herdeiro" (capítulo 1 deste livro). Em seu projeto de prefácio para *The Film Sense* (1942), Eisenstein evoca "a via da desintegração e da desagregação" das artes depois da Primeira Guerra Mundial e a substituição delas pelo cinematógrafo: "Expressionismo. Suprematismo. Dadaísmo. Surrealismo. (...) Uma corrida desenfreada para trás, um retorno ao primitivo. (...) Tendo atingido o ponto mais alto de seu desenvolvimento, a arte, subitamente, se dispersou até o marco zero. (...) Apenas a cinematografia, em seus melhores modelos, soube resistir a essa tempestade de desagregação. E isso porque o cinema, o caçula de todas as artes, começa do ponto em que as outras artes haviam chegado, em sua desintegração". (*NIN* 2. p. 176-177).

111   Pintor, ilustrador e litógrafo russo (nascido em Riga, morto em Berlim). Inicialmente pintor de cenas de batalha durante seus estudos em São Petersburgo, onde ele desenha em uma publicação satírica, em 1840-1844. Influenciado por Daumier, Gavarni e Venetsiánov. Seu estilo influenciou Aleksándr Agin (1817-1875) e Piótr Boklévski (1816-1897). Próximo de Horace Vernet, com quem viajou para a Argélia, ele viveu na França até a Revolução de 1848, que o obrigou a voltar para a Rússia. Muitos de seus desenhos de viagem serviram de base para seu mais importante projeto, *Khudôjestvieni listok* (*A arte do diário*), publicado três vezes por mês, entre 1851 e 1862, com a participação de Vassíli Chterenberg, Grigóri Gagárin, Ivan Aivazóvski, Aleksei Bogoliúbov, Mikháli Zitchi e Mikhail Mikechin.

112   *Fisiológuia petersburga* (1845), obra coletiva de Nikolai Nekrássov Belínski, Dal' e outros, com desenhos de Timm.

113   Eidético: ver capítulo 1, nota 25 e *infra*.

114   Alusão à doutrina vertoviana de "vida imprevisível" [*jízn vrasplôkh*] e à "candid camera", utilizada em 1929 a propósito da prática fotográfica de Erich Salomon e seus "momentos insuspeitos" pela revista *The Grafic* (ver Caroline Zéau, *L'Office national du film et le cinéma canadien, 1939-2003 Éloge de la frugalité*. Berne: Peter Lang, 2006. p. 268-269). Ver também a prática de Paul Martin (*infra*, nota 117) e, no capítulo 4, as referências a Gan e a Vertov.

115   O Crystal Palace de Joseph Paxton foi erguido no Hyde Park de Londres para acolher a Exposição Universal de 1851 e depois mudou de lugar. Sua construção baseava-se no ferro fundido e no vidro, inspirada em estufas de ossatura metálica. O Crystal Palace serve de modelo para a cidade utópica de Tchernichévski em *Que faire?*, e para as correntes arquitetônicas da virada do século (Bruno Taut). Eisenstein se interessou pela arquitetura de vidro em seu projeto de filme *Glass House* (ver, sob esse título, o roteiro e as notas do cineasta, *Glass House*) e em textos posteriores ("Le gothique" ["O gótico"], *NIN*1. p. 351-352; "Rodin et Rilke" ["Rodin e Rilke"], *Cinématisme*. p. 239-240).

116   Todas essas referências (inauguração do Crystal Palace em 1854, fotografia de duas garotas em um balanço, nascimento do "instantâneo") provêm do livro *Victorian Snapshots by Paul Martin. The Birth of Candid Photography*, introdução de Charles Harvard. Londres-Nova York: Country Life-Charles Scribner's Sons, 1939.

117   Paul Martin (1864-1942). Como fotógrafo, ele se distinguiu, de 1892 em diante, pelas tomadas de improviso, em ruas, feiras ou praias, feitas com uma câmera escondida, e pelas fotografias noturnas em cidades iluminadas pelo gás e pela eletricidade. Ele é comumente considerado um dos precursores dos repórteres e da "candid camera" (Cf. Bill Jay, *Victorian Candid Camera: Paul Martin 1864-1944*. Londres: David & Charles Newton Abbot, 1973).

118   Ver *supra*, nota 105.

119   *The Pencil of Nature* (1844-46), primeiro livro ilustrado de fotografias (24 calótipos).

120   Em russo: *óbraz fotokadra*, corte do quadro fotográfico (Cf. a reflexão sobre a proximidade etimológica das palavras *óbraz* ["forma"], *obriêz* ["fatiar"] e *obnarujiênie* [desvelamento, manifestação] em "Perspectives" ["Perspectivas"], *Au-delà des étoiles*. p. 189-190.

121   Wayang: ver *supra*, nota 82.

122   Ladislás Stárevitch (1882-1965). Cineasta russo e depois francês que dirigiu atores (entre outros, Mosjukín) e também realizou filmes de animação de insetos. Ele emigra para a França durante a guerra civil e se especializa na animação de bonecas e miniaturas (inclusive as de *O romance de Renart*). Aleksándr Ptúchko (1900-1973), realizador soviético de filmes de animação (bonecas e desenhos) e de filmes "feéricos", especialista em "efeitos especiais".

123   Edouard-Léon Scott de Martinville(1817-1879), tipógrafo, livreiro, escritor francês inventor do fonoautógrafo (registro de 25 de março de 1857), com o que

ele realiza, em 1860, uma gravação de *Au clair de la lune*, sem no entanto conseguir restituí-la.

124   Toda essa lista de invenções técnicas foi emprestada do livro de Lewis Mumford, *Technics and Civilization*, Nova York, Harcourt, Brace and Co, 1936 (4ª edição). p. 443-445 (a data 999 da p. 67 vem daqui). O ano do Fonoautógrafo indicado por Mumford é 1858.

125   Auguste Choisy, *Histoire de l'architecture* (Paris, Gauthier-Villars, 1899). Eisenstein retomou suas análises relativas à Acrópole em "Montagem e arquitetura" (*Cinématisme*, capítulo 2), baseando-se no princípio do deslocamento do olhar de quem caminha. Ele volta a isso em seu texto sobre El Greco (*Ibid*, capítulo 3).

126   Ver *supra* sobre os vitrais e, a respeito de Chartres, "Montage et architecture" (*Cinématisme*. p. 50) e *Mémoires* 1 ("Duas viagens a Chartres". p. 339).

127   "Dança com tambores e pranchetas", [baixo]-relevo de um túmulo de Saqqarah, no Egito (*in* Joseph Gregor, *Weltgeschichte des Theaters*. Viena: Phaidon, 1933. p. 85). Ver *supra*, capítulo 1, "O herdeiro", em "O fenômeno do cinema".

128   Trata-se das ilustrações do conde Fiódor Tolstói para o poema de I. Bogdánovitch, "Dúchenka".

129   Olaf Gulbransson: ver capítulo 1, nota 36. Sobre esse desenhista, ver igualmente "Pair-impair" ["Par-ímpar"], (*Cinématisme*. p. 168-172) e "Notas sobre a linha e o ornamento" (*Metod* 2. p. 440-441).

130   Sobre o assunto do "epos animal" e as ligações com as crenças animistas, ver o ensaio *On Disney* (p. 48-49) e as "Notas sobre a arte de Walt Disney", em *Metod* 2 (p. 254-295, 506-529) (em inglês em *The Eisenstein Collection*. p. 85-184).

131   Ver o desenvolvimento sobre as "três etapas do totemismo" (unidade entre o homem e o animal, da metempsicose à metáfora) em *On Disney* (p. 49-53) e, sobre o animismo a partir de Vessielóvski e Lévy-Bruhl (Ibid. p. 53-59).

132   Literalmente, "a batalha das rãs e dos ratos", poema épico paródico da *Ilíada* atribuída a Homero pelos romanos mas, segundo Plutarca, obra de Pigres de Halicarnasso, irmão (ou filho) de Artemisa, rainha de Cária e aliada de Xerxes. Mais recentemente, outros pesquisadores atribuíram a *Ilíada* a um poeta anônimo do tempo de Alexandre o Grande.

133   Ivan Krilóv (1769-1844), fabulista russo que sucede Esopo e La Fontaine no gênero.

134   Serafim Saróvski (1754/59-1833), um dos santos russos mais reverenciados; sua hagiografia foi pintada sobre ícones, miniaturas e luboks [*estampa popular russa, gravada em geral sobre madeira*].

135   Príncipe Bova (Bová Koroliévitch), herói do folclore e dos contos russos do século XVI.

136   Uma das séries de *luboks* mais populares do século XIX tratava do cerco de Sebastopol pelas tropas franco-britânicas durante a Guerra da Crimeia (1853-1856).

137   Liga-se à mitologia: "deus" tornado um "homem-herói" (nota de S.M. Ei-

senstein).

138   Kozmá Kriutchkóv (1890-1919), cossaco do Don que se ilustrou durante a Primeira Guerra Mundial e cujos feitos foram retratados em luboks.

139   Jose Guadalupe Posada (1852-1913), gravador e desenhista satírico mexicano que influenciou Diego Rivera et José Clemente Orozco. Eisenstein possuía uma coleção de desenhos de sua autoria.

140   Festa popular mexicana que Eisenstein definiu como uma combinação de humor grotesco e desafio à morte (*Metod* 1). Cf. Anita Brenner sobre o México: a *vasilada* designa o estado de hilaridade suscitado pela marijuana.

141   Um dos mais famosos *luboks* do século XVIII, mostrando um gato enterrado por uma procissão de camundongos. Passava por uma caricatura de Pierre le Grand.

142   Do século XVI ao XVIII, a câmara ardente, uma sala negra, iluminada por tochas, era reservada ao julgamento dos hereges, dos autores de crimes de Estado e dos envenenadores.

143   Questão abordada em "Rodin et Rilke. Pour une histoire du problème de l'espace dans l'histoire de l'art" (*Cinématisme*, capítulo 9), e em *NIN* 1 (p. 351-352). É também abundantemente explorada em *Glass House*.

144   MUMFORD, Lewis. *Technique et Civilisation*. Paris: Le Seuil, 1976 [1934].

145   Daniel Matteo Alvise Barbaro (1514-1570), escritor, tradutor e diplomata, traduziu para o italiano e comentou dez livros de arquitetura de Vitrúvio, além de ter composto um tratado de ótica, *La pratica della perspettiva* ("Prática da perspectiva", 1568), que exerceu grande influência ao longo de todo o século XVI. O tratado contém a mais antiga descrição conhecida da utilização de uma ótica com câmara negra (que o autor chama de *câmera obscura*).

146   Zacharias Jansen (1580-1638), homem do espetáculo holandês, associado à invenção do telescópio e do microscópio simples (com uma lente apenas) e do microscópio composto (com duas ou mais lentes), com seu pai, o ótico Hans Jansen.

147   Wilhelm Zenker (1829-1899) foi o primeiro a propor o princípio da seleção de cores ao gravar as ondas estacionárias por meio da fotografia.

148   O fonoautógrafo é o primeiro procedimento conhecido de gravação do som. Inventado em 1857 pelo francês Edouard-Léon Scott de Martinville, o instrumento transcrevia as ondas sonoras em uma linha tracejada sobre um papel ou um vidro, escurecido pela fumaça.

149   Louis Arthur Ducos du Hauron (1837-1920), pioneiro da fotografia em cores. Em 1864, ele registrou a patente de um dispositivo para realizar e projetar imagens em movimento (sem, para tanto, construir um aparelho).

150   Em 1872, John Wesley Hyatt (1837-1920) e seu irmão Isaiah deram o nome de "celulóide" ao novo material que inventavam, constituído de cânfora e de nitrato de celulose.

151   Arthur Korn (1870-1945), físico e matemático alemão, inventor, em

1904, da telefotografia ou fotografia à distância (por fio telegráfico), chamada de *Bildetelegraph.*

152   Sob o nome de "céus indiretos", Gustave Le Gray (1820-1884) combinava vários negativos em suas paisagens, em particular as marinhas, com o objetivo de obter céus e mares de mesma intensidade, graças a tempos de exposição que variavam de acordo com cada elemento, impossíveis de obter sobre um clichê apenas.

153   Camille Silvy (1834-1910). Pioneiro da fotografia que trabalhava em Londres, sob a patronagem da rainha Vitória. A ligação com Paul Delaroche não é comprovada.

154   Ver mais adiante (p. 72) a parte dedicada à fotomontagem, em que se volta a essas fotografias combinadas de Rejlander.

155   Darwin, *A expressão das emoções no homem e nos animais*, 1874.

156   Guillaume B. Duchenne de Boulogne, *le Mécanisme de l'analyse électro-physiologique de l'expression des passions applicable à la pratique des arts plastiques.* Paris: Baillière et Renouard, 1862. Ele é evocado em "Laocoon", em relação com Rodin e Watteau, por suas experiências de estimulação elétrica isolada dos músculos ("Montage 1937". p. 107; *SW* 2. p. 114) e nos programas dos cursos do VGIK sobre as manifestações expressivas (*SW* 1. p. 86).

157   Nesse trecho, o manuscrito é particularmente confuso. A ordem que aparece certamente não reflete as ligações que Eisenstein quer estabelecer entre os fenômenos evocados.

158   Franz Seraph Hanfstängl (1804-1877), pintor, litógrafo e fotógrafo alemão, conhecido por seus retratos da sociedade de Munique. Antoine Samuel Adam-Salomon (1818-1881), escultor e fotógrafo francês, que estudou com Hanfstängl. Suas fotografias eram famosas por seus efeitos de claro-escuro, obtidos com técnicas de iluminação específicas.

159   Roger Fenton (1819-1869), fotógrafo inglês, formado em pintura (aluno de Paul Delaroche), cria em 1853 a Royal Photographic Society e realiza retratos da família real. Em seguida, por ocasião da Guerra da Crimeia, que opõe a Grande Bretanha à Rússia, ele obtém a missão de fotógrafo oficial. Fenton tira cerca de 400 fotografias, que constituem a primeira reportagem fotográfica do gênero. Atingido pela cólera, ele é substituído, em especial por Felice Beato.

160   Felice Antonio Beato (1832-1909), fotógrafo italiano e depois britânico que documentou a Revolta dos Cipaios na Índia (1857-1858). Conhecido por suas fotografias panorâmicas de paisagens, realizadas em regiões pouco conhecidas, por onde ele viajou muito.

161   Ver *supra,* nota 103.

162   Samuel Archer King (1828-1914), pioneiro em voos de balão nos Estados Unidos. Ele fez, nos anos 1850 e 1860, diversas ascensões a partir de Nova York, Pensilvânia, Nova Jersey, Connecticut e Massachusets. Em 1879, ele publicou *The Balloon: Noteworthy Aerial Voyages from the Discovery of the Balloon to the Present*

Time, with a Narrative of the Aeronautic Experiences of Mr. Samuel A. King. James Wallace Black (1825-1896), fotógrafo americano que, em colaboração com Samuel Archer King, realizou em 1860 as primeiras fotografias aéreas dos Estados Unidos, fotografando Boston a 1200 pés de altitude.

163   Henry Negretti (1818-1879), fotógrafo inglês que fez, em 1863, a primeira fotografia aérea de Londres, a partir de um balão pilotado por Henry Coxwell.

164   Uma fotografia de William McLeish intitulada "Misty Morning on the Wear" aparece no catálogo da exposição da Royal Photographic Society, em 1882.

165   Cf. "Paris souterrain aux Catacombes et aux égouts (premiers essais de photographie aux lumières artificielles" (Félix Nadar, *Quand j'étais photographe*. Paris: Flammarion, 1900). Nadar faz uma série de 96 clichês, dos quais 73 são dedicados ao ossário.

166   Eisenstein dedica páginas entusiasmadas a Eugène Atget em *Rejissiôra — Iskússtvo misantsêna* (1934) e em *Montage* (1937) (*Montaj.* p. 264-267; páginas não publicadas em *SW*2).

167   Ver *supra,* nota 117.

168   David Brewster (1781-1868), físico, matemático, astrônomo, inventor, escritor e acadêmico escossês, conhecido por suas contribuições no domínio da ótica. Dentre suas invenções estão o caleidoscópio e uma primeira versão do estereoscópio.

169   Oscar Gustav Rejlander (circa 1813-1875), pintor sueco que passa para o campo da fotografia, em particular da fotografia erótica. Amigo de Lewis Carroll, ele desenvolveu técnicas de fotos combinadas, fotomontagem, retoque. Pioneiro do quadro vivo [*tableau vivant*] fotográfico com *The Two Ways of Life* (1857), que combinava 32 negativos originais para obter uma fotografia de 41 cm sobre 79 cm. Em 1872, ele ilustrou o livro de Charles Darwin, *The Expression of the Emotions in Man and Animals.* Henry Peach Robinson (1830-1901), fotógrafo pictorialista inglês, pioneiro da foto combinada. Em 1856, ele fundou com Rejlander a Birmingham Photographic Society. Robinson publicou diversas obras, dentre as quais *Pictorial Effect In Photography: Being Hints On Composition And Chiaroscuro For Photographers* (Londres, Piper & Carter, 1869).

170   A biblioteca de Eisenstein conserva um pequeno livro intitulado *O sonho,* em que vinte fotografias, colocadas em série, ilustram diferentes acontecimentos ocorridos durante o sonho de uma mulher.

171   Livraria Nilsson, editora fundada em 1885 em Paris pelo livreiro sueco Per Lamm, especializado em obras ilustradas, álbuns de arte e romances populares de grande tiragem, ilustrados por fotótipos [placas de metal, destinadas à impressão tipográfica e produzidas por fototipografia ou autotipia].

172   Ou mais precisamente "vinhetas autocolantes" (adesivos). Em "Torito", é abordada a questão da "fotomontagem" e do *Klebebild* em geral. O *Klebebild* é a colagem composta de fragmentos de outras imagens. Isso surgiu bem antes dos período

pré-guerra. Sabe-se que era uma distração muito popular no século XVIII. No Palácio de Inverno, havia biombos com esse tipo de montagem sob vidro. (*Mémoires* 3. p. 86).

173   Alusão possível ao conto "Ein Damen Duell", da coletânea *Liebesgeschichten und Novellen*, de Leopold Sacher-Masoch (Berlin: von Neufeld & Henius, 1880. p. 347-418), que faz parte das *Russische Hofgeschichten* [histórias de corte russas], comportando igualmente uma *Katharina II.* São evocados os costumes, as mentalidades, a luxúria e o deboche que reinavam na corte de Catarina II. "Duelo de damas" ou "de mulheres" é, por sinal, um tema recorrente na imprensa popular dos séculos 19 e 20 (exemplo: "Duel de femmes. L'amour qui tue" ["Duelo de mulheres. O amor que mata"], *Faits-Divers Illustrés*, 7 de setembro de 1907. Temas desse tipo aparecem nas primeiras vistas dos irmãos Lumière).

174   Costuma-se situar a aparição da fotomontagem como gênero poético e político em 1919, na Alemanha (na onda do movimento Dada, com Heartfield e Grosz, e depois Haussmann e Höch) e na União Soviética (Ródtchenko, Klútsis etc.), muito embora sua prática seja anterior (cartões postais engraçados, trucagens diversas), geralmente com fins ilusionistas. O nome de Grosz, associado ao de Ródtchenko, aparece em "Montage des attractions" ["Montagem das atrações"] (1923) (*Au-delà des étoiles.* p. 118).

175   O *Arbeiter Illustrierte Zeitung* (Jornal ilustrado dos trabalhadores), criado em 1924 por Willy Münzenberg, no âmbito do Auxílio Operário Internacional, e transformado em semanário em 1926, sob a direção de Franz Höllering, revolucionou as artes gráficas e a reportagem fotográfica. John Heartfield colaborava regularmente com a publicação, com fotomontagens de primeira página. Refugiado na Tchecoslováquia em 1933, o jornal deixa de ser publicado em 1938, depois dos acordos de Munique e da anexação do país pelos nazistas.

176   Fotogramas: fotografias obtidas sem tomada de vista, apenas pela exposição à luz do papel sensível, sobre o qual são dispostos objetos. São chamados de *Fotogrammen* ou de *Kameralose Aufnahmen* por Moholy-Nagy, e de *rayographs* por Man Ray.

177   Ver *supra*, notas 41 e 42.

178   A partir do século XIV, emblemas esculpidos de restaurantes de Paris, Chartres e outras cidades aparecem comportando imagens compósitas (uma porca fia à sua roca enquanto seus filhotes mamam. Em Paris, esse emblema se encontrava na rua Saint-Antoine, e não na rua Saint-Jacques).

179   No século XIX, com a volta dos biombos à moda, costumava-se decorar suas paredes de vidro com gravuras, desenhos e pedaços de papel. O poeta Byron realizou um que era especialmente refinado. Ver *supra*, nota 172.

180   Ou seja, o Bauhaus mais orientado para as tarefas arquitetônicas práticas, sob a direção de Hannes Meyer (que foi para a União Soviética depois de ser expulso pelos nazistas). Eisenstein opera uma aproximação "construtivista" entre a montagem dos materiais na arquitetura e a fotomontagem.

181   Cf. "É significativo que um mesmo princípio formal possa ser vetor ao mes-

mo tempo de obras de um misticismo delirante e confusamente abstratas, de um surrealismo decadente e dos *photomontagespamphlets* sempre orientados politicamente de um John Heartfield. É precisamente aí que se reflete a força social que utiliza uma predisposição psicológica universal à montagem de formas prontas para expressar uma orientação de classe." (*Mémoires* 3. p. 87).

182   A OST (Sociedade dos Artistas de Cavalete), composta de artistas como Deiniêka, Williams e Pímenov, situa-se, na segunda metade da década de 1920, entre as posições dos artistas não objetivos (suprematistas) e construtivistas de um lado, e, de outro, as posições dos "realistas proletários" da AKhRR, até sua dissolução em 1932, junto a todos os grupos artísticos (ver Cécile Pichon-Bonin, *Peinture et politique en URSS. L'itinéraire des membres de la Société des artistes de chevalet [1917-1941]*. Dijon: Les Presses du réel, 2013). Certos quadros desse grupo — frequentemente de grande formato — valem-se de justaposições entre personagens e elementos do cenário industrial ou urbano, e recorrem a efeitos de contraste (sobre isso C. Pichon-Bonin fala de "montagem", em Ibid. p. 150-156).

183   *Peremontaj*: ver *supra*, nota 94.

184   Essa *Vista de Toledo* é longamente analisada em "El Greco y el cine" (*Cinématisme*, capítulo 3).

185   De acordo com Louis Bréhier, depois da chegada dos bárbaros, quando se fez tábula rasa das tradições artísticas galo-romanas, os artistas merovíngios desenvolveram uma estética nova, distante da imitação da natureza e de sua idealização, cultivando o ornamento por si só, estilizado, geométrico. É com os carolíngios que a figura humana reaparece (*L'Art en France des invasions barbares à l'époque romane*. Paris: La Renaissance du Livre, 1930). Esse interesse de Eisenstein pelo ornamento, o decorativo — que Alois Riegl havia reabilitado — encontra-se mais adiante, em "Elogio da cine-crônica".

186   Eisenstein se refere aos retratos de atores do Kabuki por Sharaku — "o Daumier japonês" — em diversos textos, explicando as disproporções entre os elementos do rosto (olhos, boca, nariz etc.) como se eles se devessem a uma forma de montagem de diferentes pontos de vista (ver "Hors-Cadre" [prefácio a N. Kaufman, *Du cinéma japonais*, Moscou, 1929], *Cahiers d'Art* nos 1 e 2, 1930, e nos 9 e 10, 1931, além de *Cahiers du cinéma*, n° 215, setembro de 1969. Em "Dramaturgie de la forme filmique" ["Dramaturgia da forma fílmica"], 1929, *Cinématisme*. p. 27, Eisenstein relaciona essa interpretação com os comentários de Julius Kurth em seu *Sharaku* [Munique, Piper, 1922]; "Attaque entre camarades de classe", *Kino*, 22 e 28 de junho de 1933; *SW* 1. p. 264).

187   Essa briga de galos, proveniente de um vaso grego, e esses gansos voando do rolo "100 gansos", atribuído ao pintor chinês (e não japonês) Ma Fen (fim do século 11), são igualmente evocados em "El Greco y el cine" (*Cinématisme*. p. 85), na qualidade de decomposição e figuração do movimento. Ver igualmente "O herdeiro", neste volume. Em "Novos problemas da forma no cinema" (1935), falando da relação

entre pensamento pré-lógico e língua, Eisenstein cita como exemplo de construção frásica em que o verbo (a ação) precede o sujeito (personagem ou objeto que se move): "es flogen die Gänse" (voavam os gansos selvagens), já que a construção "Die Gänse flogen" (os gansos selvagens vovavam") "soa fria e seca, informativa" (*Le Film: sa forme/son sens*. p. 158-159; em português: "A forma do filme: novos problemas da forma no cinema". *A forma do filme*. Trad. Teresa Ottoni, Rio de Janeiro, Jorge Zahar Editor. p. 133).

188   Cf. as análises da decomposição do movimento em Daumier e Tintoretto em *Montage* (*SW*2. p. 111 e seguintes).

189   Ver mais adiante "Elogio da cine-crônica", em que esses temas são retomados e desenvolvidos.

190   Eisenstein analisa o Baldaquin de Saint-Pierre de Bernin, propondo uma leitura irreverente na segunda parte de "Montage et architecture" ["Montagem e arquitetura"], colocando em sequência as diferentes esculturas que ornam o monumento (*Cinématisme*, capítulo 2).

191   Trata-se de formas de montagem utilizadas nos jornais russos em 1905, para comentar os acontecimentos revolucionários sem cair nas redes da censura tzarista: publicava-se separadamente desenhos e legendas contendo comentários políticos, em vários números, convidando o leitor a re-montar os elementos ele mesmo.

192   Em *Outubro,* os "títulos" (intertítulos) participam da montagem, em particular na perspectiva do "cinema intelectual". Em "Dramaturgia da forma fílmica", Eisenstein estabelece uma equivalência entre título e quadro (intertítulo e plano) (*Cinématisme*. p. 28).

193   C. Guys (1802-1892). "O pintor da vida moderna" descrito por Baudelaire é um repórter-fotógrafo ou fotógrafo de "atualidades" *avant la lettre.* Ele envia aos jornais suas aquarelas que ainda não tinha tido tempo de terminar ou aperfeiçoar, a partir do teatro dos acontecimentos ou dos lugares que ele visita, sem relação com o domínio de seu trabalho.

194   *Kinematografism.*

195   Entre 1850 e 1872, Daumier realiza uma série que comportará 1050 pranchas, sob o título *Atualidades.*

196   Adolph Menzel (1815-1905), pintor e gravador alemão célebre em Berlim, onde tornou-se cronista da vida social (festas, ruas, fábricas). Ele é reconhecido por suas qualidades de observador. Degas realizou algumas de suas pinturas a partir das de Menzel.

197   Em "História do *close up*", (*Metod* 2. p. 110-112, 409-411), Menzel é apontado como "um notável ilustrador 'cinematográfico', um verdadeiro mestre do enquadramento" (*Dickens & Griffith*. p. 205-206). Ao aproximar implicitamente as vinhetas de Menzel da montagem "intelectual", Eisenstein diz que a "surpresa plástica" que elas suscitam "resulta do fato de que elas se colocam antes de mais nada não como

um trabalho plástico, mas como puramente semântico", "a incarnação de uma ideia" (p. 207-208).

198　A noção de quadro de cavalete está no centro dos debates no seio dos movimentos artísticos soviéticos dos anos 1920: os construtivistas e os suprematistas abolem o cavalete (ver TARABÚKIN, Nikolai. *Le Dernier Tableau*. Paris: Champ Libre, 1972), a OST o conserva. A expressão é empregada fora do contexto da pintura para marcar um posicionamento no debate sobre a representação também em literatura, cinema e fotografia.

199　Daniel Nikolaus Chodowiecki (1726-1801), pintor e gravador alemão de origem polonesa. Ele pintou o cotidiano da burguesia e a vida do povo, em jogos de cartas e cenas familiares. Em *A dança macabra*, série de doze gravuras que ele realiza, a morte apreende personagens ordinários, como uma vendedora de peixes, um mendigo e uma mulher da vida, ou chega em situações prosaicas, valendo-se de um tipo de "congelamento da imagem".

200　Ver capítulo 1, nota 30.

201　Sobre o ciclo "Banhistas", de Degas, ver *Metod* 2. p. 338-348 (em francês, *MLB*).

202　Degas não pintava sobre esse motivo, mas acumulava notas e croquis para trabalhá-los em seu ateliê.

203　*Foto-glaz:* palavra construída a partir do modelo do *kino-glaz* (cine-olho).

204　Cf. George Slocombe, *Rebels of Art — Manet to Matisse*, Nova York, Robert McBride & Co, 1939.

205　Degas costumava recortar suas telas para modificar o enquadramento.

206　Sobre essas questões de ângulos de visão em relação aos edifícios, ver o projeto *Glass House*, que propõe ângulos inabituais, vistas de baixo ou de cima em função da transparência das paredes (*Glass House*).

207　*Lettres de Degas*, cartas compiladas e anotadas por Marcel Guérin, com prefácio de Daniel Halévy, Paris, Grasset, 1931.

208　Hortense Howland, de nascimento Louise-Marie Delaroche-Laperrière (1835-1920), mulher da alta sociedade que mantinha um salão e era amiga de inúmeras personalidades do mundo da arte, como Maupassant, Fromentin e Proust. Ela foi fotografada por Degas em 1895.

209　FROMENTIN, Eugène. *Les Maîtres d'autrefois. Belgique – Hollande*. Paris: Plon, 1877.

210　Loïe Fuller (1862-1928), bailarina americana modernista que se tornou célebre mundialmente depois de sua ida à França. Famosa por sua *dança serpentina*, em que ela fazia rodar os véus que tinha em volta de si, metamorfoseando-se em flor, borboleta, turbilhão, acompanhada por técnicas de iluminação teatral inovadoras (projetores, cores cambiantes). Ela deu corpo às teorias sobre a luz de Craig e Appia. Suas performances no palco fascinaram Mallarmé e o mundo simbolista. Rodin, Camille Flammarion e Marie Curie (para quem Fuller executa uma "dança ao rádio"),

Marcel L'Herbier, Louis Delluc e Léon Moussinac estão entre os que escreveram sobre ela e os filmes que ela realizou a partir de 1896.

211   Os cabarés "L'Enfer" (no número 53 do Boulevard de Clichy, em Montmartre) e "Le Ciel" (bem em frente), além do "Le Néant" (no número 34 da mesma via), considerados artísticos, distinguiam-se por suas fachadas fantásticas (com diabos, suplícios, monstros de boca aberta, esqueletos etc.). Méliès era um *habitué* desses estabelecimentos. Foi no "L'Enfer" que ele recrutou a cantora Bleuette Bernon, que aparece em cinco de seus filmes.

212   O Palácio das Miragens de Eugène Hénard, concebido para a Exposição Universal de 1900, foi instalado no Museu Grévin en 1906. Tratava-se de um caleidoscópio gigante que produzia ilusões de ótica e jogos de luz.

213   Fórmula de Púchkin em seu artigo "A propósito do drama popular e da peça *Martha Possadnitsa*, de M. Pogodin (1830)": "O drama nasceu na praça pública, ele era uma diversão popular. O povo, assim como as crianças, exige o interesse da ação..." (*Pushkin on Literature*. Londres-Standford: The Athlone Press-Standford University Press, 1986. p. 263). Meyerhold também cita essa frase em "Chaplin e o chaplinismo" (1936) (*Écrits sur le théâtre*. Lausanne: L'Âge d'Homme, 1980. Tomo 3. p. 223), depois de discutir as concepções que Púchkin tinha do teatro em "Benois metteur en scène" (1915) (*Ibid*, tomo 1. p. 238-242).

214   Phineas Taylor Barnum exibia uma mulher negra e velha, que fazia passar pela babá de George Washington aos 161 anos.

215   Rintintin: nome de um pastor alemão do exército americano, atração de mais de trinta *westerns*, de 1922 a 1932 (ano em que morreu), quando é substituído por vários outros cães, nomeadamente em séries radiofônicas e televisivas, até 1959. Lassie: nome de um cachorro collie, inicialmente personagem do romance *Lassie Come Home* (*A força do coração*, 1940) e depois personagem de cinema (1943) e televisão (1954).

216   Ver Mary O'Hara, *My Friend Flicka* (*A minha amiga Flicka*, 1941) e suas continuações (*O filho de Flicka, O rancho de Flicka* etc.), que deram origem a adaptações cinematográficas desde 1943 (por Harold Schuster) e 1945 (por Louis King), e em seguida para a televisão (em 1956).

217   Em uma história de Tolstói de 1885, um cavalo castrado chamado Kholstomér conta sua vida. Em francês, o conto costuma aparecer sob o título *Le Cheval* (em L. Tolstoï. *Souvenirs et récits*. Paris: Gallimard, "La Pleiade", 1960). [No Brasil, o conto integra o volume *O diabo e outras histórias*, coletânea de contos de Tolstói (São Paulo: Cosac Naify, 2010 [2ª edição]), sob o título *Kholstomér*.]

218   No lugar de *Sight and Sound*, revista de cinema britânica. Os artigos não foram localizados.

219   William Cody, mais conhecido como Buffalo Bill (1846-1917), explorador americano ao serviço das companhias ferroviárias e matador de bisões, concebeu mais tarde um espetáculo, o *Buffalo Bill's Wild West* (1882-1912), que realizou turnês nos Estados Unidos e na Europa.

220   Criado em 1897 na sala que leva esse nome, o Grand Guignol deu origem a um "gênero" teatral dedicado a esquetes macabros, fantásticos e às vezes cômicos em razão do excesso de dramaticidade. Entre seus mais famosos autores estão André de Lorde e Charles Méré.

221   "Teatr i echafot" [da palavra francesa *échafaud*, "cadafalso"], título de uma conferência proferida em Odessa durante a Guerra Civil, em 1918, pelo encenador e teórico do teatro Nikolai Evrêinov (1879-1953). Ele publicou em seguida um livro com o mesmo título (*Mnemozina:* Dokumenty i fakty iz istorii russkogo teatra XX veka [*Mnemosyne:* Documentos e história do teatro russo no século XX]. Moscou: Artist *Rezhissër* Teatr, 1996. Ver, do mesmo autor, *Histoire du théâtre russe*, Paris, Chêne, 1947).

222   "Funâmbulo": dançarino sobre corda. O Théâtre des Funambules ("Teatro dos funâmbulos") foi construído em 1816 no Boulevard du Temple, em Paris, e demolido em 1862, durante a reforma urbana de Haussmann. Além de reunir dançarinos sobre corda, acrobatas e palhaços, o teatro também era famoso por seu mímico Jean-Gaspard Deburau (ver PÉRICAUD, Louis. *Le Théâtre des Funambules ses mimes, ses acteurs et ses pantomimes depuis sa fondation jusqu'à sa démolition*. Paris: Léon Sapin, 1897).

223   Jean-Gaspar Baptiste Deburau (1796-1846) e seu filho Charles (1829-1873), mímicos franceses, atrações do Théâtre des Funambules no "Boulevard do crime". Eles criaram a figura do Pierrô lunar, apaixonados que Marcel Carné e Jacques Prévert retomam em *Les Enfants du Paradis* (1945), depois de Sacha Guitry, que lhes dedica uma peça em 1918 (e depois um filme, em 1951).

224   JANIN, Jules *Deburau. Histoire du Théâtre à Quatre Sous pour faire suite à l'histoire du Théâtre français*. Paris: Librairie des Bibliophiles, 1832. Obra considerada "fantasiosa" por L. Péricaud.

225   "The Great God Bogus", manifesto em favor de Chaplin publicado pelo crítico americano G. Seldes em *Seven Lively Arts* (Nova York: Harper & bros, 1924), obra mencionada por Eisenstein em seus escritos.

226   Georges Sadoul publicou uma filmografia de Méliès em 1947 (*An Index to the Creative Work of Georges Méliès (1896-1912)*, suplemento de *Sight and Sound*, Index série n°11, agosto de 1947), reproduzindo as sinopses dos filmes do catálogo inglês da Star-Film. Sadoul também dedicou a Méliès diversas páginas do tomo 2 de *Histoire générale du cinéma:* les Pionniers (op. cit.). A monografia evocada é provavelmente a de Maurice Bessy e Lo Duca, *Méliès Mage suivi de Mes Mémoires par Georges Méliès*. Paris: Prisma, 1945, já que a de Sadoul é posterior.

227   Os nickelodeons foram as primeiras salas de projeção de filmes, por volta de 1906, nos Estados Unidos. O Panopticon (além do dispositivo carcerário preconizado por Bentham) é um museu de cera criado em Hamburgo em 1879 por Friedrich Hermann Ferber (1849-1908), Panoptikum, e o nome se encontra em várias barracas de parques de diversão que apresentavam curiosidades, como o Grande Panopticum do Universo, com ceras anatômicas. Não confundir com o Pantoptikon, aparelho de

projeção da família Latham (rival de Edison), antes do Eidoloscópio (1895) (ver RAM-SAYE, T. *A Million and One Night. A History of the Motion Picture.* Nova York: Simon & Schuster, 1926. p. 167, 176-191, e Georges Sadoul, *Histoire générale du cinéma,* tomo 1, *L'Invention du Cinéma.* Paris: Denoël, 1946. 1ª edição. p. 165-171). A ventriloquia, atração não aparelhada.

228   Na Rússia, os fotógrafos de rua que dispunham de fundos e cenários dei-xando ver a cabeça das pessoas que posavam para as fotos eram chamados de "arti-lheiros" ou "atiradores".

229   Não há certeza sobre esses nomes, à exceção do de Deburau. Trata-se, aparentemente, de balisar uma certa quantia de casos de espetáculos populares, em oposição à cultura legitimada dos teatros oficiais. É o caso das farsas obcenas dos pequenos teatros napolitanos.

230   No século XIX, "Bulevar do crime" era o nome dado ao Boulevard du Temple, em Paris, por causa dos crimes que eram encenados todas as noites em diversos teatros, como Théâtre-Lyrique, Théâtre de l'Ambigu, Cirque-Olympique, Folies-Dramatiques, Gaîté, Funambules, Délassements-Comiques, Théâtre des Pygmées e Petit-Lazari, além de muitos cabarés e cafés-concerto (Cf. *Les Enfants du paradis,* de Carné et Prévert).

231   Vilarejo da alta Baviera, à margem do rio Ammer e no sopé da montanha Kofel, célebre por suas fachadas pintadas com motivos religiosos e por sua "interpre-tação da paixão" que, desde 1633, era reencenada a cada dez anos, com o objetivo de desviar o mal da cidade. Cerca de 2000 pessoas participavam.

232   Como não conseguiu preservar sua filha do cristianismo, Dióscoro, sátrapa persa, pai de Santa Bárbara (que viveu no século III em Heliópolis), foi encarregado pelo governador romano de decapitá-la, depois de ter sido torturada. Imediatamen-te após executar a tarefa, Dióscoro foi atingido por um relâmpago.

233   Caudado originário do México, dotado tanto de brânquias externas quan-to de pulmões, que lhe permitem deixar o meio aquático desde o nascimento. Seu nome significa "água" e "cachorro" em nahuatl, e se refere também ao deus asteca do pôr do sol, Xolotl, irmão gêmeo de Quetzalcoatl (serpente plumada) que tomou a forma desse anfíbio para evitar o exílio.

234   Lentes simples e lentes compostas: fala-se, sobretudo, de microscópios simples (uma só lente) e composto (duas ou mais).

235   Essa cronologia difere da do Doutor L. Mandl, em seu tratado *Le Microscope et son emploi dans l'étude des corps organisés* ("O microscópio e seu uso no estu-do dos corpos organizados") (Paris: J-B. Baillière, 1839. 1ª seção). Mandl indica que, no século 13, nem Alhazen, nem seu comentador Vitellio, nem Roger Bacon tinham pensado em afastar o objeto dos segmentos do globo de vidro (as lentes) que, na épo-ca, eles colocavam sobre as cartas ou os objetos, o que permitiu a invenção dos ócu-los no século XVII (ver Arnaud Maillet, *Prothèses lunatiques [les lunettes de la science aux fantasmes].* Paris: Kargo, 2008).

236   Pi-Cheng ou Bi-Cheng (*circa* 990-1051), inventor de um tipo móvel de argila (1041), sucedido pelo tipo móvel metálico nos séculos seguintes, na Coreia (1234) e na China.

237   Nicolas-Toussaint Charlet (1792-1845), pintor e gravador francês de opinião bonapartista, autor de uma litografia que o tornou célebre, *La Garde meurt mais ne se rend pas* ("A guarda morre mas não se rende"), de inúmeras cenas militares (ele produziu mais de mil litografias) e de ilustrações populares, o que faz dele um dos fundadores da lenda napoleônica.

238   Auguste Raffet (1804-1860), pintor e gravador francês, aluno de Charlet e, como ele, um dos provedores da iconografia napoleônica, criador do personagem do "resmungão" e ilustrador da retirada da Rússia, da conquista da Argélia e das obras de Thiers.

239   Reportagens para o *Morning Chronicle*, realizadas em 1840 pelo jornalista Henry Mayhew, sobre a vida das populações pobres de Londres na época vitoriana, publicadas em seguida em diversos volumes ilustrados (London Griffin, Bohn and Company, Stationer's Hall Court, 1861).

240   William Blanchard Jerrold (1826-1884), *London:* A Pilgrimage (1872), com ilustrações de Gustave Doré (1832-1883). Em suas gravuras, o artista diz ter pintado "os velhos, os órfãos, os mancos e os cegos".

241   Os gabinetes ou museus de cera datam de 1779, com o alemão Curtz (Curtius), que instalou dois deles em Paris, como forma de espetáculo. A origem das figuras de cera remonta à Antiguidade, ao embalsamamento dos cadáveres na cera e, mais tarde, aos retratos e bustos de cera, antes que elas passassem a ser usadas na confecção de modelos anatômicos (séculos XVI e XVII). (Ver GILSON, Paul. *Merveilleux*. Paris: Calmann-Lévy, 1945).

242   Ver SCHLOSSER, Julius von. *Histoire du portrait en cire*. Paris: Macula, 1997 [1911].

243   A sobrinha de Curtius, Marie Grosholtz, que tinha ido à França para dar aulas de modelagem para Elisabeth de France, irmã de Luís XVI, teve, depois da Revolução, que tomar as impressões de personalidades guilhotinadas, para colocá-las em um museu. Depois de ter sido considerada suspeita e colocada na prisão, ela se casou com Monsieur Tussaud e foi para Londres com seus moldes e personagens, criando ali o primeiro gabinete de cera.

244   Criado em 1882 por Alfred Grévin, desenhista do *Journal amusant*, como uma espécie de jornal plástico. O museu se orientou em seguida para a reconstituição histórica, exibindo, sempre que possível, objetos autênticos tendo pertencido às figuras de cera (como a banheira de Marat) e trajes de época.

245   O *Panoptikum das wachsfigurenkabinett*, em Hamburgo, é o maior e mais antigo museu de cera da Alemanha, criado em 1879 pelo escultor de madeira Friedrich Hermann.

246   Pável Timofiêievitch Gorgulóv (1895-1932), imigrante russo branco, poeta

nacionalista, que, em 1932, assassinou Paul Doumer, presidente da República francesa, e foi guilhotinado.

247   Guy Fawkes (1570-1606), um dos conspiradores católicos ingleses que urdiram um atentado contra o rei Jacques I, com pólvora de canhão ("conspiração das pólvoras"). Descoberto, ele foi torturado e escapou da execução por enforcamento saltando do cadafalso — e quebrando o pescoço.

248   Cf. *The Execution of Mary Stuart* (Edison, 1895).

249   Malmaison: palácio a 20 km de Paris que, entre 1799 e 1802, serviu de residência oficial a Napoleão e Joséphine Bonaparte. Em 1906, ele foi transformado em um museu dedicado à época napoleônica, com diversos retratos do Imperador, sua máscara mortuária e uma série de objetos, entre os quais a cama de campanha onde ele morreu. Nos museus de cera, foram reconstituídas algumas cenas situadas em Malmaison.

250   Filme de Le Bargy e Lavedan de 1908, um dos mais famosos da série dos Filmes de Arte (ver Alain Carou, Béatrice de Pastre [eds.], "Le Film d'Art et les films d'art en Europe, 1908-1911", *1895 Revue d'histoire du cinéma*, n°56, dezembro de 2008).

251   Por ocasião de sua estadia na França e de suas "inúmeras incursões por todas as catedrais conhecidas do país", Eisenstein tinha ficado muito interessado pelas imagens religiosas das "lojas de edições católicas" (amuletos, ex-votos, cartões postais, pequenos quadros), em que ele via manifestações degradadas da "êxtase", "problema parcial do pathos" (*Mémoires* 1. p. 339). Sobre Santa Teresa de Lisieux, ele escreve: "... Fomos recentemente a Lisieux, ver esse templo de mau-gosto da 'santinha' canonizada há pouco..." (Ibid.).

252   Os mais famosos dos quatro gigantescos panoramas pintados pelo artista e poeta Jan Styka (1858-1925): "Golgotha", também chamado de "A crucifixão" (1894) e "O mártir dos cristãos no circo de Nero" (1897). O "Cerco de Sebastopol" (1905), panorama de museu de Franz Roubaud (1856-1928), que representa a batalha de Malakoff, uma das principais batalhas da guerra da Crimeia de 1853 a 1856, criado para comemorar o 50º aniversário da defesa de Sebastopol.

253   Alusões a espetáculos de massa como aqueles encenados por Nikolai Evrêinov em 1920, sob o título *A tomada do Palácio de Inverno,* em comemoração ao terceiro aniversário a Revolução de Outubro, em 7 de novembro de 1920, para mil espectadores. Eisenstein recorreu a esses espetáculos — alguns deles tinham sido filmados — para a filmagem de *Outubro,* em 1927-1928. Ele se refere a eles também em "Elogio da cine-crônica". Sobre Evrêinov, ver *supra,* nota 221.

254   SINCLAIR, Upton. *Upton Sinclair Presents William Fox.* Los Angeles: Published by the Author, 1933. James A. Garfield (1831-1881) foi assassinado no dia 2 de julho de 1881, depois de quatro meses de exercício no cargo de presidente dos Estados Unidos, por um místico.

255   Museu conhecido como "Salão de cera". Sobre Curtius e Madame Tussaud, ver *supra,* notas 238 e 240.

256   Charles-Henri Sanson participou da execução de Luís XVI. Em 1793, seu filho Henri o sucede e executa Maria Antonieta.

257   Guiseppe Marco Fieschi, chefe da conspiração que visava assassinar Luís Felipe em julho de 1835. Ele desenvolveu uma máquina infernal, que explodiu o Boulevard du Temple durante a passagem do rei, que conseguiu escapar. Fieschi foi guilhotinado no ano seguinte.

258   Primeiro museu da Rússia, fundado em 1719 por Pedro, o Grande (em São Petersburgo), para conservar as raridades que ele adquiria na Europa. No século XX, foi transformado no Museu de Etnologia e Antropologia da Academia de Ciências.

259   Discurso; em russo, *skaz,* forma oral da narração em que o enfoque é colocado sobre o diálogo e, sobretudo, em que "o elemento narrativo é substituído pelo elemento representativo: a ação não é contada ao leitor (como ocorre na epopeia), mas se desenrola na frente de seus olhos, como se ocorresse em um palco" (Boris Ei-khenbaum, "Leskov et la prose contemporaine" ["Leskov e a prosa contemporânea", 1927]). É esse retorno à "língua falada viva" em Leskov que inspirou Walter Benjamin em seu texto sobre o "narrador". Eidético, como já vimos *supra* (capítulo 1, nota 25), designa um estado quase "naturalista", pré-simbólico, em que a representação coincide com o referente no modo da modelagem, da "vida imprevisível" etc.

260   Voguls, hoje chamados de Mansi, povo indígena de Khanty-Mansia, território autônomo da região de Tioumen, na Rússia.

261   Na literatura russa, "viagem" é um termo utilizado para descrever *travelogues,* narrativas e conferrências que relatam uma viagem. Mais tarde, o termo passa a se referir a filmes de viagem. O mais famoso deles é o do comerciante Afanássi Nikítin na Índia (*A Journey Beyond the Three Seas* or *Khojdiênie za tri mória,* 1468-1474).

262   Daniel de Kiev (o peregrino) (Danil Palômnik), hegúmeno ortodoxo, o primeiro peregrino russo a visitar a Terra Santa (em 1104-1106) e a deixar uma descrição de suas viagens. Cf. G. Le LAVEAU, Cointe de (org.). *Bulletin du Nord. Journal scientifique et littéraire.* Moscou: August Semen, 1828. p. 79. Dentre as obras conservadas na biblioteca da Sociedade dos Historiadores e Arqueólogos, menciona-se também "As peregrinações de Daniel Mnikh".

263   Nikolai Karamzin (1766-1826) evoca seus dezoito meses de estadia na Europa e a França da Revolução de 1789-1790 em uma série de cartas endereçadas a seus amigos que ficaram na Rússia (*Lettres d'un voyageur russe en France, en Allemagne et en Suisse 1789-1790.* Paris: Mellier, 1867). A precisão das descrições, os encontros com o mundo intelectual (Kant, Lavater...) e a procura por efeitos de autenticidade garantiram o enorme sucesso dessa primeira narrativa russa de viagem intelectual. A obra marcou a literatura do país ao introduzir o "sentimentalismo".

264   Aleksándr Púchkin, "Viagem a Arzrum durante a campanha de 1829", notas de sua viagem ilegal à Turquia, para se juntar ao exército russo que havia tomado Arzrum (Erzurum) durante a guerra russo-turca no Transcáucaso, onde se exilaram muitos de seus amigos que haviam participado da revolta de dezembro de 1825

(*Voyage à Arzrum*, Toulouse, Ombres, 2009). Há também referência a esse texto em *Mémoires* 2. p. 112.

265   Em *Evguêni Oniéguin* de Aleksándr Púchkin, o personagem principal é obcecado pelo "desejo de mudar de lugar" ("okhóta k peremiênie miést"), equivalente russo do *Wanderlust* alemão, herói romântico típico.

266   Em 1858, a residência parisiense do príncipe Napoleão (Napoléon Joseph Charles Paul Bonaparte, 1822-1891), filho de Jérôme Bonapart, era decorada como uma casa de Pompeia, criando a ilusão de uma viagem na Roma Antiga.

267   Referência possível a uma decoração pictórica romântica de um dos hotéis Kempinsky.

268   Em 1841. p. T. Barnum comprou o Scudder's American Museum (que mais tarde passaria a se chamar Barnum's American Museum) e nele colocou, juntos, figuras de cera e anões, gigantes e monstros vivos (sereias, centauros e outros), além de artistas de circo. Ele convidou o famoso cantor sueco Jenny Lind (1820-1887) para 150 apresentações, a mil dólares por apresentação.

269   Uma das reconstituições clássicas das exposições universais ligadas à imagem da paisagem alpina suíça.

270   Hill: ver *supra,* notas 37 e 104.

271   Etienne Carjat, fotógrafo francês, retratista de diversos pintores, escritores e músicos (Rimbaud, Baudelaire, Courbet, Corot, Rossini etc.).

272   Julia Margaret Cameron (1815-1879), fotógrafa britânica que se inspirou na pintura para seus retratos (claro-escuro, desfocado artístico, enquadramento) e na pintura pré-rafaelita inglesa para suas ilustrações de obras literárias, na perspectiva de "enobrecer" a fotografia.

273   Ver *supra,* nota 176.

274   BOSSERT, H. Th. e GUTTMANN, H. *Aus der Frühzeit der Photographie 1840-70. Ein Bildbuch nach 200 Originalen.* Francfort sur le Main: Societäts, 1930. É a mesma obra a que se refere, em diversas ocasiões, Walter Benjamin, em sua "Pequena história da fotografia" (1931).

275   Ernest Meissonnier era apreciado pela clareza e pela precisão de sua pintura.

276   Em russo: *fotorákurs* [do francês, *raccourci,* atalho], literalmente, atalhos fotográficos.

277   Em russo: *rákurs.*

278   *Bezpredmiétnost,* sem objeto, noção central da teoria suprematista da arte de Maliévitch. Aqui, ela é abordada como fuga da realidade. Maliévitch, por sua vez, havia tratado Eisenstein de "ambulantes" (pintores naturalistas do século XIX na Rússia) em seus artigos sobre o cinema e exaltado, inversamente, o cinema de Vertov por sua implementação de uma dinâmica "sem-objeto" (ver "As leis pictóricas nos problemas do cinema", *Kino i Kultura,* n°7/8, 1929 [em francês em *Cinémathèque,* n° 8, 1995. p. 71-77]).

279   Ver *supra,* nota 235.

280　Em russo: *obraz*.

281　Idem.

282　Eisenstein critica aqui o movimento "factográfico", que tinha como participantes Aleksándr Gan e vários outros membros do LEF (*Levyi front isskoustva* [Frente Esquerda da Arte], como Sergei Tretiakóv, com quem ele havia trabalhado no teatro, Chklóvski, Brik. Essa tendência, à qual Vertov também se liga (ele fala de "cine-fato"), recusava a falsificação do material — o objeto filmado — pela *mise en scène*, a interpretação, a fábula. Ele clamava por uma literalidade documental, "a vida como ela é" [*jizn kak oná iést*], reservando, porém, à montagem, a tarefa de organizar o material segundo a construção do tema. Ver o debate publicado na *Nóvi Liéf* n° 11-12, 1927 (em *La Revue Documentaire*, n°22-23, 1° trimestre de 2010). Boris Arvatov considerava sectária a afirmação de que o único cinema verdadeiramente "de esquerda" seria aquele em que o objeto é "pego no pulo" (*Novy Lef* n°3, 1928 [em *Ibid*]).

283　Literatura de reportagem (ver TRETIAKÓV, S. *Dans le front gauche de l'art*. Paris: Maspéro, 1977. p. 119-142).

284　*Vechtchisme* (coisismo), prevalência concedida aos objetos em detrimento da narrativa. Chklóvski acusou *Outubro* de "coisismo" ("Das leis de construção nos filmes de Eisenstein", *Soviétski ekrán* n°6, 1929, incluído em CHKLÓVSKI, V. *Textes sur le cinéma*. Lausanne: L'Âge d'Homme, 2011. p. 185). Ele preconizava não que se filmasse os objetos, mas sobretudo a relação a eles, algo que *A linha geral* parecia, a seus olhos, anunciar ("A linha fronteiriça", *Kino*, n°22, 22 de março de 1927, incluído em Ibid. p. 180-1).

285　*L'Amour de l'art*, revista mensal (fundada por Léon Rosenthal). Seu número 7, de julho de 1931, foi dedicado a Degas, com estudos de René Huygue ("Degas ou la fiction realiste"), Germain Bazin ("Degas sculpteur"), Marcel Guérin etc. O número de dezembro publica uma entrevista com o artista, realizada por E. Moreau-Nélaton ("Deux heures avec Degas").

286　As indicações "xx", "xxx" significam "importante", "muito importante".

287　*Madame Jeantaud au miroir* (1875).

288　RIVIÈRE, Georges. *Mr Degas (Bourgeois de Paris)*. Paris: Floury, 1935.

289　Chodoviecki: ver *supra*, nota 196; Callot, ver capítulo 1, nota 31.

290　Trecho do poema de Petrarca *I trionfi* ["Triunfos", 1339], parte 1, "O triunfo do amor", III. Eisenstein coloca a tradução inglesa em suas notas.

291　Por mais de uma vez, Eisenstein evocou a contradição entre sua pulsão erudita e o fato de que ela retarda ou "bloqueia" sua criação (ver *Mémoires* e "Les Bolchéviks rient" [1937], em *Réflexions*).

292　Claude Mellan (1598-1688), pintor, desenhista e gravador francês. Entre suas obras religiosas, a obra-prima é uma "Santa face de Cristo sobre o véu de Verônica", realizada por um único corte em uma espiral que, por seus espessamentos, cria a imagem.

293　Jogo de palavras com o título da obra de Darwin. No caso, o projeto de

Eisenstein era o de reconstruir a gênese e a evolução do cinema soviético a partir da cine-crônica.

294   Konstantin Stanislávski.

295   Peça de teatro de Sergei Tretiakóv, última encenação de Eisenstein, antes que ele fosse para o cinema.

296   Fonte: RGALI, 1923-2-1039. p. 1-5.

297   CHAMBURE, A. de *A Travers la presse*. Paris: Th. Fert, Abouy, 1914.

298   Hill: ver *supra,* notas 37, 104 e 270.

299   *Naplívi*, "fondus (enchaînés)" em francês, e "dissolving views" em inglês e, em português, "fusões (em sobreposição)", termo usado a propósito dos encadeamentos de placas de lanternas mágicas para sugerir o movimento, a mudança de estado, e que sera retomado no léxico do cinema.

300   A enumeração que segue reproduz um programa de espetáculo em francês. Sobre os cabarés "Le Ciel", "L'Enfer" e "Le Néant", ver *supra,* nota 211.

301   Fonte: RGALI, 1923-2-1021. p. 62-64.

302   Expressão corrente na época era "atualidades reconstituídas". É notável a insistência sobre a dimensão *construtiva* (isso será retomado mais adiante, a propósito de *Potemkin*).

303   SADOUL, Georges. *Histoire générale du cinéma* II. *Les Pionniers du cinéma 1897-1909.* Paris: Denoël, 1947. p. 330-3. Essa "atualidade", realizada por Lucien Nonguet para a Pathé em julho de 1905, tinha como título "*Les événements en Russie. Les événements d'Odessa*" ("Os acontecimentos na Rússia. Os acontecimentos de Odessa". A menção a uma obra chamada *Méliès* que também diz respeito a esse filme leva a Maurice Bessy e Lo Duca, *Georges Méliès Mage et "Mes Mémoires" par Méliès*. Paris: Prisma, 1945 (evocado novamente mais adiante, com uma referência ao número de página). Essa menção é, no caso, errônea. Sadoul, por sua vez, faz uma aproximação entre o personagem do "vilão" no filme e Méliès: "um oficial barbudo que gesticula muito. Parece que fugiu de um filme de Méliès" (op. cit. p. 332). Havia ainda um outro estudo sobre Méliès, que Eisenstein pode ter consultado: Iris Barry, "Georges Méliès, Magician and Film Pioneer: 1891-1938" (*Art in Our Time.* Nova York: Museum of Modern Art, 1939. p. 361-366), assim como os artigos de Sadoul ("Le fantôme du Passage de l'Opéra", *L'Écran français*, 25 de dezembro de 1945; "Les apprentis sorciers: d'Edison à Méliès", *Revue du cinéma*, n°1, 1º de outubro de 1946; "Georges Méliès et la première élaboration du langage cinématographique" (*Revue internationale de filmologie*, n°1, julho-agosto de 1947).

304   M. Bessy, L. Duca, op. cit. p. 13 e 199-200.

305   Fonte: RGALI, 1923-2-1021. p. 63-64.

306   Moralidade. A palavra francesa foi escrita em cirílico e deve ser entendida no sentido do gênero teatral medieval que encenava vícios e virtudes.

307   (N.d.T) Tradução de "faits divers" dada no original em russo por Eisenstein.

308   Cantilena mexicana, balada. As letras se referem em geral à opressão, à his-

tória, à vida cotidiana dos camponeses e a outras questões sociais. Essas baladas eram especialmente populares na época da revolução.

309   Abram Márkovich Efrós (1888-1954), poeta, tradutor, crítico de arte e de teatro russo e soviético. Na segunda metade da década de 1940, ele trabalhou no Insituto de História da Arte e lecionou história do teatro no Instituto de Estado do Teatro e nas oficinas do MKhAT.

310   Fonte: RGALI, 1923-2-1039. p. 6-16.

311   Alusão à teoria dedutiva de Georges Cuvier (1769-1832), baseada na anatomia comparada e na correlação dos órgãos. A partir de um dente e de sua forma, pode-se deduzir a forma dos pés, dos maxilares, do intestine. Depois de Goethe, Sherlock Holmes, o herói de Conan Doyle, reinvindicava essa teoria em suas investigações policiais.

312   Eisenstein cita aqui "A ceia" de Leonardo da Vinci como um exemplo que marca a reunião de diferentes perspectivas em um mesmo espaço, supostamente correspondendo aos diferentes pontos de vista de uma "cena de massa" (ver, anteriormente, passagem em que esse afresco já era citado, no mesmo contexto).

313   Quadro de Jan van Eyck, conhecido como "*O casal Arnolfini*". Ver *supra*, em que se aborda essa obra em diversas ocasiões.

314   Ver *supra*, nota 45.

315   Reedição de KOROSTIN, A. F. *Lithographies russes du XIXème siècle*. Moscou: 1953, ilustrações em preto e branco.

316   Célebre quatrino do poema "À memória do pintor Orlovski", escrito em 1832 ou 1833 pelo conde Piótr Viázemski, dedicado a Aleksándr Óssipovich Orlóvski (1777-1832), pintor, desenhista e gravador romântico.

317   Cf. *A linha ge[ral]*. As cifras (o número de membros da cooperativa, utilizando o separador) crescem em escala. "Irmãos" — "IRMÃOS" no *Potemkin* etc. etc. (Nota de S.M. Eisenstein)

318   Sobre esse assunto, ver "L'écrémeuse et le Graal" em "Pathos" (*NIN* 1. p. 129-131). Ver também a ampliação da expressão "De repente" no início da sequência da escadaria de Odessa em *Potemkin*, tema observado em *Mémoires 1*. p. 284.

319   Nem todas as cópias comportam a disposição gráfica original. Desse modo, a progressão no tamanho da palavra "Irmãos" na cópia utilizada aqui aparece apenas uma vez.

320   Eisenstein cita a edição francesa do livro de John K. Winkler, *William Randolph Hearst* (Paris: Gallimard, 1931), inicialmente publicado em inglês (*William Randolph Hearst, an American phenomenon*. Nova York: Simon and Schuster, 1928).

321   A esta nota acrescenta-se um recorte da revista *Ogoniók* (nº2, 1948), contendo um artigo sobre os 225 anos da imprensa russa e trazendo à margem: "NB. Precursor de Hearst!" (nota de S. M. Eisenstein).

322   "O problema do tempo na pintura" e "O problema do espaço" deveriam constituir duas partes importantes da introdução ao projeto *História geral do cine-*

ma. No manuscrito, resta apenas as duas cabeças de capítulo, seguidas de espaços em branco, que Eisenstain nunca preencheu.

323   Paul Gavarni (Sulpice Guillaume Chevalier, 1804-1866), desenhista e caricaturista francês, famoso por suas séries de desenhos elegantes e irônicos sobre a vida parisiense, frequentemente acompanhados de legendas.

324   Pável Fedotov (1815-1852), um dos pintores russos favoritos de Eisenstein. Ele inventou os títulos distanciados para suas pinturas satíricas.

325   Eisenstein utilisa o acrônimo russo SASH para se referir a Estados Unidos da América do Norte, empregado depois da guerra civil.

326   *Ballyhoo* [sensacionalismo], revista humorística criada por George T. Delacorte e editada por Norman Anthony entre 1931 e 1939. Anthony havia anteriormente editado *Life* e *Judge*.

327   Fonte: RGALI, 1923-2-1021. p. 70-80.

328   Esses dois quadros são analisados em "El Greco y el cine" (*Cinématisme.* p. 82-83). A oração a Getsêmani se situa nessa circunstância em que os discípulos adormecem, deixando Cristo sozinho (Marcos 14, 32-42, Mateus 26, 39-42, Lucas 22, 44).

329   Referência à balada: *The Norfolke Gentleman his last Will and Testament: And how he committed the keeping of his Children to his owne brother, who dealt most wickedly with them: and how God plagued him for it. To the tune of Rogero* (1635).

330   C. H. Firth, "Ballads and Broadsides", em *Shakespeare's England* (Oxford: 1910). vol. II. p. 510-538.

331   John Phoenix (George Horatio Derby) (1823-1861), humorista americano que editava, em San Diego, um jornal ilustrado, o *Phoenix's Pictorial* (1853), em que utilizava *faits-divers* sensacionais, apresentações de personalidades, anedotas diversas que brincavam com imagens pré-existentes, distorcendo-as. No caso, trata-se de uma catástrofe ferroviária composta de vinhetas tipográficas justapostas, usando a montagem cinematográfica *avant la lettre.* Ver também seu *Phoenixiana, or sketches and burlesques* (1859). O texto a que Eisenstein alude figura brevemente em "Montagem 1937" (p. 107) e depois, de modo mais aprofundado, em "Dikkens, Griffit i mí" (em *Amerikánskaia kinematográfia: D. U. Griffit.* Moscou: 1944, traduzido para o inglês por Jay Leyda, sob o título "Dickens, Griffith, and the Film Today" ("Dickens, Griffith e o cinema hoje"), em *Film Form.* p. 195-255. Em francês: "Dickens, Griffith et nous", *Le Film: sa forme/son sens.* p. 388-390; *Cahiers du cinéma* n° 233, novembro de 1971. Em português: "Dickens, Griffith e nós". Trad. OTTONI, Teresa. *A forma do filme.* Rio de Janeiro: Jorge Zahar Editor, 2002. Incluído ainda em *Iz Pro.* Tomo 5. p. 159-161 e atualmente editado, em uma versão ampliada, sob o título "Istória krúpnogo plána" ["História do *close up*"] (*Metod* 2. p. 47 a 49).

332   Deve-se a Vladímir Tátlin o termo "contra-relevo" (1914). Com ele, Tátlin inaugurava uma "pintura cubista espacial", no prolongamento do trabalho de Picasso (colagem), ao sair do quadro em direção ao espaço real. Eisenstein evoca esse procedimento em "Rodin e Rilke" (*Cinématisme.* p. 232-235).

333   [A essa observação, S.M. Eisenstein acrescentou um trecho (p.75-76) da tradução alemã das memórias de Isadora Duncan (I. Duncan, *Memoiren*, Zurique –Leipzig–Viens, 1928):]

"Rodin era pequeno, robusto, forte, de cabeça tosquiada e barba abundante. Ele me mostrou suas obras com a simplicidade dos grandes. Às vezes, ele murmurava os nomes de suas estátuas, mas sentia-se que os nomes significavam pouco para ele. Ele passava suas mãos sobre elas, as acariciava. Eu tinha a impressão de que sob as carícias o mármore amolecia como chumbo derretido. Por fim, ele apanhou um pouco de argila e a imprensou entre as palmas da mão. Trabalhando, sua respiração ficava ofegante. Exalava dele um calor, como o de uma fornalha ardente. Em um instante ele moldou um seio feminino que palpitava sob seus dedos. Ele me tomou pela mão, chamou um carro e fomos para o meu estúdio. Lá, eu agilmente vesti a túnica e dancei para ele um idílio de Theócrito, que André Beaunier havia traduzido para mim com as seguintes palavras:

Pan amava a ninfa Eco,
Eco amava Sátiro... etc.

Depois, parei para lhe explicar as minhas teorias de uma dança nova, mas logo percebi que não me escutava. Ele me olhava com seus olhos brilhantes sob as pálpebras baixas, e, em seguida, com a mesma expressão que guardava quando estava diante de suas obras, aproximou-se de mim. Ele passou sua mão pelo meu pescoço, pelo meu seio, acariciou meus braços, passou os dedos em minhas ancas, em minhas pernas nuas, em meus pés nus, como se fosse de argila. Escapava dele um calor que me amolecia. Todo meu desejo era de entregar-lhe o meu ser; e eu o teria feito com alegria, se a educação absurda que eu recebera não me tivesse feito recuar, tomada de medo, e jogar o vestido por cima da túnica e o afastar, assustada... Que pena! Quantas vezes eu lamentei essa incompreensão pueril que me privou da alegria divina de oferecer a minha virgindade ao próprio deus Pan, ao poderoso Rodin!"

334   Ver a página manuscrita publicada no início do texto, em que são evocadas filiações do tato à percepção e ao pensamento.

335   O conde Fedor Tolstói ilustrou o poema "Douchenka", de Ippolit Bogdánovitch (1743-1803).

336   Serge Lifar (1905-1986), coreógrafo e bailarino, autor de *Serge Diaghilev. His Life, His Work, His Legend:* An Intimate Biography. Nova York: 1940 (publicado na Rússia em 1939), um dos últimos livros lidos por Eisenstein antes de morrer. A descrição da coreografia e da dança de Nijínski em *L'Après-midi d'un faune* inspirou Eisenstein em sua série de desenhos "D'après son livre" (ver EISENSTEIN, S. M. *Esquisses et Dessins*. Paris: Editions de l'Etoile, 1978. p. 95).

337   Possível referência ao truque da mangueira (*mango tree trick*), que teria origem indiana. O mágico apresenta uma semente e a coloca em um vaso. Ele recobre o vaso com sua capa ou com uma cesta de vime para impedir a visão da plateia. Depois de um passe de mágica, retira-se a capa e a semente germinou. A operação é repetida

seguidas vezes. Em algumas delas, um espectador é convidado a olhar sob a capa, abaixando-se até o nível do solo, para ver a árvore crescer no vaso. A cada vez que o mágico retira a capa, todos os espectadores constatam que a árvrore está maior, que parece ter crescido. Tem-se portanto a impressão de ver a semente germinar e a árvore crescer a partir de fases sucessivas. Houdini teria apresentado esse número no início de sua carreira, em um espetáculo em que encarnava um mágico indiano (agradeço a Frédéric Tabet).

338   HOUDINI, Harry. *The Unmasking of Robert-Houdin.* Nova York: The Publishers Printing Co., 1908. Essa obra de Houdini é muito criticada, pois os estudos históricos que ela apresenta são, às vezes, de má-fé, voluntariamente truncados com o objetivo de desmascarar o impostor que teria sido Robert-Houdin. Em 1931, John Clucas Cannell redige *The Secrets of Houdini* (Londres, Hutchinson & Co [reedição: Nova York: Dover, 1973]), e descreve o truque da mangueira. (Agradeço a F. Tabet).

339   Ver *supra,* nota 45.

340   O Amur ou Heilong Jiang é o rio mais longo do mundo, servindo de fronteira entre a Rússia e a China. Eisenstein pensa aqui na região russa de Amur.

341   F. Adama van Scheltema, *Die altnordische Kunst: Grundprobleme vorhistorischer Kunstentwicklung*, Mauritius Verlag, 1924.

342   Phyllis Ackerman, *Ritual Bronzes of Ancient China*, The Dryden Press, 1945. Sobre a autora, ver capítulo 3, nota 5.

343   Toda essa passagem faz eco aos textos publicados em *Cinématisme*, "Ermolova" e "Rodin et Rilke", em que se trata igualmente dos testes de Rorschach e das relações entre Rodin e Rilke. A carta de Rilke indicada aqui aborda a capacidade do poeta de "evocar em especial as mulheres, fazendo tudo cuidadosamente ao redor delas, deixando um branco que seria apenas um vazio mas que, contornado com ternura e amplamente, torna-se vibrante e luminoso, quase como um de seus mármores." R. M. Rilke, *Lettres à Rodin,* Paris, Emile-Paul Frère, 1931. p. 127-8).

Revelação na tormenta e na tempestade
Notas para uma história do contraponto audiovisual

1   Fonte: RGALI, 1923-2-1017. p. 9-32. Data: fim de junho/início de julho de 1947.
Os três fragmentos desse capítulo foram publicados inicialmente (em russo), sob esse título, em 1992, em *Kinoviêdcheskie Zapíski* n°15 (p. 188-203). Eisenstein os escreveu depois de trabalhar em *A natureza não-indiferente*. É possível que esses fragmentos se destinassem a um projeto de tratado sobre a nova fase da montagem em contraponto. O título — dado pelos editores a partir do texto — faz alusão à "Revelação na tormenta e na tempestade" (1907), de Nikolai Morózov.

2   Em russo, está escrito *oskólok* , fragmento. É provável, porém, que se trate de uma confusão de transcrição com a palavra "*skólok*", cópia.

3   Cf. Os vasos com motivos sexuais do museu Larco de Lima, fundado pelo arqueólogo peruano Rafael Larco Hoyle. Esses vasos, de oferendas rituais, têm quatro temas: representação realista de cenas eróticas (felação, coito, parto, masturbação), erotismo religioso (com intervenção de uma divindade), erotismo humorístico (representações desproporcionais dos órgãos genitais) e erotismo moralista (presença de homens mortos, na forma de cadáveres ou esqueletos).

4   Fálaris, tirano de Agrigento, na Sicília, pediu a Perilos de Atenas que concebesse um instrumento de suplício. Perilos construiu então um touro de cobre, oco, no qual os supliciados eram colocados antes que a peça fosse levada ao forno. Cf. Dante Alighieri: "Como o boi siciliano, cuja prima / voz foi daquele — e foi bem merecido / — / mesmo que o havia criado com sua lima; / que, mugindo co' a voz desse sofrido,

/ parecia, ainda que de cobre fora, / ser ele próprio pela dor pungido (...)" (Dante Alighieri. *A divina comédia. Inferno.* Trad. Italo Eugenio Mauro. São Paulo: Editora 34, 2001 [1998], canto XXVII. p. 181).

5   Phyllis Ackerman (1893-1977), autora, editora, curadora de exposições, professora e tradutora, especializada em estudos persas (têxteis), tapeçarias europeias (das quais ela estabeleceu a origem oriental), bronzes chineses, iconografia e simbolismo. Assistente e colaboradora de Arthur Upham Pope, editor de *Survey of Persian Art.* Ela, que havia seguido os cursos de Pope, casou-se com ele em 1920. Phyllis Ackerman participou de um congresso sobre a arte oriental em Leningrado (1935), e foi ali que conheceu Eisenstein. Em suas pesquisas, ela deu destaque ao simbolismo sexual (iconografia fálica, deusa-mãe). Pope (1891-1969), pioneiro no estudo das artes do Oriente Médio, especialista em arqueologia persa, era um "companheiro de estrada" do Partido Comunista Americano (ele atacou John Dewey e sua comissão de investigação sobre os processos de Moscou de 1937).

6   No piano, a clave de fá estabelece o baixo, e a linha melódica, a do violino, o alto (Nota de S. M. Eisenstein)

7   [Em uma folha separada, Eisenstein inscreveu uma nota a fim de se reportar a essa passagem] A "sinfonia das sereias" (coluna de ar preenchida pela coluna de vapor) de Arseni Avraámov (*as remarquable regressive reproduction* [como reprodução regressiva notável]), Moscou, 1923. Com minha participação moral! Sua regressão do piano ao estado de retorno à... Harpa de cordas verticais funcionando não com martelos, mas com as mãos. As "fontes cantantes", os instrumentos de Heron, parece-me, na Antiguidade, e nos séculos XVI e XVII (ver em *Boheme "Der Tanz"*, na parte sobre as fontes). (Nota de S.M.Eisenstein)

8   A propósito do "canto" uzbeque. Mencionar que estudei esse assunto na relação com *o canal de Fergana*, a angústia no que concerne à água e a luta para obtê-la. (Nota de S.M.Eisenstein)

9   Cf. Eisenstein, "Comentários sobre o roteiro de *Grande Canal de Fergana*", *Vopróssi Dramaturgui [Questões de dramaturgia]*. vol. 3. Moscou: Iskússtvo, 1959. p. 291-353, e o roteiro de Eisenstein e Piótr Pavlenko em *Studies in Russian and Soviet Cinema.* vol. 5, n°1, 2011. p. 123-155. Sobre esse filme interrompido, ver *NIN* 1. p. 325-328.

10   Nome dado no Uzbequistão aos pequenos canais de irrigação que atravessam cidades e vilarejos. Em períodos de muito calor, os moradores costumam instalar-se em plataformas sobre esses canais para tomar chá e conversar.

11   *Soloviêi-Razbôinik*, monstro do folclore eslavo, metade homem, metade pássaro, que vive nos bosques e assalta os viajantes. Ele possuía um assobio mortal.

12   Batu Khan (*circa* 1205-1255), neto de Gengis Khan, foi o primeiro khan da Horda Azul. Ele conduziu a invasão de províncias russas e da Europa oriental, chegando perto de Viena. Ele funda então a Horda de Ouro ou khanat de Quiptchaq e é homenageado por príncipes russos cujos territórios não haviam sido anexados — entre eles, Alexandre Nevski, príncipe de Novgorod.

13   *Karnay*, berrante de pastor que chega a medir 2 metros. Instrumento de sopro tradicional uzbeque que, no período soviético, tornou-se um instrumento de orquestra, do naipe dos metais.

14   Trata-se de Paulo I, imperador da Rússia, filho e herdeiro de Catarina II, para quem o rei da Prússia, Frederico II, era o soberano-modelo. Para imitá-lo, Paulo I reformou o exército russo, incluindo os uniformes, as condecorações e a música.

15   Referência ao escritor americano Ambrose Bierce (1842-1913 ou 1914), que destaca com humor que os instrumentos de cordas de uma orquestra sinfônica produzem som a partir das tripas de animais mortos. (No seu *Dicionário do diabo* [1911], ele dá a seguinte definição: "Violino: instrumento destinado a fazer cócegas nas orelhas do homem, pelo roçar do rabo de um cavalo sobre as tripas de um gato"). Eisenstein cita Bierce em diversos momentos de seus textos (ver "Montage 38", em *Réflexions* [p. 74-75], *Cinématisme, On Disney, Short Fiction Scenario* [p. 22-35]).

16   Nesse período, que é posterior a sua crise cardíaca e a sua temporada em uma casa de repouso, Eisenstein descansa em sua datcha de Kratovo, a 40 quilômetros de Moscou.

17   Lacuna no manuscrito.

18   Essas considerações sobre a serra, inclusive em sua dimensão musical, podem ser aproximadas da sequência de *A linha geral* em que a *isbá* [pequena casa russa de madeira, presente em especial nas moradias dos camponeses do norte da Rússia] é serrada, na partilha dos bens entre os irmãos, depois da morte do pai. A montagem alterna o movimento da serra e o rosto de uma das mulheres, cujo o coração era, assim, literalmente cortado em dois, como escreve Béla Balázs (*Esprit du cinéma*. Paris: Payot, 1977 [1930]. p. 162-163).

19   No livro de Faustin E. Wirkus, *The White King of La Gonave: The True Story of the Sergeant of Marines Who Was Crowned King on a Voodoo Island* (New York, 1931), indicado por Eisenstein, não há referência ao instrumento que o texto evoca.

20   O termo russo, *sinkhronítchnost*, significa literalmente "sincronicidade".

21   Essa mesma aproximação entre as questões do som e da cor é encontrada no texto em que Eisenstein trabalhava no dia de sua morte (10 de fevereiro de 1948) e que ficou inacabado: "Da cor no cinema" (destinado à obra que Kulechóv estava preparando). Assim: "A arte da montagem imagem-som começa no momento em que, depois de uma etapa de simples reprodução das ligações percebidas, o autor se põe a instituir ligações que refletem a ideia que ele quer expressar sobre o fenômeno dado e a se comunicar com o espectador, agindo sobre ele"; "É preciso saber proceder psicologicamente, com a mesma 'disjunção' das etapas iniciais da montagem e da combinação imagem-som (...). O que deve ser submetido aqui à disjunção é a ideia de ligação indissolúvel entre a cor do objeto e seu timbre colorido." (*Réflexions*. p. 151 e 153).

22   ENGELS, Friedrich *Anti-Dühring*. Rio de Janeiro: Paz e Terra, 1979 [1878]. 1ª parte, "Filosofia, moral e direito", capítulo 10, "A igualdade". Dühring acredita poder partir dos "elementos mais simples", como dois homens "inteiramente iguais",

para fundar sua moral por axiomática. Ora, objeta Engels, dois homens não poderiam constituir os elementos mais simples da sociedade ("para nos entretermos um momento com estas infantilidades"): há forçosamente um homem e uma mulher, e assim estaria demonstrada não a igualdade entre os homens, mas a dos chefes de família e, consequentemente, a desigualdade das mulheres.

23   Esse trabalhador de uniforme perto da tela é hoje conhecido como *bonimenteur* [apresentador encarregado de comentar os filmes na época do cinema mudo]. Eisenstein usa, nessa passagem, os termos "quadros" [*kartina*] *et* "filmes".

24   Bill (William) Hays (1879-1954), senador republicano americano, fundador do "código Hays", que regulamenta a "moralidade" da produção cinematográfica hollywoodiana entre 1934 e 1966. Foi o primeiro presidente da MPPDA.

25   Em seu manuscrito, Eisenstein anota, na margem: "Dar detalhes". Ele explica as causas de sua ruptura com a Paramount em suas *Memórias* (*Memuári* 1. p. 407-414). Eisenstein evoca a atmosfera que reina em Hollywood no início dos anos 1930 e o código Hays em um artigo de 1932, "Juntar-se e ultrapassar" [*Dognat et peregnat*] (*Proletarskoe kino,* 1932, n°15-16. p. 20-32).

26   Nikolai Morózov (1854-1946), revolucionário populista russo, do movimento dos *Narodniki,* condenado pelo tribunal tzarista à prisão perpétua na fortaleza de Schlisselburg (daí seu apelido, "o Schlisselburguês"). Foi na prisão que ele escreveu "Revelação na tormenta e na tempestade", em que explica as visões apocalípticas de São João, o Evangelista de Patmos, por fenômenos meteorológicos. Depois da Revolução, ele trabalhou até o fim de sua vida no Instituto de História Natural. Eisenstein utiliza o título desse livro, literalmente, "de brincadeira".

27   No manuscrito do terceiro fragmento, o menos elaborado, o plano vem em seguida: "*You and Heredity* [Você e a hereditariedade]. 1. A imitação. 2. O virtuosismo dos começos e a hereditariedade das capacidades musicais".

28   Sapateado.

29   Objetiva de 28 mm, com curta distância focal, que permite manter a nitidez do primeiro plano e a profundidade e jogar com relações plásticas que contradizem a posição no espaço. Em "El Greco y el cine", Eisenstein explica porque essa lente é interessante: é "a objetiva extática *par excellence** (...), ela pode dar à forma a possibilidade de sair de si mesma, abandonar a relação habitual de seu lugar no espaço real e a verdadeira realidade!". Além disso, a lente permite restituir uma dimensão "essencial de nossa experiência psicológica no domínio ótico — para o olho. É a capacidade de deixar visível simultaneamente o que está extremamente distante e o muito próximo." (*Cinématisme.* p. 105-106).

30   Em uma carta a seu diretor de fotografia, Vladímir Nielsen, Eisenstein evoca a questão da "perspectiva inversa" [*obratnaia perspektiva*] no cinema, segundo a expressão utilizada para qualificar o sistema de representação espacial nos ícones bizantinos e russos (ver o artigo de Pável Floriênski sobre o assunto. FLORIÊNSKI, Pável. *A perspectiva inversa.* Trad. Neide Jallageas e Anastassia Bytsenko. São Paulo:

Editora 34, 2012). Floriênski dava aulas sobre perspectiva nos Vkhutemas e é portanto provável que Eisenstein tenha tomado conhecimento de seu trabalho. Em meados dos anos 1930, Nielsen havia desenvolvido um sistema de filmagem por *rear-projection*), que experimentara em *Vessiôlie rebiata* (Os companheiros alegres, de Grigori Aleksandrov, 1934). Nessa carta, Eisenstein o incita a filmar imagens compósitas em *O Prado de Beijin* (1937). É em *Ivan, o Terrível* que a "perspectiva inversa" tem influência em seu cinema, sem, no entanto, que ele lance *mão da filmagem em transparência* (*"rear-projection"*), graças aos afrescos murais dos palácios e da catedral.

31   Aleksei (e depois Aleksándr) Granóvski (1890-1937), diretor de teatro russo, fundador do Teatro de Câmera Judaico de Estado, dirigido por ele até 1928. No cinema, ele realiza *Evreiskoie schate* (em inglês usa-se o título *Jewish Luck*, e em francês, *Le Bonheur juif,* 1925). Nos anos 1930, ele emigra para a França, onde roda alguns filmes "russos" (*Noites Moscovitas* [*Les nuits moscovites,* 1934] e *Taras Bulba* [*Tarass Boulba,* 1936]).

32   Nome do cachorro de Eisenstein em sua datcha de Kratovo.

33   O "mergulho intrauterino", ligado ao *Mutterleibversenkung* ou MLB, é um dos temas transversais de *Método* (*Metod* 2, especialmente p. 296-349, 530-581; tradução francesa parcial em *MLB*).

34   O filme de William Wyler, *O morro dos ventos uivantes* (*Wuthering Heights,* 1939), baseado no romance de Emily Brontë, havia sido lançado no período em que esse texto estava sendo escrito.

35   A história do cinema vai relacionar *die ganze Lehre vom Ausdruck* [toda a teoria da expressividade]. O termo *als Vorstufe Audio-Visual Contrapunto* [como antecipação do contraponto audiovisual]. (Nota de S. M. Eisenstein)

Elogio da cine-crônica

1   Fonte: RGALI, 1923-2-1030.

"Elogio da cine-crônica", escrito em novembro de 1947, liga-se, por sua problemática e sua metodologia, aos "estudos" que deviam constituir a segunda parte de *Método* (*Metod*). O texto é no entanto suficientemente próximo do conjunto dos materiais sobre "a origem do cinema" para poder figurar no presente volume. A referência que o título faz ao *Elogio da loucura* (*Encomium Moriae*) de Erasmo é reveladora da ironia de Eisenstein, o que de maneira nenhuma diminui a força teórica de sua reflexão sobre o documentário como primeira etapa da evolução do cinema e sobre o retorno ao documentário observado depois da guerra, notadamente com o neorrealismo italiano e com o desenvolvimento da televisão. A aproximação entre a etapa documental do cinema e o ornamento pode parecer surpreendente, mas é compreensível quando a questão do ornamento é entendida no espaço aberto por Alois Riegl em suas *Stilfragen* (1893). *Questões de estilo* (*Questions de style*. Paris: Hazan, 1992, 2002), evidenciado pelo subtítulo: *Fundamentos para uma história da ornamentação*. Eisenstein havia lido a obra, a que faz referência em diversas ocasiões.

2   Filme artístico — aqui abreviado como *khoudôje[stvenny]film*, "filme de arte" — designa o cinema encenado, chamado, em francês como em português, "de ficção". Esse termo foi conservado na sequência do texto, da mesma maneira que "cine-crônica" ou "crônica", termos mais ou menos cobertos pelo que se chama em francês e em português de "documentário" (ver capítulo 1, nota 27).

3   *In Which We Serve* (*Nosso barco, nossa alma*, Noel Coward em colaboração com David Lean, Grã-Bretanha, 1942). O estilo quase-documentário desse filme, que conta, em *flashback*, a história de um navio contratorpedeiro (destroyer) da Royal Navy no momento de seu naufrágio teve um impacto importante na propaganda da guerra. Sobre o filme, Georges Sadoul fala de "documentarismo" e julga "a obra longa e bastante rica, bastante pomposa, muito oficial", e atribui "o melhor de seu estilo a David Lean" (*Histoire générale du cinéma. Tomo VI, L'Époque contemporaine. Le Cinéma pendant la guerre 1939-1945*, Paris, Denoël, 1954. p. 84. [Na edição portuguesa do livro, há uma breve menção ao filme de Coward à p. 363 do volume 2. Georges Sadoul, *História do cinema mundial.* Das origens aos nossos dias. Lisboa: Livros Horizonte, 1983.]

4   *Nana* (Jean Renoir, 1926), *Toni* (Jean Renoir, 1934), *A besta humana* (*La Bête humaine*, Jean Renoir, 1938).

5   *Roma città aperta* (*Roma, cidade aberta*, Roberto Rossellini, 1945).

6   *Kliátva* (*O juramento*, Mikhail Chiaureli, 1946), *Molodaia gvárdia* (*Guarda Jovem*, Sergei Guerássimov, 1948). Como nas primeiras linhas desta obra, Eisenstein opõe as tentativas de síntese ocidentais aos sucessos soviéticos — consequências do contexto social. O que manifestamente lhe interessa nesses dois filmes é a tentativa de reconstituir os acontecimentos de crônica nos termos artísticos de uma grande forma (síntese), acrescentando um grau de elaboração ao trabalho que ele mesmo havia iniciado nos anos 1920, com *A greve* e *Potemkin* (filmes que Vertov criticava por "macaquearem" a cine-crônica, o cine-olho). Nos comentários ocidentais, desde *Potemkim*, mas também nos anos 1940, os filmes soviéticos eram regularmente admirados por sua dimensão "documental" (ver André Bazin, no *L'Écran français* de 1946, que se interessa pela "estética *a contrário* do cinema" que os filmes soviéticos propõem: "sua submissão sem embaraço ao tema — e não me refiro à tese, mas simplesmente 'à coisa a ser mostrada' — confere por vezes ao cinema soviético uma pureza cristalina, que os parnasianos da câmera tentaram em vão obter"). Hoje condenadas — em particular por causa do texto de Bazin "O mito de Stalin no cinema soviético" e de certo desconhecimento dos filmes ligados mais globalmente ao "realismo socialista" — *O juramento* e, sobretudo, *Guarda Jovem* haviam encontrado entusiasmo por parte de críticos franceses como Claude Mauriac, Jacques Rivette e Jean-Luc Godard (ver *La Gazette du cinéma* n°4, 1951).

7   "Sur le cinéma en relief" ("Sobre o cinema em relevo"), em *Mouvement*, capítulo 9.

8   Toda essa passagem retoma parcialmente um texto datado de 19 de outubro de 1947, intitulado "Primitive and Ornement" ("Arte primitiva e ornamento"), que explicita a etapa ornamental como *Naturalistic* — automatique *Abklatsch des Eindrucks. Gedakenlos. Eydetisch (drawings start von beliebigem Punkte, ohne Gesamtkonzeption....* Sobre o sentido de "eidético", ver *supra*, capítulo 1, nota 25.

9   Trata-se de uma das experiências de Aleksiêi Gan, que realizou, entre outros filmes, *Outro na dvore* [*Manhã no pátio*], segundo o método "da vida no improviso", em relação ao qual Eisenstein mostrava uma postura crítica. Aleksiêi Gan (1893-

1942), artista gráfico, arquiteto de interiores, fotógrafo e realizador, foi o primeiro teórico do construtivismo (*Konstruktivizm*, Tver, 1922). Depois de ter colaborado com o *Anarkhia* (1917-1918), junto a Ródtchenko e Maliévitch, ele lançou o jornal *Kinofot* (1922-1923), no qual Ródtchenko, Stepánova, Vertov e Kulechóv publicaram. Mais tarde, ele publicou em *SA* (Arquitetura soviética). Casado com Esther Chub, ele realiza alguns filmes documentários, entre os quais *Ostróv pioniêrov* (*Jovens pioneiros*, 1924). Foi preso em 1935 e fuzilado em 1942.

10   Saul Steinberg (1914-1999), célebre caricaturista americano, mestre do desenho linear, evocado por Eisenstein em "Os cangurus" (*NIN* 1. p. 399-410) e em *Disney*, a partir da coletânea *All in Line* (New York, Duell, Sloan & Pearce, 1945) — Jay Leyda havia enviado a ele um exemplar do livro (*On Disney*. p. 86-90, 100, e nota 83).

11   Fonte não identificada.

12   Johann Kaspar Lavater (1741-1801), teólogo suíço, teórico da fisionomia a que Eisenstein se refere diversas vezes, com relação a sua teoria dos "tipos" (ver "Les nouveaux problèmes de la forme au cinéma", 1935, *Le Film : sa forme/son sens*. p. 147 ["A forma do filme: novos problemas, *A forma do filme*. Trad. Teresa Ottoni. Rio de Janeiro: Jorge Zahar Editor, 2002. p. 123-124]), baseado em seu tratado, *La Physiognomonie ou l'Art de connaître les hommes d'après les traits de leur physionomie* (Lausanne: L'Âge d'Homme, 1998).

13   Lotte Reininger (1899-1981), realizadora alemã de filmes de animação, feitos com "silhuetas", levadas à tela graças à técnica das "sombras chinesas". Em *A Marselhesa* (*La Marseillaise*, 1938), Renoir recorre a ela para uma sequência de sombras chinesas. Ela realizou cerca de quarenta filmes, entre os quais *As Aventuras do Príncipe Ahmed* (*Die Abenteuer des Prinzen Achmed*, 1926).

14   Cf. *Schatten* (*Le Montreur d'ombres*, Artur Robison, All. 1923).

15   Existe um sistema mais antigo de *shrinking* [redução] para passar do tamanho natural a um tamanho menor: as cabeças secas dos inimigos no Peru. Retiram-se delas os ossos e o cérebro, depois as polvilham com areia quente e *let them shrink* [deixam-nas reduzirem-se] ao sol até que atinjam o tamanho de uma maçã; em seguida são penduradas à cintura como troféus. (Nota de S. M. Eisenstein)

16   Noções da poética vertoviana. Como a noção de "cine-olho" (*Kinoglaz*) prevalece claramente sobre a de "cine-verdade" (*Kinopravda*), ligada à série de jornais de notícias sob responsabilidade de Vertov em 1922-1923 e que devia seu título ao jornal do Partido Comunista, o *Pravda*. No entanto, contrariamente ao que se acreditou por muito tempo, Vertov não tinha em mente apenas o título do jornal nessa expressão (Cf. "A cine-verdade é uma questão ainda mais complexa do que [o ajuste da primeira lâmpada elétrica]. Mas quando o objetivo tiver sido atingido, tudo estará acabado para os mentirosos e os hipócritas. As máscaras cairão. Ninguém conseguirá escapar do olho que onividente...". Vertov, "Carnets et journaux". *Articles, journaux, projets*. Paris: UGE, "10/18", 1972. p. 339). Em 1960, o lançamento do "cinema-verdade" na França, por Edgar Morin, e, em seguida, a adoção do termo por Jean Rouch, Mario

Ruspoli e diversos outros cineastas do "direto", geraram uma controvérsia histórico-doutrinal ao redor desse termo (ver Séverine Graff, *Le cinéma-vérité. Une approche discursive 1960-1970*, tese da Universidade de Lausanne, 2013), na qual estavam associados, além de Morin e Rouch — cujo filme *Crônica de um verão* (*Chronique d'un été*, 1961) se apresentava como o protótipo de um filme de "cinema-verdade" —, Georges Sadoul, Joris Ivens etc.

17   Antoine Girard (1584-1633), conhecido como Tabarin, ator francês do teatro popular que interpretava sketches que ele mesmo compunha. O texto original é o seguinte:

"Le Maistre. Quem é, então, esse pintor tão experiente, Tabarin, cuja enorme habilidade você exulta?

Tabarin. Não é de uma grande sutileza quando um pintor produz as cores e as aplica ao mesmo tempo?

Le Maistre. Na verdade, trata-se de uma perfeição encontrada em poucas pessoas.

Tabarin. Há então no mundo um pintor melhor que o cu, porque no mesmo instante ele produz as cores no mármore de suas duas nádegas e as aplica sobre a camisa; e ainda por cima, ele pinta somente coisas confusas e que trazem maus-ares, como os cometas: ele é muito mais experiente a pintar essas coisas do que outras. Acrescente-se também que ele nunca rabisca seus patrões. [...]. Além disso, quem poderia encontrar um tipógrafo melhor que o cu? De uma só vez ele produz merda, e a camisa é impressa no mesmo instante.)" (*Œuvres complètes de Tabarin avec les rencontres, fantaisies et coq-à-l'âne facétieux du Baron de Gratelard Et divers opuscules publiés séparément sous le nom ou à propos de Tabarin*, Paris, Chez P. Jannet, 1858).

18   Imagicidade (*óbraznost*). Noção ligada à *obraz*, a imagem global. Aqui, ela se refere a uma etapa anterior à representação (*izobrajênie*), mas que também pode estar em um estágio superior à essa imagem global, para além da representação figurada (ver "De l'imagicité", em *Mouvement*, em que a reflexão aborda a imagem em Púchkin).

19   O ato de trançar é evocado igualmente em *A natureza não-indiferente*. Em sua história do ornamento, Riegl se opõe à filiação das técnicas de trançar, do tear e do ornamento, que ele imputa aos extremistas da explicação materialista. É o segundo postulado que ele combate (op. cit. p. 20-37).

20   *Kadriki*: fotogramas.

21   *Obraz*: a imagem global, generalizante, quase-conceito.

22   Hans Prinzhorn (1886-1933), psiquiatra alemão que se interessou especialmente pela arte psicopatológica e constituiu uma coleção dessas obras, incluídas pelos nazistas na categoria de "arte degenerada", assimilando-a às tendências expressionistas, cubistas, dadaístas etc. Seu livro *Bildnerei der Geisteskranken* (Berlim: J. Springer, 1922; em francês: *Expression de la folie*. Paris: Gallimard, 1984 [1922]) teve um papel importante nos meios artísticos. Eisenstein faz diversas referências a ele.

23   Ernst Kretschmer (1888-1964), psiquiatra e psicólogo alemão. Suas pesquisas sobre as correlações entre o tipo físico e as características psicológicas serviram de fundamento à tipologia dos caráteres. Suas obras mais importantes, como *Körperbau und Charakter* ("A estrutura do corpo e o caráter"), *Über Hysterie* ("Da histeria") e *Medizinische Psychologie* ("Psicologia médica"), figuravam na biblioteca de Eisenstein. Ele é citado igualmente em *Psychology of Composition* (p. 101) e em *Método*.

24   Maksim Schtraukh (1900-1974), ator, amigo de infância de Eisenstein (ver suas lembranças dele em "Encontros", *Iskússtvo kino* n°1 e 2, 1940). Os dois entraram juntos no Teatro do Proletkult, Eisenstein como decorador, Schtraukh como ator (1921-1924). Eles formaram, ao lado de Judith Glizer e Grigóri Aleksándrov, um coletivo inspirado em técnicas do circo, dos acrobatas e dos palhaços. Schtrauch atua em *O diário de Glumov* (*Dnevnik Glumova*, 1923), *A greve* (*Stachka*, 1925, como um informante), *Potemkin, Outubro, A linha geral.* De 1929 a 1931, ele atua no teatro de Meyerhold e, em seguida, no Teatro da Revolução, onde encarna personagens grotescos, satíricos. Garante aqui e ali pequenos papéis nos filmes de Eisenstein e, principalmente, faz o detetive em *O fantastma que não regressa* (*Prividiênie, Kotóroe ne vozvrascháietsa*, 1929), de Abram Room. Ele interpretou o papel de Lenin em filmes de Sergei Iutkêitch (*Tchelovek s roujiem* [*O Homem do fuzil*, 1938], *Rasskazi o Lenine* [*Narrativas sobre Lenin*, 1958], *Lenin v Polche* [*Lenin na Polônia*]. Ele atua ainda em *O desertor, O juramento, A queda de Berlim* e *A batalha de Stalingrado* (ver *supra*). Eisenstein faz referência a ele em seu texto de 1947 dedicado a Judith Glizer, "Judith" (*Movimento.* p. 143-183).

25   COLDWATER, Robert J. *Primitivism in Modern Painting*, Nova York – Londres, Harper & Brothers, 1938.

26   Assinatura de Max Schtrauch.

27   Ao final do conto "A dama de espadas", de Púchkin, Hermann, o heroi que enlouqueceu, repete sem parar "Três, sete, ás! Três, sete, dama!". Em 1936, Eisenstein havia preparado uma adaptação desse conto para o palco, para um balé de Prokofiev, mas ela não foi aceita pelo Bolshoi.

28   Wilhelm Worringer (1881-1965), historiador da arte alemão, célebre por sua obra *Abstraktion und Einfühlung* (Munique, 1908 [em francês: *Abstraction et Einfühlung. Contribution à une psychologie du style.* Paris: Klincksieck, 1978]). Na obra, ele defende a tese de que "a impulsão artística original não tem nada a ver com a imitação da natureza, ela é a busca da pura abstração", o que o leva a distinguir dois polos da sensibilidade artística, que seriam a necessidade de abstração e a necessidade de empatia. Na esteira de Riegl, ele revaloriza a ornamentação contra o naturalismo. Eisenstein refere-se a ele também em *A natureza não-indiferente*.

29   O título alemão, *Übergang zum* [*sic*] *Television*, indica uma nova parte desse artigo, que permaneceu sob a forma de esboço.

30   *Grandes dias* (1947) de Nikolai Virta (1906-1976). Esse jornalista, depois escritor, se especializou no teatro, elaborando a teoria do "drama sem conflito". *Gran-*

des dias foi encenada em 1947, no Teatro do Drama, em Moscou. Virta recebeu o prêmio Stalin pelo roteiro de *A batalha de Stalingrado* (Vladímir Petrov, 1949-1950).

31   Ligada ao material de natureza documental do filme, a estrutura de *Potemkin* é a de uma tragédia em cinco atos. Eisenstein insistiu nisso com frequência (ver "L'unité organique et le pathétique dans la composition du *Cuirassé* Potemkine" ["A unidade orgânica e o patético na composição de *O encouraçado Potemkin*"], *Réflexions*. p. 62-63). Vem daí essa surpreendente referência a um mestre do classicismo francês do *Grand Siècle*.

32   "Sur le cinéma en relief", *art. cit.*

33   A citação é tirada de um artigo da *Time Magazine* de 8 de setembro de 1947, sobre *Sciuscià* [*Vítimas da tormenta*] de Vittorio de Sica (Oscar de melhor filme estrangeiro do ano), na seção "The New Pictures": "De um ponto de vista cinematográfico, o filme é, sem querer ser pretencioso, uma obra-prima: maravilhosamente rico e fluido, pleno de simpatia humana, de sabedoria e de energia criativa. Não há nenhuma fantasia visual e nada de extremamente original; sua beleza provém da utilização simples e sóbria de princípios de base, abandonados ou emasculados por inúmeros estúdios. *Ele é dedicado a esse fundamento da realidade do filme: representar a maneira como esses lugares, objetos e pessoas aparecem realmente, agem e interagem, tornando essa informação eloquente para os olhos.*"

34   Cf. As encenações de N. Evrêinov, celebrando a revolução de outubro nos mesmos lugares de 1918-1919. O filme *Outubro* é, em parte, baseado nessas encenações, exemplo do processo reivindicado aqui, de superar o estágio da crônica (ver capítulo 2, nota 20).

35   *The Green Pastures* (Marc Connelly, 1930).

36   Filme ou cinejornal não identificado.

37   Ver "Le cinéma et la littérature. De l'imagicité", em *Mouvement* (capítulo 1) e "Le mouvement de la couleur" (Ibid., capítulo 4).

O lugar do cinema no sistema geral da história das artes

1   Este texto curto é um dos últimos rascunhos ligados ao projeto de História geral do cinema. Ao que parece, seu objetivo era o de resumir os temas essenciais do futuro volume que introduziria a obra toda. Por um lado, ele retoma de maneira sucinta um conjunto de referências científicas, técnicas e artísticas que haviam sido evocadas nos capítulos anteriores. Eisenstein começa pelo "aparelho psicológico humano", a estrutura da consciência do espectador como protótipo da estrutura do cinema, sua expressão e seus meios de expressão. Isso leva diretamente às ideias expostas em *Método*, sobre o qual Eisenstein trabalhava havia anos, e contrasta com algumas de suas convicções datando do primeiro manifesto sobre "a montagem das atrações" (1923), em que o público forma "o material fundamental" da arte e se trata de "modelá-lo" no sentido escolhido ("o cine-soco trabalha o cérebro do espectador"). Fonte: RGALI, fundo 1923-2-1020. Primeira publicação: *Kinoviêdtcheskie Zapíski* n° 36-37. p. 100-103.

2   GIK: Instituto de Estado do Cinema (mais tarde, VGIK).

3   A ideia de uma relação de proporcionalidade entre a estrutura física e a estrutura fílmica (enunciada por Hugo Münsterberg já em 1916, em *The Photoplay:* A Psychological Study) é igualmente afirmada em *A natureza não-indiferente*: "[a composição] tira [os] elementos [estruturais do fenômeno representado] da estrutura do comportamento emocional do ser humano, comportamento ligado ao fato de sentir o conteúdo de tal ou tal fenômeno representado", *NIN*1. p. 33). Essa ideia estava, porém, ausente do pensamento de Eisenstein nos anos 1920, ainda que a "modelagem" na direção de-

sejada por meio do filme deva, por definição, valer-se das formas discursivas suscetíveis a encontrarem eco no psiquismo do espectador (associação de ideias).

4   Lacuna no manuscrito.

5   Nome do aparelho de tomadas de vista de Thomas Edison. Ele é mencionado em um artigo do *San Francisco Chronicle* de janeiro de 1898, sobre a gravação do lançamento do Chitosa, encouraçado da marinha japonesa, saído dos canteiros navais de São Francisco (*Launch of Japanese manof-war "Chitosa"*).

6   Sobre o sentido da palavra "eidético", relacionado à automaticidade, ver por exemplo capítulo 1, nota 25, e capítulo 2, nota 256.

7   Trata-se de uma "máquina segura e cômoda para tirar silhuetas", escreve Lavater em seu *Traité sur la physiognomonie* ("Tratado sobre a fisiognomonia"), que consistia em um pórtico tensionado de uma folha sobre a qual, por transparência, traçava-se a silhueta da pessoa instalada do outro lado, a partir de sua sombra. Esse aparelho também é evocado em "Rodin et Rilke" (*Cinématisme*. p. 256).

8   O fisionotraço, inventado em 1784 por Gilles-Louis Chrétien (1745-1811), é utilizado massivamente por seu inventor e por Edme Quenedey des Riceys (1756-1830), pintor de retratos em miniatura, para produzir retratos gravados e coloridos. O texto original fala erroneamente de "fisiokotraço".

9   Técnica de *trompe l'oeil* que figura um vidro quebrado como superfície de uma representação, com o objetivo de criar um engano. Ver Delphine Baron, "Les trompe-l'oeil au verre 'cassé' au XVIIIe siècle", (*Mémoire de maîtrise*, Université Paris 4, 1991).

10   Cf. BROSSES, Charles de. *Lettres familières d'Italie: lettres écrites d'Italie en 1739 et 1740*. Paris: Complexe, 1995 [1799]. A referência não parece designar Tiepolo ou os *trompe l'oeil* com vidro quebrado.

11   Erazmus Ciolek Witelo ou Vitellion (*circa* 1230-1980), autor de um tratado de ótica, *De perspectiva,* que expressava, sobre a luz, vistas convergentes com as de Roger Bacon.

12   Christoph Scheiner (1575-1650), jesuíta alemão, astrônomo e matemático de Ingolstadt. Ele construiu uma luneta astronômica e aperfeiçoou uma lente convexa que corrigia a imagem captada. Seu tratado *Oculus* expunha um conjunto de descobertas sobre o olho. Ele foi um rival de Galileu, e contribuiu para sua condenação.

13   Jean-Antoine Nollet (1700-1770), físico. Trata-se de uma caixa ótica que permite ver por um visor uma gravura colorida, um teatro ótico etc., construídos segundo as leis da perspectiva para obter efeitos de profundidade e relevo.

14   Por mais de 3000 anos, os imperadores chineses de diferentes dinastias fizeram peregrinações a Taishan, para ali celebrar sacrifícios ou realizar cerimônias. Inscrições rupestres, pranchas de pedra e templos comprovam a existência dessas visitas. Letrados célebres, como Confúcio, cuja cidade natal, Qufu, ficava a 70 quilômetros dali, compuseram poemas e textos em prosa ou deixaram sua caligrafia sobre a montanha.

15   As letras separadas para traçar as iniciais dos manuscritos aparecem em Engelberg, em 1147.

16   O Grauman's Chinese Theatre (construído em 1926), sala de cinema do Hollywood Boulevard em frente à qual as estrelas deixam as marcas de seus pés ou de suas mãos no cimento.

Pioneiros e Inovadores

1   Este curto texto faz parte dos rascunhos ligados ao projeto de uma "História do cinema soviético", dever atribuído ao Departamento do Cinema, no âmbito do Instituto de História da Arte. Os editores consideraram interessante incluí-lo em *Notas para uma História geral do cinema* porque nele, Eisenstein tenta, segundo suas próprias palavras, "[re]traçar a genealogia geral do desenvolvimento progressivo" do cinema soviético, simultaneamente ao desenvolvimento individual dos princípios e objetivos essenciais dos jovens "inovadores" que se engajaram no cinema em meados dos anos 1920, logo depois dos pioneiros. O título do texto, publicado aqui pela primeira vez na íntegra, é de Eisenstein. Fonte: RGALI, Fundo 1923, op. 2, pasta 1022. p. 13-19.

2   "Yo" ("eu" em espanhol). Eisenstein usa essa palavra em suas memórias, em que suas teorias são associadas a sua personalidade e a sua biografia. É manifestamente nessa mesma perspectiva que esta nota leva esse título. Aqui, Eisenstein estuda a "genealogia" de sua posição no cinema e as "raízes" das obras de Vsevolod Pudôvkin e Dziga Vertov.

3   Nas cartas que escrevia quando criança, em Riga, destinadas a sua mãe, que havia ido a Petersburgo, Eisenstein dizia gostar muito mais dos filmes que mostravam "vistas" de diferentes países e que tratavam de assuntos científicos ou técnicos, filmes documentários sobre acontecimentos reais etc., do que dos filmes de intrigas policiais. No início dos anos 1920, na URSS, onde havia uma grande parte da população iletrada, o cinema era visto antes de tudo como um meio de educar o povo, e os filmes de divulgação científica compunham as sessões de cinema. Os

Kulturfilme alemães, distribuídos na União Soviética, são um bom exemplo disso. Assim, Lenin apreciava particularmente um filme de divulgação técnica sobre a extração hidráulica da turfa enquanto "propaganda para o progresso tecnológico em um país atrasado". Em diversos textos, ele recomenda várias vezes a utilização de tais filmes. É o caso de suas "Teses sobre a propaganda e a produção" (18 de novembro de 1920, em *Œuvres* em 47 volumes. Moscou: Editions du Progrès, 1959, t. 31), de "Relatório sobre a atividade do Conselho dos Comissários do Povo" (22 de dezembro de 1920, VIII Congresso dos Soviets)" (Ibid.), de "Diretrizes sobre o cinema (17 de janeiro de 1922)" (*Kinonediélia*, n°4, 1925, retomado em *Œuvres*, op. cit., t. 42). O subdiretor do Departamento da agitação e da propaganda do Comitê Central do Partido Comunista Pan-Soviético (bolchevique) Kirill Chutko (próximo de Maliévitch e de Vertov, autor do prefácio da coletânea *Poétika kino* dos formalistas russos, marido de Nina Agadjánova, roteirista de *O Ano 1905*, de onde Eisenstein tira o *Potemkin*) havia proposto que o termo *Kulturfilm* fosse substituído por *cinema de educação política.*

4   Cf. ["Serge Eisenstein"] em *Mémoires* 1 (p. 55-58), onde é evocada a relação entre a construção de uma ponte e a construção de um filme.

5   Eisenstein detalha esse ponto no capítulo "Com premeditação (a Montagem das atrações)" em *Método* (*Metod* 1. p. 49-62). Trechos em "Comment je suis devenu metteur en scène" ("Como me tornei um diretor", *Réflexions.* p. 15-16).

6   Título proposto e imposto por Stalin a Eisenstein para *A linha geral,* uma vez que o filme não mais coincidia com a linha do partido, que havia acabado de mudar de posição sobre a questão camponesa.

7   Desde *O encouraçado Potemkin,* algumas pessoas acusaram Eisenstein de não ter mostrado suficientemente "o papel do organizador e de líder exercido pelo partido comunista na revolução". *Outubro* foi ainda mais criticado nesse mesmo ponto, ainda que o filme apresentasse uma citação de Lenin como epígrafe, enviada pelo Instituto de História do partido, sobre "a direção de ferro do partido" (o que "deveria ter sido") — citação ausente das cópias atualmente disponíveis do filme —, pois os políticos do filme (Lenin inclusive) não se destacavam em meio às massas revolucionárias. De fato, Eisenstein apresentava seu filme como se ele retraçasse o processo intelectual que levou à revolução, expondo a lógica da estratégia bolchevique — o que é congruente com a citação liminar de Lenin — e não como uma ilustração dos acontecimentos e um retrato dos protagonistas, ainda que fossem eminentes. Quanto à *Linha geral,* o filme mostra a "revolucionarização" do campo menos pelo impulso do partido — embora a figura do engenheiro agrônomo com jaqueta de couro corresponda à iconografia da direção política — do que em razão das contradições de classes entre as diversas camadas sociais (camponeses ricos, camponeses médios e camponeses pobres). (Cf. A. Agranóvski, "O *pathos* de um separador sem partido", *Izvéstia*, 23 de agosto de 1929). É a intervenção da Inspeção Operária e Camponesa (R.K.I.), organismo criado por Lenin para combater a burocracia e o peso adminis-

trativo que indica o lugar do político no filme. No início dos anos 1930, Eisenstein falava da evolução do cinema soviético como passagem de uma primeira etapa "revolucionária" a uma segunda, encarnada pelo "partido".

8   Alusão a *Velíki grajdanin* (*Grande cidadão*) de Fridrick Ermler (1938-1939), que expõe os debates no seio do partido bolchevique de Leningrado entre as diferenças linhas políticas presentes em 1925 e depois em 1934.

9   *Vstriêtchni* (*Contra-plano*), realização e roteiro de Fridrick Ermler, Sergei Iutkêvitch e Liev Arnchtam; música: Dimitri Chostakóvitch; produção: Rosfilm, 1932. A ação é situada no período do primeiro Plano Quinquenal (1929-1934), em uma fábrica de turbinas. Frente a dificuldades de diversas ordens — como os erros de cálculo deliberados por parte de um engenheiro — um grupo de velhos operários, conduzido pelo secretário do partido, colocam em funcionamento um "contra-plano" de trabalho (um plano alternativo que pretende superar o que estava em vigor), mais intensivo e produtivo. O filme, apoiado pelo poder e pela crítica oficial, é considerado como uma das primeiras realizações do "realismo socialista" no cinema.

10   Ver "O movimento expressivo", coescrito com Tretiakov em 1923 (*Movimento*).

11   Aqui Eisenstein corrobora, vinte anos mais tarde, as declarações de Kulechóv, que opunha, com os mesmos argumentos, a interpretação do ator (factícia) à performance real do acrobata ou do malabarista (ver "Cinéma, cirque, théâtre" [1925] em *L'Art du cinéma*, op. cit.).

12   Trata-se, aqui, do teatro de Meyerhold ou de Brecht.

13   Grafia irônica que transcreve a pronunciação "esteta" do século XIX. Um eco de sua velha disputa com o teatro "acadêmico": para o autor de "montagem das atrações", "o verdadeiro material do teatro" não é a peça, mas o espectador.

14   MKhAT: Teatro de arte de Konstantin Stanislávski.

15   *O mexicano*, adaptação livre de um texto de Jack London por Boris Arvátov, encenado por Valeri Smichláiev no Teatro Operário do Proletkult. Eisenstein deveria fazer os cenários e os figurinos da peça. O diretor queria que uma luta de boxe (de que um revolucionário mexicano participa para arrecadar dinheiro) fosse evocada *in absentia*, mas Eisenstein defendeu que ela tivesse lugar realmente, sobre um ringue armado no espaço teatral. Em *Film Form,* ele explica que a fonte de sua evolução em direção ao cinema está nesse trabalho, pois foi ali que ele introduziu na representação "os próprios 'eventos' — um elemento puramente cinematográfico, porque diferente das 'reações aos eventos', um elemento puramente teatral." ("Do teatro ao cinema", 1934, *A forma do filme.* Trad. Teresa Ottoni. Rio de Janeiro: Jorge Zahar Editor, 2002. p. 17). Sobre *O mexicano,* ver p. 17-26).

16   Metro-ritmo: teoria do ritmo na atuação, introduzida por Boris Ferdinándov a partir do modelo da poesia e da métrica em música (ver "Teatr sevódnia", em *O Teatr,* Tver, 1922). Ferdinándov inspirou os métodos de atuação no cinema de Turkin e Kulechóv (para quem ele atua, em *A jornalista,* 1928). Sobre o lugar dessas teorias e

debates, ver Mikhail Iampolski, "Les expériences de Kouléchov et la nouvelle anthropologie de l'acteur" (*Iris,* vol., n°6, 1986).

17   Transcrição literal do esquema da dialégica hegeliana.

18   Em um texto que permaneceu inédito, Eisenstein criticava o filme do coletivo Kulechóv, *O raio da morte* (*Luch smerti,* 1925), (ver "Rayon et gnôle" ["Raio e aguardente"], em *Eisenstein dans le texte.* p. 73-108). Kulechóv, por sua vez, julgava *A greve* um filme "mal montado" (ver "Volonté, ténacité, oeil" ["Vontade, tenacidade, olho"], 1926, em *L'Art du cinéma,* op. cit. p. 134-137).

19   *Mat' (A mãe)* (1926). Primeiro filme de longa-metragem pessoal de Pudóvkin, realizado para o Mejrabpom, considerado um estúdio "arcaico" (ele era dominado por Protazánov), com atores do MKhAT. Kulechóv viu nele uma "traição" de seu ensinamento e do trabalho anterior (ver "L'écran d'aujourd'hui" [1927], em Ibid. p. 142).

20   Iákov Protazánov, cineasta do antigo regime, exilado na França e em seguida na Alemanha e que retorna a URSS em 1923, para assinar o primeiro filme de ficção de prestígio, que marca o ressurgimento da produção soviética: *Aelita* (baseado em Aleksiêi Tolstói).

21   Negar-ultrapassar: é o *Aufhebung* hegeliano, a superação dialética.

22   Alexandre Khanjonkov (1877-1945), um dos pioneiros do cinema russo, que, antes da revolução, tornou-se o mais importante produtor de cinema. Ele se exila em 1920 e retorna à URSS em 1923. Embora seu nome esteja ligado ao "estilo" de cinema do antigo regime (com Evguêni Bauer, por exemplo) e às estrelas de então (Mosjukin, Kholódnaia), ele também promoveu um cinema documentário e de divulgação científica (sobre a agricultura, a zoologia, a medicina, a geografia etc.). O fato de Pudóvkin ter entrado no Mejrabpom, negando os ensinamentos de Kulechóv, que rompera com o estilo "à moda russa", o aproximava dessa estética ainda encarnada por Protazánov através da atuação interiorizada, psicológica, e das narrativas lineares. O método de Griffith designa o recurso à montagem alternada e aos *close--ups,* além da influência de *A greve* em sua dimensão de documentário.

23   Alusão à *Sexta parte do mundo,* de Vertov (1926), em que a estrutura em ladainha dos "eu vejo" ao estilo de Walt Whitman no poema "Salut au monde" (em *Leaves of Grass,* 1860; em português, *Folhas de relva*) é retomada para dar um lugar excepcional às cartelas escritas, atribuídas a uma função de narrador, ou de *bonimenteur* (ver F. Albera, "Oralité de l'intertitre: Vertov bonimenteur", em Leonardo Quaresima [org.]. *Les Intertitres dans le cinéma muet.* Université d'Udine: Edizione Forum, 1998). Sobre as relações entre Whitman e Vertov, ver Mikhail Kunichika, "The ecstasy of breath: the odic and the Whitmanesque style in Dziga Vertov's One Sixth of the World" (*Studies in Russian and Soviet Cinema* vol. 6, n°1, 2012).

24   O primeiro filme falado de Pudóvkin é *Dezertir* [*O desertor*], rodado para o Majrabpom em 1933 (ambientado na Alemanha, no meio dos estivadores em luta). Ele comporta diversas aplicações do "Manifesto do contraponto audiovisual" que Pudóvkin havia assinado com Aleksándrov e Eisenstein em 1928.

25   Ver "AI 28" em *Eisenstein dans le texte*. p. 147-160. Em "Nouveaux problèmes de la forme au cinéma", Eisenstein escreve que "o cinema intelectual desenvolveu uma nova concepção sobre o plano teórico! (...) a teoria do 'monólogo interior'" (*Le Film: sa forme/son sens*. p. 149). [*Na edição brasileira do artigo, o trecho aparece ligeiramente diferente: "A teoria do cinema intelectual criou para si a própria tarefa de 'restaurar a plenitude emocional do processo intelectual'. Ao transformar o conceito abstrato em forma visível na tela, esta teoria apoderou-se do fluxo de conceitos e ideias — sem intermediários". "A forma no cinema: novos problemas", A forma do filme*. Trad. Tania Ottoni. Rio de Janeiro: Jorge Zahar Editor, 2002. p. 122.]

26   Marfa Lápkina é a heroína de *A linha geral*; Grózni é *Ivan, o terrível*.

27   *Stalingradskaia bitva* [*A batalha de Stalingrado*, Vladimir Petrov, 1949). Tendo o filme sido lançado depois da morte de Eisenstein, é provável que o cineasta houvesse visto uma cópia de trabalho nos estúdios. Ele teme, por meio desse exemplo, que os filmes soviéticos "de aparato" do pós-guerra demonstrem uma "estética de panopticon" (as reconstituições de batalhas em todos os grandes filmes de guerra dessa época buscam um efeito "panorama", com a prevalência do uso de longos *travellings* laterais.

28   Mikhail Gelováni (1893-1956), ator de teatro soviético na Geórgia e, depois, na Armênia. Ele estreia no cinema com *Tri jízni* (Três vidas), de Ivan Perestiáni, em 1924, e participa, na sequência, de uma dezena de filmes, entre os quais *Vozvrachênie Maksima* [*O retorno de Maksim*, 1937], de Kozintzev e Trauberg, antes que seu nome se associasse à interpretação do personagem de Stalin, em 1938. O primeiro filme do gênero é *Diadi Gantiadi* [*O grande alvorecer*], de Mikhail Chiaureli. Em seguida, ele atua em diversos filmes do mesmo cineasta, entre os quais os famosos *Kliátva* [*O juramento*, 1946], *Padiênie Berlina* [*A queda de Berlim*, 1950] e *Nezabiváiemi-1919* [*O inesquecível ano de 1919*, 1952], e também em produções de Mikhail Romm, Kulechóv, Mikhail Kalatozov. Maksim Strauch: ver capítulo 4, nota 23.

29   Esse renascimento é o da poética "inovadora" dos anos 1920 no período que se seguiu, em especial em *Três cantos para Lenin* (1934), de Dziga Vertov, que desenvolve, no cinema sonoro, os princípios de seu *Cine-verdade leninista* (1924). Há, ainda, outros filmes dos anos 1930 que atestam uma permanência dessa poética (como *Liubóv i niênavist* [*Amor e ódio*], de Gendelstein, ou *Granítsa* [*Fronteira*], de Dubson, 1935).

30   "Cine-verdade" (*kinopravda*), nome dado por Vertov a seus filmes de crônica dos anos 1923-1924, quando ele era responsável pelo jornal das atualidades semanais no cinema. O termo "verdade" foi emprestado do título do jornal do partido comunista, o *Pravda*, mas Vertov também lhe conferia um sentido mais geral, no seio do "Cine-olho". Em 1960, Edgar Morin retomou o termo, dando-lhe uma nova acepção ("Pour un nouveau cinéma-vérité", *France Observateur* n° 506, 14 de janeiro de 1960) e, depois, uma realização, com Jean Rouch (*Crônica de um verão* [*Chronique d'un été*]), que impulsionou a pesquisa sobre Vertov por parte de Georges Sadoul, reunida em seu livro póstumo, *Dziga Vertov* (Paris: Champ libre, 1971, com prefácio de Jean Rouch).

31   *A Dogs' Life* (Estados Unidos, 1918), *Monsieur Verdoux* (Estados Unidos, 1947).

32   Cf. "Assim, no potente desenvolvimento do quadro de El Greco, não há uma representação recriada 'à imagem e semelhança' do modelo — uma vista de Toledo com mau tempo —, mas fragmentos de natureza recomposta 'à imagem e seme-lhança' do autor. [...] De todos os autorretratos de El Greco, esse é provavelmente o último e mais marcante, o mais impressionante." ("El Greco y el cine", *Cinématisme.* p. 76-77). Eisenstein intitula esse quadro *Tempestade sobre Toledo*, que atualmente costuma ser chamado, de um modo mais sóbrio, de *Vista de Toledo*.

ENSAIOS

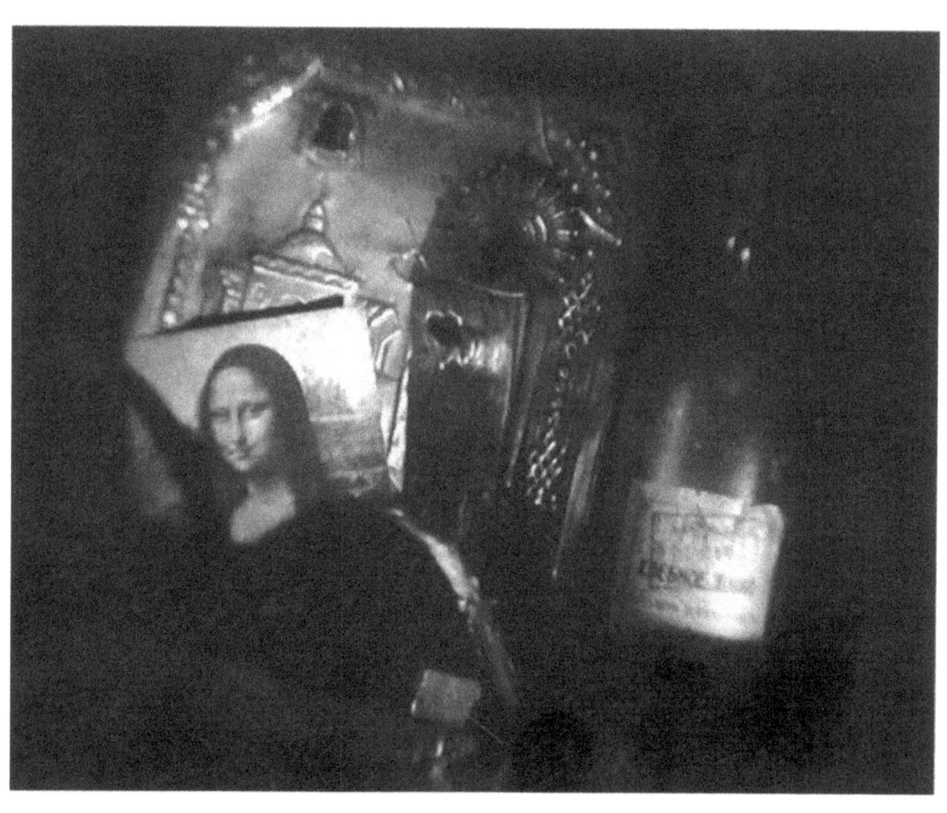

A linha geral, interior da isbá.

"A QUE HERANÇA RENUNCIAMOS?"
Eisenstein na historiografia do cinema | *François Albera*

As "Notas para uma história geral do cinema" de Eisenstein, da maneira como chegam até nós[1] — lacunares, disparates, condensadas e cifradas, embora situadas sobre um tempo bem circunscrito, balizado pela cronologia (1946-1948) e se colocando um objeto delimitado —, dão prova de um trabalho ao mesmo tempo habitual e novo por parte de seu autor. De fato, se não faltam desenvolvimentos históricos nos textos de Eisenstein sobre os filmes — e todos os fenômenos culturais e sociais de que ele trata —, não há projeto de uma história do *medium*[2] "cinema" no sentido

---

1   Assinaladas nas notas do editor das *Œuvres choisies*, em 6 volumes (*Iz pro*) — especialmente no terceiro, que comporta uma parte de *A natureza não-indiferente* (Moscou, Iskusstvo, 1964); *NIN* 2, nota 18 bis. p. 360) —, elas foram publicadas em parte na revista *Kinoviêdcheskie Zapíski* por Naum Kleiman (n° 15, 1992, n° 28, 1996, e n°ˢ 36-37, 1997-8) e em parte em *Metod* 2.
2   Optou-se aqui por manter a palavra latina usada pelo autor, "*medium*", embora não seja usual em português. Em seu texto, François Albera fará a diferença entre *medium* [em francês, *médium*] e "mídia" [*média*] ou "mídias" [*médias*], posto que, em francês, como se sabe, *média* não é apenas plural latino de *médium*. O cinema e a pintura aparecerão, portanto, como *mediums*, pois, no texto de Albera, não é colocada ênfase no papel do cinema enquanto meio de comunicação. Embora a tradução consagrada da expressão de Marshall McLuhan, *the medium is the message* seja "o meio é a mensagem", preferimos, no contexto da história do cinema em relação com as artes visuais a que Eisenstein se propõe, e que Albera analisa aqui, conservar essa distinção [*n.d.t.*].

estrito, a não ser na perspectiva do ensino prático dispensado no VGIK, cujos programas enumeram sumariamente algumas etapas[3]. Até então, o cinema — e somente o soviético — era mais projetado para frente do que considerado em seu passado ou sua gênese, e sua "história" se inscrevia em uma perspectiva *política*[4]. Somente as demais artes tinham um passado e constituíam um lugar de passado para o cinema, que era herdeiro delas e as transformava (síntese)[5]. Poderia esse cinema, que no fim dos anos 1920 ele queria "superar" — Eisenstein sentia-se limitado[6] diante de uma "coisa do passado", segundo a expressão de Hegel — tornar-se assim objeto de história no âmbito de uma Academia de Ciências?[7]

É portanto a elaboração desse "passado do cinema" que está no centro dessas notas, juntamente com os efeitos de tal elaboração histórica sobre a definição presente do cinema (no caso, até o relevo ou o cinema em três dimensões, e a televisão).

Da afirmação de que o cinema "é o herdeiro" de "todas as culturas dos séculos precedentes" e de "todas as culturas artísticas" (notas de 22-26 de outubro de 1946. p. 21), não se pode inferir que tudo se encontre nele, ou que todos os afluentes se

3   Sergei Eisenstein, "Programme d'enseignement de la théorie et de la technique de la réalisation" ["Programa de ensino da teoria e da técnica da realização"], *Cahiers du cinéma* n° 222, julho de 1970, n° 223, agosto-setembro de 1970, n° 224, outubro de 1970 e *SW* 3, capítulo 9.

4   Assim, ele distingue fases para esse cinema em "A segunda das três" (*Sovietskoie kino*, n°11-12, 1934 — artigo que lhe valeu violentas críticas e cuja versão completa foi recentemente publicada por Richard Taylor em *Studies in Russian & Soviet Cinema*, vol. 1, n° 2, 2007. p. 211-233, conhecido também sob o título "Discurso da Conferência dos trabalhadores do cinema soviético" (1935) para o 15° aniversário do cinema soviético (*SW* 3. p. 16-26; versão mais curta em *A forma do filme*). Isso sem considerar as intervenções como "O mais importante" (*Izvestia*, 6 de janeiro de 1935); "Um e indivisível (Reflexão sobre a história do cinema soviético)" [1947], não publicada em vida, Cf. *SW* 3. p. 341-348), ou ainda, de forma mais pontual, "Dê-nos um plano de Estado" (*Kinofront* n° 14, 1927), "O que esperamos da Conferência do Partido sobre as questões do cinema" (*Sovietski ekran* n° 1, 1928), "Vinte" (Vigésimo aniversário do cinema soviético, 1940) etc.

5   "A continuidade da dita 'especificidade cinematográfica' [*spetsifika kino*] a partir de outras formas artísticas contíguas é reconhecida mais claramente do que nunca. A teoria da "geração" [*samozarojdenie*] do cinema não durou muito." ("A segunda das três", op. cit. p. 213; versão brasileira em *A forma do filme*. p. 113-114).

6   "'I'm outgrowing films', he said to Hans Richter. 'The medium is too primitive for me' (SETON, Mary. *S. Eisenstein, a Biography*. Londres: Dennis Dobson, 1978 [1952]. p. 147 [edição francesa alterada: SETON, M. *Eisenstein*. Paris: Seuil, 1957. p. 168]). Eisestein escreve que seu "limite" foi o "cinema intelectual" (p. 190).

7   "Em todos os aspectos referentes ao seu supremo destino, a arte é para nós coisa do *passado* [...]. É por isso que a *ciência* da arte é mais necessária em nossa época do que no tempo em que a própria arte buscava uma plena satisfação. A arte do presente nos convida sobretudo a examiná-la por meio do pensamento do que suscitar uma renovação artística. Ou seja, para que reconheçamos cientificamente o que é a arte." (HEGEL, G. W. *Cursos de estética*. vol. 1. Trad. Marco Aurélio Werle e Olivier Tolle. São Paulo: Edusp, 2000. p. 18, ligeiramente modificada; na edição francesa: *Cours d'esthétique*. "Introduction I". Paris: Aubier, 1995. p. 18-19).

reúnam nele por um tipo de "fatalidade" histórica. Nesse sentido, a noção de "síntese das artes" está entre as mais ambíguas. Ao colocar a necessidade da escolha e da construção de um passado antes da acumulação e do inventário, Lenin colocava em primeiro lugar a seguinte questão: "A que herança renunciamos?"[8] O que significa dizer não somente "o que", mas "como" se herda, ou ainda: qual "atualização" é dada a esse passado. Do mesmo modo, Walter Benjamin evoca, em suas reflexões sobre "o conceito de história", a "pulsão destruidora" da escrita histórica: para um "elemento do passado", "o modo pelo qual ele é estimado como 'herança' é mais nefasto que poderia ser seu desaparecimento"[9].

O cineasta e sua sombra

Mas como abordar esse projeto de "história geral do cinema"? O adjetivo sem dúvida permite a diferença com relação a uma história "particular", a do cinema soviético, mas sua dimensão é mais ampla: as "Notas" concretizam, de fato, um verdadeiro projeto *historio-gráfico*[10], que se inscreve em um "lugar", uma "instituição"; que tem um *objetivo*; que se dá um *objeto*, coloca-se questões de *metodologia* e, enfim, de escrita, para assentar essa história sobre a base de convicções sócio-estético-antropológicas relativas à arte em geral, ou mesmo mais amplamente, relativas às práticas simbólicas e, no âmbito delas, ao cinema. Trata-se tanto de um modelo histórico quanto de um modelo teórico, desenhando não somente o lugar do cinema, mas a definição que se, lhe pode dar. A questão dessa "operação historiográfica" é, portanto, uma renovação da compreensão do "cinema" como objeto (de conhecimento) a construir, e não objeto (empírico) a descrever. É por isso que essa história não é a história dos filmes e dos autores, classificados segundo zonas geográficas e escolas estilísticas — como são a maior parte das histórias do cinema que partem de uma distinção "fatal" entre o cinema como invenção e dispositivo técnico, como *mídia*, e os filmes como obras de arte[11]

8   LENIN, V. A que herança renunciamos? [1897]. Em *Obras escolhidas*. Tomo 1. São Paulo: Editora Alfa-Ômega, 1986. Em francês, "Quelle héritage renions-nous?". Em *Œuvres complètes*. Moscou-Paris: Éditions du Progrès, 1959, tomo 2. p. 539-540.

9   BENJAMIN, Walter "Sur le concept d'histoire" (1940). Em *Gesammelte Schriften*. Frankfurt: Suhrkamp, 1980, vol. I-3. p. 1242 [não figura nas edições francesas. Em português, ver "Sobre o conceito de história". Trad. Jeanne Marie Gagnebin e Marcos Luiz Müller, em *M. Lowy*, Walter Benjamin: aviso de incêndio. Uma leitura das teses *Sobre o conceito de história*. São Paulo: Boitempo Editorial, 2005]. No mesmo sentido, Benjamin fala em "energias destrutivas" do materialismo histórico (*Écrits français*. Paris: Gallimard, 1991. p. 355).

10   CERTEAU, Michel de.*L'Écriture de l'histoire*. Paris: Gallimard, 1975. p. 63-120.

11   Cf., entre outras, essas afirmações de Jacques Deslandes: "[...] a história do cinema, ou seja, a dos filmes, pode agora começar [...]." (*Histoire comparée du cinéma, I, De la cinématique au cinématographe, 1826-1896*. Tournai: Casterman, 1966. p. 7). Ou ainda: "A partir de 1896, a história do cinema não é mais a história de uma invenção, mas de uma arte" (Ibid. p. 277).

—, e sim uma história do cinema num sentido "expandido" — de que a reflexão estética eisensteiniana dava, até ali, uma versão algo "sincrônica", com a noção e a ferramenta do "cinematografismo" [*kinematografizm*] ou do "cinemático" ou "cinematismo"[12].

Esse programa permaneceu no estado embrionário e a morte de Eisenstein colocou-lhe um fim. Seu eco, porém, é ouvido hoje, de maneira defasada, no âmbito da pesquisa histórica sobre o cinema tal como ela se tem se desenvolvido nos últimos trinta anos.

Como todo texto considerado a uma certa distância, essas "Notas" comportam de fato para nós hoje uma "reserva" de sugestões e de esclarecimentos que talvez não tenham podido ser percebidos na época de sua escrita, um "impensado", para retomar o termo de Maurice Merleau-Ponty a propósito de Husserl em "O filósofo e sua sombra". Ou seja, aquilo que, por meio de uma obra, chega até nós como algo nunca antes pensado[13].

I.

Tratemos rapidamente da dimensão institucional, de que não se sabe o suficiente no momento: Eisenstein, lecionava no VGIK desde 1928 e, nos anos 1930-1940[14],

12   A palavra tem origem científica: a "cinemática" foi introduzida por Ampère para designar a ciência "engloba[ndo] tudo a respeito das diferentes espécies de movimentos, independentemente das forças que os produzem" — Cf. *Essais sur la Philosophie des Sciences* [*Ensaios sobre a filosofia das ciências*]. Paris: Bachelier, 1834. 1 parte, capítulo 1, § 3 — antes de se tornar um ramo da fisiologia em Marey. O termo aparece em francês na obra de Eisenstein, sobretudo, sob a forma adjetivada (como em *Dramaturgia da forma fílmica*, em 1929 [*Cinématisme*. p. 26]). Ele circula largamente no começo dos anos 1920 em trabalhos de teóricos como Canudo, Moussinac, o russo emigrado André Levinson etc. "Cinemático" pode até ter o sentido de "cinematográfico" em oposição a artístico. Dessa maneira, no catálogo do Salão de Outono de 1921, nas apresentações das sessões do Club des Amis du Septième Art, lê-se: "Aumentar o nível intelectual da produção *cinemática* francesa". Léon Moussinac opunha as artes *cinemáticas* — "plástica em movimento" — às *artes estáticas* (sobretudo a pintura). ("*À propos du décor au cinema*", *Cinémagazine* n° 11, 17 de março de 1922, ou em particular "De l'influence des peintres sur le cinéma", em *Art et décoration*, abril de 1923).

13   MERLEAU-PONTY, Maurice. *Le philosophe et son ombre. Signes*. Paris: Gallimard, 1960 (republicado em *Éloge de la philosophie et autres essais*. Paris: Gallimard, 1966. p. 242-243 [em português: *Signos*. Trad. Maria Ermantina Galvão Gomes Pereira. São Paulo: Martins Fontes, 1991]). Benjamin retoma de uma comparação de AndreÅL Monglond a respeito desse "atraso" em relação à fotografia: "o passado deixou imagens de si próprio comparáveis às que a luz imprime sobre uma placa fotossensível" e "apenas o porvir possui reveladores muito ativos para escavar com perfeição tais clichês." (*Écrits français*, op. cit. p. 354).

14   Em "A forma do filme: novos problemas" (1935), Eisenstein afirma pretender superar os pontos de vista de "escolas", "programas" e "tendências" que opõem uns e outros na década de 1920, em prol da procura de um "método e modo geral para o problemas da forma" aplicável a "qualquer gênero de construção dentro de nosso estilo envolvente de *realismo socialista*", procura que exigia o alargamento das questões em direção à "própria cultura" e o uso da "pesquisa científica acadêmica". Dessa forma ele se diz "engajado na criação de uma academia de cinematografia." (*A forma do filme*. Trad. Teresa Ottoni. Rio de Janeiro: Jorge Zahar Editor, 2002. p. 138).

estava particularmente dedicado a essa tarefa; depois de receber, em 1939, o título de doutor em ciência da arte (por sua obra), ele foi nomeado, no dia 19 de junho de 1947, diretor do Departamento de Cinema do Instituto de Pesquisa Científica de História da Arte, sob a égide da Academia de Ciências da URSS. Criado em 1944, o Instituto era dirigido por Igor Grabar, pintor, historiador da arte e conservador de museu. O departamento é inaugurado em outubro. Em novembro, Eisenstein elabora o plano de um curso de psicologia da arte para a Universidade de Moscou — depois de ter colocado no programa de suas aulas na VGIK a questão do processo de criação[15].

Esse forte investimento no ensino deveria ser analisado em relação à situação que ele ocupa no campo cinematográfico soviético logo depois da guerra: a condenação da segunda parte de *Ivan, o terrível* e seu estado de saúde o afastam dos estúdios por um longo período. Seria o ensino, portanto, uma estratégia social por parte de Eisenstein? Além disso, o que significa a entrada do cinema na instituição em questão? Em 1925, o Instituto de História da Arte de Leningrado já havia criado um comitê cinematográfico e, em seguida, uma faculdade de cinema, oferecendo um ciclo de estudos de quatro anos sob a direção de Iúri Tiniánov. Suas funções eram, porém, estreitamente ligadas a necessidade de formação de profissionais (roteiristas, críticos, animadores de cineclubes, técnicos) e seu contexto teórico era o de uma "poética do filme"[16].

O projeto de Eisenstein é de outra ordem. Seu objeto, como já dissemos, é o cinema. O objetivo de curto prazo consiste em suscitar pesquisas e orientar o ensino no departamento de história e teoria do cinema desse instituto, e também em editar uma história universal do cinema em sete volumes, de que essas "Notas" indicam as premissas. O projeto de Eisenstein distingue-se de uma iniciativa contemporânea, paralela ou convergente: a de Gueorgui Avenarius, que supervisionou a transferência dos "filmes-troféus" apreendidos pelo Exército Vermelho em Berlim[17] e que iria impulsionar o estabelecimento do Gosfilmofond, o arquivo de filmes soviéticos. Avenarius também tem a perspectiva de escrever uma "história mundial do cinema" a partir dos milhares de filmes europeus e americanos (do início do cinema aos anos 1940) que não haviam chegado à URSS até então, e que os nazistas tinham reunido, na pilhagem da Europa ocupada. Note-se que, um ano antes de ser nomeado para

15　Cf. YURENEV, Rotislav. "Eisenstein", *Anthologie du cinéma*. n° 1, 1966. p. 60 e 62. e SUDEN-DORF, Werner. *Sergej M. Eisenstein Materialen zu Leben und Werk*. Munique: Carl Hanser, 1975. p. 201-202. Em *Conspectus of Lectures on the Psychology of Art*, de 1947, é feita uma referência à solicitação do professor Alexandre Luria da Universidade de Moscou para dar um curso sobre a psicologia da arte (*Psychology of Composition*. p. 16). (Sobre as relações Eisenstein-Luria ver abaixo).

16　Ver a nota introdutória de *Poétique du film. Textes des formalistes russes sur le cinema*. Lausanne: L'Âge d'Homme, 2008 [1995].

17　Aliás, foi I. Grabar quem, em junho de 1943, tomou a iniciativa da política de compensação pelas destruições culturais causadas na URSS pela invasão nazista, na forma de apreensões de obras de arte na Alemanha.

a Academia de Ciências e de seu projeto de história universal, Eisenstein, na qualidade de vice-diretor da seção cinema da VOKS (organização para os intercâmbios culturais com o estrangeiro), já falava de um projeto de história do cinema em cartas endereçadas a vários cineastas americanos (John Ford, William Wyler, Frank Capra, Orson Welles), com uma perspectiva bem diferente daquela que nos ocupa. Para além das aproximações e das trocas culturais, tratava-se de iniciar a edição de uma série de livros sob o título "Materiais sobre a história do cinema mundial" ("a series of books under the title 'Materials on the History of World Cinema'"). Essa fórmula é retomada nas cartas aos cineastas — os dois primeiros volumes da série chegam a ser publicados: Chaplin e Griffith[18].

Os aspectos mais interessantes de serem examinados são o objeto, o método e a escrita desse projeto de "História geral do cinema" tal como ele pode ser lido nessas "Notas", distantes, portanto, de diferentes iniciativas anteriores ou contemporâneas. Esses três elementos oferecem o contexto para a inteligibilidade da empreitada e de suas modalidades de implementação, inserindo-se entre as grandes iniciativas teóricas de Eisenstein do momento (em particular *Método,* cujo artigo de 1944, "Dickens, Griffith e nós", dá uma primeira impressão.

II.

Que concepção da história é proposta? Mais precisamente, qual concepção da história do cinema?

Três círculos concêntricos, de temporalidades diferentes, organizam a abordagem histórica, defindo três objetos e três regimes de tempo. O primeiro traça um quadro geral, que pertence à vulgata marxista e que é implícito ou, às vezes, brutalmente explícito em todos os escritos de Eisenstein: para dizer de maneira resumida, ele liga os fenômenos culturais, artísticos, técnicos e a evolução dos meios de expressão à luta de classes[19]. É longa a história dos modos de produção, das formações sociais, com ênfases singulares que dependem de configurações políticas mais eventuais (Cf. a relação Bismarck/Wagner, capítulo 1. p. 22). O segundo círculo diz respeito à evo-

18   Cf. a publicação dessa correspondência por Sergei Kapterev em *Studies in Russian & Soviet Cinema* vol. 4, n° 2, 2010. p. 245-253. A edição (Moscou, Goskinoizdat, 1945) tem o título Materiais sobre a história da arte cinematográfica mundial, sob a direção dos professores "S.M. Eisenstein e S.I. Iutkevitch, doutores em ciências das artes". Os dois primeiros volumes pertencem ao conjunto "Cinema americano". O volume 1, dedicado a Griffith, e o 2, a Chaplin, e compreendem ensaios sobre os autores (Moscou, Izdatelstvo Akademi Nauk SSSR).

19   Cf. Georg Plekhanov, Georg Lukács, ou, em história da arte, Arnold Hauser ou Max Raphaël — que Eisenstein cita em *A natureza não indiferente* (Max Raphaël, *Proudhon, Marx, Picasso. Trois études sur la sociologie de l'art.* Paris: Excelsior, 1933). Em 1939, Hauser publicou na revista *Sight and Sound* um importante ensaio, "The Film as a product of society" (vol. 8, n° 32, inverno 1939-1940. p. 129-132), que provavelmente Eisenstein leu, pois o texto trata longamente de seu trabalho, e a abordagem de Hauser cruza suas próprias reflexões em diversos pontos.

lução do *medium*, de suas origens a seu surgimento e a seu desenvolvimento em um sentido amplo: a lanterna mágica, os jogos ópticos, a fotografia etc. As descobertas e mutações técnicas e a evolução tecnológica ocupam uma grande parte dele. Ele pertence a uma temporalidade mais fina (cronologia) e também mais homogênea (engendramento). Estão incluídos o que se costuma chamar de "pré-cinema", expandido, por um lado, para a pintura, a arquitetura, a escultura, o vitral, a gravura, a tipografia etc., e, por outro lado, ao conjunto dos espetáculos (sombras chinesas, teatro, musicais, prestidigitação, museu de cera...). O terceiro círculo conhece uma outra temporalidade ainda, a da psicologia humana e de seus componentes básicos — medo da morte, necessidade de fixar o tempo, de conservar a aparência do que já foi etc. —, tal como são formulados pelas crenças (mitologias) e pelos rituais, contexto em que se privilegiam práticas como o embalsamamento, a mumificação, as máscaras mortuárias, os monumentos funerários. Ele resulta de uma antropologia histórica.

III.

Cabe perguntar se um desses três níveis (e seus subníveis) é preeminente na exposição escolhida, na escritura da história que Eisenstein empreende, e, dessa maneira, se os dois outros seriam tratados como auxiliares. É a questão do objeto que Eisenstein se coloca, e também a da inteligibilidade construída sob o nome de *história geral do cinema*. Seria o surgimento de uma arte de massa, coincidindo com o regime socialista e a nova totalidade social fundada sobre a igualdade? Seria a gestação, as aproximações e finalmente o surgimento de uma "sétima arte", suplantando todas as demais e ocupando o lugar da arte do século XX por excelência, em função de sua natureza técnica, industrial? Seria a busca das mesmas pulsões, das mesmas "necessidades" [*urge*] inerentes ao homem desde sempre — e que ele desenha nas paredes das cavernas, seja ele ceramista, pintor da corte ou poeta romântico? Que lugar deveria ser dedicado à afirmação segundo a qual o cinema "supera" e "engloba" as outras artes, por causa de sua coincidência com a época, a modernidade industrial, técnica, social, política? Esse tema dos anos 1920[20], surpreendentemente encontrado intacto aqui, coloca as premissas do contexto histórico geral: o colapso da sociedade burguesa, a desintegração das artes em um "segundo barroco", a perda da unidade, da síntese, e a possibilidade de encontrar no cinema o que "não parte de nada", o que é apenas técnica, embora "seja herdeiro" de tudo e, no âmbito de uma sociedade socialista portadora de unidade social ("Proletários de todo mundo, uni-vos!"), pode promover esse "todo" enquanto arte de massa, reencontrando a "ideia de síntese" dos Gregos (os ditirambos, as

---

20   Cf. KULECHÓV, Lev. "L'art, la vie contemporaine et le cinématographe" [1922], *L'Art du cinéma et autres écrits 1917-1934*. Lausanne: L'Âge d'Homme, 1995.

liturgias etc.)[21]. Síntese *realizada* no seio de uma "nova totalidade social e estética" — enquanto, em razão das fraturas sociais, o que existia nesse início de século XX eram apenas sonhos de síntese (os simbolistas), o fracasso em realizá-la (Picasso) ou uma hostilidade em relação a ela (Dada)[22].

Nota-se que a esses três contextos conceituais correspondem três Eisensteins, construídos por seus comentadores: o marxista, o estruturalista e, atualmente, o intermidiático. A eles correspondem, por sua vez, proximidades buscadas com pensadores (Hegel, Nietzsche, Lévi-Strauss, Bakhtin, Warburg), que o caráter do *corpus* eisensteiniano ao mesmo tempo "enciclopédico" e lacunar, "totalizante" e inacabado, enquanto "obra teórica aberta", autoriza e até encoraja.

Diferenciados aqui em uma aparente hierarquia, esses três círculos na realidade se cruzam e interagem incessantemente. O sincretismo do cinema que define o nível 2 (cinema expandido) é produto do nível 1 (estado das forças produtivas e das relações sociais) e provém do nível 3 (antropologia), ao qual ele dá sua expressão mais completa. Se a pintura "do movimento" pode figurar no segundo "círculo", é sobre a base das premissas do terceiro (a relação ao tempo), enquanto o primeiro

21   Hauser vê no cinema russo o advento de um "classicismo" ("the Russians become the first classicists of the new art") em razão da correspondência entre a técnica da montagem rápida, do uso da *pars pro toto* e do materialismo histórico e da capacidade desse cinema em superar sua época. Depois de ter citado a famosa frase de Marx sobre a permanência das obras de arte, como a *Ilíada* e a *Odisseia*, para além das condições sociais que as viram nascer, ele afirma que as obras de Eisenstein e Pudôvkin são, em certa medida, as epopeias homéricas do cinema. ("The works of Eisenstein and Pudovkin are really in some measure the Homeric epics of the cinema", *art. cit..* p. 132). Essa reivindicação de um "classicismo" (que contrasta com a condenação do "barroco" e das diversas "degenerescências" artísticas) aparece explicitamente na conferência de Eisenstein de 1935, "Os novos problemas da forma no cinema": "a cinematografia soviética [...] está entrando em seu período clássico"; "estamos no limiar do mais incrível período de classicismo de nossa cinematografia, o melhor período no mais alto sentido da palavra". ("A forma do filme: novos problemas", *A forma do filme,* op. cit. p. 139). Aliás, ela dá lugar a um debate em profundidade que conduz Eisenstein a definir melhor o sentido desse termo: "modelo da mais alta qualidade" (Ibid.).

22   Cf. a referência a Max Nordau — que lança o termo *Entartung* [degenerescência], em 1892, contra Wagner — fazendo eco à expressão de Baudelaire, que vê em Manet o primeiro na decrepitude de sua arte (carta de 11 de maio de 1865). Ver também as passagens retomadas em Max Raphaël sobre Picasso (op. cit.) em *A natureza não indiferente*. Pode-se confrontar esse diagnóstico com este, divergente *in fine*, de Walter Benjamin em "A obra de arte na época de sua reprodutibilidade técnica": "As extravagâncias e grosserias artísticas [...] que se manifestam, sobretudo, nas chamadas 'épocas de decadência' derivam, na verdade, do seu campo de forças historicamente mais rico" (BENJAMIN, Walter. A obra de arte na era de sua reprodutibilidade técnica. Trad. Sergio Paulo Rouanet. In *Magia e Técnica: ensaios sobre literatura e história da cultura*. São Paulo: Brasiliense, 1994. p. 190-191; em francês: *Écrits français*. Paris: Gallimard, 1991, op. cit. p. 165). Tal diagnóstico, anterior à Segunda Guerra Mundial, passou por sua cabeça quando escrevia essas notas (o projeto de prefácio a *The Film Sense*, redigido em 1942, também é atravessado por essa consciência histórica de duas guerras mundiais e dos desastres que elas geraram. É aqui em que ele se mostra particularmente duro com as tendências dos "ismos" à "desintegração", regressão "ao ponto zero", e apenas o cinema como resistente a essa decrepitude).

explica sua função social (instituições, destinatários). Dentro dessa abordagem, não há determinação unívoca: o estado da sociedade, o desenvolvimento das forças produtivas e das técnicas permitem evoluções artísticas, mas podem ser observadas, na mão inversa, consequências: "As tendências estéticas se tornam o ponto de partida de possibilidades técnicas" (p. 58). Tampouco há, no entanto, "história" autônoma — seja das formas ou das mídias —: a história do *medium* não obedece a lógica da autonomia, da especificidade; ela procede de uma história comparada. Para compreender o cinema, não somente é preciso observá-lo em relação com a sociedade e com o desenvolvimento técnico e econômico, mas também é preciso examinar outras mídias, considerar "séries culturais" com as quais ele estabelece relações de interseção, de pertencimento, de coincidência ou de diferenças, de hibridação. No sentido inverso, o cinema é um "leitor", um "analisador" das outras formas artísticas e espetaculares. Ele é, para usar as palavras de Lev Manovich, "a forma cultural chave do século XX"[23].

Com relação a isso, é preciso voltar ao adjetivo "geral" que qualifica essa história do cinema projetada. Ele encontra eco, de fato, na reivindicação enunciada por Michel Foucault no início de *A arqueologia do saber*, justamente a de uma "história geral", que recusa os postulados da "história global" fundada sobre princípios de causalidade, de analogia e de homogeneidade, "colocando todos os fenômenos em torno de um centro único — princípio, significação, visão de mundo, forma do todo". Foucault opõe-lhe o "espaço de uma dispersão" que não é "uma pluralidade de histórias justapostas e independentes umas das outras" (economia, instituições, ciências, religiões, literaturas...) nem somente a verificação, "entre essas histórias diferentes", de coincidências de datas ou de analogias de forma e de sentido. O dever de uma história geral é:

> Determinar qual forma de relação pode ser legitimamente descrita entre essas diferentes séries; qual sistema vertical elas podem formar; qual é, de umas às outras, o jogo de correlações e de dominâncias; qual efeito podem exercer as defasagens, as temporalidades diferentes, as diversas persistências; em que

---

23   "[...] the key cultural form of the twentienth century". MANOVICH, Lev. *The language of the new media*. Cambridge Mas. e Londres: The MIT Press, 2001. O autor afirma que "a teoria e a história do cinema servem como lentes conceituais chave através das quais eu olho para as novas mídias ("The theory and history of cinema serve as the key conceptual lens through which I look at new media.") (p. 8-9). A questão do lugar do cinema em relação às outras artes já fora colocada no empreendimento "filmológico" de Gilbert Cohen-Séat. Roland Barthes, que tinha reconhecido o cinema "[...] como o modelo de *mass-media*" um ano antes, avalia, por ocasião do Congresso de Filmologia de Milão (1961), que o domínio do cinema se justifica sem dúvida "historicamente", mas não saberia fazê-lo "epistemologicamente". *Communications*, n° 1, 1961. p. 223-224. Sobre o Instituto de Filmologia, suas perspectivas e métodos, Cf. ALBERA, F. e LEFÈBVRE, M. (orgs.). *La filmologie, de nouveau, Cinémas*. vol. 19, n°s 2-3, 2009.

conjuntos distintos certos elementos podem figurar simultaneamente[24].

É sem dúvida nesse espaço que a historio-*grafia* eisensteiniana pode ser-nos pe-
ciosa hoje em dia: o estado dos conhecimentos quando se trata de cinema no sentido
estrito, era o que era em 1946-1948 (voltaremos a isso), mas a maneira pela qual Eisenstein apreende esse domínio e, sobretudo, seu modo de efetuar recortes crono-
lógicos e disciplinares diferentes do que se costumava fazer abre caminho para uma
abordagem ao mesmo tempo mais precisa (a ligação aos procedimentos técnicos,
a quase "detalhes") e mais vasta, ao inscrever o cinema nas *epistemes* móveis, dúc-
teis, em que podem ser relacionados certo movimento de fundo da representação (a
perspectiva linear), certa ordem social (suas hierarquias), certos processos de comunicação (o caractere tipográfico móvel) sem que seja dada, a esses conjuntos conceituais "anacrônicos", a coerência de um sistema explicativo. Nesse sentido, a "nova
história" do cinema e sobretudo seus desenvolvimentos com vista a religar o cinema a um contexto e um conjunto de disposições culturais, intelectuais, simbólicas,
tecnológicas (caminho aberto por Crary[25]), não apenas se aproximam dessa abordagem mas podem encontrar nela o exemplo de uma audácia multiplicada, nessa
capacidade de relacionar regiões que as cartografias disciplinares do saber mantêm
a distância, privando-se dos efeitos de esclarecimento e de elucidação que essas re-
configurações permitem.

O "discurso teórico" de Eisenstein (sua elaboração generalizante e, poderíamos
dizer, "superegoica") se enuncia nos moldes de um discurso histórico vetorizado
(origem, evolução, cronologia), enquanto sua "prática teórica", sua historio-*grafia*,
não cessa de recomeçar novas cronologias provisórias, de religar momentos separados ou fenômenos sem relação aparente. Tomemos o exemplo trivial das listas
que ele elabora, em particular as das invenções técnicas aqui numerosas, porque se
destinam a desenvolvimentos futuros: ele parece copiá-las diretamente do livro de
Lewis Mumford, *Technique et civilisation* (1934); na realidade, ele as reorganiza em
função de novos itinerários; ele substitui enumeração cronológica inicial, falsamen-
te neutra, pelo estabelecimento de relações significativas.

24   FOUCAULT, Michel. *L'Archéologie du savoir*. Paris: Gallimard, 1969. p. 17-19.
25   Na esteira de Crary, podemos citar, muitas vezes em direções diversas, os trabalhos de
Vanessa Schwartz, Friedrich Kittler, Stefan Andrianopoulos, Ray Beth-Gordon, Andreas Mayer,
Patrick Désile, Jean-Louis Déotte etc. De minha parte, para contribuir nesse espaço epistêmico,
ver a proposição de uma "episteme 1900" e uma teoria dos dispositivos (ALBERA, F. e TORTAJA-
DA, Maria [orgs.]. *Cinema Beyond Film*. Amsterdã: AUP, 2009). Ver também *First Discourses on
Film and the Construction of a "Cinematic Episteme"*.In: GAUDREAULT, André, DULAC, Nicolas
e HIDALGO, S. (orgs.), *A Companion to Early Cinema*. Londres: John Willey, 2012. p. 121-140.

IV.

Já se destacou a proximidade dessas "Notas" com tendências recentes da historiografia do cinema. De fato, Eisenstein estrutura um *programa* que a "New History" do cinema se propôs, em parte, a realizar, ainda que sem saber, depois de 1978 e ao qual os trabalhos das últimas décadas nos acostumaram: ao abrirmos hoje a *Encyclopedia of Early Cinema* dirigida por Richard Abel em 2005[26], notamos que ela aborda a maior parte das "entradas" que Eisenstein havia imaginado em suas "Notas". É verdade que Eisenstein não inclui em sua perspectiva histórica somente as experiências de visão, as máquinas e jogos óticos, os dispositivos visuais (panorama, diorama, stereoscópio), o instantâneo fotográfico e a cronofotografia, mas também os espetáculos visuais — teatro de sombras, fantasmagorias, Grand Guignol, museus de cera, autômatos, Barnum, sombras chinesas do Chat Noir... —, os espetáculos de luz, de jatos d'água e a pirotecnia, propondo até "entradas" que praticamente não foram consideradas desde então (o "modelo" do vitral, imagem transparente, que necessita da projeção luminosa[27], sugerindo prolongamentos na direção dos procedimentos da cor). O exame dos intercâmbios entre mídias demonstra certas consonâncias com a teoria atual da *remediation*. Os "novos historiadores do cinema" já tinham estabelecido pontes entre Eisenstein e o cinema dos primeiros tempos[28], mas aqui se trata mesmo da abordagem dessa história, a um ponto em que esse efeito de "antecipação" conduz ao questionamento não somente do que é semelhante e do que é diferente entre as duas abordagens, mas também em que medida a abordagem de Eisenstein pode ter um valor presente na continuidade desses trabalhos, para além de seu "encontro" diferido[29].

Essa "anterioridade" conduz ainda a questões sobre qual seria o contexto intelectual em que Eisenstein se encontrava para poder formular tal programa. Quais são suas fontes, os trabalhos que lhe eram contemporâneos, e como ele os apreendeu? O que Eisenstein lhes deve e o que fez deles? Isso diz respeito à história do cinema (e também a da fotografia e a das imagens animadas em geral), assim como a um

26   ABEL, Richard (org.), *Encyclopedia of Early Cinema*. Londres e Nova York: Routledge, 2005.
27   Sobre esse aspecto Cf. IAMPOLSKI, M. "Transparantnaia jivopis: ot mifa k teatru", *Sovietskoe iskusstvoznanie*. n° 21. Moscou: 1986 ("Transparency Painting: from Myth to Theater", *Tekstura*. Chicago e Londres: The University of Chicago Press, 1993).
28   André Gaudreault, que junto com Tom Gunning havia tomado emprestado de Eisenstein a noção de "atração", e depois as noções de "enquadramento" (*mise en cadre*) e "encadeamento" (*mise en chaîne*), realizou aproximações entre a prática fílmica de Eisenstein e o cinema dos primeiros tempos (Cf. CHATEAU, Dominique, JOST, François e LEFÈBVRE, Martin [orgs.], *Eisenstein: l'ancien et le nouveau*. Paris: Les Presses de la Sorbonne, 2001).
29   É preciso citar os trabalhos histórico-críticos de Allan Sekula sobre a fotografia, os quais não têm equivalente na historiografia do cinema. Prova disso são os cruzamentos com Eisenstein, que combina um lugar importante na fotografia e evoca Galton, assim como a fotomontagem política (Cf. especialmente "Défaire le modernisme, réinventer le documentaire: note sur une politique de la représentation" [1976] e "Le corps de l'archive" [1986], ambos republicados em *Écrits sur la photographie* (Paris: Beaux-Arts de Paris, 2013).

certo e posições analíticas. É o caso da questão do movimento na pintura — que um Moussinac havia considerado no início dos anos 1920, desde seus primeiros artigos, reunidos em *Naissance du cinéma*, recorrendo a um exemplo "eisensteiniano" antes do tempo, "uma representação do dilúvio" por Leonardo da Vinci[30] —, presente, no momento em que essas "Notas" são escritas, nos filmes sobre a arte de Emmer, Ragghianti etc., e nos artigos de Auriol[31].

De maneira ainda mais literal, convém perguntarmos: de quais histórias do cinema podia dispor Eisenstein quando ele começou a sua ou, mais simplesmente, quais eram as tendências históricas contemporâneas em matéria de cinema?

Na União Soviética, nenhuma. Nikolai Lebedev (cujo livro é publicado em 1947) dedica-se apenas aos cinemas russo e soviético (mudos) e começa com a primeira projeção Lumière na Rússia, em 1896[32]. No plano internacional[33], há a *Histoire du cinéma* de Maurice Bardèche e Robert Brasillach, que Eisenstein leu[34], e um certo número de obras sobre o cinema americano que ele cita em "Dickens, Griffith e nós"[35]. Praticamente todas as histórias do cinema dessa época a que Eisenstein pode ter tido acesso iniciam seu relato histórico em 1895 ou 1896, com exceção de *Histoire du cinématographe* (1925), de G.-Michel Coissac, que foca na evolução técnica, e de *Les Origines du cinématographe* (1928), de Georges Potonniée, ou ainda, na Alemanha, de Franz

30   MOUSSINAC, Léon. *Naissance du cinema.* Paris: Povolovsky, 1925. p. 52-55. De fato, ele reúne tudo sob o termo "fotogenia". Esse livro foi traduzido para o russo no ano seguinte (*Rojdenie kino.* Leningrado: Akademia, 1926). Os formalistas russos o citam. Suas reedições francesas em *L'Âge ingrat du cinéma* (Paris: Sagittaire, 1946, depois em Éditeurs Français Réunis, 1967) omitem as três páginas de citação de Da Vinci. Eisenstein, por sua vez, retoma as descrições de Da Vinci (batalha, tempestade, dilúvio) em "O cinema e a literatura (da imagicidade)" [1933] (*Mouvement.* p. 22-24), sob o ângulo da decupagem cinematográfica.

31   AURIOL, Jean-George. Les origines de la mise en scène, *Revue du cinéma.* n° 1, 1946. Carlo Ragghianti sustenta que o cinema exterioriza o "fator tempo", que é intrínseco às outras artes (*Cinema Arte Figurativa.* Turin: Einaudi, 1952. p. 77).

32   LEBEDEV, Nikolai. *Otcherk istori kino SSSR.* Moscou: Goskinoizdat, 1947 (trad. italiana: *Il cinema muto sovietico,* Turin, Einaudi, 1962, com prefácio de Guido Aristarco).

33   Graças a seu círculo de amizades, Eisenstein acompanha de perto as publicações, como se constata na leitura de seus textos e nas referências múltiplas que ele faz. Marie Seton insiste na bulimia de livros de Eisenstein nesses anos, suas solicitações constantes junto aos amigos (principalmente Moussinac, Leyda, Montagu) para que lhes enviem livros.

34   BARDÈCHE, Maurice e BRASILLACH, Robert. *Histoire du cinema,* Paris, Denoël et Steele, 1935 (Maurice Bardèche e Robert Brasillach, *History of the Film* [traduzido e corrigido por Iris Barry], Londres, George Allen & Unwin, 1938). Eisenstein cita a edição francesa em "Comment j'ai appris à dessiner", *Mémoires 1,* Paris, UGE, 1978. p. 106, e *SW* 4. p. 579).

35   RAMSAYE, Terry. *A Million and One Nights.* Nova York: Simon & Schuster, 1926; SELDES, Gilbert. *The Movies Come from America.* Nova York: Charles Scribner's and Sons, 1937. Prefácio de Chaplin (subtítulo: *Movies for the Millions*). Eisenstein também cita *An Hour With the Movies and the Talkies.* Filadélfia: Lippincott, 1929, e *The Seven Lively Arts.* Nova York: Harper & Bros., 1924. ELLIOTT, Eric. *Anatomy of Motion Picture Art.* Territet: Pool, 1929; JACOBS, Lewis. *The Rise of the American Film: A Critical History.* Nova York: Harcourt Brace, 1939; BARRY, Iris. *D.W. Griffith: American Film Master.* Nova York: The Museum of Modern Art, 1940.

Liesegang, que publica uma história da lanterna mágica (1926). Nada, porém, permite afirmar que Eisenstein tenha consultado essas obras[36]. Deve-se ainda considerar separadamente o livro de Terry Ramsaye, *A Million and One Nights. A History of the Motion Picture*. Em 1926, ano de publicação do livro, seu autor deu aulas na New School for Social Research, em Nova York[37]. Eisenstein havia lido a obra, cujo longo prefácio examina a natureza da arte — "The Prehistory of the screen" — e cujo primeiro capítulo é dedicado a Aristóteles, Leonardo da Vinci, Athanasius Kircher, Peter Mark Roget, Joseph Plateau etc. Sobretudo, o autor "adianta-se" ao cruzar alguns temas eisensteinianos em seu prefácio, examinando a questão da evolução da escrita e da imagem, atribuindo desenvolvimentos aos hieróglifos, aos ideogramas e aos primeiros alfabetos (que, antes dele, tinham sido considerados por Vachel Lindsay). "A passagem da imagem figurativa ao pensamento abstrato é quase idêntica em todas as formas de expressão. Isso joga uma luz significativa sobre a imagem em movimento."[38]

É possível questionar, aliás, se toda uma parte das fontes históricas de Eisenstein não provém desse livro, que Georges Sadoul homenageia nos primeiros volumes de sua história do cinema.

A História geral do cinema de Sadoul

No exato momento em que Eisenstein redige suas "Notas", são publicados os dois primeiros volumes da *História geral do cinema* de Sadoul[39].

36   COISSAC, Georges-Michel. *Histoire du cinématographe*. Paris: Cinéopse/Gauthier-Villard, 1925; POTONNIÉE, Georges. *Les Origines du cinématographe*. Paris: Paul Montel, 1928; FRANZ, Paul, LIESEGANG, Paul. *Zahlen und Quellen: zur Geschichte der Projektionkunst und Kinematographie*. Berlim: Deutsches Druck und Verlaghaus, 1926 (Trad. ingl. *Dates and Sources. A Contribution to the history of the art of the projection and to cinematography*. Londres: The Magic Lantern Society of Great Britain, 1986).

37   "Esse curso examinará, pela primeira vez na história, a estrutura e as funções da imagem em movimento como arte e como indústria. Inúmeros filmes, procedimentos cinematográficos e documentos ligados à emergência e à evolução do cinema serão mostrados quando for necessário para o avanço do curso." (citado por Dana Polan, *The Beginnings of the U.S. Study of Film*, UC Press, 2007. p. 94). Por outro lado, a perspectiva de Ramsaye é o próprio exemplo do problema da "teleologia" condenada nos primeiros historiadores do cinema. Para ele, não apenas "a chegada do cinema era inevitável" ("The coming of the motion picture was inevitable" — op. cit. p. 2) como tudo o anuncia e o prefigura sob os tipos de *camera obscura* ("That hole in the wall of a chamber in Hellas was the pinhole aperture which cast a true image of the sun, and that darkened room was in truth a camera" (p. 2); "[...] Leonardo observed that if he cut a small circular hole in a shutter of a darkened room the would be an image on the wall opposite [...]: This room was in reality the *camera obscura* [...] and it was indeed too the camera of to-day [...] (p. 4).

38   "The progression from the concrete picture to the abstract thought is nearly identical in every form of expression. This places the motion picture in a most significant light." (op. cit. p. IX).

39   SADOUL, Georges. *Histoire générale du cinéma*. Tomo I. *L'Invention du cinéma, 1832-1897*. Paris: Denoël, 1945 (2ª edição 1948). Tomo II. *Les Pionniers du cinéma, 1897-1909*. Paris: Denoël, 1947.

Notemos, de saída, que ela leva o mesmo título das "Notas": o de história geral, colocando, por princípio, que não há história particular, a da mídia ou, pior, a da "arte cinematográfica"[40].

Essa posição faz com que Sadoul, assim como Eisenstein, se interesse de maneira detalhada por todo um conjunto de espetáculos e de mídias que não o cinema, e proponha uma série de articulações entre economia, técnica, sociedade e cultura, remontando a 1832.

Se é verdade que, quando de sua emergência, o cinematógrafo logo foi religado a seus "antecedentes" por comentadores, sobretudo pesquisadores e divulgadores, em revistas como *La Nature* e *La Science illustrée,* assim como em manuais inclusive escolares[41], a divisão entre "história técnica" e "história artística" que se operou na sequência, por razões de legitimação do novo *medium,* faz com que essa preocupação desapareça ou fique restrita à "primeira era" do cinema[42]. Ora, Sadoul conjuga uma reflexão sobre "a evolução da linguagem cinematográfica" (como escreve sobre Méliès[43]) e a evolução técnica do cinema. Nessa pesquisa, ele chega a trocar farpas com partidários da "especificidade" — a qual ele opõe uma "intermidialidade" constitutiva do cinema —, e a convocar incessantemente as práticas espetaculares, fotográficas, gráficas etc., com base em suas construções históricas: "O cinema não é somente uma arte 'específica'", escreveria Sadoul alguns anos mais tarde, numa polêmica com Claude Mauriac. A arte do filme não nasceu de proveta nem foi desenvolvida em laboratório. "Não é algo fabricado artificialmente por alquimistas", a arte do filme "tomou emprestado a quase totalidade de seus meios às diversas formas da cultura universal", "operou a síntese das outras artes e essa síntese era indispensável para criar uma arte nova, uma 'especificidade'"[44]. Sua especificidade, em soma, é a de ser uma síntese. Posição explicitamente eisensteiniana, desenvolvida por exemplo nas notas sobre a "Psicologia da arte".

40   A divisão entre "história especial" e "história geral" é uma oposição feita por Charles-Victor Langlois e Charles Seignobos em *Introduction aux études historiques* (1898). Sadoul, porém, "se volta" rapidamente para uma história particular com um volume "sintético", publicado em 1949: *Histoire d'un art le cinéma. Des origines à nos jours* (Paris: Flammarion, 1949), reeditado regularmente mas com o título *Histoire du cinéma mondial. Des origines à nos jours,* até 1990, também em formato de bolso com o título *Histoire du cinéma* (Paris: J'ai Lu, "Connaissance 1", 1962). Infelizmente, essa será a obra mais traduzida e comentada por pesquisadores empenhados em definir a abordagem de Sadoul (tanto Bordwell como Lagny).

41   Ver a esse respeito ALBERA, F. "Le Paradigme cinématographique".In: *1895 revue d'histoire du cinéma.* n° 66, primavera 2012, passim.

42   Os formalistas russos (especialmente Eikhenbaum e Tiniánov) retomam esse esquema (Cf. *Les Formalistes russes et le cinéma,* op. cit.).

43   No primeiro número da *Revue internationale de filmologie,* em 1947. Em 1951, ele anuncia que vai publicar um volume dedicado às origens e ao desenvolvimento da sintaxe do filme — *Origines et développement de la syntaxe du film (1895-1930),* mas que nunca será publicado (*Histoire générale du cinéma, tomo 3. Le cinéma devient un art 1909-1920.* Paris: Denoël, 1951. p. VIII e X da Advertência).

44   *Les Lettres françaises.* n° 477, 6 de agosto de 1953. p. 5.

Eisenstein sabe — por Moussinac — da existência de Sadoul. Ele o leu e se correspondeu com ele até as vésperas de sua morte[45]. É possível, portanto, formular a hipótese de que sua leitura de Sadoul tenha exercido o papel de detonador de sua perspectiva — e que difere da perspectiva que ele havia iniciado sob a égide da VOKS. No dia 1º de setembro de 1946, ele escreve a Sadoul: "Tive muito prazer em ler o primeiro volume de sua *História do cinema* e espero ver em breve os volumes seguintes". Teria ele lido o tomo subsequente? Dois índices permitem pensar que sim. Por um lado, uma nota de rodapé, destinada às edições inglesa e francesa de "Dickens, Griffith e nós", sobre o *close-up* em Méliès e a "Brighton School" inglesa, refere-se a esse segundo volume de Sadoul[46]. Por outro lado, nas "Notas" de 4 de janeiro de 1948, uma alusão ao *Potemkin* de 1905 de Lucien Nonguet (uma atualidade reconstituída) é referida a Sadoul sem mais precisões[47], assim como a um "Méliès", em que ela não figura[48].

45   Marie Seton faz referência a uma dessas cartas (*Eisenstein*, op. cit. p. 466) que Sadoul teria mostrado a ele. Elas estão conservadas, mas não classificadas, na Cinemateca Francesa. Publiquei algumas delas em "Eisenstein dans la ligne" (Colóquio de Cerisy, L'ancien et le nouveau, 1996), in: CHATEAU, Dominique, JOST, François e LEFÈBVRE, Martin (orgs.). *Eisenstein: l'ancien et le nouveau*. op. cit. p. 96-97. Com a morte de Eisenstein, Sadoul publica um trecho de uma dessas cartas em *Ciné-Club*. n° 5, março 1948.

46   "Close shots of heads and objects were not so rare in the pre-Griffith film as is generally assumed; close shots can be found used solely for novelty or trick purposes by such inventive pioneers as Méliès and the English "Brighton School" (as pointed out by Georges Sadoul)." (*Film Form*. p. 224). Essa passagem aparece na edição italiana (*Forma e tecnica del film*. Turin: Einaudi, 1964. p. 196), assim como na edição francesa de Armand Panigel (*Le Film: sa forme / son sens*. p. 408) e na edição brasileira, de José Carlos Avellar ("Primeiros planos de rostos ou objetos não eram tão raros nos filmes antes de Griffith, como em geral se afirma: encontramos facilmente primeiros planos usados apenas como novidade ou como truques por pioneiros mais inventivos, como Méliès e os ingleses da Escola de Brighton", *A forma do filme*. Trad. Teresa Ottoni, op. cit. p. 222), mas não na edição russa de *Iz pro* 5. p. 129-180]). A edição de Richard Taylor das *SW3* fornece outra versão: "The logically informative close-up can be found even earlier, e.g. in the same Porter's *The Life of an American Fireman* [USA, 1903] where the fire alarm is shot in close-up" (p. 215). Escrito em 1942 e publicado em 1944, *Dikkens, Griffit i my* foi revisto por Eisenstein em 1946-7, quando Leyda preparava *Film Form* (Cf. Marie Seton, op. cit. p. 472); o mesmo vale para os textos que ele envia a Panigel, em vista da edição francesa para a editora de Jacques Melot (Seton, op. cit. p. 464-5). Somente a consulta dos manuscritos respectivamente endereçados a Leyda e Panigel permitiria a confirmação, mas a experiência com certos manuscritos de *Film Form* (conservados nos fundos Leyda, no MoMA) e com os de *The Film Sense* (que possuía Ivor Montagu) nos convenceu de que as "variantes" que se podem notar nessas edições de língua inglesa em relação às edições anteriores em russo, ou manuscritos que ficaram em Moscou, devem-se à mão de Eisenstein, que "atualizava" sem parar seus textos e os enviava a leitores em diferentes atmosferas culturais, sempre com mais precisões.

47   Trata-se da *Histoire générale du cinéma*. Tomo 2, op. cit. p. 330-332 (3ª edição, 1978. p. 303-304).

48   Trata-se do livro de Maurice Bessy [Guiseppe Maria] Lo Duca, *Georges Méliès: Mage. Suivi de Mes mémoires, par Georges Méliès* (Paris: Prisma, 1945), a que ele se refere pouco depois. A menção a esse livro bem ilustrado (em cores), cuja documentação vai além dos filmes (o Méliès caricaturista, o ilusionista, o diretor do Teatro Robert-Houdin), é significativa: Eisenstein com certeza ficou estimulado com sua abordagem "alargada" e colheu informações precisas, como

Sadoul, que publicava seus textos em jornais, revistas comunistas e outras publicações do gênero, era acessível na URSS sem (muita) dificuldade. Entre 1937 e 1947, uma série de artigos pontuais iniciam um trabalho de historiador ainda não fixado, tratando de temas como "a invenção", "os desenhos animados", "o som", "Edison", "Emile Reynaud", "Méliès", "A escola de Brighton"[49]. Depois de ler esses artigos e reabrir os dois primeiros tomos de sua *História geral do cinema,* descobre-se que ele lança mão de estratégias historiográficas muito diferentes das de seus predecessores (Coissac, Potonniée, Bardèche e Brasillach, Vincent), de seus contemporâneos (Jeanne e Ford, Toeplitz) e mesmo de seus sucessores (Mitry, Robinson). Essa diferença repousa, entre outras coisas, na atenção constante que Sadoul dispensa não somente às dimensões técnicas e econômicas da época, mas às "séries culturais", aos espetáculos visuais e audiovisuais que pertencem ao contexto da emergência do cinema ou que são seus antecedentes. Dessa maneira, seu primeiro capítulo, intitulado "Os precursores do cinema", é dedicado às sombras chinesas e às lanternas mágicas. Ele fala, ali, de Java, do Wayang, do Karageuz e do desenvolvimento das sombras na Europa do fim do século XVIII[50], atento às ligações constantes que essas mídias mantêm com o contexto (por exemplo sob a Revolução, quando a canção intervém), a como elas evoluem e interceptam outras mídias (os ateliês de imagens de Epinal, de Metz e de Nancy editam sombras para recortar), a como seu público se transforma e a como

---

a reconstituição antecipada da coroação do rei Eduardo VII, em 1902 (p. 199-200). Da mesma forma que Sadoul, ao que parece (*Histoire générale du cinéma.* Tomo 2, op. cit. p. 229-232). Por outro lado, a obra não menciona o *Potemkin* de Nonguet.

49   Un demi-siècle de cinéma parlant (1889-1939). In: *Le Point* Cinéma, n° XVIII, dezembro de 1938. p. 248-258; Naissance de la photographie. In: *Regards* n° 262, 19 de janeiro de 1939. p. 20-21; Les origines du cinéma américain. In: *Regards* n° 267, 23 de fevereiro de 1939; "Le rôle de la France dans la naissance du cinéma américain", in: *Regards* n° 268, 2 de março de 1939. p. 19; Le cinéma est parlant depuis le début. In: *Regards* n° 269, 9 de março de 1939. p. 18; Les premiers pas du cinéma. L'invention des premiers appareils à dessins animés. 1824-1853. In: *La Pensée* n° 2, janeiro-março de 1945; L'École de Brighton (1900-1905). Les origines du montage, du gros-plan et de la poursuite. In: *Cinéma,* n° 2, Paris, IDHEC-Jacques Melot, 1945; L'invention du cinéma. In: *Labyrinthe,* n° 13-14, setembro de 1945; G. Sadoul e P. Reynaud, *Emile Reynaud peintre de films (1888-1918).* Paris: Cinémathèque française, 1945; Le Fantôme de l'Opéra. In: *L'Ecran français,* 25 de dezembro de 1945; Les apprentis sorciers. D'Edison à Méliès. In: *La Revue du cinéma* n° 1, 1946; Early Film Production in England: The Origin of Montage, Close-ups, and Chase Sequence. In: *Hollywood Quarterly* n°3, abril de 1946; Louis Lumière metteur en scène. In: *Intermède,* julho de 1946; Georges Méliès et la première élaboration du langage cinématographique. In: *Revue internationale de filmologie,* n°1, 1947; L'art et l'industrie du cinéma au temps des pionniers. In: *Europe,* vol. 25, n° 19, julho de 1947; *British Creators of Film Technique.* Londres: British Film Institute, 1948.

50   Em *Les Lettres françaises* do dia 20 de agosto de 1953, o orientalista Maxime Rodinson publica um artigo intitulado "Un ancêtre du cinéma le théâtre d'ombres oriental", o Wa-yang, que ele dedica a Sadoul com o intuito de enriquecer o primeiro tomo da *Histoire générale du cinéma* (p. 7). Aliás, é sabido que, em 1908, o tcheco Vaclav Tille estabeleceu uma genealogia do cinema a partir dos teatros de sombras (*Kinema,* tradução francesa nos *Dossiers de la Cinémathèque* [Montreal], n°4, 1979).

elas alimentam os primeiros filmes, os truques de Méliès com seus personagens que aumentam ou diminuem de tamanho ou têm o nariz alongado etc., coexistindo com o cinema (o Chat Noir de Salis, as frisas de Caran d'Ache e Riviera, com os efeitos de perspectiva, de multidão e um acompanhamento musical, cantado, comentado). Sadoul interessa-se, da mesma maneira, à prestidigitação, à pantomima, ao teatro ótico e à fotografia e seus truques.

Alguns anos mais tarde, Friedrich Zglinicki retomara esse aspecto em *Der Weg des Films*[51]: como o subtítulo do livro indica, ele inclui os "precursores" *dentro da* história do cinema. Ora, essa abordagem está longe do mais óbvio, já que, pouco tempo depois, o arqueólogo Kurt-Wilhelm Marek (que assina sob o anagrama C.W. Ceram)[52], postula que convém precisamente demarcar o início do cinema com a película e a projeção, e que todo o resto (jogos óticos, sombras, lanternas etc.) estaria fora do tema:

> Nessa evolução, indicaremos desde já, para excluí-la, uma outra corrente, que não interessa à história do cinema: a ciência dos autômatos, dos jogos de personagens móveis e das "imagens em movimento". Deixaremos de lado também os teatros de sombras chineses, indianos, javaneses, os autômatos de teatro e os jogos do barroco, assim como as marionetes. Do mesmo modo, as "diabruras" de Porta que utilizam a "camera obscura", as "fantasmagorias" de Robertson e os "dissolving views" de Child. [...] Por uma razão puramente técnica, tampouco entram em nossa arqueologia o "thaumatrope" e as "imagens giratórias" da "lanterna mágica". O primeiro não comporta movimento algum; ele transforma, simplesmente, em uma só imagem, por uma identificação ilusória, duas poses diferentes. Do mesmo modo, as "imagens giratórias" não apresentam movimento verdadeiramente, apenas uma "mudança de posição"[53].

Se o primeiro argumento de Ceram soa bastante comum, distinguindo o "cinematógrafo" ("'equipamento técnico' do filme") do "cinema" ("algo a mais do que uma técnica"), é interessante examinar mais detidamente as duas outras distinções que

---

51   ZGLINICKI, Friedrich von. *Der Weg des Films. Die Geschichte der Kinematographie und ihrer Vorläufer*. Berlim: Rembrandt, 1956. Os treze primeiros capítulos (do total de 36) são dedicados aos "precursores" (*Vorläufer*), a partir dos pintores rupestres e é proposto um quadro da evolução das "espécies de imagens" (p. 193).

52   Escritor amante da arqueologia seria mais preciso. Durante o III Reich, Marek tinha trabalhado nos serviços da Propagandastaffel, o que, sem dúvida, explica a escolha de um pseudônimo.

53   CERAM, C.W. *Archéologie du cinéma*. Paris: Plon, 1966. p. 16-17 (na edição americana anterior: *Archaeology of the Cinema*. Nova York: Harcourt Brace & World, 1965. p. 17).

lhe permitem definir o que entra ou não em uma história do cinema. Por um lado, trata-se da distinção entre a mecânica e a técnica: a primeira é estática, a segunda, dinâmica e a cinematografia se constitui como um produto (uma "invenção") das ciências "que se tornaram dinâmicas". "Não há, nesse caso, 'evolução' de um ao outro, mas uma mutação do pensamento mecânico ao pensamento técnico", escreve. Isso permite que ele exclua, como foi visto, diversas práticas espetaculares ou representativas. Por outro lado, ele distingue a imagem fílmica, que apresenta um "verdadeiro movimento", da "mudança de posição" das imagens da lanterna mágica ou da transformação de duas poses diferentes em uma só imagem por "identificação ilusória" no "thaumatrope". Ora, com relação a esses diferentes pontos, nota-se o posicionamento inverso de Eisenstein, em particular sobre a base do *Urphänomen des Films*, que parte precisamente de que o filme produz o conceito de movimento (na mente do espectador) a partir de duas imobilidades que se sucedem e se superpõem. É um aspecto que será retomado, em seus cursos sobre o cinema, pelo historiador da arte Pierre Francastel[54] — ele também um leitor de Sadoul[55].

A "New History" fez provavelmente com que a historiografia do cinema passasse da questão da origem à questão da gênese — para empregar a distinção de Georges Canguilhem —, da narrativa linear e progressiva à arqueologia e à genealogia — para falar como Michel Foucault —, mas é possível modular a amplitude da "ruptura epistemológica" de 1978 que ela operava. Se os enunciados de Sadoul seguem em "plano geral" um vetor evolutivo fundado sobre o encadeamento causal — essencialmente, aliás, em função de uma preocupação intrínseca com relação à evolução da "linguagem cinematográfica", que é, como já se disse, seu ponto de chegada —, suas análises "em *close-up*", por estratos históricos, pertencem a um outro regime, em particular quando tratam de intercâmbios intermidiáticos. Suas reflexões sobre a dialética da invenção, do estado das técnicas e da "demanda social" são pouco conhecidas[56]. Como Georges Friedmann nos *Annales*[57], André Bazin via novidade no trabalho de

54   Cf. ALBERA, F. Pierre Francastel, le cinéma et la filmologie. In: *Cinémas* vol. 19. n° 2-3, primavera de 2009. p. 287-316, assim como os inéditos de Francastel publicados em anexo (p. 317-331).

55   FRANCASTEL, Pierre. Histoire générale du cinéma. Tome I. L'invention du cinéma, 1832-1897. Tome II. Les pionniers du cinéma, 1897-1909 par Georges Sadoul. In: *L'Année sociologique*, vol. 3. n° 3, março de 1949. p. 878-879.

56   Assim, a taxinomia pedagógica de David Bordwell e Kristin Thompson em *Film History: An Introduction* (Nova York: McGraw-Hill, 1994) ou de Bordwell sozinho em *On the History of Film Style* (Cambridge MA e Londres: Harvard University Press, 1997), que distingue uma "Standard Version" seguindo a "Basic Story", puramente enumerativa, que adotaria uma perspectiva teleológica, em oposição ao "Dialectical Program" de Bazin e ao "Oppositional Program" de Burch, e que barateia a realidade dos trabalhos e das reflexões de Sadoul, que declaradamente não foram lidos por esses autores.

57   FRIEDMANN, Georges. "Sur une histoire du cinéma", in: *Annales. Histoire, sciences sociales*, vol. 1. n° 3. p. 275-277.

Sadoul, em sua resenha do primeiro volume da *História geral do cinema*, em *Critique*. Mas, na versão final do texto — que é a única atualmente conhecida — Bazin a alterava por conta própria, fazendo figurar Sadoul como um marxista "stalinista"[58]. O que diferencia Sadoul de Bazin, e o aproxima de Eisenstein, é precisamente esse interesse pelos objetos materiais, pelas práticas e pelas experimentações. Essa posição leva ambos a considerar incessantemente a expansão do cinema em direção a outras *possíveis* tecnologias, na medida em que os dois consideravam uma propensão superior à "compatibilidade" do que à "homogeneidade" — para empregar o vocabulário de Simondon[59]. Dessa maneira, Sadoul, em um pequeno livro de divulgação, em 1957, aborda a gravação mecânica e, em seguida, a transmissão imaterial das imagens e sua transformação em "correntes elétricas moduladas" (como Léon Moussinac havia evocado, em 1926, a transmissão do filme a distância[60]). Sem no entanto negligenciar os efeitos "reversos" do que Sadoul chama de uma "demanda social" ou o fato de que, como escreve Eisenstein em suas "Notas", as tendências estéticas podem tornar-se o ponto de partida de possibilidades técnicas.

Longe de subscreverem-se na luta pela "ideia platônica" do cinema contra as gravidades da matéria que Bazin evoca[61], eles se inscrevem, sobretudo, no que Althusser chamou de "a corrente subterrânea do materialismo do encontro"[62]. Eisenstein o

58   Le Mythe du cinéma total et les origines du cinématographe. In: *Critique* n° 6, 1946 e Le Mythe du cinéma total. In: *Qu'est-ce que le cinéma?*. Paris: Cerf, 1958. Tomo 1 (Cf. ALBERA, F. Trois intrigues de Georges Sadoul. In: *Cinémas*. vol. 21. n° 1, 2011. p. 56). Georges Friedmann, no artigo citado, destaca, entre os méritos da empreitada, a atenção dedicada aos "atrasos" e às "inversões" de determinações (entre ciências, técnicas, economia, necessidades sociais).

59   "Na origem, considerado como uma formalização da visão do movimento, [o cinema] admitiu sucessivamente o som, depois a cor, descobrindo modos de compatibilidade de seu emprego simultâneo. A cada nova incorporação, a reação dos puristas, em nome da homogeneidade de cada arte, proclamou a destruição do verdadeiro cinema. Essa arte no entanto se desenvolveu e está, neste momento, em vias de descobrir a lógica de sua compatibilidade com o modo novo de transmissão e de produção que é a televisão, e com uma técnica que autoriza essa compatibilidade estreita, a da gravação de imagens em uma fita magnética." SIMONDON Gilbert, *Imagination et invention (1965-1966)*. Chatou: La Transparence, 2008. p. 157-160.

60   MOUSSINAC, Léon. Anticipations nécessaires. In: *L'Humanité*, 18 de junho de 1926, e SADOUL, Georges. *Les Merveilles du cinéma*. Paris: Éditeurs Français Réunis, 1957.

61   Da qual Erwin Panofsky está também distante em sua famosa conferência de 1934, "Style et matière du septième art": "It was not an artistic urge that gave rise to the discovery and gradual perfection of a new technique; it was a technical invention that gave rise to the discovery and gradual perfection of a new art. ["Não foi uma necessidade artística que conduziu à descoberta e ao gradual aperfeiçoamento de uma nova técnica; foi uma invenção técnica que conduziu a descoberta e ao gradual aperfeiçoamento de uma nova arte." In: *Trois Essais sur le style*. Paris: Editions Gallimard, 1996. p. 109.] Encontramos o mesmo termo em uso nas "Notas" de Eisenstein — *urge* —, também presente em Ramsaye ("The urge of art", in: op. cit. p. 5), mas ambos levam em conta a evolução da sociedade nos planos econômicos e das mentalidades (ideologia), assim como certas determinações antropológicas.

62   ALTHUSSER, Louis. *Écrits philosophiques et politique*. Tomo 1. Paris: Stock, IMEC, 1994.

explicita em um texto surpreendente, intitulado "Torito"[63] (1934), que seus editores russos associaram a suas "memórias". Nele, Eisenstein estuda os caminhos da invenção, a partir do exemplo de Gutenberg tal como foi analisado por Joseph-Marie Montmasson em seu livro *Le Rôle de l'inconscient dans l'invention scientifique* ["O papel do inconsciente na invenção científica"][64]. Ele desenvolve uma lógica em três etapas, que vai da "ideia fixa" ao "projeto" e à "implementação", passando por "conjunções", "analogias" e "extrapolações" entre técnicas diferentes, às vezes bem distantes, para responder à "expressão do grupo social com que compartilha os interesses" e convergindo na direção da implementação de um "aparelho". No caso de Gutenberg, "o desejo de concretizar uma ideia determinada [...] correspondente à demanda dos que partilham de sua fé" (difundir mais largamente a Bíblia, contribuir para o sucesso das peregrinações de Aix-la-Chapelle) "encontra" traços fundamentais em técnicas existentes: a reprodução de gravuras, a impressão por pressão sobre papel, a reprodução do desenho das letras com um molde. "Esses três momentos decisivos nascem apoiando-se sobre a experiência e o princípio de três situações tecnicamente análogas: das cartas de baralho e das imagens de santos surge a ideia de usar a técnica de impressão de gravuras para reproduzir as letras; a prensa de uvas e o lacre dos monges sugerem a utilização do estanho como material para os caracteres de impressão; enfim, a cunhagem de moedas e seu cunho fazem nascer um aparelho para fabricar as letras"[65].

A analogia, a seleção de traços distintivos nas práticas e técnicas e sua compilação "se fundem", assim, em "uma nova invenção autônoma"[66]. Os empréstimos metonímicos "montados" produzem um salto qualitativo, o da invenção, como poderíamos dizer, empregando o vocabulário hegeliano-marxista do próprio Eisenstein. Isso distingue, enfim, a lenta melhora em matéria de evolução dos objetos técnicos[67].

Essa posição de historiador do cinema conduz Eisenstein a desenvolvimentos novos — como os sobre a gravura, a fotografia, o vitral, a tipografia. Não devemos ater-nos somente ao exemplo da fotografia. Em seus escritos, o lugar ocupado pelo *fotográfico* como captura de dados pró-fílmicos, como gravação, havia feito com que *a fotografia* passasse desapercebida. Nota-se o mesmo tipo de escamoteio nos Formalistas. Tratava-se de favorecer os processos construtivos, a montagem acima

---

63   *Torito* é um fogo de artifício tradicional nas festas populares do México, que parodia a corrida de touros. (*Mémoires* 3. p. 65).

64   MONTMASSON, Jean-Marie. *Le Rôle de l'inconscient dans l'invention scientifique*. Paris: Alcan, 1928 (referência omitida nas edições alemãs — *YO* — e inglesa — *Beyond the Stars* — das "memórias").

65   *Mémoires* 3. p. 55-87.

66   Ibid. p. 80.

67   LEROI-GOURHAN, André. *Évolution et techniques*. Tomo 2. *Milieu et techniques*. Paris: Albin Michel, 1945, e SIMONDON, Gilbert. *L'Invention dans les techniques. Cours et conférences* [1968-1974]. Paris: Seuil, 2005.

de tudo, e a captura fotográfica era vista apenas como matéria-prima dessa operação[68]. Nas "Notas", a fotografia é tratada com uma profundidade histórica que remonta às múmias e às máscaras mortuárias e repassa pela "arte fotográfica". Esta é abordada em particular com Hill[69], associado a uma elaboração da imagem por meio dos tempos de exposição, da imagem compósita, da montagem no tempo (luz) e no espaço (trinta negativos para uma imagem), assim como Le Gray (igualmente citado) pode ser associado à prática da montagem de dois negativos (céu e mar), ou seja, à queda do preconceito da fotografia como captura do que existe, como uma impressão exata, como um automatismo. É por isso que a passagem datada de 2 de dezembro de 1946, sobre a preservação eterna do ser físico por meio da mumificação do herói (p. 31-32) pode certamente ser aproximada da "Ontologia da imagem fotográfica" de Bazin, que coloca o complexo da múmia na origem da pintura e da escultura, acrescentando a ele o Santo Sudário, síntese da relíquia e da fotografia. Tendo em vista sua data de publicação, Eisenstein pode ter tido acesso a esse texto[70], ele que havia estabelecido a cadeia "roupa de Véronique / Santo Sudário / fotografia" em seus desenhos mexicanos de tourada, conjugando a crucifixão do touro / do toureiro, Véronique/muleta...[71]. Mas, também aqui, o que distinguiria as duas abordagens, e nos colocaria no caminho da construção histórica segundo Eisenstein? Um texto de Sadoul, em resposta ao de Bazin[72], pode nos ajudar[73].

68   "Pelos meios da fotografia nós fabricamos impressões factuais do fenômeno e dos fragmentos da realidade" — o que corresponde ao documentário — "essas impressões — se vocês desejam os reflexos fotográficos — são combinadas em uma certa ordem" — o que corresponde ao cinema de encenação (*Le milieu des trois*, op. cit. p. 213).

69   David-Octavius Hill (1802-1870), pintor de Edimburgo, autor de um tratado sobre a reprodução para gravura de pintura de paisagem, associado a Robert Adamson, foi um dos primeiros a utilizar a invenção de Fox Talbot (negativo/positivo) em inúmeros retratos e paisagens chamados calótipos. No livro prefaciado por Eisenstein, *Izobrazitielnoe postroienie film'a* ["A construção da representação no cinema"] (Em inglês: *The Cinema as a Graphic Art*. Nova York: Hill & Wang, 1936), de Vladimir Nielsen — câmera de *Outubro* —, há um capítulo inteiro dedicado à fotografia e Hill é citado diversas vezes (Moscou, Kino Fotoizdat, 1936). Em *Método*, Eisenstein dedica muitas páginas a Hill a propósito de imagens compósitas que ele elaborou a partir de centenas de fotografias de retratos reunidos em um quadro de conjunto.

70   Publicado na coletânea organizada por Gaston Diehl, *Problèmes de la peinture* (Lion: Confluences, 1945) e republicado com modificações em *Qu'est-ce que le cinéma?*, em 1958 (publicado na URSS [*Chto takoe kino?*, Moscou: Iskússtvo] em 1972, com interessantes comentários críticos do editor).

71   Intitulado *A invenção da fotografia*. Sobre os desenhos de corrida, ver nossas *Notes sur l'esthétique d'Eisenstein*, op. cit. p. 81-87.

72   Que tem sua própria genealogia: Girard-Cordonnier, *Le Christ dans sa passion révélée par le saint-Suaire de Turin*, Paris, Dillen, 1935; CLAUDEL, Paul. La Photographie du Christ. In: *Toi, qui es-tu?*. Paris: Gallimard, 1936, e diversos artigos de *Esprit* nos anos 1930 sobre a fotografia (entre os quais René Schwob, *Art poétique de la photographie*, sobre as mortes sucessivas dos 1/24 de segundo, a superioridade da fotografia sobre o fotograma sem movimento.

73   SADOUL, Georges. Peinture et photographie. In: *Arts de France* nos 19, 20 e 21, 1947. Transcrição de uma conferência em "Travail et Culture", agrupamento de ação cultural constituído

Nele, propõe-se uma "História da fotografia" cujo ponto de partida é uma recusa do postulado baziniano: dizer que "'a fotografia libertou a pintura da servidão de parecer'" é um "lugar comum" que "sob diversas formas, há um quarto de século, cem escritores e críticos têm repetido [...], é alguém que propõe aos pintores que ergam um monumento a seus libertadores, Niépce e Daguerre". Bazin havia escrito: "Niépce e Lumière foram os redentores [da pintura][74]. A fotografia, ao terminar o barroco, libertou as artes plásticas de sua obsessão da semelhança", conduzindo-a ao caminho da autonomia... "Pois a pintura se esforçava em vão de nos iludir. Nossa satisfação vinha somente da ausência de processos mais aperfeiçoados, enquanto a fotografia e o cinema são descobertas que resolvem definitivamente e em sua essência até mesmo o problema do realismo". Sadoul retorque: "a fotografia transcreve a realidade de maneira bem mais imperfeita que a modelagem", ela obedece a um conjunto de convenções (o "selvagem" que não as conhece nada verá no pedaço de papel que lhe será mostrado).

O pensamento de Bazin se insere no âmbito desse paradoxo da concepção indexical ou indiciária da fotografia, que conjuga impressão e presença por meio do contato entre o objeto fotografado e seu traço fotossensível sobre o suporte químico, mas evita abordar a câmera e as materialidades técnicas que, da maneira como são apresentadas por ele, acabam por apagar-se[75]. Inversamente, Eisenstein se apega à realidade material do suporte e aos dispositivos técnicos que garantem a representação: captação, inscrição, codificação, projeção etc. A "moldagem", a "impressão" são *arkhè*, mas não se pode parar por aí! O suporte tem uma materialidade que reage à tal impressão (camadas, grãos); só há impressão sobre o suporte porque há um dispositivo ótico de captação e de transformação (lentes, objetivas). A luz "emitida" pelo sujeito precisa ser transportada sobre o suporte (a instantaneidade ou quase instantaneidade do processo — à velocidade da luz — não anula a existência da operação) e, no cinema, a projeção dos fotogramas que desfilam no aparelho acrescenta

após a Liberação, em que Bazin também trabalhava. Antes disso, Sadoul havia publicado em *Regards*, em 1937, um texto que levava o título de "Naissance de la photographie".

74   Cf. a expressão de Baudelaire em "Le public moderne et la photographie": "Daguerre foi seu Messias" ("Salon de 1859", in: *Curiosités esthétiques*. Paris: La Pleiade, 1932. p. 223). O texto de Bazin manifestamente faz eco ao de Baudelaire, de que ele inverte a condenação, conservando a isotopia religiosa.

75   Em seu texto de *Qu'est-ce que le cinéma?*, Bazin diferencia claramente a pintura, que cria a ilusão por meio da perspectiva (um dispositivo de "geometria ilusionista"), da fotografia e do cinema, que não provêm de uma construção codificada, permitida pelo aparelho. A relação indicial que anula a construção icônica em nome do contato, da transferência da realidade, e a objetividade se impõem fora de qualquer determinação cultural, histórica, técnica etc. Nos anos 1969-1970, Marcelin Pleynet, Jean-Louis Baudry (na revista *Cinéthique*), em seguida Jean-Louis Comolli (nos *Cahiers du cinéma*) e até Christian Metz (em *Le Signifiant imaginaire*) introduzem novamente a instância da perspectiva na imagem foto-cinematográfica, para colocar em evidência sua dimensão ilusionista (ideológica, alienante ou simplesmente imaginária).

uma transcrição suplementar à operação, ainda que a ligação icônica (semelhança, figuração) seja mantida. Agora que a codificação da imagem "captada" pela câmera eletrônica e a restituição sobre a tela não passam mais pela conservação de "marcas" mas por um cálculo, as ambiguidades da percepção (vê-se a imagem que se reflete sobre a retina? É o olho ou a alma que vê?[76]) e sobretudo do modelo da *câmera obscura* em relação à percepção se dissipam: nosso olho converte as ondas eletromagnéticas em "imagens"[77]. Além disso, a distância entre a captura da imagem e a captura do som é relativizada: Wittgenstein observava a passagem da partitura à execução musical e depois até a gravação nos vincos de um disco, submetendo todo esse processoà lei da projeção/tradução[78].

Um texto que faz parte de suas memórias, "As obras de Daguerre"[79], situa bem o posicionamento de Eisenstein. Ele fala de sua visita a um pequeno museu da Califórnia em que daguerreótipos são expostos em uma vitrine. Toda sua atenção convergiu sobre realidade material dessas placas metálicas — que tanto refletem (espelho) a imagem daquele que olha para elas quanto servem de suporte (impressão) para a imagem impressionada, dependendo do ângulo adotado[80] — e também sobre as camadas de historicidade, que ele vai levantando uma a uma:

> É a primeira vez que eu vi e entendi os daguerreótipos. Pequenos, quase inteiramente negros, datando da época em que se utilizava o zinco, ou com uma superfície lisa que piscava maliciosamente em minha direção. Era preciso segurá-las orientando de um determinado modo a superfície de vidro para deixar ver a imagem, no interior de pequenos medalhões, rodeados de uma fina moldura ornamentada com lâminas de cobre, finas como uma folha de mental.
> Com buquês estampados sobre a pequena cobertura exterior.
> No interior, um fragmento de imagem viva, como um fragmento da vida de uma época, modelo vivo do caractere nacional. [...]
> Além disso, o passado, ainda que não seja tão antigo, é um outro mundo, um outro século que me olha com seus olhos vivos, entre esses minúsculos medalhões abertos em que uma das metades tem uma almofadinha de veludo ligeiramente gasto e

---

76 Questões debatidas e descartadas por Descartes em sua *Dióptrica*.

77 Cf. DAGOGNET, François. *Philosophie de l'image*. Paris: Vrin, 1984. p. 55.

78 WITTGENSTEIN, Ludwig. *Tractatus logico-philosophicus*. Paris: Gallimard, 1961. p. 46.

79 Texto sem data que os editores das *Memórias* situam entre 1943 e 1946 (*SW* 4. p. 290-298) (*Mémoires 2*. p. 98-107).

80 O reflexo do observador sobre a placa do daguerreótipo é um dos sentidos da frase de Baudelaire: "a sociedade imunda se acotovela[ndo] como um único Narciso, para contemplar sua trivial imagem sobre o metal". (*Op. cit.*. p. 221).

desbotado, de cor laranja, cereja ou chocolate, enquanto que, na outra metade, veem-se os olhos, os penteados, os quepes e as barbichas aparadas, ao estilo *Uncle Sam,* de inúmeras pessoas, anônimas para a maioria dos observadores atuais, mas que um dia foram personalidades de projeção em suas cidadezinhas, conhecidos e respeitáveis, esses americanos dos anos 1940, 1950 e 1960, ativos, práticos e habilidosos nos negócios! [...]

Como o espelhinho do laringologista, a superfície de um outro daguerreótipo, mais antigo, brinca com um raio de sol. Entre os lampejos de sua superfície, observam-se os contornos fugidios dos quadrados pálidos. [...]

As poses dos daguerreótipos são quase tão tradicionais [quanto os retratos de família atribuídos aos pintores itinerantes que 'o método sutil de Daguerre e de Niepce suplantaram pouco a pouco']. Mas, meu Deus, quanta diversidade de rostos, quantas marcas biográficas atuais nas rugas desses rostos, os queixos duplos, as pequenas rugas ao redor dos olhos, os narizes triunfalmente empinados dos bem-sucedidos; nos tristes rostos juvenis que aparecem sob os quepes dos confederados, é como se eles esperassem uma morte próxima, nas enfermarias, como descrevem, de modo implacável e tocante, as folhas de apontamentos e o jornal do "grande poeta de cabelos brancos" Whitman...[81].

Esse texto, exemplar do "método" histórico de Eisenstein, deve ser visto em comparação com algumas passagens da "Pequena história da fotografia" de Walter Benjamin. Ele compreende simultaneamente a realidade material do "daguerreótipo" — não somente "fotografia", mas bibelô, objeto socialmente definido pelo valor acrescentado por seu decoro — e a vida "aprisionada" duplamente (marcas gravadas no metal e caixas de vidro) daqueles que foram "capturados". Atualizados no presente, seus olhares nos chegam com a distância temporal de muitas décadas, como a luz de estrelas mortas. O texto compreende ainda a documentação histórica da sociedade que fornece a imagem e o relampejar dos acontecimentos trágicos que recairiam sobre os despreocupados "modelos" na carnificina da guerra civil americana.

---

81   S. Eisenstein, op. cit. p. 101-104.

O "berço" do cinema

Um dos capítulos mais surpreendentes e ao mesmo tempo mais difíceis de apreender dentro dessa metodologia de "história geral" é talvez o que se intitula "Elogio da cine-crônica". Poderíamos discutir seu lugar nessas "Notas", pois, à primeira vista, ele é dedicado a um problema propriamente soviético, no qual Eisenstein está implicado pessoalmente. Nesse capítulo, Eisenstein defende a posição artística que fora a sua (trata-se somente dos anos 1920, nenhum filme posterior é mencionado; mais especificamente, não se fala de *Ivan*). Esse trabalho faz, no entanto, parte da lógica historio-*gráfica* dessa "história geral" e, desse modo, oferece um "caso de estudo". Seu objeto, ainda hoje insuficientemente avaliado tendo em vista o que foi e os desenvolvimentos que teve e poderá ter, é o cinema documentário e de atualidade — que, em russo, é identificado por uma só expressão, a "cine-crônica" (*kino-khronika* ou simplesmente *khronika*). Mais precisamente, seu objeto são os virulentos debates do fim dos anos 1920 sobre a factografia, o documento, o arquivo, questões centrais na abordagem de Eisenstein. A questão que ele coloca não é outra senão a escolha que ele fez, contra os partidários do "cine--fato", da não-ficção e de toda a corrente que se aprofundara durante aquela década, em torno de Gan, Vertov, Arvatov, Brik, Tretiakov e alguns outros, na promoção do material contra o sujeito e mesmo contra a fábula (que destorcem o primeiro ao impor-lhe uma forma). O próprio Eisenstein optou de pronto por um cinema de re--criação, de re-encenação desse material factual (em *A greve* e *Potemkin*) dentro de um *pathos* revolucionário (o que ele chama aqui de cinema épico[82]). Vertov criticou veementemente essa "apropriação indevida" do Cine-olho em benefício do cinema "de atuação" e Ester Chub introduziu sutilmente em *A queda da dinastia Romanov* planos de atualidades sobre os navios de guerra russos e a vida a bordo (o destino dos marinheiros condenados a lavar o convés *versus* os oficiais festejando na sala de jantar com um cachorro à mesa), tendendo a demonstrar a inutilidade da *mise--en-scène* do *Potemkin* com relação à montagem de elementos factuais. Em seguida, Eisenstein apresentou a hipótese radical do cinema intelectual com *Outubro, A linha geral* e os projetos não realizados de *O capital* e *Glass House*[83].

O movimento factográfico, que incluía outras práticas artísticas além do cinema (em particular, a fotografia e a literatura), operava essa passagem da arte ao mundo social que a pintura e a escultura construtivistas haviam iniciado com o produtivis-

---

82   É preciso diferenciar a oposição épico *versus* dramático em *Dramaturgia da forma fílmica* (1929), em que o princípio épico é relacionado a Pudôvkin e ao agrupamento linear em oposição à montagem dialética fundada no conflito que ele reivindica (*Cinématisme*. p. 25). Sobre o pathos, ver o estudo de Georges Didi-Huberman, "Pathos et Praxis: Eisenstein contre Barthes", in: *1895 revue d'histoire du cinéma*. n° 67, 2012.

83   Ver EISENSTEIN, S. *Glass House*. E seu texto sobre a atração intelectual (A.I. 28). In: *Eisenstein dans le texte*. Ver acima: "Meu limite é o cinema intelectual" (p. 121).

mo[84], tirando todas as consequências da revolução cubista dos "papeis colados" e do abandono da representação, revolução de que o século XX conheceria reiteradas tentativas, passando pela "abolição" do estatuto de artista e da autonomia da arte e pela vontade de "construção da vida" (de dada ao objetivismo ou ao situacionismo e, no cinema, dos filmes "kinoki" ao "cinema-verdade" de Morin e Rouch, e ao Godard dos anos 1966-1976).

Eisenstein, criticado inclusive por pessoas próximas, como Tretiakov e Arvatov, com quem ele havia trabalhado no teatro, não tinha participado do debate no seio do LEF. Aqui, Eisenstein o faz a sua maneira — enunciada, em *Método,* como um problema de "psicologia da arte": como um evento torna-se uma obra, como se passa de um "fato" da vida a um "fato" artístico[85]? — e conferindo-lhe profundidade histórica e aplicação "geral". Ele começa por colocar o documentário, a "cine-crônica", no fundamento do cinema soviético. Para tanto, identifica uma primeira etapa de captação, a que ele chama de "eidética", e uma segunda etapa, que ele inscreve em uma história do ornamento. Esse "reconhecimento" é evidentemente inseparável de sua superação dialética, *Aufhebung* que seu próprio cinema realiza, negação da negação ("Kulechóv 'morre' com a aparição de *A greve.* Assim como Vertov". p. 152). Mas esse reconhecimento também comporta a consciência de uma permanência dessa "origem" no desenvolvimento posterior (sobrevivência ou regressão), até o "maneirismo" documental que ele nota no neorrealismo italiano e em alguns filmes do pós-guerra que imitam as atualidades.

A premissa desse "elogio" se situa anteriormente (no capítulo 3), em que se examina a "necessidade de fixar os fenômenos" (evocada mais cedo a partir de diversas pulsões ou necessidades humanas, como o desejo de parar o tempo, de imortalidade, de conservação — que tomam formas específicas de acordo com a época e a sociedade), utilizando para isso os meios possíveis e suas modalidades (por exemplo técnicas).

84   Ver "Le LEF et le cinéma (1927-8)", in: *La Revue Documentaires* n° 22-23, 2010. p. 41-70. Para o movimento de conjunto, ver principalmente os trabalhos de Maria Zalambani, *L'arte nelle produzione:* avanguardia e rivoluzione nella Russia sovietica degli anni'20. Ravena: Longo, 1998; *La morte del romanzo:* dall'avanguardia al realismo socialista. Roma: Carocci, 2003 (edição russa: *Literatoura fakta:* ot avangarda k sotsrealismu. São Petersburgo: 2006); sobre o cinema e literatura, ver Elizabeth Papazian. *Manufacturing Truth:* the Documentary Moment in Early Soviet Culture, Dekalh: Nothern Illinois University Press, 2009. E para o cinema, o jornalismo e a fotografia, ver Aya Kawamura, La création collective dans le documentaire soviétique: photographie, cinéma et 'correspondants-ouvriers'. In: *1895 revue d'histoire du cinéma* n° 63, 2011.

85   *Psychology of Composition.* p. 1. Em *L'organique et le pathétique,* ele escreve que o "segredo" de *Potemkin* "é que o andamento de cronista dos acontecimentos está adaptado à estrita composição de uma tragédia [...]. Os acontecimentos são tomados enquanto fatos nus, divididos em cinco atos de uma tragédia" (*NIN* 1. p. 51).

Essa genealogia da "fixação dos fenômenos" enumera: a crônica (que os descreve e comenta), a fotografia (que fixa uma imagem deles), o documento (que leva o vestígio dos fenômenos) e as impressões (que guardam a aparência vivida). As modalidades segundo as quais esses meios se desenvolvem são precisadas em seguida. A cada uma dessas "maneiras" corresponde um exemplo artístico ou literário, por vezes paradoxal: Homero é objetivo e a arte egípcia, tendenciosa. Já *O canto da campanha de Igor* e *As grandes misérias da guerra* (Callot) são emocionais, enquanto *Os desastres da guerra* (Goya), patético, as "Misérias", dramáticas e as "Crônicas" de Shakespeare, poéticas[86]. É uma cronologia aleatória que tanto pode se desenvolver no "sentido da história" quanto pode ir no sentido inverso. As obras pertencem a domínios diferentes, em função dos traços distintivos observados, que não permitem considerar uma "evolução" linear de uma forma a outra mas que, por outro lado, constroem uma genealogia.

Uma dimensão mais restrita é evocada em seguida: a da *comemoração*, exemplificada pelo ditirambo, pela crônica dinástica, pela reconstrução de uma ação e... Pela televisão. Enumeração novamente heterogênea, de que seria preciso ter em mente o aspecto pertinente, ligado ao raciocínio que comporta manifestamente, no subtexto, uma referência à situação soviética e ao lugar que nela ocupa a celebração dos eventos fundadores e dos grandes homens. Desde o início dos anos 1920, o cinema de atualidades de que participam por exemplo Vertov, Tissé, Kulechóv conquista um espaço importante dentro desse contexto (construção de uma memória legitimante), assim como outras formas coletivas ou mais restritas de manifestações artísticas ou espetaculares. A ficção irá na mesma direção, não somente com os filmes que comemoram o aniversário das revoluções (a de 1905 e, depois, a de 1917), em que Eisenstein tem um papel notável, mas também com toda uma série de filmes voltados para o passado e destinados a garantir os fundamentos ideológicos do regime socialista (evocação da situação sob o antigo regime, lutas políticas ou sociais reprimidas etc.). Em seguida, aquilo que Kruchtchev chama de "culto da personalidade"[87] dá a essa exigência política as conhecidas formas hipertrofiadas. Dessa enumeração, notemos, assim, que o ditirambo é um poema lírico endereçado a Dionísio, improvisado e caótico, excessivo; uma crônica dinástica evoca o reino de um soberano... Quanto à reconstituição de uma ação, ela pode fazer uma alusão ao teatro de massa tal como

---

86   Cf. "A história grega é um poema, a história latina um quadro, a história moderna uma crônica" (CHATEAUBRIAND, Alphonse de. *Essai sur la littérature anglaise et considérations sur le génie des hommes, des temps et des révolutions*. Paris: Gosselin et Furne, tomo 2, 1836. p. 239).

87   Denunciado desde 1924 no primeiro número da *Lef*, com o slogan: "Não façam comércio de Lenin" e que será discutido a propósito da representação de Lenin em *Outubro*, quando Eisenstein foi criticado pelos lefistas. Vertov, assim como Rodtchenko, contrapôs o arquivo vivo do filme ao fluxo de imagem morta da pintura e das diversas efígies. (Cf. Rodtchenko, *Protiv summirovannogo portreta za momental'nyi snimok*. In: *Novy Lef* n°4, 1928. p. 14 [republicado em *Écrits complets sur l'art, l'architecture et la révolution*. Paris: Sers, 1988. p. 135).

ele foi desenvolvido por Evrêinov desde 1919, na linhagem do teatro ao ar livre que se seguiu à Revolução Francesa[88], reconstituindo os eventos de 1917 (Eisenstein, aliás, aborda diversas vezes esse assunto). A televisão, por sua vez, capta e retransmite os acontecimentos oficiais como as vistas Lumière, mas ela é, aqui, aproximada das dionísias (já implicadas no ditirambo), instituídas pelo tirano Pisistrato por volta de 535, para religar os cidadãos ao novo sistema político tirânico.

O cinema havia sido omitido dessa "sequência" (em que se salta do teatro à televisão). Ele é agora considerado sob duas formas sucessivas: aquela, originária, da "cine-crônica" (as atualidades), que capta os acontecimentos tal e qual, e aquela do filme épico (o de Eisenstein), que vem em seguida, recriando os eventos por meio da *mise-en-scène* — como os "Mistérios" medievais (os quais inauguravam a saída da igreja e o espetáculo de massa).

Para compreender a proposição segundo a qual a cine-crônica, "berço do cinema soviético" (sua condição de possibilidade e sua forma primeira), lembra a forma *ornamental*, é preciso passar por Alois Riegl e por sua história do ornamento (*Questões de estilo*[89]). Não que Eisenstein se inscreva estritamente na perspectiva de Riegl — ainda que toda uma série de noções o aproximem dele[90], como a recusa de estabelecer hierarquias entre os períodos e os tipos de arte —, mas ele evidentemente leu Riegl e o leva em consideração até em suas transgressões e superações dos princípios rieglianos[91]. Ao afirmar que "a crônica é uma etapa do filme artístico, a inicial. *Assim como* as pinturas rupestres e o ornamento são uma etapa da futura arte figurativa" (p. 130); que "a crônica é a etapa da pintura rupestre e do ornamento na história do filme artístico" com "as mesmas duas fases: 1) a pintura rupestre e 2) o ornamento" (Ibid.), Eisenstein faz um contraponto a Riegl. É precisamente essa relação de suces-

---

88   A Convenção, em sua sessão do 28 floreal, ano II (17 de maio de 1794), adota um decreto relativo à organização das festas públicas. Robespierre comenta o "mais magnífico de todos os espetáculos", "o espetáculo de um grande povo em assembleia". Segundo ele, nas festas nacionais da Grécia, "via-se um espetáculo maior do que os jogos: eram os próprios espectadores, era o povo que vencera a Ásia, que suas virtudes republicanas tinham elevado muitas vezes acima da humanidade. Viam-se os grandes homens que tinham salvado ou ilustrado a pátria: os pais mostravam a seus filhos Miltíade, Aristide, Epaminondas, Timoleon, cuja simples presença era uma lição viva de magnanimidade, de justiça e de patriotismo." (Citado por LALANNE, Ernest. *Les fêtes de la révolution*. Paris: Société d'édition e de publication, 1900. p. 8-9).

89   RIEGL, Alois. *Stilfragen. Grundlegungen zu einer Geschichte der Ornementik*. Berlim: Siemens, 1893. (*Questions de style. Fondements d'une histoire de l'ornementation*. Paris: Hazan, 1992).

90   Essa pulsão, essa necessidade — *trieb* —, que ele evoca constantemente, tem alguma proximidade com o *Kunstwollen*; o movimento histórico que vai de uma visão próxima, háptica, a uma visão distante, óptica (presente em *Rodin et Rilke*, e aqui quando trata da passagem do contorno a tatuagem e da representação) (p. 185).

91   Ele se refere especialmente a *Die Entstehung der Barockkunst in Rom* (Viena: 1908; *L'Origine de l'art baroque à Rome*. Paris: Klincksieck, 1993) em *A natureza não-indiferente* (*NIN* 2. p. 295-296).

são que o último recusa, essas etapas em que se privilegia a representação mimética
— estigmatizada em seguida por Wilhelm Worringer em sua tese "Abstraktion und
Eifühlung" (1907) — limitando o ornamento a uma etapa primitiva anteartística,
derivando de práticas artesanais (como a tecelagem[92]), como algo ligado a funções
materiais e utilitárias. Para Riegl, a pulsão artística inspira de partida o trabalho ornamental e este vai até apreender a tal figuração, assim que ela entrar em seu campo,
para transformá-la em função de suas qualidades próprias: a do contorno, da sua
planicidade (exemplo da folha de acanto, que é geométrica).

Ora, a crônica-"ornamento" de Eisenstein também não tem esse estatuto extra-
-artístico, pois ela se distingue de uma primeira etapa, chamada "eidética", que corresponde à "fixação automática". A formulação é intrigante: por que "eidética"? No
léxico eisensteiniano, em particular em "El Greco y el cine", *eidético* parecia opor-se
a icônico, como *obraz* opõe-se a *izobrajenie*: ele estava do lado do conceito, do não
visível (da essência), em oposição à representação, ao visível (à aparência)[93].

O sentido que Eisenstein confere a "eidético" a propósito da cine-crônica deve
ser especificado com relação ao que viemos de evocar — que ele ilumina de volta[94].
Encontra-se uma primeira ocorrência de "eidético" em "Montagem vertical", a
propósito do "camarada C.", um paciente dos professores Vigotski e Luria[95]. C. é hoje
famoso sob seu nome, Cherechevski (ou Veniamine, seu segundo nome), depois que o
livro de Alexandre Luria, publicado em 1965, tornou público esse caso de hipermnésia.
O camarada C. aliava essa "capacidade ilimitada de memorização" ao "dom da

---

92   Em *A natureza não-indiferente*, Eisenstein se apoia em *Die Anfänge der Kunst* (Freiburg,
1894 [*Les Débuts de l'art*. Paris: Alcan, 1902]), de Ernst Grosse, para colocar o entrançamento na
origem da ornamentação (*NIN* 2. p. 134-5 e 325, nota X).

93   Em Platão, a imagem visível e semelhante (o ícone da semiologia) se chama *eidolon* (ídolo).
O ícone (*eikon*) é um símbolo, uma figura retórica (como a alegoria da caverna na *República*).

94   Em *Vista de Toledo sob a tempestade*, El Greco adota um ponto de vista impossível geogra-
ficamente para pintar a cidade, a ponte de Alcântara e o rio Tejo. Para isso, colocou-se imagi-
nariamente em uma altura inexistente. Além disso, mudou as proporções e a localização dos
lugares. Sobre isso, Eisenstein fala de "mancha suprafigurativa, *eidética*", de "recriação *eidética*
de uma paisagem natural" (*Cinématisme*. p. 73).

95   As relações de Eisenstein com Vigotsky e Luria datam de 1928. Vigostky morre em 1934 e
a relação com Luria durou até sua morte. Os dois psicólogos estavam muito interessados nas
questões de psicologia da arte e, particularmente, nas relações do espectador do filme (Luria
abre um laboratório no recém-nascido VGIK com esse fim, para tratar da produção de filmes
experimentais e experiências que "anunciam" as do Instituto de Filmologia). Por sua vez, Eisenstein colhia nos resultados dessas experiências e apresentações de casos ensinamentos para
a compreensão dos mecanismos de recepção das obras de arte, o funcionamento da linguagem, da memória, da percepção (ver "A forma do filme: novos problemas" [1935], em *A forma
do filme*, op. cit.). Além disso, ele deve a Luria o fato de ter entrado em contato com Kurt Lewin
e com os psicólogos da Gestalt quando passou pela Alemanha em 1929. Em dezembro de 1940,
Eisenstein foi solicitado por Luria para conceber um curso. E, no dia 19 de novembro de 1947,
Luria, então professor da Universidade de Moscou, liga para Eisenstein para convidá-lo a dar
cursos sobre a psicologia da arte no Instituto de Psicologia (*Psychology of Composition*. p. 16).

sinestesia", conforme escreve Eisenstein, e "a 'eidética' também figurava entre seus talentos, isto é, a capacidade de fazer uma reprodução exata, não conscientemente, mas automaticamente, de qualquer desenho de qualquer complexidade"[96]. O termo "eidético" pode, portanto, ser proveniente de Luria, que o usa em seu livro[97]. Deve-se, porém, o termo e sua acepção particular ao psicólogo alemão Erich Rudolph Jaensch de Marburg, que estudou especificamente os fenômenos de percepção direta, de memória e de transmissão de pensamento a partir de 1920[98]. Ele representava uma "escola de pensamento" antiGestalt.

Para Luria, as "Eidetic Images" designam as imagens mentais nas quais C. transformava tudo o que via, lia e ouvia, para memorizá-las. Luria insiste, no entanto, nas "Techniques of Eidetic Images". De acordo com ele, C. efetuava uma série de operações, recorria a um certo número de procedimentos para se lembrar de palavras e imagens que eram submetidas a ele. Ele começava por organizar em sua cabeça a ordem dessas imagens, dispondo-as em fila ao longo de uma rua de sua cidade natal ou de lugares de sua infância, com a cautela de lhes situar em locais bem iluminados e de aumentá-las sempre que se fizesse necessário. Num segundo momento — que adquiriu progressivamente importância, quando as experiências de laboratório se extenderam para o palco[99] —, ele extraía detalhes metonímicos dessas imagens (assim, para "cavaleiro": um pé e uma espora), os "abreviava" para situá-los em um conjunto. Enfim, o terceiro momento consistia em decompor as palavras em sílabas para guardar apenas uma parte (sobretudo, as palavras sem sentido que lhe eram submetidas com o objetivo de testar suas capacidades). A

96   EISENSTEIN, S. *O sentido do filme.* Trad. Teresa Ottoni. Rio de Janeiro: Jorge Zahar Editor, 2002. p. 98. Em francês: *Le Film: sa forme / son sens.* p. 302-303. Em inglês em *Vertical Montage* [1940] *SW 2.* p. 368).

97   LURIA, Alexandre. *The Mind of a Mnemonist.* Londres e Nova York: Basic Books, 1968. p. 41 (Alexandre Luria, Une prodigieuse mémoire. In: *L'homme dont la mémoire volait en éclats.* Paris: Seuil, 1994).

98   As teorias de Jaensch foram retomadas na França por Pierre Quercy (que publicou artigos sobre o "eidetismo", as alucinações e se interessa pelo "caso" Thérèse d'Avila), discutidas por Edmond Claparède. André Breton, em seu *Dictionnaire abrégé du surréalisme* (em coautoria de Paul Eluard) (1938), recupera a definição de Jaensch e seus discípulos franceses. Jaensch, que reivindicava a herança de L. Lévy-Bruhl, se engajara muito cedo do lado do hitlerismo e se empenhava para justificar, sobre bases antropológicas, a ideologia racial nazista. Georges Simondon, que dedica diversas páginas às imagens eidéticas em seu curso sobre "Imaginação e invenção", acompanha Robert Woodworth (*Psychologie expérimentale.* Paris: PUF, 1949 [1938], que remete, antes de Jaensch, a Viktor Urbantschitsch (1907), mas discute mais Taine, Binet etc., e concebe esse tipo de imagem mental em oposição à imagem imediata (próxima da alucinação), e propícia à "exploração mental", não se assemelhando a uma fotografia, pois dá lugar a uma série de operações que tendem ao simbolismo abstrato, uma espécie de "pensamento selvagem" (*Imagination et invention,* op. cit. p. 110).

99   Essa interação inferencial entre o analista e o paciente (ao longo de três décadas) foi analisada por Abdelhadi Elfakir em Mémoire et autisme: de la neuropsychologie à la psychanalyse. Le cas de Cherechevski. In: *L'Information psychiatrique.* vol. 81. n° 9, novembro de 2005.

proximidade entre essas técnicas visuais e um certo número de procedimentos cinematográficos (ou icônicos de modo geral: poderíamos remontar aos "léxicos" de imagens, emblemas, brasões e símbolos como os de Cesare Ripa[100]) não escapou a Eisenstein, em particular o recurso ao *close-up* e à *pars pro toto*, bem como o "cinematismo" mental evocado aqui, o deslocamento, o passeio[101]... As "imagens eidéticas" "gravadas", "fixadas", não têm portanto nada de impressões nem de "fotografias" (ainda que a hipermnésia seja frequentemente qualificada de "memória fotográfica"): Luria fala até de "pensamento-visão".

O que retém a atenção de Eisenstein em suas evocações do caso C. é que o tratamento das fontes externas (fenomenais) — captação, transmissão, tratamento, classificação e transformação em imagens mentais que podem em seguida ser "retiradas", reproduzidas — se efetua de maneira *mecânica* no cérebro-máquina do "Mr. Memory" soviético[102]. Ele escreve: "não analiticamente, mas automaticamente e precisamente". Há aí uma analogia com o aparelho de tomadas de vista (incluindo as acomodações aos códigos que regem a câmera)[103] e com a cadeia de reprodução do filme. O caso C., não citado aqui, mas que é subjacente ao raciocínio desenvolvido, com sua memória-maquinal (Cf. "la réflexion de la fixation des images *dans la mémoire*"), é a verificação do isomorfismo entre o aparelho de cinema e a consciência humana, convicção que Eisenstein enuncia diversas vezes nessa época[104].

100   Aliás, uma parte das explicações de Cherechevski coincide com o "programa iconológico" de François David, tal como ele o expõe em 1911 em seu "Nouveau système de composition des Scènes cinématographiques" (*Ciné Journal* n° 160, 16 de novembro de 1911). A surpreendente utopia pedagógica e enciclopédica de David começou a ser exposta em "Voir le procès de pensée: le cinéma intellectuel de François David a Eisenstein (en passant par Godard)". In: QUARESIMA, Leonardo, RAENGO, Alessandra e VICHI, Laura (orgs.). *I Limiti della rappresentazione. The Bounds of Representation. Censorship, the Visible, Modes of Representation in Film.* Udine: Forum, 2000).

101   Cf. "Architecture et cinema" e "El Greco y el cine" (*Cinématisme*, capítulos 2 e 3). O emprego "direcionado" do adjetivo eidético que é feito a propósito de *Toledo sob a tempestade*, iluminado pelo uso que dele faz Luria, leva a melhor sublinhar a dimensão "subjetiva" dessa paisagem. Eisenstein fala de autorretrato e retoma a frase de Zola: "a natureza vista por meio de um temperamento" (ou do "furacão emocional" em *Montage Vertical*, in: *Le Film:* sa forme/ son sens. p. 274).

102   "Ele era o modelo vivo e, consequentemente, mais impressionante do que o Mr. Memory de *Os trinta e nove degraus* (*The 39 Steps*, 1937) de Hitchcock" (Ibid. p. 303).

103   Aproxima-se aqui de certas afirmações bazinianas da *Ontologia da imagem fotográfica*, mas que partem de outra base filosófica (a fenomenologia) e situam seu objeto em outro lugar (visar o real das "próprias coisas" sem a interferência do humano que interpreta e se interpõe, reintegrando dessa forma o artista criador que transcende o meio "sem tocá-lo").

104   Em *A natureza não-indiferente* e especialmente em *Método*. Seu interesse pelos diferentes tipos de imagens mentais nas visões místicas — que ele encontra enumeradas e analisadas por Auguste Poulain (*Des Grâces d'oraison. Traité de théologie mystique.* Paris: Beauchesne, 1922 [1907]), que ele leu e anotou em detalhe em 1932 — se volta também para os fenômenos de automaticidade.

"Automascópio" (o nome desse aparelho de Edison pouco conhecido foi escolhido por conotar a automaticidade da visão), o cinema exprime tecnicamente "o fenômeno de reflexão da realidade que se encontra no fundamento da formação e da constituição da consciência humana".

Daí em diante, através de C., poderíamos retomar o relato histórico — a história do cinema — "do ponto de vista da mecanização dos meios técnicos do próprio processo de reflexão e de fixação dos resultados dessa fixação": "Do fenômeno eidético à câmera fotográfica. A instantaneidade automática da reflexão dos fenômenos da realidade no fenômeno eidético. A fixação da reflexão da imagem dos fenômenos na memória. (...) a reprodução pelos meios técnicos dos processos" e "a obtenção de uma cópia dos fenômenos da realidade pelo ângulo das mecânicas e sua fixação pelos meios técnicos." (p. 143).

O ornamento, movimento do corpo

Essa genealogia psicofisiológica conhece no entanto uma ruptura de "automaticidade" com uma primeira "intelectualização", a da diferenciação. Trata-se do momento do "kinopravda" ou "kinoglaz" vertovianos, em que aparecem a *pars pro toto*, a repetição, as analogias e o ritmo, correspondendo ao ornamento na história da arte.

A esse respeito, Eisenstein retoma de Riegl a problemática do *contorno*. Elemento distintivo para o historiador, pois, conforme ele escreve, reproduzir um animal por modelagem na argila não requer uma grande engenhosidade, o instinto de imitação é suficiente. Já para desenhar um traço e extrair uma silhueta é necessário um ato criador: colocar em uma superfície dada a imagem de um ser da natureza. Mas, no ponto em que o historiador da arte vienense exaltava o plano, a linearidade, a liberação do preconceito contra o mimetismo e a submissão à matéria e aos usos, Eisenstein desenvolve uma abordagem completamente distinta, considerando o contorno como movimento corporal: dar uma volta ao redor de si mesmo, tomar-se como suporte (tatuagem) e em seguida dar uma volta ao redor do motivo, antes de apreendê-lo a distância na ordem da representação. Esta é uma das dimensões cardinais da reflexão estética de Eisenstein, a que diz respeito à linha, de que sua prática gráfica oferece uma implementação. O traço contínuo, de *uno tenore*, não como proeza, mas como movimento corporal. O ornamento joga com a repetição dos motivos, com o encadeamento ininterrupto e se encontra próximo da frisa e do encadeamento de figuras sobre a fita da película ou sobre os tambores dos fenaquistiscópios.

Nesse sentido Eisenstein coloca que "o ponto de partida da nova era (também nas artes) — da arte cinematográfica soviética, assim como da cultura da humanidade em geral — foi a crônica" (p. 140), mas que ele explode com *A greve* e *Potemkin*, dando-lhe uma nova qualidade expressiva. As críticas de Vertov, segundo as quais *A greve* teria plagiado o *Kinoglaz*, são aqui reconhecidas e reivindicadas.

O limite e o risco do ornamento são aqueles do *ornamentalismo* (Vertov), a re-ornamentação, a regressão do lado da repetição, da associação de imagens por assonância, analogia (Eisenstein talvez tenha em mente as assonâncias gestuais colocadas em *O homem com a câmera* [1929], ou as ornamentações coreográficas de *Canção de ninar* [1937]). Mas o cinema de *mise-en-scène* também pode "voltar" à re-encenação da crônica com os meios da ficção e degenerar para uma "estilização documental", um maneirismo estético (como Rossellini e o neorrealismo, Noel Coward e certos filmes de guerra), do mesmo modo que a televisão, embrionária, submetia-se à "cronicalização", ou seja, à *mise-en-scène* do documento contemporâneo.

Barroco e decadência

Essa agilidade comparatista de que Eisenstein é prova, essas construções provisórias, esses engendramentos propostos e essas aproximações insólitas desenham uma história do cinema centrífuga, que se distingue da maioria das iniciativas que eram postas em prática sob esse nome, preocupadas, inversamente, em se mostrar centrípetas. A mobilização da psicologia, da etnologia, da história da arte, da filosofia e de toda uma série de outros saberes coloca, no entanto, o problema da pertinência desses recursos, e inúmeros casos tornaram-se obsoletos. O efeito reverso que essas disciplinas podem operar sobre o raciocínio de Eisenstein é o risco de edificar uma "poética das origens", como escreve Rémy Labrusse de Josef Stryzgowski[105].

No sentido inverso desse caráter centrífugo, é preciso mencionar o quadro sociohistórico em que Eisenstein se coloca e que por vezes exerce surpreendentes efeitos de rigidez. Quando se deseja situar essas "Notas" no conjunto de sua reflexão teórica, constata-se que a articulação entre os três níveis que acabam de ser identificados — e que são compreendidos aqui em uma fase de trabalho que conjuga a coleta, a acumulação de dados e um certo número de perspectivas traçadas de maneira programática, com frequência colocados em fórmulas — nem sempre tem as mesmas ductilidade e flexibilidade que se pode admirar aqui. Em *Método*, que é um texto contemporâneo, assim como em diversos trabalhos anteriores (entre os quais *A natureza não-indiferente*), a análise histórica de tipo sociopolítico frequentemente domina a abordagem e conduz, claramente, a uma série de contradições. É possível localizar uma dessas contradições sobre o plano da discordância entre a visão de conjunto —

105　LABRUSSE, R. Délires anthropologiques: Josef Strzygowski face à Alois Riegl (*Histoire de l'art et anthropologie*. Paris: INHA/Musée du Quai Branly, 2009). Strzygowski, vienense historiador da arte (que participa da revista *Documents*, de Georges Bataille e Carl Einstein e que intervém de um jeito que Malraux segue depois da guerra, praticando aproximações inesperadas entre as obras e as épocas da arte) foi um dos adversários mais decididos de Riegl (Ver: VASOLD, Georg. Riegl, Strzygowski and the development of art. In: ARS – *Journal of the institute of art History of SAS* nº 1, 2008).

a história social de longa duração — e o exame preciso, documentado, da história das mídias, dos espetáculos, das práticas simbólicas de todas as ordens. O interesse que Eisenstein manifesta sobre os procedimentos expressivos se desenvolve, de fato, sob o signo de uma apreciação de conjunto, incessantemente diferida, adiada, às vezes, enunciada brutalmente por um atalho: toda a efervescência plástica e literária se desenvolve sobre um fundo de decadência, de desintegração social da sociedade burguesa e do capitalismo[106], e de uma deriva "barroca" das artes (o "neobarroco", que ele alega de saída[107]). Eugenio d'Ors, a quem ele se refere aqui e que desenvolve uma concepção trans-histórica do barroco, oferece essa definição liminar:

> Em todos os lugares em que encontramos reunidas, em um só gesto, diversas intenções contraditórias, o resultado estilístico pertence à categoria do barroco. O espírito barroco — para falar de modo coloquial — *não sabe o que quer.* Ele quer, ao mesmo tempo, o a favor e o contra. Ele quer [...] gravitar e fugir. [...] Ele atropela as exigências do princípio de contradição.[108]

Podemos relativizar a importância desses enunciados ao vermos neles um tributo pago ao jdanovismo reinante, uma *doxa* que não era prudente contradizer. Assim, em *A natureza não indiferente,* ele opõe a "polifonia sinestésica do início do sécu-

---

106   Aqui como em outros textos, as referências que ele faz a Nordau é um índice dessa "patologia social" que ele diagnostica. Em seu *Entartung*, Nordau estigmatiza a imoralidade *fin de siècle*, especialmente no domínio artístico ("arte degenerada"), apoiado em uma base científica (fundada na psicofisiognomia medical): "No temperamento *fin de siècle*, na tendência da poesia e da arte contemporâneas, na vida e no comportamento dos homens que escrevem obras místicas, simbólicas e decadentes, na atitude de seus admiradores, nos gostos e instintos estéticos da sociedade, observa-se a confluência de duas condições de doenças bem definidas, familiares aos médicos: a degenerescência e a histeria cuja fase benigna é chamada de neurastenia." O livro apresenta inúmeros estudos de caso de artistas, escritores e pensadores (Ibsen, Wagner, Wilde, Nietzsche) que, como princípio de base, mostram que a sociedade está em degenerescência e que a arte reflete esse estado. Eisenstein cita *Entartung* em "Montage vertical" (a propósito da simbologia das cores), em *Método 1* (*Grundproblem*. p. 131-134) e suas notas para uma "psicologia da arte" (*Psychology of Composition*).

107   O termo retorna regularmente a partir do momento em que se dá o que Tomaso Montanari chamou de "uma concepção vaga da teatralidade" e um "hiperdecorativismo" (ver seu recente *Il Barocco*. Turim: Einaudi, 2012). Pierre Francastel já tinha combatido esse recurso vago ao termo ("Baroque et classique: une civilisation", in: *Annales*, vol. 12. n° 2. 1957. p. 207-222).

108   D'ORS, E. *Du Baroque* [*Lo Barroco*]. Paris: Gallimard, 1935 (reedição de 1968. p. 29). Por sua vez, Walter Benjamin escreve que "como o expressionismo, a Era barroca é mais a do querer artístico encarniçado do que um verdadeiro exercício da arte. É sempre assim nos períodos ditos de decadência." (*Origine du drame baroque allemand*. Paris: Flammarion, 1985 [1928]. p. 54). O emprego da expressão de Riegl (*Kunstwollen*) aproxima Benjamin do autor de *Die Entstehung der Barockkunst in Rom* (*A origem da arte barroca em Roma*, 1908), que tinha polemizado rudemente sobre essas questões de "decadência" da arte da Antiguidade tardia, principalmente com Josef Strzygowski.

lo, sã e carnal" à sua degenerescência "no fim do século e na época da decadência", "formalismo" (a palavra é plena de sentido) que o leva a evocar seus próprios "excessos" em matéria de "atrações", pois eles admitia considerá-los *fora* de um tema homogêneo"[109].

Esse argumento (do jdanovismo assumido), no entanto, não leva muito em consideração dois parâmetros. Por um lado, Eisenstein ousou, mais de uma vez, mostrar-se heterodoxo no plano da teoria da arte, inclusive em público (pensemos em sua intervenção no congresso pan-soviético dos trabalhadores do cinema, de 1935 — "A forma fílmica: novos problemas" — e à resposta que ele dá aos contraditores, numerosos, e a alguns de seus "amigos" que se expressam contra ele na tribuna[110]). Por outro lado, essas "Notas" e diversos textos de *Método* ou das *Memórias* mantiveram-se textos "privados" ou, de todo modo, não publicados em vida pelo autor, não propostos à publicação e, sem dúvida, não pensados nessa perspectiva imediata. Sobretudo, esse argumento ignora a imbricação entre o exposto por Eisenstein sobre seu "método" estético e seus enunciados "sociologizantes".

Já faz alguns anos que algumas pessoas identificaram, nos estudos eisenseinianos, seja no eixo diacrônico (uma evolução de pensamento marcada por uma "ruptura epistemológica"[111]), seja no eixo sincrônico (um duplo regime, em "plano geral" e em "*close-up*"[112]), a contradição que atravessa toda a obra teórica de Eisenstein sobre a questão da unidade, da síntese, da continuidade, da totalidade. Ao colocar em seu último grande projeto teórico o título de *Método,* ele se situa em um plano que ultrapassa as questões plásticas e formais, o plano do "método artístico", inscrito em uma teoria do realismo. Parece vão querer ignorar essa contradição, que se nota em todos os níveis: entre "A dramaturgia da forma fílmica", em 1929, e *Montagem,* de 1937, os conceitos de base são mantidos, mas sua "dominante" muda: o *Urphäno-men* que via o conflito entre duas imobilidades produzir na mente do espectador, por superposição, um conceito de movimento, torna-se fusão em uma imagem, subsumindo seus componentes.

A questão do fragmento, da fragmentação — correlata à exigência de unidade e de imagem global — condensa alguns dos problemas colocados: as vinhetas alegóricas de Adolphe Menzel, analisadas nos anos 1940, pertencem ao domínio da *pars pro toto,* elas pressupõem um extracampo — uma totalidade, uma *obraz* (imagem global,

---

109   S. Eisenstein, *NIN* 2. p. 190-191.

110   A intervenção de abertura e o discurso de encerramento são publicados com esse título em *Film Form* em 1949. A discussão é reproduzida em CHRISTIE, I. e TAYLOR, R. (orgs.), *The Film Factory.* Londres: Routledge & Kegan Paul, 1988. p. 348-355.

111   Trata-se do que Bordwell chamou de "Eisenstein's epistemological shift" (*Screen* vol. 15, nº 4, 1974/5).

112   De minha parte, eu havia utilizado a distinção althusseriana entre a "teoria" e a "prática teórica" (em *Notes sur l'esthétique d'Eisenstein.* Lyon: CERT-CIRS, 1973), que ainda me parece operatória aqui — não importa o nome que lhe seja dado.

não visível). Por outro lado, a fragmentação da arte moderna — cubismo, dadaísmo... — é um deslocamento, índice do individualismo engendrado pela sociedade burguesa[113]. A referência ao barroco e ao neobarroco entra nessa tipologia socioestética. D'Ors oferece precisamente uma caracterização da oposição entre clássico e barroco sustentada por considerações psicológicas (que ele toma emprestado de Janet) — e não chega às mesmas conclusões negativas que Nordau —, mas que mantém a oposição unidade, centro, contornos definidos, consciência *versus* multipolaridade, continuidade, inconsciente, atração exterior:

> Quando a humanidade encontra-se em estado de tonicidade, o éon do classicismo se impõe; se ela se enfraquece, o éon barroco ocupa a primeira posição. O primeiro produz na morfologia um tipo de cenestesia [ou seja, a consciência da unidade]; o segundo se entrega a sua multipolaridade que deixa transbordar as ricas e confusas fontes do subconsciente. O objeto que deles resulta tem, no primeiro caso, um contorno e um centro; no segundo caso, ele é contínuo e multipolar, carece de contornos próprios e obedece a uma atração situada fora dele.[114]

O próprio Eisenstein preconizou uma fragmentação atracional nos anos 1920. Sua exaltação do enquadramento japonês em 1928-1929 sublinhava a prática do corte, da extração. Ele realizou filmes "multipolares" e usou uma montagem fundada sobre o heterogêneo. Para isso, ele se viu ligado ao "barroco". Viktor Chklovski, em sua crítica a *Outubro,* via "cada objeto se desagregar, se metamorfosear" e o filme criar um "estilo 'barroco soviético'"[115], preconizando uma "nova simplicidade" para os cineastas[116].

Eisenstein agora relaciona a boa fragmentação, a boa montagem, à sociedade socialista, vendo na má fragmentação um sintoma de decadência[117].

---

113   Ele escreve em 1942 que, entre as duas guerras, se o cinema triunfa, "as demais artes se lançam frebilmente na via da desintegração e da desagregação. Expressionismo. Suprematismo. Dadaísmo. Surrealismo. Desagregação da forma, da imagem, do pensamento. Uma corrida desenfreada para trás, um retorno ao primitivo. [...] Ao chegar ao ponto mais alto de seu desenvolvimento, a arte é subitamente conduzida ao ponto zero" (*NIN* 2. p. 176).

114   D'ORS, E. *Le Baroque.* op. cit. p. 127.

115   CHKLOVSKI, V. Das leis de construção dos filmes de Eisenstein, *Sovietski ekran.* n° 6, 1929 (retomado em CHKLOVSKI, V. *Textes sur le cinéma.* Lausanne: L'Âge d'Homme, 2011. p. 185). O próprio Eisenstein concorda que certas montagens desse filme eram "barrocas".

116   CHKLOVSKI, V. O fim do barroco. In *Literaturnaia gazeta.* n° 32, 12 de maio de 1932. p. 3.

117   Entre suas bastante numerosas proposições nesse sentido nos textos reunidos sob o título de "Memórias", contemporâneos destas "Notas", ver: "Para alguns [os surrealistas], perdidos frente aos conflitos do mundo campitalista — é uma absurda desintegração em fragmentos. Para outros [Heartfield, por exemplo], que combatiam pela revolução mundial — é a diagramação rigorosa

A caracterização que ele faz em termos sociopolíticos é tão pouco em termos de pura forma — demonstração de conformidade com a *doxa* staliniana — que, a propósito de um livro de arte publicado em 1938, *100 Details from Pictures in the National Gallery*[118], ele interroga: "teremos nós razão ao tentar ver nessa iniciativa anódina, talvez mais próxima de um jogo de penhores ou de um esconde-esconde, uma tendência ideológica e o 'sinal dos tempos'?". Junto com alguns outros livros, entre os quais está o de Luc e Paul Haesaerts, *Flandres*[119], o volume de Kenneth Clark dá prova de uma corrente de pensamento e de prática iconográficos que hoje está reduzida somente ao "museu imaginário" de Malraux — que é evidentemente seu herdeiro e se inspira nele —, fazendo um novo uso da fotografia das obras de arte e, em particular, dos detalhes. As obras de Legendre e Hartmann e de Willumsen sobre El Greco haviam inspirado fortemente o ensaio de Eisenstein sobre o pintor[120]. Eisenstein reconhece o valor dessa escolha de elementos que passam despercebidos na apreensão da imagem completa, quando o espectador fica maravilhado pela obra. Esse espectador ganha, assim, uma visão renovada do quadro. Quando não há evidências de que Eisenstein se inspira nesses trabalhos, pode-se dizer que ele ao menos se encontra neles. Ao mesmo tempo, sua prática do detalhe é diferente: ela responde a exigências de compreensão do conjunto a partir de um fragmento que possa ser a "expressão do todo" — é a teoria da imagem global, a *obraz*. Eisenstein deplora que, em Clark, "os detalhes são reagrupados de maneira independente dos quadros a que pertencem, e somente por seu charme próprio e seu caráter renovador"[121], antes de ampliar suas proposições para as revistas dos anos 1920 e 1930 (*Querschnitt, Variedade, Prometeu*), que fazem uso da "montagem fotográfica"[122].

---

dos detalhes em um panfleto político agressivo, uma fotomontagem. Em suas mãos, a fotomontagem se parece com uma barricada. Misturam-se aí coisas de todos os gêneros, fragmentos e detalhes de todo tipo, mas com um objetivo único — atacar o inimigo, comprometer a reação sob todas suas formas" (*Mémoires 3*. p. 87). A proposição é a mesma aqui (p. 69-70)

118   CLARK, K. *One Hundred Details from the National Gallery* (Londres: National Gallery Company, 1938).

119   HAESAERTS, L. e P. *Flandres: essai sur l'art flamand depuis 1880. L'impressionnisme* (Paris: Editions des Chroniques du Jour, 1931). Sobre a prática "cinematográfica" em matéria de diagramaçãoo para Haesaerts e sobre os filmes que Paul realizaria em seguida (por exemplo com Henri Storck), ver os trabalhos de Céline Maes.

120   WILLUMSEN, Jens-Ferdinand. *La Jeunesse du peintre El Greco. Essai sur la transformation de l'artiste byzantin en peintre européen* (Paris: Crès, 2 vol., 1927); Legendre e Hartmann. *El Greco* (Paris: Hyperion, 1937): ver "El Greco y el cine" em *Cinématisme*, capítulo 3, e *NIN* 1, capítulo IV.

121   "As peripécias da *pars pro toto*" em *Dickens & Griffith*. p. 124-125. Clark, em seu prefácio, indica que a primeira motivação para isolar um detalhe em um quadro é sua "beleza", e que as escolhas refletem antes de mais nada seus gostos. Ele reconhece, além disso, a dimensão lúdica do procedimento (com reconhecimento ou não) e, sobretudo, seu caráter "refrescante".

122   Ibid. p. 128. A maioria das revistas dos anos 1920 fundam sua disposição iconográfica

Como se trata do "detalhe", basta localizar exemplos de fragmentação no próprio Eiseinstein para identificar a diferença. Assim, em sua análise do *Mártir de São Maurício* de El Greco, ele isola um elemento que pode escapar à primeira vista: "uma parte minúscula do quadro no canto esquerdo", que representa o essencial, ou seja, a decapitação do santo, enquanto, no primeiro plano, o mesmo santo está conversando com capitães do exército romano. Uma "composição [que] parece desprovida de fundamento", mas que se explica pelo estabelecimento de uma série de diferentes "quadros", uma "cine-composição" ou, "através de detalhes longínquos e secundários, através de uma ação sem importância ou dos personagem de segunda ordem, e com um tema ocupando o fundo, nós nos aproximamos, pouco a pouco, de quadro em quadro, do centro temático deslocado para o centro da composição"[123]. Não se trata, portanto, de eleger um elemento insólito, atraente ou simplesmente "belo", nem de colocar em pedaços a unidade do quadro para encontrar nele outras lógicas construtivas, ou tampouco de considerar o "detalhe" — como faz atualmente Daniel Arasse — como um tipo de "lapso" que oferece uma chave de leitura "escondida" no quadro. A ligação aqui é de natureza semântica, a parte reflete o todo, que se condensa nela, se refrata, seja pela via narrativa (um momento distinto do tema do quadro, anterior ou posterior), seja pela via "intelectual" (função metafórica: em *Método,* Eisenstein chega a dizer que toda sinédoque e toda metonímia se escrevem, *in fine,* no registro da metáfora — "inversão" de certo modo antecipada da afirmação de Marie-Claire Ropars, segundo a qual, em *Outubro,* a metáfora é produto da metonímia[124] — o que nos coloca na pista dessa diferença da situação de Eisenstein em relação a uma certa modernidade[125]).

sobre a montagem (oposição, analogia, contraste).

123   "El Greco y el cine", op. cit. p. 90.

124   ROPARS, M-C. Fonction de la métaphore dans *Octobre* d'Eisenstein. *Littérature,* n° 11, 1973. p. 125. Com efeito, para ela a sintaxe — a montagem como o estabelecimento de relações entre os elementos — oferece uma base metonímica (a da escrita), com um efeito metafórico (semântico), pois a escrita produz o texto não o representado. Ou, para dizê-lo com Jacques Derrida, enquanto a metáfora subordina o sintático ao semântico, trata-se de procurar na resistência sintática uma das vias da autodestruição da metáfora ("La mythologie blanche", citada por Ropars, op. cit. p. 127).

125   Essa questão mereceria um desenvolvimento que não pode ser realizado aqui. Retomemos simplesmente o famoso exemplo dos três "leões" do *Potemkin* para compreendê-la. Essa montagem já foi analisada, sob uma outra ótica, por V. F. Perkins em *Films as Film. Understanding and Judging Movies* (Baltimore: Penguin Books, 1972) e por Herbert Marshall em *Sergei Eisenstein's The Battleship Potemkin* (Nova York: Avon Books, 1978). Na decupagem do filme e na concepção que governa a estética eisensteiniana em *A greve* e *O e ncouraçado Potemkin (a fortiori* em *Outubro,* em que pululam estátuas), esses três leões de mármore — adormecido, desperto e assustado — têm uma função metonímica. O encouraçado atira sobre os edifícios que encarnam o poder imperial em Odessa (o teatro-ópera — que o estado maior militar havia requisicionado — e um prédio protegido por um portão imponente), numa reação contra a repressão do povo, que se havia solidarizado com os motins (episódio da "escadaria"). Os gradis de ferro forjado, um grupo escultural sobre o edifício do teatro (figura feminina nua sobre uma charrete puxada por duas leoas — seria Cibele?. Herbert Marshal fala de "panteras" [op.

cit. p. 269] e Richard Taylor, de "leopardos" [*The Battleship Potemkin*. Londres e Nova York: IB. Tauris, 2000. p. 52]). Os querubins são assim bombardeados e, *nessa série* de emblemas imperais, chegam *in fine* os leões (três leões, do mesmo modo como havia existido, pouco tempo antes, quatro leõas e dois querubins), emprestados do Castelo Alupka na Crimeia, mas que o espectador não pode dissociar do lugar, fazendo a relação com o teatro ou, pelo menos, com a cidade de Odessa. Ora, surgiram inúmeros comentários, inclusive da pluma de Eisenstein, desde 1929, para fazer com que a cólera, a revolta do povo sejam significados em um só animal que se levanta ("até mesmo as pedras rugirão"), ou seja, para fazer com que seja assumida uma função metafórica (o medo do leão se transformaria em rugidos e, de assustado, ele passará a ser assustador. Taylor conclui: "Simbolicamente, o espírito da revolução despertou" [op. cit. p. 54]. Eisenstein fala, em *A natureza não-indiferente*, de "metáfora escultural" (*NIN 2*. p. 211). Impensável nos anos 1920 (em que o construtivismo domina: reunião de elementos fragmentários), essa *imagerie* metafórica se torna pensável no contexto do realismo socialista (já antes, em *A águia branca* [1928], o veterano Protazanov, na cena da manifestação reprimida em frente à residência do governador, utiliza por cinco vezes uma estátua de leão, fortemente integrada à diegese, com uma função metafórica — poder e crueza do poder). Se Kulechóv fala, em 1926, do "bombardeio do teatro de Odessa, com os leões assustados" ("Volonté. Ténacité. Oeil", retomado em *L'Art du cinéma et autres écrits*, op. cit. p. 136), é Pudôvkin, de partida do lado da metáfora em seu cinema (o pêndulo em *A mãe*, o degelo e a manifestação do 1º de maio), que, em seus escritos, comenta essa passagem do *Potemkin* nessa mesma direção (*Film Technique and Film Acting*. Nova York? Lear, 1949. p. 87-89). Do mesmo modo, Chklovski vê os três leões tornarem-se um só, que "se levanta e ruge" (*Leur présent*, 1927, retomado em CHKLOVSKI, V. *Textes sur le cinéma*. op. cit. p. 114; igualmente em "Des lois de construction des films d'Eisenstein", Ibid. p. 184). Eisenstein analisa essa passagem de seu filme no sentido de uma explosão patética em *Mémoires I*. p. 284.

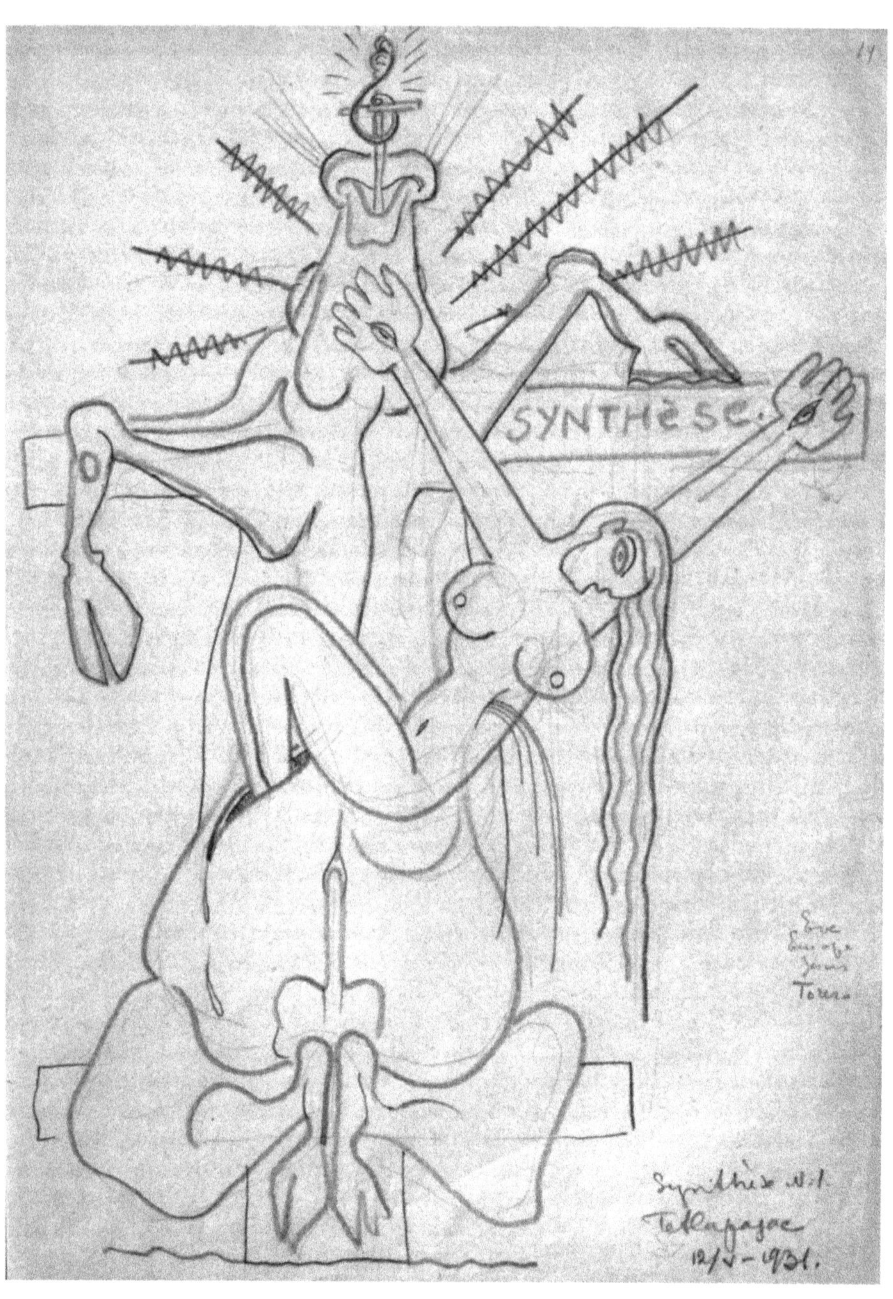

Um desenho mexicano de 1931, intitulado "Síntese" (v. p. 279).

GENEALOGIA, MORFOLOGIA, ANTROPOLOGIA DAS IMAGENS, ARQUEOLOGIA DAS MÍDIAS* | *Antonio Somaini*

Eisenstein trabalhou no projeto de uma "história geral do cinema" em uma fase de sua vida que ele considerava como um tipo de "post-scriptum"[1], depois de um infarto sofrido em fevereiro de 1946. Tendo superado esse sofrimento com dificuldade e obrigado a adotar um estilo de vida de convalescente em *sursis,* ele sentiu necessidade de retomar certas etapas de seu percurso intelectual e artístico para refletir sobre elas. Se os textos das *Memórias* propõem uma série de *flâneries* pelo passado, nessas notas para uma "história geral do cinema", a autobiografia intelectual de Eisenstein dá lugar a uma espécie de *autobiografia do medium*[2], *o cinema,* com o qual ele havia trabalhado desde *O diário de Glumov,* realizado em 1923 no âmbito do espetáculo teatral *O sábio.* Se, em resposta à questão de um estudante do VGIK, o objetivo das

* Agradeço aqui, pela ajuda que me deram, François Albera, Olga Kataeva, Naum Kleiman, Marie Rebecchi e Elena Vogman.

1   "PS. PS. PS.", *Mémoires* 1. p. 213.

2   Optou-se aqui por manter a palavra latina usada pelo autor, *medium,* embora não seja usual em português, para diferenciá-la de mídia — em francês, língua original do texto, o termo *médium* não é usado apenas como plural de *média* (do latim *medium* e *media*): ambos substantivos aparecem no singular e no plural; enquanto *média* e *médias* podem ser facilmente substituídos por "mídia" e "mídias" na tradução do francês para o português, a tradução de *médium* é mais complicada. Poderia ser adotada a palavra "meio". *Médium* no entanto, e notadamente entre historiadores da arte, escapa à conotação que tem, por exemplo, na célebre frase de McLuhan, não se referindo apenas a um "meio de comunicação". Cf. a nota 2 de François Albera, "'A que herança renunciamos'", neste volume. [*n.d.t.*].

Memórias era o de mostrar ao leitor "como alguém se torna Eisenstein"[3], nessa "história geral do cinema" tratava-se, sobretudo, de mostrar como o cinema lograra ser o que era na União Soviética, e notadamente o cinema do próprio Eisenstein.

Apesar de seu estado fragmentário, as *Notas* apresentadas neste volume mostram bem a amplitude desse projeto, mais uma vez destinado — como *todos* os projetos de livro de Eisenstein — a permanecer inacabado. Concebido inicialmente como uma introdução a uma "história do cinema soviético" em diversos volumes, que Eisenstein deveria supervisar na qualidade de diretor do departamento de Cinema do Instituto de História da Arte da Academia de Ciências da URSS, o projeto se desenvolveu rapidamente para além de seu propósito, e essa história "geral" ou "universal" (duas traduções possível do russo *vseobchtchaia*) do cinema tomou a forma de uma obra por si só, caracterizada pela mesma proliferação de exemplos e de referências, pelas mesmas oscilações entre tendências centrífugas e centrípetas que são típicas de toda a obra teórica de Eisenstein.

Depois de refletir, na maioria de seus textos, sobre as relações entre o cinema e a história das artes, Eisenstein queria agora estabelecer uma *genealogia* vasta e dupla. Em primeiro lugar, a de todas as mídias, técnicas e formas de representação que experimentaram, *antes do cinema,* os mesmos "meios expressivos" que ele, ou seja, todas as formas de configuração, composição, *montagem* de fenômenos audiovisuais no espaço e no tempo. Em segundo lugar, a de todas as mídias, técnicas e formas de representação que responderam, também nesse caso *antes do cinema,* às mesmas "necessidades", às mesmas "pulsões" [*urge* e *Trieb*] que aquelas a que o cinema responde: em particular, a necessidade de "fixar os fenômenos"[4], ou seja, de gravar, preservar e reproduzir as aparências sensíveis destinadas a desaparecer. No lugar de uma "galeria de retratos de personagens"[5] — uma história do cinema centrada em autores e obras, cineastas e filmes —, Eisenstein escolheu desenvolver uma genealogia complexa e ramificada dos "precursores" [*forerunners*][6] do cinema na história das artes, dos ritos religiosos e dos espetáculos populares. Uma *genealogia* que é ao mesmo tempo uma *morfologia,* uma *antropologia das imagens* e uma *arqueologia das mídias,* elaboradas do ponto de vista de um cinema que busca reconstruir retrospectivamente sua própria história e compreender seus desenvolvimentos futuros.

Um cinema que se considera como "um aparelho perfeito para a pesquisa estética e para a análise dos princípios da arte"[7] e que utiliza como instrumento historiográfico o mesmo procedimento cujas possibilidades ele soube explorar inteiramente, o da *montagem,* utilizada aqui para *desmontar* e *remontar,* segundo novas configu-

---

3   "PS. PS. PS.", *Mémoires* 1, p. 31.
4   Ver neste volume. p. 22.
5   Citado por Naum Kleiman neste volume ("Introdução". p. 5).
6   Ver neste volume. p. 36, 60, 84, 181-144, 145.
7   *SW* 2. p. 154.

rações, o *continuum* da história, com o objetivo de articular sequências capazes de revelar semelhanças morfológicas entre fenômenos aparentemente heterogêneos e distantes no tempo e no espaço.

Redigidas em folhas esparsas, na forma de apontamentos multilíngues dispostos na página em séries verticais e diagonais que apresentam sequências de exemplos em uma mistura contínua de palavras e de imagens, listas e diagramas, essas Notas são a um só tempo uma vasta reflexão sobre as relações entre o cinema e a história das artes e das religiões, encontrada praticamente em todos os escritos teóricos de Eisenstein, e uma abertura para direções inesperadas em seu percurso teórico. A utilização da montagem como estilo de escrita, como forma de pensamento e como princípio heurístico e hermenêutico para a análise e a comparação morfológica entre formas artísticas, expressivas e rituais oriundas de tradições e de culturas diferentes, típica dos textos de *Montagem* (1937), *A natureza não-indiferente* (1941-1945) e *Método* (1932-1948), atinge aqui um nível de complexidade sem precedentes. A busca constante de comparações surpreendentes e *anacrônicas*, aproximando fenômenos que parecem pertencer a ordens temporais diferentes e às vezes incompatíveis, convida o leitor a compreender o estatuto da imagem fotográfica a partir do das máscaras funerárias e das múmias, a ver na luz colorida que passa através dos vitrais das catedrais góticas e invade o espaço da nave uma antecipação das imagens flutuantes do cinema em relevo, ou ainda a considerar a televisão como um *medium* que nos propõe uma forma de participação intensa e imediata nos eventos relatados, cuja origem está nos ditirambos cantados com os quais se comemorava e se revivia, nos ritos dionisíacos, as etapas da vida e o destino trágico de Dionísio. Essas aproximações, essas comparações anacrônicas, que encontramos em todas as "linhas"[8] genealógicas traçadas nessas *Notas*, eram para Eisenstein a única maneira de dar conta de uma história das imagens, das formas artísticas e das mídias como uma história descontínua, não linear e estratificada. Frente a essa história, apenas uma escrita capaz de instaurar uma *jumping chronology*[9] feita de "deslocamentos para frente e para trás"[10] poderia, de acordo com ele, especificar, analisar e mostrar as manifestações pré e extracinematográficas dos "meios expressivos"[11] do cinema e as formas e mídias que responderam às mesmas *urges* e aos mesmos *Triebe* que o cinema.

Desse projeto de "história geral do cinema", nós analisaremos aqui os pressupostos, a estrutura, os objetivos e as questões, estabelecendo relações seja com o restante da obra teórica e fílmica de Eisenstein[12], seja com as ideias de toda uma série

8   O termo russo *"linia"*, linha, aparece diversas vezes nas *Notas* para indicar linhas genealógicas das mídias que têm características semelhantes (por exemplo, à p. 137)

9   "Cor e música. Genealogia da cor em *Moscou 800"* (*Iz Pro* 3. p. 568-578).

10   *Le Film : sa forme/ son sens.* p. 160. VER ED. BRAS

11   Ver neste volume. p. 94.

12   A esse respeito, ver AMENGUAL, B. *Que viva Eisenstein!.* Lausanne: L'Âge d'Homme,

de autores que, nos anos 1920, 1930 e 1940, refletem sobre as relações entre cinema, montagem, tempo e história: Jean Epstein, Aby Warburg, Siegfried Kracauer, Ernst Bloch, Walter Benjamin, André Bazin. Também destacaremos o que parece constituir o interesse atual desse projeto, em uma fase da história das teorias do cinema e das mídias em que se questionam reiteradas vezes o estatuto do cinema como *medium*, as relações entre o cinema e as outras artes, os modelos históricos a que é preciso recorrer para compreender a história do cinema no contexto de uma história mais vasta das imagens e das mídias.

1. Teoria, história, criação: "*a flash in slow motion* através séculos de evolução"

O projeto para uma *História geral do cinema* foi desenvolvido por um realizador cujos filmes — concluídos, inacabados ou que permaneceram no estágio do projeto — concentravam-se, predominantemente, na história russa e soviética[13]. *A greve* (1924) e *O encouraçado Potemkin* (1925) tinham levado à tela alguns dos acontecimentos que conduziram à Revolução de Outubro, cujas fases cruciais foram evocadas em *Outubro* (1927-1928). *A linha geral* (que teve início em 1926 e estreou finalmente em 1929, com o título *A linha geral*) e *O prado de Bezhin* (1935-1937) haviam encenado os conflitos sociais que acompanharam as políticas de coletivização e de industrialização da agricultura na União Soviética dos anos 1920 e 1930. *Alexandre Nevski* (1938) e *Ivan, o Terrível* elegeram duas figuras legendárias da história russa, enquanto os projetos que permaneceram inacabados, como *Moscou no tempo* (1933), *O grande canal de Fergana* (1939) e *Moscou 800* foram concebidos como grandes afrescos históricos que teriam de atravessar séculos de história para representar algumas das etapas que conduziram ao presente glorioso da União Soviética, de sua capital e de suas conquistas na indústria e na tecnologia.

Qual foi o impacto de todos esses filmes ou projetos de filmes históricos sobre a maneira como Eisenstein concebeu sua "história geral do cinema"? Quais lições tirou ele de seu engajamento na história russo-soviética quando veio o tempo de escrever a história do *medium* com o qual realizara a maioria de suas obras havia mais de vinte anos? A resposta pode ser procurada em um filme inacabado que não trata da história russo-soviética, mas que tinha enfrentado uma situação de copresença e coexistência de formas sociais, religiosas e artísticas pertencentes a camadas temporais

---

1980; ALBERA, F. *Eisenstein et le constructivisme russe.* Lausanne: L'Âge d'Homme, 1990; BULGAKOWA, O. *Sergej Eisenstein – Drei Utopien. Architekturentwürfe zur Filmtheorie.* Berlin: Potemkin Pressi, 1996; KLEIMAN, N. *Formula finala.* Moskva: Eisenstein-tsentr, 2004; AUMONT, J. *Montage Eisenstein.* Paris: Images Modernes, 2005 [1979]; BORDWELL, D. *The Cinema of Eisenstein.* Nova York e Londres: Routledge, 2005; CONIO, G. *Eisenstein. Le cinéma comme art total.* Gollion: Infolio, 2007.

13   Cf. GOODWIN, J. *Eisenstein, Cinema and History.* Urbana: University of Illinois Press, 1993.

diferentes, parecida com a condição da Rússia pouco antes e pouco depois da Revolução de Outubro. Trata-se de *Que Viva México!*, rodado no México entre dezembro de 1930 e fevereiro de 1932 e nunca montado por Eisenstein, pois o material filmado nunca foi enviado para a União Soviética por aquele que tinha financiado o projeto, Upton Sinclair[14].

A partir do que lemos nos "cadernos" de Eisenstein, no roteiro e nos textos em que o realizador retorna *a posteriori*, com muita nostalgia, a esse filme inacabado, o traço da cultura mexicana que mais o impressionara era que, no México, como ele escreveu em um comentário sobre *O grande canal de Fergana* (1939), "a geografia havia substituído a história", de modo que, ao se viajar pelo território mexicano, tinha-se a impressão de viajar "simultaneamente no tempo e através séculos de história"[15]. Essa mesma ideia retorna em um capítulo de *Montagem,* no qual Eisenstein escreve que

> A cultura no México é como um leque aberto sobre a superfície do território, a partir da coluna vertical da história. Certas partes do país conservaram, do ponto de vista da cultura e da vida cotidiana, a maneira como todo o país deve ter sido durante certas etapas de seu desenvolvimento histórico.[16]

A mesma situação de coexistência de diversas formas sociais provenientes de camadas temporais distintas (*mnogukladnost*), que Lenin havia considerado característica da sociedade russa de antes da Revolução e à qual Eisenstein tinha sido confrontado durante a realização de *A linha geral*[17], com a encenação de conflitos entre camponeses ainda ligados à repartição tradicional das terras, os kulaks, e os camponeses mais orientados à coletivização da agricultura, os kolkozianos, era portanto também a condição do México. Uma situação que condicionou *Que viva México!*, concebido como um filme em que a montagem — não somente cinematográfica, mas também *gráfica,* se considerarmos a grande quantidade de desenhos que acompanha a filmagem — era vista não apenas como uma forma de composição de quadros, de planos e de sequências, mas também como instrumento para analisar, desmontar e remontar uma cultura que era ela própria *montada*, por assim

---

14   Sobre as implicações da viagem mexicana de Eisenstein e do filme inacabado *Que viva Mexico!*, ver SALAZKINA, M. In *Excess. Sergei Eisenstein's Mexico.* Chicago: The University of Chicago Press, 2009.

15   "Commentaire sur *le Grand Canal de Fergana*", citado por KLEIMAN, N. "Il tempio messicano di Ejzenštejn", em BASSOTTO, C. e CAVAGNIS, S. (orgs.), *Que Viva Mexico!*. Mestre: Cineforum italiano, 1999. p. 30.

16   *SW* 2. p. 43.

17   Cf. "Les cinq époques" (1926) [em italiano, "Le cinque epoche (a proposito della realizzazione del film *La lingea generale*)", em PITASSIO, F. (org.), *La forma della memoria. Memorialistica, estetica, cinema nell'opera di Sergej Ejzenštejn*. Udine: Forum, 2009. p. 193-200].

dizer, com suas misturas, seus cruzamentos e suas superposições de tradições iconográficas e religiosas provenientes de estratificações temporais sucessivas: as culturas pré-colombianas dos Astecas e dos Maias, o catolicismo importado e imposto com violência pelos *conquistadores*[18] espanhóis, a repressão dos *indios*[19] sob o regime ditatorial de Porfirio Diaz (o *Porfiriato*, 1876-1910), a guerra civil (1910-1920) e finalmente o novo México dos anos 1920, definitivamente liberto da dominação colonial.

Vista dessa perspectiva, a viagem mexicana e o trabalho cinematográfico e gráfico em torno de *Que viva México!* se apresentam como uma virada decisiva no percurso de Eisenstein. É a partir dessa experiência — que pode ser comparada por inúmeras razões com a viagem de Aby Warburg ao Novo México em 1895-1896, como veremos adiante — que Eisenstein entende que, tanto no domínio da reflexão teórica quanto no da criação cinematográfica, nenhuma solução de montagem pode ser teorizada ou realizada *sem passar pela história*: sem bem captar e compreender todos os ecos, todas as ressonâncias que cada forma de montagem podia encontrar em uma história das artes e dos ritos considerada não como um passado terminado, mas como um terreno estratificado no qual nada desaparece. Nesse ponto, a visão da história da cultura elaborada por Eisenstein no México, entre 1930 e 1932, e em seguida desenvolvida nos capítulos de *Método*, pode ser relacionada com a célebre metáfora *arqueológica* que Freud introduz em *O mal-estar na civilização* (1929), para apresentar uma visão da memória da qual Eisenstein bem que poderia partilhar:

> Com isso tocamos no problema mais geral da conservação do psíquico [...]. Desde que superamos o erro de achar que nosso habitual esquecimento significa uma destruição do traço mnemônico, tendemos à suposição contrária de que na vida psíquica nada que uma vez se formou pode acabar, de que tudo é preservado de alguma maneira e pode ser trazido novamente à luz em circunstâncias adequadas, mediante uma regressão de largo alcance, por exemplo. Vamos tentar apreender o que esta suposição envolve, por meio de um símile de outra área. Tomemos como exemplo a evolução da Cidade Eterna. [...] Façamos agora a fantástica suposição de que Roma não seja uma morada humana, mas uma entidade psíquica com um passado igualmente longo e rico, na qual nada que veio a existir chegou a perecer, na qual, juntamente com a última fase de desenvolvimento, todas as anteriores continuam a viver. Isto significa que em Roma os palácios dos césares e o *Septizonium* de Sétimo Severo ainda se

---

18   Em espanhol no original [n.d.t.].
19   *Idem.*

ergueriam sobre o Palatino, que o Castelo de Sant'Angelo ainda mostraria em suas ameias as belas estátuas que o adornavam até a invasão dos godos etc. Mais ainda: que no lugar do Palácio Caffarelli estaria novamente, sem que fosse preciso retirar essa construção, o templo de Júpiter Capitolino, e este não somente em seu último aspecto, tal como o viam os romanos da época imperial, mas também naqueles mais antigos, quando ainda apresentava formas etruscas e era ornado de antefixas de ter-racota. Onde agora está o Coliseu poderíamos admirar também a desaparecida Domus Aurea, de Nero; na Piazza della Roton-da veríamos não só o atual Panteão, como nos foi deixado por Adriano, mas também a construção original de Agripa; e o mes-mo solo suportaria a igreja de Maria Sopra Minerva e o velho templo sobre o qual ela está erguida. Nisso, bastaria talvez que o observador mudasse apenas a direção do olhar ou a posição, para obter uma ou outra dessas visões.[20]

Se, para Freud, essa fantasia que conduzia "ao irrepresentável e até ao absurdo" era uma maneira de tornar compreensível o paradoxo de uma "vida da alma" na qual tudo se conservaria, para Eisenstein a imagem da "coluna vertical da história" aberta "como um leque" sobre a superfície do território mexicano era a demonstração de que "*everything keeps its imprint*" (p. 180), ou seja, de que todas as camadas tempo-rais da história poderiam sobreviver e coexistir umas ao lado das outras, deixando à disposição do presente uma rica reserva de agenciamentos eficazes de formas, de corpos, de ritmos, de tempos e de espaços, os quais seria necessário identificar e dos quais seria necessário se apropriar para reativá-los.

Esse complexo de *teoria, história* e *criação artística* pode ser considerado como um quadro de referência dessa "história geral do cinema" que Eisenstein começa a ela-borar em seus dois últimos anos de vida. Trata-se do objeto de duas notas redigidas por Eisenstein em seus "cadernos" no fim do mês de junho de 1947, pouco depois de sua nomeação como diretor do departamento. Essas notas nos ajudam a compreender qual visão da história orientava Eisenstein. A primeira, de 25 de junho de 1947, diz:

> Sobre Balzac desceu a concepção unitária da *Comédia huma-na*. Sobre mim desce a consciência de que, em substância, há já muitos anos, estou escrevendo uma história *such as* [tal como] ela me aparece. Quase todos meus artigos sobre as questões do

20   FREUD, Sigmund. *O mal-estar na civilização, novas conferências introdutórias à psicaná-lise e outros textos (1930-1936).* Trad. Paulo César de Souza. São Paulo: Companhia das Letras, 2010. p. 20-23.

cinema se aprofundam por *excursus* históricos. "Griffith" e a história do pensamento da montagem. "A história do *close-up pars pro totó*" é uma seção que deriva daí como por germinação. "Disney" e as múltiplas influências pré-lógicas sobre ele. "Stereo" e a história das ações cênicas. "Crônica" e as ações comemorativas dionisíacas. "Montagem" e a cultura chinesa dos hieróglifos. A paisagem e a história da concepção chinesa da natureza. O cinema em cores e a história das percepções da cor — a origem da noção de cor complementar etc. E eu me torno um historiador das *Mil e uma noites* das possibilidades cinematográficas.[21]

Eisenstein reconhece aqui o quanto a maioria de seus escritos teóricos dos anos 1930 e 1940[22] se caracterizam por cruzamentos incessantes entre *teoria* e *história*. Essa história, além do mais, era para Eisenstein uma história bem peculiar: em vez de uma história de *fatos*, uma história de *possibilidades*, a história "das *Mil e uma noites* das possibilidades cinematográficas". Essa expressão, provável referência implícita ao livro de Terry Ramsaye, *A million and one nights. A history of the motion picture* (1926)[23], era também uma maneira de sublinhar a dimensão extravagante, quase feérica, da história que Eisenstein tinha elaborado no conjunto de seus escritos teóricos e que o havia levado a atravessar livremente o tempo e o espaço — da disposição dos templos sobre a Acrópole à arquitetura de vidro de Le Corbusier, do estilo de atuação do teatro Kabuki à biomecânica de Meyerhold, dos *Exercícios espirituais* de Inácio de Loyola ao método de Stanislavski, das miniaturas indianas à pintura de El Greco, dos haiku japoneses ao *Ulisses* de Joyce... — a fim de *descobrir, interpretar* e *comparar* umas com as outras as manifestações pré- e extracinematográficas pertencentes aos mesmos princípios estéticos que Eisenstein tinha analisado em seus escritos: princípios nomeados, a cada vez, "montagem" (com todas as definições que esse termo recebe na obra de Eisenstein), "pathos", "organicidade", "êxtase", "regressão".

---

21   *Neravnoduchnaia priroda* 2. p. 7.

22   De "Dickens, Griffith e nós" (1942) (*A forma do filme*) aos textos sobre a história do *close-up* como forma de representação do tipo *pars pro toto* contidos nas *Memórias* ("História do *close -up*", em *SW* 4. p. 461) [não figura na edição francesa. Trechos em *S.M. Eisenstein*. Paris: Chêne, 1972); do texto sobre as formas de *animismo* e de *totemismo* que sobreviviam nas animações de Disney (1940) (*Disney*) ao ensaio sobre o cinema estereoscópico intitulado "Do cinema em relevo" (1947) (*Mouvement*. p. 97-158); da análise dos elementos de pensamento "arcaico" e "pré-lógico" na cultura chinesa apresentados em "Pair impair" (1934) (*Cinématisme*. p. 155-184) às observações sobre a musicalidade da pintura chinesa de paisagem contidas em *NIN* 2 (p. 72-81); dos textos sobre a cor (*Mouvement*. p. 51-76; *Au-delà des étoiles*. p. 271-310) até as reflexões sobre as ligações entre os ditirambos dionisíacos, o cinema histórico (uma forma de "crônica") e a televisão que se encontram neste volume.

23   Cf. ALBERA, F. no presente volume. p. 234-235.

Para Eisenstein, a análise teórica e histórica desses princípios era inseparável da possibilidade de sua aplicação prática no campo da arte. Em outras palavras, *teoria* e *prática* não podiam separar-se no domínio da *criação artística*, como lemos em uma outra nota, de 30 de junho de 1947, marcada pelo multilinguismo típico de seu estilo de escrita nos anos 1930 e 1940, e que pode ser considerado ele próprio uma forma de montagem, cada termo escrito em uma língua diferente do russo fazendo referência a um contexto cultural e a uma tradição teórica diferente:

> É como um *alea jacta est*. O Presidium da Academia de Ciências me confirmou que estarei no comando da seção de História do Cinema do Instituto de História da Arte da Academia de Ciências da URSS. Nunca tive determinação suficiente para fazer esse trabalho. Agora, o estado de meu coração *obliges me to do that* [me obriga a fazê-lo], independente de meus *desires* [desejos]... A diferença do trabalho criativo no sentido estrito reside no fato que, enquanto no trabalho criativo há um contato com as *lowest layers* [as camadas mais profundas] da consciência *in a spark* [numa faísca] de inspiração, no trabalho sobre a história do cinema, *as I planned it* [tal como eu o planejei], a cadeia inteira das fases consecutivas se expandem *from today backwards* [de hoje para trás] rumo a essas mesmas fases: e, a nossa frente, não há uma imagem [*obraz*] *in a flash* [num lampejo], mas o *frisson* causado pelo fato de contemplar e de viver esse *flash in slow motion through centuries of evolution* [lampejo em câmera lenta por séculos de evolução].
> L'*ecstasy in touching (simultaneously) both poles — the thrill* [a êxtase de tocar (simultaneamente) os dois polos — a excitação] — é a mesma.
> Mas se há muitas pessoas capazes de criar, quase ninguém é capaz de revelar esse processo histórico *as I do see it* [como eu o vejo]. E *history* [a história] se torna um terceiro elo da cadeia. A prática da criação. A teoria da criação. A história (*Belegmaterial und Übersicht durch Jahrhunderte*) [documentação e perspectiva através dos séculos]. Em substância, quase tudo o que eu escrevi nesses últimos anos (e mesmo desde 1929, sobre os hieróglifos japoneses) é *in a certain basic way* [de certo modo] não somente a teoria, mas também a história das questões que suscitam meu interesse: *theory being history* [a teoria sendo história], comprimida na concepção das fases, enquanto a criação artística reside na reunificação filogenética simultânea de todas essas fases de desenvolvimento em um ato.[24]

<hr>

24 *Neravnoduchnaia priroda* 2. p. 7.

Essa nota autobiográfica contém diversas indicações passíveis de nos ajudar a entender a qual ideia de história Eisenstein fazia referência ao redigir suas *Notas.*

Para começar, Eisenstein nos lembra de que seu interesse pelas relações entre teoria do cinema e história das formas artísticas remonta ao fim dos anos 1920 quando, em textos como "Um ponto de junção imprevisto" (1928) e "Hors cadre" (1929), ele havia defendido a tese segundo a qual o cinema sonoro que estava por vir teria de aprender as leis e as possibilidades da montagem audiovisual por meio do estudo de todas as formas de montagem pré-cinematográficas disseminadas na cultura japonesa da época Edo (*circa* 1600-1868): os teatros Nô e Kabuki, as formas líricas dos *haiku* e dos *tanka,* os retratos de atores do pintor Sharaku, a escrita hieroglífica. Por meio de uma dessas comparações anacrônicas que se encontram praticamente em todos seus escritos dos anos 1930 e 1940 e nas Notas, Eisenstein coloca aqui em relação o cinema soviético projetado para o futuro e o arcaísmo de uma cultura fechada sobre si mesma, sem contato com o exterior, mas que, a seu ver, continha "uma multiplicidade infinita de traços cinematográficos"[25].

Em seguida, pode-se notar o quanto a história é concebida por Eisenstein nessa nota como fonte de um prazer — um *ecstasy,* um *thrill* — comparável ao da criação artística. Nos dois casos, o historiador e o artista entram em contato com dois "polos" temporais distantes um do outro: o *presente* a que pertencem e no qual eles intervêm com suas obras, e o passado das "*lowest layers* da consciência", em direção às quais toda obra de arte deveria se voltar para buscar as formas expressivas capazes de lhe conferir uma verdadeira eficiência, uma capacidade de *agir* sobre o corpo e o espírito do espectador que Eisenstein sempre procurou e teorizou em sua obra, como ele reconhece em uma passagem de *Método*:

> Sempre tive o projeto de agir sobre os sentimentos e os pensamentos, por meio de efeitos: de influenciar o psiquismo e, ao influenciá-lo, formar a consciência dos espectadores em uma direção desejada, necessária, escolhida... [...] A arte sempre me pareceu "um dos meios da violência", instrumento (arma) de transformação do mundo através da elaboração da consciência das pessoas.[26]

Essa dupla tese, segundo a qual o verdadeiro objeto da estética é a questão da *eficiência* das imagens, e a fonte dessa eficiência deve ser buscada em diversas formas de regressão em direção às "*lowest layers*" ao mesmo tempo biológicas, psíquicas e culturais, constitui o núcleo teórico do livro inacabado *Método,* que pode ser consi-

---

25   "Hors cadre" (1929), *Cahiers du cinéma,* n° 215, setembro de 1969. p. 21.
26   "A magia da arte", *Metod* 1. p. 46-47.

derado uma tentativa de situar a teoria do cinema no interior de uma teoria da arte mais vasta, fundada sobre um ponto de vista ao mesmo tempo biológico, psicológico e antropológico[27]. Um livro inacabado e provavelmente inacabável, tendo em vista a quantidade e o caráter indisciplinado e incontrolável das derivas que a argumentação eisensteiniana toma. Sua tese principal foi apresentada ao público por Eisenstein apenas uma vez, em sua intervenção na Conferência dos trabalhadores do cinema de toda a União, em janeiro de 1935. Nesse texto, conhecido sob o título "A forma do filme: novos problemas", Eisenstein discute uma série de formas de pensamento "sensorial" [*tchuvstvennoe*], "pré-lógico" [*dologuitcheskoe*] ou ainda "proto-lógico" [*praloguitcheskoe*], tiradas das línguas e das culturas arcaicas analisadas por Wilhelm Wundt e Lucien Lévy-Bruhl, mas também da linguagem interior da criança analisada por Lev Vigotski e do monólogo interior de Joyce, a fim de mostrar como as formas mais eficientes de composição artística e de montagem cinematográfica podem ser elaboradas por meio de uma "regressão" bem calculada em direção às "*lowest layers*" da consciência e da cultura. Essa tese, afirmando a necessidade da "regressão" — que foi violentamente criticada por outros cineastas presentes na Conferência de janeiro de 1935, por sua natureza absolutamente excêntrica e quase herética no contexto soviético de então — foi apresentada por Eisenstein na parte final de sua intervenção, e constitui uma referência fundamental para compreender o sentido da nota que citamos:

> A dialética da obra de arte é construída sobre a mais curiosa das "díades". O efeito [*vozdeistvie*] da obra de arte repousa sobre o fato de que um duplo processo nela se desenrola simultaneamente: um elã progressivo ascendendo em direção a ideias no mais alto nível da consciência — e, ao mesmo tempo, por meio da estrutura formal, um mergulho nas camadas mais profundas do pensamento sensorial [*tchuvstvennoe mychlenie*]. Os polos opostos dessas duas correntes criam a tensão notável da unidade da forma e do conteúdo que caracteriza as obras de arte autênticas. Todas a possuem.[28]

27   Sobre *Método,* ver as introduções às duas edições russas desse livro inacabado: KLEIMAN, N. "Problema Ejzenštejna" (*Metod.* p. 2-30) e BULGAKOWA, O. (*Metod /Die Methode.* vol. 1. Berlin-San Francisco: Potemkin Press, 2008). Cf. igualmente SOMAINI, A. *Ejzenštejn. Il cinema, le arti, il montaggio.* Torino: Einaudi, 2011 (p. 216-261) e CERVINI, A. *La ricerca del metodo. Antropologia e storia delle forme in S.M. Ejzenštejn.* Milano: Mimesis, 2010.

28   *Le Film: sa forme/ son sens.* p. 162 (tradução modificada pelo autor). O artigo "A forma do filme: novos problemas" consta da edição brasileira, *A forma do filme,* Rio de Janeiro, Jorge Zahar Editor, 2002, em que o trecho acima localiza-se às p. 135-136 [mantivemos as mudanças feitas pelo autor, n.d.t.].

Se todo ato criativo e toda reconstrução histórica é, para Eisenstein, o momento de um "contato" entre dois tempos diferentes — um presente e um passado, um *agora* e um *outrora* — a *duração* desse "contato" é, para ele, nos dois casos, profundamente diferente. Enquanto no ato criativo o encontro entre o presente e as "*lowest layers* da consciência" tem lugar "em um lampejo de inspiração" — e portanto sob a forma de uma faísca, um relâmpago, um raio, que produz uma "imagem" [*obraz*] cujo caráter instantâneo e fulgurante, *blitzhaft*, lembra o de uma "imagem dialética [*dialektisches Bild*] teorizada por Benjamin nos fragmentos da seção "gnoseológica" das *Passagens* e nas "Teses sobre o conceito de história" (1940) —, na reconstrução histórica, esse mesmo encontro entre dois tempos diferentes é para ele "contemplado" e "vivido", com o *frisson*, como um "*flash in slow motion through centuries of evolution*", a fim de produzir uma "Übersicht *durch Jahrhunderte*", uma "perspectiva através dos séculos".

Essa referência à *slow motion* introduz nessa passagem complexa uma outra ideia fundamental, que é preciso levar em conta se quisermos entender a ideia de história que orienta essas *Notas*: o cinema, graças a sua capacidade de manipular o tempo por meio de todas as formas possíveis de *aceleração*, de *desaceleração*, de *inversão*, de *fragmentação* e de *recomposição* do fluxo temporal, pode ser considerado como um modelo para o pensamento historiador [*la pensée historienne*]. Um modelo e um instrumento indispensável para elaborar uma história que, depois da experiência mexicana, Eisenstein concebe sempre como uma história não linear, policrônica e anacrônica, com suas antecipações e sobrevivências, suas coincidências e recorrências, seus avanços e seus recuos, suas inovações e seus arcaísmos. É através dessa referência a um cinema visto como uma "máquina de pensar o tempo" — como pôde escrever Jean Epstein na mesma época, em *A inteligência de uma máquina*, retomando toda uma tradição de reflexões sobre a capacidade do cinema de manipular o tempo que se encontra, por exemplo, em Dziga Vertov, Élie Faure, Ernst Bloch e Walter Benjamin — que Eisenstein pode confiar à história o dever de "desenrolar", sob o olhar do historiador, "a cadeia inteira das fases consecutivas" que religam os dois polos, o do presente e o do passado, não somente *in slow motion*, mas também "*from today backwards*", ou seja, invertendo o sentido do desenvolvimento temporal.

Com relação ao olhar *em câmera lenta* e *no sentido inverso* do historiador, o gesto criativo do artista produz, segundo Eisenstein, uma "reunificação filogenética simultânea de todas essas fases de desenvolvimento em um ato": uma expressão que introduz um outro modelo de desenvolvimento histórico, que se acrescenta às referências à dialética entre polos temporais diferentes e à regressão rumo às "*lowest layers*". Trata-se do paradigma do *paralelismo entre ontogênese e filogênese*, segundo o qual a história do desenvolvimento do indivíduo, a *ontogênese*, não seria outra coisa que não a recapitulação, em um curto período, da história da espécie à qual o indivíduo pertence, a *filogênese*[29].

---

29   Cf. GOULD, S.J. *Ontogeny and Phylogeny*. Cambridge MA: Belknap Press of Harvard University Press, 1977.

Esse modelo de desenvolvimento histórico, que pode ser reconduzido ao *De generatione animalium* de Aristóteles e cujos vestígios se encontram nos escritos de Herder[30] e Goethe[31], era considerado por Friedrich Engels, em *A dialética da natureza*, como um dos pressupostos mais importantes da teoria darwiniana da evolução, posto que ele mostrava que a evolução do mundo orgânico em sua totalidade era paralela à de cada organismo individual, apresentando assim a história da natureza como um "fluxo perpétuo" de formas[32]. Na segunda metade do século XIX, esse mesmo paradigma será popularizado por um dos principais promotores do darwinismo, o biólogo e filósofo alemão Ernst Haeckel, que o via como "a lei biológica fundamental", capaz de nos fornecer um "fio de Ariadne" sem o qual não encontraríamos "um curso inteligível através do labirinto complexo de formas naturais"[33].

Transposto do domínio das ciências naturais ao dos fenômenos históricos, esse paradigma aparece também nos escritos de historiadores da arte, como Alois Riegl e Heinrich Wölfflin, que recorrem a ele para teorizar a passagem, na história dos estilos artísticos, de formas artísticas que pedem para serem apreendidas com um olhar *háptico*, um olhar próximo, que tenha uma dimensão tátil, a formas artísticas que, inversamente, demandam um olhar a distância, puramente ótico. Em seus *Conceitos fundamentais da história da arte* (1915), Wöfflin afirma, por exemplo, que

> Do mesmo modo que a criança se desacostuma a pegar os objetos com as mãos a cada vez que ela quer "entender", a humanidade perdeu o hábito de experimentar pelo toque a verdade da obra de arte. De uma só vez, toda a ideia da escultura se metamorfoseou: ao se transformar a imagem tátil em imagem visual,

---

30   "A natureza procede sempre com cada indivíduo da mesma maneira que faz com a espécie inteira: do tato à visão, da escultura à pintura" (HERDER, J. G. *Plastik. Einige Wahrnehmungen über Form und Gestalt*. Riga: Hartknoch, 1778. p. 100).

31   Cf. a seguinte passagem das *Conversas com Goethe* de J. P. Eckermann, do dia 17 de janeiro de 1827, citada por Eisenstein (em *Montaj*. p. 98): "Enquanto o mundo, em seu todo, progride, a juventude deve sempre recomeçar do começo; cada um deve atravessar como indivíduo todas as épocas da civilização do mundo". (*Conversations de Goethe pendant les dernières années de sa vie recueillies par Eckermann*. Paris: Charpentier, 1863, Tomo 1. p. 277).

32   "A teoria da evolução exposta e fundada por Darwin pela primeira vez de maneira sistemática. Quaisquer que sejam as transformações diversas pelas quais essa teoria passará ainda no nível do detalhe, no conjunto ela resolve desde já o problema de maneira mais do que suficiente. A prova foi estabelecida em suas grandes linhas da série evolutiva dos organismos a partir de alguns organismos simples até organismos cada vez mais variados e complicados, tais como nós os vemos hoje, para elevar-se até o homem; o que permite não apenas a explicação dos produtos orgânicos da natureza que existem atualmente, mas o fundamento da pré-história do espírito humano, da pesquisa de diferentes etapas de evolução desde o simples protoplasma sem estrutura, mas sensível às excitações, dos organismos inferiores até o cérebro pensante do homem. Ora, sem essa pré-história, a existência do cérebro pensante do homem permanece um milagre." (ENGELS, F. *Dialectique de la nature*. Paris: Editions Sociales, 1952. p. 197-198).

33   E. Haeckel, *Anthropogenie oder Entwicklungsgeschichte des Menschen*, Leipzig, Engelmann, 1874. p. 296.

houve como consequência a mudança de orientação mais clara que a história da arte jamais registrou.[34]

Transposto por sua vez aos domínios da psicologia e da história das formas de conhecimento, esse paradigma é reencontrado em Freud, que, em *Além do princípio do prazer* (1920), chega a formular sua teoria da "pulsão de morte" [*Todestrieb*] graças a um desvio pela "embriologia enquanto repetição da história da evolução".[35] Ou ainda em Benjamin, que, em "O poder de imitação" (1933), escreve que o saber fundado nas "semelhanças" — um saber que não está longe do "pensamento sensorial" de que fala Eisenstein — tem uma importância primária em todas as formas de conhecimento dos homens e "tem uma história, no sentido filogenético não menos do que no sentido ontogenético": seja nas "brincadeiras de criança", frequentemente baseados em "condutas miméticas", seja em todas as formas de saber dos "povos antigos", como a astrologia, fundadas na pesquisa de "correspondências" e de "analogias mágicas" entre os seres. Das formas de saber fundadas sobre um "poder de imitação" que sobrevivem na modernidade, segundo Benjamin, em "semelhanças não sensíveis" que são escondidas na "parte mimética da linguagem" e que podem aparecer para os homens "tão repentinamente quanto um raio [...], como uma iluminação instantânea [que] surge e desvanece em seguida".[36]

A tese segundo a qual o olhar do historiador estuda os fenômenos que se desenrolam "*through centuries of evolution*", finalmente, assinala a presença, na nota de Eisenstein, de um outro modelo de desenvolvimento histórico que encontraremos nas *Notas*: o do *evolucionismo darwiniano*, mencionado explicitamente em diversas passagens de *Montagem* e *A natureza não-indiferente*. Nesses textos, Eisenstein — que, em 1929, tinha de fato planejado fazer um filme sobre o "movimento expressivo das plantas" [*Ausdrucksbewegung der Pflanzen*], "inteiramente baseado no desenho animado", uma forma de representação que, como um instrumento de análise morfológica, teria permitido captar as metamorfoses das formas vegetais e compreender "a linguagem das flores"[37] — fala do desenvolvimento das formas de montagem, ou da relação entre desenvolvimento das formas artísticas e desenvolvimento das formas de pensamento e de sociedade, em termos de *evolução*.[38] Esse paradigma retorna em "Do cinema em relevo", em que Eisenstein apresenta

34   WÖLFFLIN, H. *Principes fondamentaux de l'histoire de l'art*. Brionne: Gérard Montfort, 1989 [1915]. p. 24.

35   FREUD, S. *Œuvres complètes. Psychanalyse* (1916-1920). vol. XV. Paris: PUF, 1996. p. 297.

36   BENJAMIN, W. "Sur le pouvoir d'imitation", em *Œuvres*. Paris: Gallimard, 2000. Tomo II. p. 359-363.

37   As notas para o projeto de filme não realizado sobre a *Ausdrucksbewegung der Pflanzen* encontram-se em RGALI 1923-2-1113. Agradeço a Elena Vogman por me ter indicado essas notas inéditas e a Olga Kataeva por tê-las transcrito e traduzido.

38   Cf. "Montage" (*SW* 2. p. 30).

uma visão da história das formas artísticas que lembra a "luta pela existência" e a "seleção natural" darwiniana:

> Apenas são perenes as variedades de arte cuja própria natureza reflete, em seus traços, os elementos de nossas mais profundas aspirações. [...] E se não encontramos, encarnadas no que faz a particularidade de uma ou outra arte, certas aspirações ancoradas no que há de mais profundo em nós mesmos — enquanto ramo artístico, ela está condenada a morrer. Só sobrevivem os ramos cuja estrutura e cujas propriedades encontram eco nas tendências e nas necessidades orgânicas profundamente ancoradas tanto no espectador quanto no criador.[39]

A ideia de utilizar o desenho animado para estudar a morfogênese das plantas e de tomar o paradigma evolucionista darwiniano como modelo para estudar a evolução das formas artísticas em termos de seleção natural nos mostra mais uma vez o quanto a abordagem eisensteiniana da história se alimenta de diversas fontes, seguindo uma maneira de pensar que foi definida como "*theory as quotation*".[40] Como nas passagens de seus textos relacionados com questões de psicologia — Eisenstein se refere, de acordo com cada caso, à reflexologia de Pavlov e Bekhterev, à psicanálise de Freud e à psicologia analítica de Jung, à psicologia de William James e à teoria da *Gestalt* de Köhler, Koffka e Lewin, à teoria da empatia de Lipps, assim como aos estudos de seus amigos Vigotski e Luria —, em sua visão da história ele recorre a diversos modelos, por vezes aparentemente incompatíveis uns com os outros: dialética entre "regressão" para o passado e projeção para o futuro, coexistência de camadas temporais diferentes e sobrevivência de formas arcaicas de pensamento e de expressão que podem ser reativadas no presente, paralelismo entre ontogênese e filogênese, evolucionismo darwiniano... Todos esses modelos de desenvolvimento temporal são *montados* juntos, segundo uma ideia da *teoria como montagem* que Eisenstein já formula em um texto de 1927, intitulado "Minha arte na vida":

> A justeza de um método que é válido para o todo assim como para cada pequeno detalhe. A primeira tentativa é a de formular na forma de uma série de proposições axiomáticas, que podem nos servir de diretriz (teórica e prática) para a maioria das questões de nossa profissão.
>
> [...]

---

39   *Mouvement.* p. 97-98.
40   IAMPOLSKI, Mikhail. "Theory as Quotation", *October*, n° 88. Primavera de 1999. p. 51-68.

> Cada doutrina coexiste em nossa profissão. Mas em nossas mentes, cada uma delas existe separadamente [*individualno*]. Definir o momento de sua intrusão — e por onde — na teoria de nossa atividade principal — é uma segunda tentativa. Não inventei a sublimação, a noção de reflexo, a interação entre ordem social e "individualidade criativa", o princípio de unidade em Darwin e James. Mas reunir tudo isso, inserir isso em um "contexto" particular, um em relação com o outro — considero ambiciosa essa tarefa.
>
> "O princípio do contexto" é válido aqui — um fragmento [*Bruchstück*] de uma disciplina científica não é nada — é como um fragmento de montagem, um verbo sem complemento, um elemento primordial em um movimento que foi decomposto.[41]

Em seus escritos dos anos 1930 e 1940, essa visão de uma teoria como montagem de fragmentos conceituais tirados de outras teorias — ainda que ela perca os traços construtivistas e conflituosos que ela ainda tinha na passagem que acabamos de citar, para tornar-se, sobretudo, o princípio de elaboração de um "método" no qual Eisenstein procura sintetizar todos os conceitos e os fragmentos de teoria que ele extrai de uma história da cultura concebida como um grande arquivo aberto e disponível — contribui para dar forma à visão complexa da história que constitui o pano de fundo da *História geral do cinema*. Uma história que, como vamos ver agora, tinha o objetivo de responder a três questões cruciais que se encontram no centro de toda a reflexão teórica de Eisenstein:

1. Como especificar o "lugar do cinema" na história das artes;
2. como identificar os "precursores" [*forerunners*] do cinema nessa mesma história;
3. como definir os fundamentos psicológicos e culturais de um cinema concebido como parte de uma mais vasta antropologia das imagens e arqueologia das mídias.

2. "Herdeiro" e "síntese": o lugar do cinema na história das artes

A resposta à primeira questão — como especificar "o lugar histórico do cinema na história das artes" — está no início do primeiro texto publicado neste volume, "O herdeiro" (outubro de 1946).[42]

---

41   "Minha arte na vida", *Kinoviêdcheskie Zapíski* nº 36-37, 1997-1998. p. 14.
42   Ver neste volume. p. 20.

"Herdeiro [*naslednik*] de todas as culturas artísticas", "síntese das artes" [*sintez ikusstv*]: por um lado, essas duas expressões apresentam as conclusões a que Eisenstein chegara depois de passar anos refletindo sobre as relações entre o cinema e a história das artes e, por outro, elas mostram sua vontade de inscrever sua "história geral do cinema" no âmbito do discurso estético oficial elaborado na União Soviética dos anos 1930 e 1940 — como confirma a definição do cinema como "arte da URSS *par excellence*", única arte capaz de se opor à tendência à "degenerescência" própria às vanguardas nascidas no contexto do "desmoronamento da sociedade burguesa", os "ismos"[43].

Depois da confrontação dos anos 1920 entre os partidários de uma arte soviética edificada sobre uma *tabula rasa* de qualquer tradição artística e os partidários da ideia de preservar e reavaliar a herança do passado, o discurso estético oficial dos anos 1930 e 1940 se concentrou em uma visão da União Soviética como cultura em que o socialismo completado nos planos social e político deveria se traduzir naturalmente, no plano estético, em uma "síntese das artes". Essa expressão será transformada, no decorrer dos anos 1930, no *slogan* de toda uma série de iniciativas culturais, entre as quais podemos lembrar a primeira conferência dos arquitetos, escultores e pintores soviéticos OGIZ-IZOGIZ, em torno de "Questões da síntese das artes", cujos anais são publicados em 1936, em um volume que reunia textos de artistas e de teóricos, como a escultora Vera Mukhina[44], David Arkin, autor de *O problema da síntese na arquitetura soviética* (1935) ou ainda Béla Ouits, que considerava a noção de síntese das artes como uma "lâmina cortante" nas mãos da arte socialista.[45]

Assim como a noção de "realismo socialista", introduzida no debate público a partir da primeira metade da década de 1930, a ideia de "síntese das artes" foi interpretada de diversas maneiras no interior de um discurso que combinava inextricavelmente estética e política. Arkin, por exemplo, interpretava a síntese das artes em termos de "cooperação [*sotrudnitchestvo*] fundada em uma ideia comum e um tema comum"[46], enquanto outro autor de um texto publicado nos anais, Mikhail Alpatov, o interpretava em termos de "resolução das contradições".[47]

A ideia de Eisenstein de um cinema como "síntese das artes" insere-se nesse debate e se alinha com o *slogan* oficial, retomando certas palavras de ordem encontradas nos textos dos autores que participaram desse discurso público. Podem ser

---

43   Encontramos esse mesmo tema da correlação entre "desmoronamento" da sociedade burguesa e do capitalismo e "degenerescência" ou "desintegração" das artes das vanguardas europeias (os "ismos") em *Montage* (*SW 2*. p. 275-276).

44   Autora da famosa escultura em aço inoxidável de 25 m de altura instalada sobre o pavilhão soviético da Exposição Universal de Paris em 1937, *Operário e Kolkhoziana*.

45   *Voprosy sinteza iskusstv: Matetiali pervogo tvorcheskogo sovetschania arkhitektorov, skulptorov i jivopistsev*, Moscou, Izogiz, 1936. p. 104.

46   Ibid. p. 9.

47   Ibid. p. 22.

encontradas as duas interpretações da ideia de síntese, formuladas por Arkin e Alpatov, por exemplo, nas passagens das *Notas* em que se trata da "amizade [ou cooperação, *sodrujestvo*] entre os povos *as basis for* a amizade [a cooperação] entre as artes"[48], ou ainda da síntese como "superação [*sniatie*]", no sentido do *Aufhebung* dialético, "das contradições"[49].

Isso posto, o conceito de "síntese" tal como ele aparece nas *Notas* não pode ser plenamente entendido sem que se faça referência ao fato de que Eisenstein havia incansavelmente repensado e reformulado essa noção em todos seus escritos a partir do fim dos anos 1920[50]. Dos escritos de 1928-1929 sobre o "monismo de conjunto" do teatro Kabuki (1928-1929) à teoria da montagem conflituosa exposta em "Dramaturgia da forma fílmica" (1929), segundo a qual a forma cinematográfica é o lugar de uma série de "conflitos" (temáticos, gráficos, espaciais, temporais), que lhe dão energia e eficiência e que encontram sínteses sempre parciais e prontas a provocar outros conflitos[51]. Os desenhos mexicanos, como aquele intitulado *Síntese* [frontispício do presente artigo], em que Eisenstein procurava, através da montagem gráfica, sintetizar elementos iconográficos de tradições e de camadas temporais diferentes (nesse desenho, as iconografias da crucifixão, da *corrida*, do nascimento de Eva a partir de uma costela de Adão, do sequestro de Europa)[52], numa teoria da montagem como síntese de uma pluralidade de "representações" [*izobrajenie*] parciais em uma imagem [*obraz*] dotada de um sentido geral e de uma forte carga emotiva, teorizada em *Montagem.* Da ideia de "montagem vertical" como forma de composição que visa a produzir um cinema audiovisual e cromático, concebido como grande síntese sinestésica e polifônica, à reinterpretação da noção de síntese através do conceito de "êxtase" em *A natureza não-indiferente*, em que a síntese é uma vez mais uma condição de tensão e de transformação, um "constante *frenesi*", uma "constante saída de si" (*ek-stasis*)[53]. Finalmente, a ideia de síntese tal como ela é exposta em *Método,* em que a síntese é "regressão" em direção a formas de pensamento e de existência biológica e social caracterizadas por uma *falta de diferenciação*: o pensamento "global" [*kompleksnoe*] e "difuso" [*diffu-*

---

48   Sobre essa ideia de "amizade" ou de "cooperação" entre as artes como maneira de interpretar a "síntese das artes" segundo uma perspectiva diferente do *Gesamtkunstwerk* wagneriano, ver P. Montani, "*Synthesis* of the Arts or *Friendly Cooperation* between the Arts? The *General History of Cinema* According to Eisenstein", em EISENSTEIN, S.M. *Notes for a "General History of Cinema"*, op. cit.

49   Ver neste volume. p. 22.

50   Sobre a noção de síntese, além dos textos citados na nota 12, ver LÖVGREN, H. *Eisenstein's Labyrinth: Aspects of a Cinematic Synthesis of the Arts.* Stockholm: Alquist & Wiksell, 1996.

51   *Cinématisme.* p. 28-31.

52   Para uma interpretação do estatuto dos desenhos mexicanos no conjunto da obra de Eisenstein e de sua reflexão sobre o sentido da montagem, ver SOMAINI, A. *Ejzenštejn. Il cinema, le arti, il montaggio*, op. cit. p. 141-186.

53   *NIN* 1. p. 103.

znoe] que é próprio às sociedades arcaicas, cujo imaginário se organiza de acordo com a *lei de participação* teorizada por Lévy-Bruhl; a androgenia (real e mítica) e a condição pré-natal do feto como condições que precedem a diferenciação sexual; a "protoplasmaticidade" de formas orgânicas primárias como condição preliminar para toda diferenciação morfológica estável; o comunismo como estado que precede toda divisão em classes (comunismo primitivo) e como horizonte teleológico do socialismo[54].

Essa reavaliação da ideia de "regressão" para um estado psíquico, orgânico ou social de indiferenciação estava em conflito com uma ideologia oficial centrada na celebração das conquistas de um socialismo em luta contra toda forma de resistência e toda tentativa de regressão para o regime precedente. A preocupação suscitada por essa distância em relação ao discurso estético oficial, assim como a determinação de não renunciar ao projeto de situar a teoria do cinema no interior de uma teoria antropológica da arte mais vasta, que Eisenstein havia elaborado a partir da temporada em Paris, em 1929-1930, e da viagem ao México, em 1930-1932, ficam bem evidentes em certas passagens de *Método*, como aquela em que Eisenstein escreve: "Em meu domínio, nunca admiti a ideia de uma correlação entre estratos que são considerados 'superiores' e 'inferiores' ou que 'avançam' ou 'freiam', de *vanguarda* ou '*reacionários*', como afirmou o camarada Stalin, referindo-se a um outro setor da disciplina inerente aos *resíduos do passado na consciência...*".[55]

Para reduzir essa distância perigosa em relação ao discurso oficial, Eisenstein recorre uma vez mais ao conceito de síntese: "Eles jamais me perdoarão pela ideia da arte como 'regressão' [...], que a arte então seja... *síntese*"[56]. Uma síntese dialética de tendências opostas de que Eisenstein havia encontrado uma definição convincente e legitimadora em uma passagem do livro de Engels, *Socialismo utópico e socialismo científico*, citado em "A forma do filme: novos problemas":

> Uma exata representação do universo, de sua evolução, do desenvolvimento da humanidade e do reflexo desta evolução nas mentes dos homens, só pode ser obtida pelos métodos da dialética, com sua constante preocupação com as inumeráveis ações e reações da vida e morte, das mudanças progressivas e regressivas.[57]

---

54 Para uma visão de todo das "vias da regressão" que Eisenstein teoriza em *Método*, ver A. Somaini, *Ejzenstejn*, op. cit. p. 216-261.

55 "Le mouvement expressif" (*Metod* 1. p. 181).

56 "Moja sistema" (*Kinoviêdchevskie Zapíski*, n°36-37, 1997-1998. p. 24).

57 ENGELS, Friedrich. *Do socialismo utópico ao socialismo científico*. Trad. Almir de Matos, Rio de Janeiro, Vitória, 1962, citado em S. Eisenstein, "A forma do filme: novos problemas", *A forma do filme*. Trad. Teresa Ottoni, Rio de Janeiro, Jorge Zahar Editor, 2002. p. 135.

À luz de todas as interpretações do conceito de síntese que se pode encontrar nos escritos de Eisenstein, a ideia do cinema como "síntese das artes", um dos pressupostos teóricos das Notas — "Deve-se construir a história do cinema assim"[58] — não pode portanto ser interpretada como uma síntese que seria somente a conclusão de uma história das artes linear e teleológica, conduzindo até o cinema. Da leitura dos textos que acabamos de mencionar, sobrevém principalmente a ideia de que o cinema é síntese no sentido de arte capaz de *reencontrar e reativar em si mesmo* toda uma série de formas pré-cinematográficas da montagem, que sobreviveram através do tempo e que podem ainda liberar sua energia. Última das artes (segundo a perspectiva histórica de um autor que escreve em 1946), o cinema avança para frente retornando-se frequentemente para trás, a fim de estudar "precursores" que, não raro, produziram formas de montagem exemplares, modelos que podem ser transpostos e reformulados em termos cinematográficos.

É por isso que, nas *Notas*, Eisenstein insiste na ideia segundo a qual a "síntese" operada pelo cinema não seria outra coisa senão uma das *"recorrências"* da ideia de síntese das artes na história:

> *Recurrence* [Retorno] da ideia de síntese dos gregos (início morfológico no ditirambo)
> — as liturgias (arquitet[ura], órgão, vitral, *plain chant*, fusão do público com a ação) — Diderot — Wagner — Scriabin — nós.[59]

Nessa passagem de "O herdeiro", Eisenstein apresenta o cinema soviético e seu próprio cinema ("nós") como uma arte sintética capaz de produzir uma "síntese real" — ao mesmo tempo social, técnica e estética — que se insere em uma linha genealógica conduzindo dos "Gregos" e da síntese proposta pelos "ditirambos" dionisíacos às "liturgias" cristãs, de Diderot a Wagner e a Scriabine. Trata-se de uma linha genealógica encontrada em diversos outros textos[60], e que merece ser analisada para bem entender em que sentido, segundo Eisenstein, o cinema soviético se encontrava no topo dessa genealogia, ainda que, na sua opinião, ele poderia ser ultrapassado no futuro por outras formas de síntese.

O ponto de partida dessa série de "recorrências" se encontra na situação de fusão entre atores e espectadores, ação cênica e público nos ditirambos cantados durante os ritos dionisíacos: "O ditirambo é como uma crônica encenada por todos (sem distinção entre público e atores) das 'aventuras' de Dionísio". Com uma referência implícita ao Nietzsche de *Nascimento da tragédia* (1872), que tinha visto nos ritos dionisíacos um momento de "destruição do indivíduo e sua identificação

---

58   Neste volume. p. 21.
59   *Idem.*
60   Cf. por exemplo "Montage vertical" (1940), *SW* 2. p. 337.

com o Ser primordial" — "Agora, pelo evangelho da harmonia universal, cada um se sente, com o seu próximo, não apenas reunido, reconciliado, fundido, mas ainda idêntico a ele, como se o véu de Maia se tivesse rasgado, e como se só flutuassem farrapos frente ao misterioso Um-Primordial" [*Ur-Einen*][61] — Eisenstein interpreta os ditirambos como "berço do teatro" e como origem de uma série genealógica de formas de representação visando uma completa fusão do público e da ação. Assim como Nietzsche via a origem do coro trágico na "tropa delirante de servidores de Dionísio [que] imaginam renascer como gênios da natureza, como sátiros", e afirmava que "o público da tragédia antiga se encontrava ele próprio no coro da orquestra, [e] que não havia no fundo nenhum contraste, nenhuma oposição entre o público e o coro, pois tudo isso [era] apenas um grande coro sublime de sátiros cantando e dançando"[62], Eisenstein via nos ditirambos a origem de uma linha genealógica que encontra sua continuação nas formas litúrgicas cristãs, como as procissões nas quais havia "fluxos de peregrinos subindo de joelhos pirâmides coroadas de catedrais católicas" (como a da localidade mexicana de Amecameca, mostrada em *Que viva Mexico!*[63]), ou ainda as cerimônias de comemoração da Paixão de Cristo em que, "de acordo com a lógica primitiva", o evento comemorado "exist[ia] novamente, realmente"[64].

Diderot entra em cena nessa genealogia de "recorrências" a dois propósitos. Por um lado, enquanto promotor, em seus escritos sobre o teatro comentados por Eisenstein em "Diderot falou de cinema"[65] e em outros textos, de uma teoria do teatro e do drama musical como arte sintética, que teria podido ser considerada como um modelo para o cinema sonoro. Por outro lado, como promotor do vasto projeto de síntese do saber que era a *Enciclopédia* e teórico de uma visão da natureza como conjunto no qual "tudo se encadeia e se sucede por nuances insensíveis", como lembra a frase "*nuance à Diderot*", que Eisenstein relaciona à "Revolução Francesa" e a seus ideais de igualdade e fraternidade, como síntese social:

> O universo nos oferece apenas seres particulares, de número infinito e quase sem divisão fixa e determinada; não há nenhum que possa ser chamado de primeiro ou de último; tudo se encadeia e se sucede em nuances insensíveis; e se, através dessa uniformidade imensa de objetos, alguns parecem romper a superfície e dominá-la, como picos de rochedos, eles devem essa prerrogativa somente a sistemas particulares, a convenções va-

61   NIETZSCHE, F. *Naissance de la tragédie*. Paris: Librairie Générale Française, 1994. p. 51-52.
62   Ibid. p. 81.
63   Ver neste volume. p. 32.
64   Ibid.
65   *Mouvement*. p. 77-96.

gas, a certos acontecimentos vagos e estranhos, e não ao arranjo
físico dos seres ou à intenção da natureza[66].

Wagner e seu *Gesamtkunstwerk* têm evidentemente seu lugar nessa genealogia,
mas ainda é preciso lembrar a leitura particular da ideia de obra de arte total que
Eisenstein propõe. Por um lado, ele sublinha as implicações políticas dessa ideia
tal como ela é formulada por Wagner nos anos 1849-1852, quando ele escreve, logo
depois de sua participação na insurreição de Dresden, textos como *A arte e a revolução* (1849), *A obra de arte e o futuro* (1850) e *Ópera e drama* (1852). Os textos em
que a ideia de obra de arte total do futuro [*allgemeine* ou *gemeinsame Kunstwerk der
Zukunft*] é apresentada como parte de um projeto de refundação social e de constituição de um "povo" [*Volk*] unido, tomando a tragédia grega como modelo e fundada
na condenação de toda ideologia erguida sobre a base da propriedade privada[67]. Por
outro lado, quando ele menciona Wagner em sua genealogia das "recorrências" da
ideia de síntese, Eisenstein faz referência à interpretação da *Valquíria* que ele tinha
elaborado em sua encenação no teatro Bolshoi em 1940: uma *Valquíria* em que era
representado um mundo primitivo, animado por uma mentalidade caracterizada
por um pensamento "imagético" [*obraznoe*] e, mais uma vez, "sensorial" [*tchuvsten-
noe*], em que o amor incestuoso entre os irmãos Sigmund e Sieglinde estava ligado a
uma condição social próxima à da "família consanguínea" em *A origem da família,
da propriedade e do Estado*, de Engels[68].

É finalmente Scriabine que aparece aqui como representante da estética simbolista da sinestesia e das correspondências que ele tinha implementado nas projeções luminosas coloridas previstas para o poema sinfônico *Prometeu. Poema do
fogo* (1910), uma estética que ele queria desenvolver em uma escala monumental
nos ritos, nas danças e na fusão total dos espectadores e atores do projeto místico-
-teosófico *Mistério*, que estava inacabado quando de sua morte, em 1915. Eisenstein
— que tinha refletido sobre toda a tradição dos simbolistas da cor em seus escritos
sobre a "montagem vertical" e sobre a montagem cromática, e que tinha tentado retomar o espírito desses simbolismos nos jogos de luz pensados para a encenação da

---

66   Artigo "Encyclopédie", *Encyclopédie*, V, 640a, e "Bois", *Encyclopédie*, II, 297a.

67   Podemos lembrar também que em 1930-1932 Eisenstein tinha elaborado um projeto de
filme, jamais realizado, intitulado *Götterdämmerung* [*O crepúsculo dos deuses*], que, retomando
o título do último drama musical do ciclo do *Ring* de Wagner, teria tratado da queda de certos
grandes "titãs" da indústria e da finança dos anos 1920, como Zacharoff, Löwenstein, Kreuger,
Deterding, depois da crise do fim dos anos 1920. Cf. W. Südendorf, *Sergej M. Eisenstein. Materialen zu Leben und Werk*, op. cit. p. 222.

68   Cf. "L'incarnation d'un mythe" (*Conception*. p. 110-118). Sobre a encenação da *Valquíria*
por Eisenstein, ver S. M. Eisenstein, "Die Walküre. Regienotizen", em O. Bulgakowa (org.), *Eisenstein und Deutschland. Texte Dokumente Briefe*, Berlin, Akademie der Künste-Henschel Verlag,
1998. p. 55-64. Ver também D. Thomä, *Totalität und Mitleid. Richard Wagner, Sergej Eisenstein
und unsere ethisch-ästhetische Moderne*, Francfort, Suhrkamp, 2006.

Valquíria, na sequência em cores da segunda parte de *Ivan, o Terrível* e nos projetos de filme que ficaram no estágio do projeto, como *Puchkin* (*O amor do poeta*) (1940-1944) e *Moscou 800* (1947) — considerava no entanto as tentativas de Scriabine como "sonhos de síntese" que, em sua opinião, deveriam ter sido substituídas por uma "síntese real na técnica do cinema e em nossa estética"[69]. Uma síntese operada pelo cinema soviético e, de maneira exemplar, pelo cinema de Eisenstein — donde o pronome "nós" designando essa última etapa da genealogia das "recorrências".

Por detrás desse "nós", encontra-se um cinema que é ao mesmo tempo a *realização plena* da história das artes — a "arte sintética", fundada sobre uma montagem "vertical", "cromática" e "extática", teorizada por Eisenstein em seus últimos escritos e experimentada em *Ivan, o Terrível* — e a *volta às origens,* de acordo com a tese formulada por Eisenstein em *Montagem,* segundo a qual "nas conquistas mais avançadas de cada forma de arte, os princípios dessas formas de arte se aproximam ao máximo dos primeiros princípios da arte"[70]. Se, já no texto sobre a Disney, Eisenstein havia mostrado como a técnica moderna da animação parecia fazer o espectador recuar rumo a uma mentalidade animista e totêmica, e rumo à "protoplasmaticidade", uma condição de virtualidade formal, de abertura a qualquer desenvolvimento formal possível, própria aos organismos mais originários[71], em "Do cinema em relevo" o cinema estereoscópico, com suas imagens que saem da tela para se projetar em direção ao espectador, é apresentado como uma forma de síntese e de fusão, que é, ao mesmo tempo, o último desenvolvimento das "possibilidades cinematográficas" e um retorno em direção às origens do teatro e do cinema nos ditirambos. Alguns anos depois da primeira apresentação pública do primeiro filme soviético em 3D — *Kontsert: Zemlia molodosti* (1941), de Semion Ivanov, na sala Kino Moskva de Moscou[72] — Eisenstein escreve seu texto sobre o cinema estereoscópico e vê nele uma forma de representação dotada de uma dupla capacidade: "a capacidade *aspirar* intensamente, e com uma força até então desconhecida, o espectador atraído para o que outrora foi a superfície da tela; e a capacidade de *jogar* sobre ele, de modo não menos real e assustador, o que outrora permanecia achatado sobre o espelho de sua superfície"[73].

Esse cinema em relevo era para Eisenstein o desenvolvimento quase necessário de uma longa história de formas artísticas que haviam procurado produzir uma ligação ou mesmo uma fusão entre espaço da representação e espaço do espectador — os ditirambos, os "rituais coletivos do Sião ou de Bali", a ligação entre a cena e a sala

---

69   Ver neste volume. p. 20.
70   *SW* 2. p. 118.
71   Ver *Disney.*
72   Ver N. Mayorov, "A first in cinema… Stereoscopic films in Russia and the Soviet Union", *Studies in Russian and Soviet Cinema,* vol. 6, n° 2, 2012. p. 217-239.
73   *Mouvement.* p. 108-109.

garantida pelo *hanamichi* do teatro Kabuki, a profundidade de campo nos quadros de Degas e Toulouse Lautrec, ou ainda a profundidade de campo cinematográfico de *Cidadão Kane* de Orson Welles, ou a que Eisenstein havia experimentado em seus filmes depois da descoberta da objetiva de 28mm — e seu lugar histórico devia ser buscado, em sua opinião, nas "peripécias históricas" e nos "meandros da inter-relação e da interação do espetáculo e do espectador".[74]

A história apresentada por Eisenstein nesse texto é uma história dialética em três grandes fases, A-B-A', em que a terceira (A') é um retorno à primeira fase (A), mas em um outro nível:

> Da etapa primitiva da existência indissociada de um espetáculo que ainda ignora a divisão entre ator e espectador, [passa-se] a seu desdobramento em contemplador e participante.
>
> E dessa fase para uma nova união da ação e do público em um todo orgânico no qual o espetáculo parece penetrar uma massa de espectadores que atiraria simultaneamente sobre ele.[75]

Diversas passagens dos textos dos anos 1930 e 1940, assim como das *Notas*, nos fazem pensar que o cinema que era, para Eisenstein, ao mesmo tempo desenvolvimento dialético das formas artísticas precedentes e volta às origens, não era de acordo com ele a última forma possível de síntese, mas sobretudo uma forma de representação, um espetáculo, um *medium* destinado a ser ele próprio superado por outras formas mais complexas de síntese: a "televisão", sobre a qual voltaremos a falar, mas também dos espetáculos sintéticos monumentais que, no futuro, poderiam projetar a montagem para além da tela, como se pode ler em uma passagem dos capítulos de *Montagem* dedicados à obra de arte "sintética" e à "montagem vertical":

> Se por um lado a pintura, a escultura e a arquitetura estão agora no caminho de uma fusão das artes plásticas na arquitetura socialista e em sua visão da cidade, por outro lado as artes que existem simultaneamente no tempo e no espaço, e que são ao mesmo tempo visuais e acústicas, da mesma maneira, e pela primeira vez na história, estão se misturando no espetáculo total que é o filme sonoro da época do socialismo.
>
> Claro, esse filme sonoro como entidade completa poderá também dar lugar a uma síntese ainda mais vasta de todas as artes

---

74   Ibid. p. 109.
75   Ibid.

em um só espetáculo de "montagem": um espetáculo que uniria
o ambiente natural das cidades com as massas cuja existência se
dá no meio urbano e com protagonistas individuais do drama
que ali se passaria; um espetáculo que uniria um mar de cores e
de luz com a música e o rádio, o teatro e o filme sonoro, os barcos
a vapor no Canal Moscou-Volga com as esquadrilhas de aviões[76].

Essa superação dos limites do *medium* cinematográfico, que nessa passagem
de *Montagem* toma a forma de um *rompimento* da superfície bidimensional da tela
cinematográfica rumo a formas de montagem sinestésica e espacial que se situam
para além do cinema, encontra seu *pendant* na superação constante dos limites do
medium cinematográfico que caracteriza todas as linhas genealógicas traçadas nas
Notas. Linhas que apresentam uma genealogia ramificada e enredada de todos os
"precursores" do cinema, na qual é preciso agora tentar se orientar.

3. Uma genealogia de "precursores": "a história dos meios expressivos do cinema" e "o cinema rumo à crônica"

Em uma série de notas escritas no dia 3 de janeiro de 1948, algumas semanas
antes de morrer, Eisenstein tentou estabelecer uma síntese da vasta genealogia do
cinema que ele estava articulando.[77] O conjunto das notas apresentadas neste volume pode ser lido seguindo o duplo esquema que propõe essa passagem, fornecendo-
-nos indicações essenciais para compreender a forma que o projeto havia tomado
nessa fase do trabalho, em que Eisenstein o concebia em duas partes, cada uma delas
precedida por um "primeiro volume". O primeiro volume da "história geral do cinema" teria apresentado uma "história dos meios expressivos do cinema", enquanto o
da "história do cinema soviético" teria sido pensado sobre o modelo da *Origem das
espécies* de Darwin, e portanto como reconstrução da evolução das formas de representação que conduziram ao nascimento de um gênero privilegiado pelo cinema
soviético, o filme "histórico" ou a "cine-crônica".
Se seguimos esse plano, o "primeiro volume" da "história geral do cinema" deveria conter uma síntese de todos os escritos anteriores de Eisenstein que haviam
tratado, cada um a seu tempo, de todas as "histórias" aqui mencionadas: história
do *close-up* e da imagem na pintura, do problema do espaço, do movimento, da cor
antes do cinema e finalmente da montagem na pintura, na literatura, na arquitetura
e nas outras artes.

---

76   *SW* 2. p. 274-275.
77   Ver neste volume. p. 73.

Assim como no livro *Montagem*, a montagem é apresentada nessa parte das *Notas* como um procedimento *transmidial* de composição, cujas manifestações podem ser observadas através da história universal das artes *antes* do aparecimento do cinema, ainda que elas possam ser reconhecidas como formas de montagem pré-cinematográfica somente *a posteriori*, do ponto de vista de um cinema que procura estabelecer sua própria genealogia. Diversas sequências verticais de nomes, obras, técnicas, movimentos artísticos e exemplos tirados das mais diversas tradições nos domínios da história das artes, dos ritos e dos espetáculos populares podem ser consideradas tentativas de reconstruir essa genealogia. Uma genealogia em que o dispositivo cinematográfico é desmontado em todas suas partes — tomada, gravação da imagem, passagem do negativo ao positivo, decupagem e montagem em todas suas formas, projeção, tela — e cada uma delas se torna o objeto de uma linha genealógica que mostra seus "precursores":

1. A tradição das imagens em forma de mosaico e o estilo pictórico do *pontilhismo* são apresentados como "precursores" da maneira segundo a qual a montagem, enquanto "unidade na diversidade", produz *uma imagem sintética através da composição de diversos elementos originalmente separados.*

2. A combinação de representações frontais e de perfil do corpo humano nas figuras pintadas pelos egípcios ("o picassismo dos antigos") é apresentada como próxima, de um ponto de vista morfológico, dos corpos representados por Tintoretto e Daumier, porque, em todos esses casos, estamos em presença de corpos *impossíveis* que sintetizam em uma só figura posições de membros que se encontram em fases sucessivas de um mesmo movimento[78]. Junto com as surpreendentes figuras de múltiplas cabeças e múltiplas mãos do manuscrito medieval chamado de *Sachsenspiegel*, as cronofotografias de Étienne-Jules Marey, os quadros "cronofotográficos" dos futuristas italianos (como *Menina a correr na varanda* de Giacomo Balla), eles pertencem à *história das formas pré-cinematográficas da montagem utilizadas para representar o movimento do corpo.*

3. As imagens em forma de rolo horizontal ou vertical dos *makemono* e *kakemono* japoneses, as ilustrações de Botticelli para a *Divina comédia*, a série de pequenos quadros de Goya que representa a história do bandido El Maragato e do monge Pedro de Zaldivia, assim como o *Mariage à la mode* de Hogarth pertencem à *história das formas pré-cinematográficas de montagem visando a representar eventos que se passam no tempo.*

4. A disposição dos templos sobre a Acrópole, os desenhos gigantes de Hokusai traçados sobre as montanhas, o labirinto representado no piso da catedral de Chartres, a disposição das vistas e das formas naturais nos jardins à inglesa e a arquitetura

---

78   Sobre a importância que a obra de Daumier reveste na teoria da montagem de Eisenstein, ver ACKERMAN, A. *Eisenstein et Daumier. Une affinité élective* (Paris: Armand Colin, 2013).

de vidro de Le Corbusier com sua redefinição da separação entre exterior e interior[79] pertencem à *história da montagem como articulação das vistas de um espetáculo em movimento.*

5. *O casal Arnolfini* de J. Van Eyck, a *Ceia* de Leonardo da Vinci, a *Vista de Toledo* de El Greco com sua justaposição de vista em perspectiva e de vista planimétrica, o retrato da atriz Ermolova de Serov e os quadros de Delaunay sobre a Torre Eiffel pertencem à *história das formas de montagem de diversos pontos de vista em uma só imagem.*

6. O *retábulo de Gand* de Van Eyck, o *Grito* de Munch e as *Sonatas* picturais de iurlionis pertencem à *história das formas de montagem audiovisual na pintura.*

7. Os desenhos chineses com tinta, as *grisailles*, os quadros monocromáticos, as litografias monocromáticas de Daumier, as fotografias em preto e branco e a tradição popular russa dos *luboks* pertencem à *história do problema da cor "up to the cinema"*[80].

8. A luz que passa através dos vitrais das catedrais góticas e preenche com todas as suas cores o espaço da nave, a lanterna mágica e a fantasmagoria, as tradições do teatro de sombras projetadas como o *Wayang* javanês ou o *Karagheuz* turco, as silhuetas de Lavater, os dioramas, o farol girando do Palácio da Indústria em 1899 e a tradição secular dos fogos de artifício são considerados como fazendo parte da *genealogia da projeção.*

9. *A linha genealógica da animação,* finalmente, deriva dos desenhos sobre as paredes das cavernas primitivas e continua — passando por Esopo, La Fontaine e Krylov — até as *Silly Symphonies* de Disney, sem jamais perder sua dimensão arcaica, seus elementos de animismo e de totemismo.

Já o "primeiro volume" da "história do cinema soviético" teria apresentado uma vasta genealogia de todas as técnicas, as mídias, as formas de representação, os ritos e os espetáculos que, em seu conjunto, constituíam a *Origem das espécies* do cinema histórico soviético, gênero a que Eisenstein tinha dado contribuições maiores com grande parte de seus filmes, de *A greve* a *Ivan, o Terrível.* Nas "linhas" genealógicas apresentadas pelas notas que dizem respeito a esse outro lado da história que Eisenstein estava elaborando, encontramos a mesma busca de justaposições e comparações morfológicas entre formas aparentemente heterogêneas e distantes no tempo e no espaço.

1. As máscaras funerárias romanas e as múmias egípcias, os monumentos funerários e as fotografias de família são apresentados aqui como pertencentes a *uma genealogia das técnicas e das formas de representação visando a parar o tempo e a preservar as aparências físicas dos mortos.*

---

79   Sobre o papel que a arquitetura de vidro exerce na obra de Eisenstein, ver *Glass House* (*passim*), seguido de ALBERA, F. "Destruction de la forme et transparence. *Glass House*: du projet de film au film comme projet" (p. 81-101).

80   Ver neste volume. p. 94.

2. Todos os instrumentos para a transferência precisa dos volumes de corpos sobre um plano bidimensional — a grade de Dürer, o pantógrafo, o dispositivo para traçar as silhuetas de Lavater, o fisionotraço de Gilles-Louis Chrétien — assim como todas as etapas da história técnica e social da fotografia — calótipos, daguerreótipos, ambrótipos, retratos fotográficos, fotografias instantâneas, primeiras fotomontagens, fotografia estereoscópica, fotografia de guerra, fotografia aérea, fotografia de natureza morta, espírita, de vanguarda, dos *Fotogrammen* de Moholy-Nagy aos *rayographs* de Man Ray — pertencem à *genealogia das técnicas para gravar os fenômenos visuais.*

3. Teatros mecânicos em miniaturas, bonecas e jogos com mola, pianos mecânicos e autômatos de cera ou de metal pertencem à *genealogia dos instrumentos que reproduzem mecanicamente o movimento.*

4. Em uma série de notas que começam com uma citação tirada das *Notas sobre o teatro popular* de Puchkin afirmando que "o teatro nasceu na praça pública"[81], Eisenstein coloca em série os *Kunstkammern* e os gabinetes de curiosidades, os museus de cera (Madame Tussaud, Museu Grévin, o Panoptikum de Hamburgo), as cenas de martírio nas representações da Paixão, o Grand Guignol, os Panoramas e Dioramas, o vilarejo negro da Exposição Universal de 1900 e a falsa babá de George Washington exposta por Barnum, os espetáculos do circo, os funâmbulos e os ventríloquos, apresentando-os como pertencentes a *uma vasta genealogia do cinema como espetáculo popular.*

5. Os poemas de Homero, o "Canto da Campanha de Igor", as tragédias históricas de Shakespeare, os *Desastres da guerra* de Goya, *As grandes misérias da guerra de Callot* e os *travelogues* dos séculos XVIII e XIX pertencem à *linha que conduz ao cinema soviético como forma de crônica.*

6. Uma outra linha conduz ao *cinema soviético como cinema pensado para um público que deve se sentir ao mesmo tempo espectador e ator das histórias representadas* e coloca em sequência, como já se viu, os ditirambos dos ritos dionisíacos, as ações comemorativas apresentadas em procissões da Paixão de Cristo, as cerimônias populares organizadas nos anos da Revolução Francesa, para chegar em seguida aos espetáculos de massa organizados em Petrogrado por Nikolai Evrêinov para celebrar os primeiros aniversários da Revolução de Outubro. Como em *Montagem, A natureza não-indiferente* e *Método,* em todas essas *Notas* Eisenstein procura *invariáveis trans--históricas* que possam explicar a grande variedade das manifestações históricas de princípios estéticos a cada vez analisados. Se, nesses três livros, Eisenstein tinha buscado os fundamentos dos princípios da *montagem,* da êxtase e da *regressão* nas ciências naturais, a psicologia e a antropologia, agora se trata de encontrar fundamentos equivalentes para a "história dos meios expressivos" do cinema destinado ao volume

---

81   Ver neste volume. p. 88, 90.

introdutório da "história geral do cinema" e à genealogia da ideia de "crônica" destinada ao volume introdutório da "história do cinema soviético".

Ora, se os fundamentos dos "meios expressivos do cinema" podem ser considerados como os mesmos apresentados em *Montagem* para o princípio da montagem, no que diz respeito à genealogia da "crônica" Eisenstein encontra esses fundamentos em uma "necessidade", quase uma "pulsão" inconsciente, que ele nomeia em inglês como *urge* e em alemão *Trieb: urge* ou *Trieb* de "fixar os fenômenos", cujo estatuto psicológico e antropológico poderá ser melhor compreendido se comparado com o dos fundamentos trans-históricos que Eisenstein havia buscado em seus livros precedentes.

4. O cinema como forma de "crônica" e a "*urge*" de fixar os fenômenos

Assim como *Montagem, A natureza não-indiferente* e *Método*, as Notas publicadas neste volume podem ser interpretadas em relação com o modelo de "livro esférico" que Eisenstein tinha imaginado em uma nota redigida no verão de 1929, depois de ter sido convidado por El Lissitzky a participar da seção soviética da exposição internacional de cinema e fotografia *Film und Foto* (*FiFo*), em Stuttgart[82]. Se Lissitzky, em seus escritos dos anos 1920, havia imaginado um desenvolvimento "cinemático" da forma do livro que ele chamava de "*bioskopisches Buch*", "livro bioscópico"[83], e tinha realizado o catálogo da seção soviética da *FiFo* em forma de "Leporello", um livro de forma variável cujas páginas podiam ser desdobradas livremente sobre a mesa até compor uma espécie de fita fílmica horizontal, Eisenstein tinha imaginado organizar seus textos sobre a teoria da montagem dos anos 1920 — textos em que a montagem era definida, sucessivamente, como montagem "das atrações", "métrica", "rítmica", "tonal", "harmônica", "intelectual" — em um livro "em forma de esfera giratória"[84]. Uma forma que teria levado o leitor à constatação de o quanto todas as formulações da ideia de montagem que Eisenstein tinha desenvolvido em seus textos podiam ser

---

82   O catálogo da exposição *Film und Foto* foi publicado por STEINORTH, K. e ROMMEL, M. sob o título de *Internationale Ausstellung des Deutschen Werkbundes Film und Foto Stuttgart 1929*. Stuttgart: DVA, 1979. Ver também ESKILDSEN, U. e HORAK, J. C. (orgs.). *Film und Foto der zwanziger Jahre. Eine Betrachtung der Internationalen Werkbundausstellung "Film und Foto" 1929*. Stuttgart: Wurttembergischer Kunstverein, 1979.

83   LISSITZKY, El. "Topographie der Typographie". *Merz.* n°4, 1923 (republicado em *El Lissitzky. Maler Architekt Typograf Fotograf. Erinnerungen Briefe Schriften*. Dresde: Verlag der Kunst, 1992. p. 360).

84   RGALI, F. 1923, inv.1, 1030. Esta nota, de 5 de agosto de 1929, foi publicada na quarta capa de *Montage*. Sobre o projeto de livro esférico de Eisenstein, ver BULGAKOWA, O. "Das kugelformige Buch von Sergei Eisenstein als ein ubersehenes Angebot der universellen Kunsttheorie", em MUSNER, L., WUNBERG, G. e LUTTER, Chr. (orgs.), *Cultural Turn*. Viena: Turia & Kant, 2002 e "Eisenstein, the Glass House, and the Spherical Book", *Rouge* n°7, 2005.

trazidas a uma só ideia fundamental que era como o centro geométrico da esfera: como *agir,* através da montagem, sobre o corpo e o espírito do espectador. Poderíamos quase dizer: como *montar* o espectador através da montagem cinematográfica. Essa ideia de livro esférico retorna em uma nota escrita em 1947, no momento em que Eisenstein trabalhava em seu projeto de história "geral", o que atesta que esse modelo ainda era um ponto de referência para ele:

> Em 1932, eu tinha tentado pôr ordem em meus escritos teóricos para reuni-los em um livro, e quinze anos depois ainda quero fazê-los. Em algum lugar, escrevi que gostaria que meu livro fosse esférico, um livro no qual tudo está em contato com tudo, e tudo pode ser transformado em tudo. A única forma que pode oferecer essa possibilidade é a esfera, pois de cada meridiano podemos nos deslocar para qualquer outro meridiano. Ainda tenho a nostalgia de um livro dessa forma, hoje mais do que nunca...[85]

Para entender a importância desse modelo no duplo projeto de "história geral do cinema" e "história do cinema soviético", um desvio por *Montagem, A natureza não-indiferente* e *Método* faz-se necessário, pois esses três livros, assim como as "Notas" publicadas neste volume, eram concebidos como *percursos* por sequências de *variações morfológicas* de um número bastante limitado de princípios estéticos fundamentais que podem ser considerados como o centro da esfera e cujas raízes Eisenstein buscava nas ciências naturais, na psicologia e na antropologia.

A referência ao modelo da morfologia de Goethe — com seus estudos sobre a "planta originária" [*Urpfanze*], a "vértebra originária" [*Urwirbel*] e de modo mais geral os "fenômenos originários" [*Urphänomene*] que, ainda que nunca sejam dados na natureza enquanto tais, podem ser considerados *tipos originários e transcendentais* de que todo fenômeno natural é uma variação[86] — é particularmente evidente em *Montagem,* um livro em que Eisenstein utiliza explicitamente a expressão alemã *Urphänomen* a fim de nomear o "fenômeno originário" ou "fundamental" da montagem [em russo, *osnovnoi fenômeno, pervitchni fenômeno, prafenomen*], cujas variações eram apresentadas no livro por meio da história das artes.

Assim como outros autores (historiadores da arte e das imagens, sociólogos, filósofos, críticos da cultura) ativos entre a segunda metade do século XIX e as primeiras décadas do século XX — podemos lembrar de, entre outros, Semper, Burckhardt, Wickhoff, Riegl, Wölfflin, Simmel, Warburg, Balázs, Kracauer, Benjamin

---

85   Esta nota de 17 de setembro de 1947 foi publicada na quarta capa de *Metod* 2.
86   Ver Goethe, *Werke. Hamburger Ausgabe*, vol. 13, *Naturwissenschaftliche Schriften* I (edição de D. Kuhn, R. Wankmüller, com um ensaio de C. F. von Weizsäcker). Munique: DTV, 1988, em especial na seção intitulada "Morphologie" (p. 53-250).

— Eisenstein havia encontrado na morfologia de Goethe um paradigma epistêmico, um "suave empirismo" [*zarte Empirie*][87] com o qual se orientar no mundo dos fenômenos e ali buscar formas de semelhança entre o que à primeira vista poderia parecer como diferente, heterogêneo, distante no tempo e no espaço[88]. Em *Montagem,* depois de analisar diversas formas pré-cinematográficas de composição de formas no quadro, Eisenstein definiu o que ele considerava como "*Urphänomen* cinematográfico" — "Realiza-se uma série de fotografias das diferentes fases de um mesmo movimento. Obtém-se uma série daquilo que chamamos 'fotogramas'. O fato de conectá-los uns aos outros por meio da montagem e de fazê-los desfilar *a uma certa velocidade* no projetor, os reduz a um processo unitário que nossa percepção interpreta como movimento" — e dedicou toda a segunda seção do livro à procura de todas as variações possíveis dessa forma simples e originária de montagem, "a formação do movimento do encontro entre duas imobilidades", na história das artes e dos ritos[89].

Desse "*Urphänomen* cinematográfico", Eisenstein busca não somente as variações morfológicas mais interessantes e eficazes, mas também os fundamentos antropológicos na história das religiões e dos ritos, e os fundamentos psicológicos no funcionamento da consciência. Por um lado, ele mostra como a forma mais simples de montagem encontra seu fundamento no fato de que toda atividade da consciência — percepção, memória, imaginação, raciocínio — pode ser concebida como montagem de diversos fenômenos psíquicos isolados em unidades sintéticas de ordem superior. Por outro lado, no capítulo "Dionísio e Osíris" — apoiando-se nos capítulos do *Ramo de ouro* de Frazer dedicados ao tema do sacrifício do "rei divino" e do "animal divino" e à prática de "comer os deuses", assim como sobre a reinterpretação das ideias de Nietzsche por Alfred Winterstein em um estudo psicanalítico do nascimento da tragédia[90] — Eisenstein busca as fontes antropológicas da montagem — aqui definida como "método do desmembramento e da reunificação" [*metot i rastchlenenia i vossoedinenia*][91] — em toda a tradição secular dos ritos que previam o desmembramento do corpo sacrificial de um deus, de um chefe ou de uma figura substitutiva, como ato fundador da união de uma comunidade, referindo-se uma vez mais aos ritos dionisíacos:

---

87   Goethe, *Maximen und Reflexionen,* 509.

88   Sobre o paradigma morfológico que atravessa o pensamento alemão entre o fim do século XIX e o início do século XX e que pode ser conectado à obra de Goethe, ver F. Moiso, "Morfologia e filosofia", *Annuario filosofico* nº8, 1992. p. 79-139 e A. Pinotti, "Pazienza del dissimile e sguardo pontífice", em R. Kirchmayr e L. Odello (orgs.), *Georges Didi-Huberman. Un'etica delle immagini,* número especial de *aut aut* (nº348, 2010). p. 66-83.

89   *SW* 2. p. 109-226.

90   WINTERSTEIN, A. *Der Ursprung der Tragödie.* Leipzig-Vienne-Zurich: Internationaler Psychoanalytischer Verlag, Imago-Bücher nº8, 1925.

91   *Montaj.* p. 221-222.

Os mitos e os mistérios de Dionísio. Dionísio, cujo corpo é desmembrado, mas cujos membros são em seguida reunificados em um Dionísio transfigurado. O limiar de onde provém a arte do teatro, que será transformada em seguida em arte do cinema. O limiar a partir do qual o rito se transforma gradualmente em arte. A ação concreta do culto se torna símbolo no rito, para em seguida tornar-se imagem [*obraz*] na arte.[92]

Em *A natureza não-indiferente*, Eisenstein atribuíra o estatuto de "hiperobjetividade" [*sverkhpredmetnost*] e de "super-historicidade" [*nadistoritchsnost*] — poderíamos dizer "transmidialidade" e "trans-historicidade" — aos princípios estéticos da *êxtase*, da *organicidade* e do *pathos*, cujas manifestações e variações na história das artes podiam ser encontradas em toda uma série de obras em que poderíamos localizar as figuras da *trama*, do *entrelaçamento*, da *espiral*, do *desenrolar*, da tensão em direção a um topo seguida de uma forma de *explosão*[93]. Esses princípios, de acordo com Eisenstein, tinham seu fundamento em uma visão da natureza, fortemente influenciada pela leitura de *Dialética da natureza* de Engels, como fluxo ininterrupto de transformações, de metamorfoses, de saltos qualitativos de um nível a outro: uma natureza não estática, "não indiferente", atravessada por uma energia que se manifesta de maneira exemplar em todos os exemplos de "construção extática" que encontramos na história das artes, e em todas as formas de "êxtase" que podemos encontrar na história dos ritos e das religiões. Em uma coincidência surpreendente com o pensamento de Warburg — surpreendente porque, até hoje, não se encontrou nenhum elemento que permita afirmar que um tenha tomado conhecimento do outro —, Eisenstein teoriza aqui a existência de uma "fórmula do *pathos*" [*formula pafossa*] concebida como fórmula energética e trans-histórica cujas manifestações e variações ele procura em uma série de obras. Algumas delas podem ser encontradas no atlas *Mnemosyne* de Warburg, como o *Laocoon* de El Greco[94].

Em *Método*, finalmente, os fundamentos do princípio estético da *regressão* em direção a formas de pensamento e de expressão que Eisenstein, como vimos, define

---

92   Ibid. p. 223.

93   Para uma introdução geral à estrutura de *A natureza não-indiferente*, ver MONTANI, P. Introduzione, em EJZENŠTEJN, S.M. *La natura non indifferente*. Veneza: Marsilio, 1981. p. IXXLI e Pathos. L'estetica dell'ultimo Ejzenštejn, em *Fuori campo. Studi sul cinema e l'estetica*. Urbino: Quattroventi, 1993. p. 9-44.

94   Sobre a interpretação "extática" de El Greco, ver *NIN* 1. p. 251-270. Sobre Warburg e o atlas *Mnemosyne*, ver DIDI-HUBERMAN, G. *L'Image survivante. Histoire de l'art et temps des fantômes selon Aby Warburg*. Paris: Minuit, 2002. Sobre Warburg e Eisenstein, ver SASSE, S. "Pathos und Antipathos. Pathosformeln beu Sergej Ejsenstejn und Aby Warburg", em ZUMBUSCH, C. (org.). *Pathos. Zur Geschichte einer problematischen Kategorie*. Berlin: Akademie Verlag, 2010. p. 171-190; SOMAINI, A. *Ejzenštejn. Il cinema, le arti, il montaggio*. op. cit. p. 350-381.

a cada vez como "sensíveis", "pré-lógicas" ou ainda "protológicas", ou em direção a etapas iniciais e embrionárias da vida orgânica (o protoplasma, a ameba, o feto) são procuradas em toda uma série de textos e de autores oriundos da biologia (Kretschmer), da etnologia (Wundt, Frazer, Lévy-Bruhl), da psicologia (Vigotski, Luria), da psicanálise (Freud, Rank, Ferenczi, Reich).

Nas "Notas", Eisenstein procurava igualmente "o que não passa no que se passa", como ele escreve em uma das notas preparatórias para *Método*[95]. Se na elaboração desse livro Eisenstein tinha frequentemente organizado suas notas em forma de "Leporello", juntando as folhas como Lissitzky tinha feito com as páginas do catálogo da seção soviética de *Film und Foto*[96], nas páginas das notas sobre a genealogia dos "meios expressivos do cinema" e da forma da "crônica", as referências são, sobretudo, organizadas em linhas verticais e diagonais, mas o trabalho de fundo não muda: trata-se, uma vez mais, de encontrar na psicologia e na antropologia fundamentos estáveis, invariantes, trans-históricos que possam ser o centro para o qual convirja a espantosa variedade de exemplos analisados. Esse centro, esses fundamentos, Eisenstein os encontra, no que diz respeito à genealogia da "crônica", em uma *urge* ou *Trieb*, às vezes, *Urtrieb*, "pulsão originária", que o cinema, como uma longa série de mídias antes de sua aparição, teria procurado satisfazer.

Nessa seção das "Notas", fotografia, cinema, cinema sonoro e "crônica cinematográfica" são apresentados como mídias e formas de representação que respondem a uma mesma "*urge* de fixar os fenômenos": que se trate de fenômenos estáticos, de "processos" de fenômenos em movimento, de fenômenos audiovisuais ou ainda de fenômenos pensados como "documentos" históricos, é sempre a uma mesma *urge* ou "pulsão" que todas essas mídias e essas formas de representação respondem.

A fotografia, em especial, é apresentada como resposta técnica a uma perda traumática: o *lost Paradise* de um "eidetismo originário" [*primärer eïdetizm*], perdido com o "despertar da consciência" e que, graças à fotografia, é substituído *through a mechanical device*, "por meio de um aparelho mecânico". Uma ideia que entusiasma Eisenstein a tal ponto que ele a acompanha de uma exclamação de autocongratulação: "great!!!".

Mas o que era esse "eidetismo originário" substituído pela fotografia? Encontra-se uma resposta em "Rodin e Rilke", escrito em relação com *Método*. Ali, Eisenstein afirma que na obra do escultor e na do poeta podem-se encontrar dois exemplos paradigmáticos de dois métodos artísticos diferentes, opostos, ainda que dialeticamente ligados um ao outro: o que produz a forma artística indo do interior para o exterior, e o que, inversamente, vai do exterior para o interior[97]. Essa distinção, Eisenstein a

---

95   Citado na Introdução de N. Kleiman à edição russa de *Método* (*Metod* 1. p. 27).

96   Agradeço a Elena Vogman por me ter fornecido essas informações.

97   *Cinématisme*. p. 229.

havia formulado depois de ler uma carta de Rilke a Rodin, datada de 29 de dezembro
de 1908, na qual Rilke escreve:

> Fazendo poesia, somos sempre ajudados e até mesmo levados
> pelo ritmo das coisas externas; porque a cadência lírica é a da
> natureza: das águas, do vento, da noite. Mas para ritmar a prosa,
> é preciso se aprofundar em si mesmo e encontrar o ritmo anôni-
> mo e múltiplo do sangue. A prosa quer ser edificada como uma
> catedral; é ali que estamos verdadeiramente sem nome, sem am-
> bição, sem salvação: nos andaimes, tendo apenas a consciência.
> Pensem que nessa prosa agora sei fazer homens e mulheres,
> crianças e velhos. Evoquei sobretudo mulheres, fazendo cuida-
> dosamente todas as coisas ao redor delas, deixando um branco
> que não seria apenas um vazio, mas que, contornado com ternu-
> ra e amplamente, torna-se vibrante e luminoso, quase como um
> de seus mármores.[98]

Referindo-se a essa mesma carta, no capítulo "Ermolova" de *Montagem*, Eisenstein acrescenta:

> Se Rodin e Rilke são mutualmente tão próximos, é provavelmente
> por causa de sua união e de sua oposição simultâneas; eles são
> como luvas segurando firmemente a espada e a bainha, ou como
> uma bebida preciosa que, por sua fluidez, reproduz, no desenho
> de seu volume, os contornos internos do recipiente oco no qual
> ela cintila.
> A prosa de Rilke justapõe todos os elementos que cercam a ima-
> gem na natureza e, por um misterioso sortilégio, faz nascer para
> a vida uma imagem que parece surgir por si própria. Rodin talha
> na pedra a própria imagem, mas uma imagem calculada para ir-
> radiar em seu ambiente.[99]

Em "Rodin e Rilke", esses dois métodos são aproximados de duas maneiras de
experimentar do mundo dos fenômenos que, por sua vez, podem ser aproximados
das duas fases diferentes do desenvolvimento do indivíduo: a experiência do feto no
interior do ventre da mãe, feto que conhece o mundo exterior somente por meio de
"uma percepção em contra-relevo", ou seja, através das "impressões" que os objetos

98   RILKE, R.M. *Cher Maître: Lettres à Auguste Rodin (1902-1913)*. Paris: Alternatives, 2002. p. 76.
99   *Cinématisme*. p. 219.

desse mundo produzem eventualmente na parede interior da barriga e portanto em seu próprio corpo (que é o "eidetismo originário" mencionado acima, a experiência originária da forma impressa vivida do lado da matéria que recebe a impressão) e a experiência da criança que toca os objetos que a cercam. Se de um lado o feto é tocado por uma forma que é uma "contra-forma" ou um "contra-relevo", ou seja, um "negativo", do outro lado a criança *toca* a forma como volume por inteiro, em "positivo".

Como em muitas outras passagens de seus textos dos anos 1930 e 1940, Eisenstein se refere ao paralelismo entre ontogênese e filogênese para tirar das fases do desenvolvimento do *indivíduo* um certo número de conclusões que dizem respeito ao desenvolvimento da *espécie*. A passagem ontogenética da experiência das formas "em negativo" pelo feto à das formas "em positivo" pela criança encontra, assim, na história das formas artísticas, um paralelismo filogenético com a passagem do mundo das formas *táteis* ao mundo das formas óticas: das primeiras impressões táteis nas paredes das cavernas primitivas e dos decalques das máscaras funerárias para formas de representação que devem ser vistas mais a distância. Uma ideia do desenvolvimento das formas artísticas que lembra as ideias de Riegl e de Wölfflin sobre o desenvolvimento histórico da *háptica* à óptica (Riegl) ou do *linear* ao *pictural* (Wölfflin), e que sublinha uma vez mais a proximidade da concepção eisensteiniana da história das formas com aquela de certos protagonistas da história da arte das primeiras décadas do século XX.

Isso posto, o desenvolvimento histórico das formas teorizado por Eisenstein não é em nada um percurso linear: ele se caracteriza por "quase retornos ao antigo", uma expressão de Lenin que é citada diversas vezes em *Montagem*[100]. A última fase desse percurso histórico — última do ponto de vista de Eisenstein — é de fato apresentada como um retorno às formas "em negativo" do início: as formas que nunca desapareceram, que sobreviveram através dos séculos, e que reapareceram com duas formas de representação inteiramente fundadas sobre a produção de uma imagem em negativo, a fotografia e o cinema.

A aparição dessas duas mídias no século XIX é interpretada por Eisenstein em "Rodin e Rilke" como a resposta a uma necessidade, uma "sede" [*jajda*] que os homens sempre tiveram de "transpor" ou "traduzir" suas "ações físicas" e seus "processos psicológicos" através de "aparelhos" técnicos[101]. Do martelo que substitui o soco, à técnica que substitui a tecelagem à mão, chega-se à forma de representação, ao "aparelho" mais avançado, o cinema, que se liga às formas iniciais: a "técnica da retirada da máscara" para produzir a máscara funerária reaparece assim na "técnica da super-máscara" [*tekhnika supermaski*] que é o cinema[102].

---

100   *SW* 2. p. 97.
101   *Cinématisme*. p. 237.
102   Ibid. p. 241.

Todas essas ideias são encontradas na passagem das "Notas" citada mais acima, ali onde Eisenstein estabelece uma relação entre a técnica fotográfica e as máscaras funerárias e as múmias, em uma coincidência inesperada com as teses de André Bazin em sua "Ontologia da imagem fotográfica" (1945) sobre a qual será necessário nos determos: "A foto como *craft* [técnica artesanal] começa pelas múmias — Egito. A máscara mortuária — Roma (o naturalismo da máscara mortuária). [...] Prosseguir da múmia (*preservation of the self*) à foto. Fotos de familiares e de defuntos".[103]

A linha genealógica que segue ("A pirâmide e a ideia de resistência ao efêmero — imortalidade. Nostalgia do imper[ecível]. *In this — photo is* [desse ponto de vista a foto é o] *nec plus ultra*) introduz a relação entre "*urge* de fixar os fenômenos" e "nostalgia do imperecível", entre necessidade de preservar as aparências e desejo de imortalidade, um desejo que Eisenstein sintetiza em outras passagens das "Notas", pela citação de um dos versos célebres do *Fausto* de Goethe, "*Verweile doch, du bist so schön!*" ["Pare [um instante], você é tão belo!"].[104]

Nessa passagem, "toda atividade artística" pode ser considerada como resposta a uma "pulsão primitiva" ou "originária" [*Urtrieb*] na direção da "estabilidade" e da "eternidade". O termo *Trieb*, que substitui aqui a *urge* das passagens anteriores, indica aqui uma "pulsão" que atravessa a história, encontrando toda uma série de respostas como a esperança de se aproximar da imortalidade "por meio das crianças", as crenças na "metempsicose" ou no "paraíso", a "criação de valores imperecíveis", as pesquisas científicas sobre as doenças e a imortalidade desenvolvidas no Instituto Soviético de Medicina Experimental (VIEM), para chegar enfim às especulações utópicas sobre a imortalidade formuladas pelos Cosmistas Russos e nomeadamente por Nikolai Fiodorov.

Em uma série de notas escritas em 2 de dezembro de 1946, todas essas tentativas de "fixar" ou de "imobilizar" os fenômenos são reconduzidas por Eisenstein para três formas fundamentais: 1) a reprodução de um evento ou de uma pessoa (dinamicamente) ou: 2) a mumificação de uma pessoa ou de um evento, ou, se quisermos, há ainda uma terceira via: 3) a fixação por meio de um signo (de uma pirâmide a uma pedra tumular ou à inscrição sobre uma cruz em um cemitério).

Na origem das formas de "reprodução de um evento ou de uma pessoa (dinamicamente)", Eisenstein menciona uma vez mais os ditirambos dos ritos dionisíacos, seguidos por toda uma série de formas de "reprodução dinâmica" de um evento ou uma pessoa, fundadas numa lógica de *reenactment*, de reconstituição e de repetição de eventos dotados de uma forte carga simbólica (as peregrinações cristãs, as procissões de Páscoa, as cerimônias com as quais, no início dos anos 1920, comemoravam-se as fases cruciais da Revolução de Outubro), nas quais "segundo as norma[s] do

---

103   Ver neste volume. p. 25.
104   Ver neste volume. p. 31, 34, 36.

pensamento sensorial (pré-lógico), a imagem de um ancestral é o ancestral e o mistério efetuado de novo é o evento que se produziu realmente".

O processo de "mumificação de uma pessoa ou de um evento" é também objeto de uma complexa genealogia que atravessa as "Notas". Nessa linha genealógica, Eisenstein, que não ignorava os debates que tinham acontecido na União Soviética em torno da questão da mumificação do corpo de Lenin[105], insere as múmias egípcias, os retratos romanos de ancestrais derivados de máscaras mortuárias — os retratos que Plínio, o Velho, em sua *Naturalis Historia,* chama *imagines*[106] — ou ainda "os budas gigantes nos templos vazios e nas falésias do Tibete", os retratos dos presidentes americanos esculpidos no Monte Rushmore... Como nas passagens que acabamos de citar, Eisenstein religa aqui, uma vez mais, a fotografia às máscaras funerárias, referindo-se à ideia de Balzac segundo a qual cada foto é uma camada espectral efetivamente desconectada do corpo e captada pela emulsão fotográfica — "Retirada da máscara (do cadáver). [...] Uma foto é uma 'tomada' (Balzac)"[107] — e termina sua linha genealógica afirmando que a "mumificação dinâmica" é "uma das atividades do cinema"[108].

A terceira maneira de "fixar os fenômenos", finalmente, a que prevê a "fixação por meio de um signo", alinha formas de fixação por signos abstratos, geométricos, como a pirâmide, a pedra tumular e a cruz.

5. "Um ponto de junção imprevisto": Eisenstein, Bazin e o cinema como "mumificação dinâmica" e "múmia da mudança"

A ideia segundo a qual o cinema e, antes dele, a fotografia fariam parte de uma longa genealogia de práticas e de mídias visando a fixar as aparências sensíveis — em primeiro lugar, as do corpo e do rosto —, protegendo-as da deterioração causada pelo tempo que passa, uma genealogia na origem da qual estariam as práticas do *embalsamamento* e da *mumificação,* assim como as da *modelagem* do rosto em gesso e em cera e das *máscaras mortuárias,* constitui uma convergência inesperada entre as "Notas" de Eisenstein e o texto de Bazin, "Ontologia da imagem fotográfica", e nos convidam a repensar a relação entre esses dois autores, frequentemente inter-

---

105   TUMARKIN, N. *Lenin Lives! The Lenin Cult in Soviet Russia.* Cambridge MA e Londres: Harvard UP, 1997.

106   Plínio, o Velho, *Naturalis Historia,* XXXV, 4, em que a expressão *"imaginum pictura",* "pintura das *imagines",* indica a tradição de pintar em cores as máscaras funerárias dos ancestrais, a fim de preservar uma *"maxima similitudo",* uma "semelhança máxima" em relação ao original. Sobre esse tema, ver DIDI-HUBERMAN, G. *La Ressemblance par contact. Archéologie, anachronisme et modernité de l'empreinte.* Paris: Minuit, 2008. p. 52-70.

107   Ver neste volume. p. 33.

108   *Idem.*

pretada em termos de oposição por demais frontal entre o teórico de uma montagem onipresente e onipotente e o de um realismo que culminaria na tese da "montagem proibida"[109].

Escrito em 1944 e publicado no ano seguinte em um volume editado pelo historiador e crítico de arte Gaston Diehl sob o título *Os problemas da pintura*[110], antes de ser inserido no primeiro volume de *O que é o cinema?*, em 1958, o texto de Bazin poderia ter sido lido por Eisenstein, ainda que nenhum vestígio dessa leitura tenha sido encontrado até aqui. Eisenstein de fato estava em contato com Georges Sadoul e tinha lido o primeiro volume de sua *História geral do cinema*, publicado em 1945, retomando, em russo, o título de Sadoul para seu próprio projeto.

Em 1944, Bazin não era o primeiro a ter a ideia de aproximar fotografia, cinema, mumificação e modelagem de máscaras mortuárias e pode-se, portanto, formular a hipótese de que na base da convergência entre Bazin e Eisenstein tenha havido uma fonte comum.

Já em 1915, em *The art of the moving picture*, o poeta americano Vachel Lindsay havia comparado a experiência da visão de um filme na semiobscuridade de uma sala de cinema — "*into the twilight of an Ali Baba's cave* [...] *as bright and dark as that of some candle-lit churches*" [na penumbra de uma caverna de Ali Babá (...) tão brilhante e escura quanto certas igrejas iluminadas por velas][111] — e a entrada na obscuridade do túmulo fechado no centro de uma pirâmide. Na sua opinião, o cinema só teria a ganhar com a redescoberta dessas raízes profundas que o levariam a erguer--se acima dos espetáculos populares como o circo, permitindo que alimentasse sua "visão jovem" com "um dos mais antigos sonhos", visto que "*It is sometimes out of the oldest dream that the youngest vision is born*" [É às vezes de um sonho arcaico que uma visão inovadora nasce][112].

Seis anos depois de *The art of the moving picture*, em *Bonjour cinéma* (1921), é Jean Epstein que se inspira uma vez mais nas práticas do embalsamamento para abordar a questão a experiência cinematográfica. Ao descrever a simples visão de um homem que passeia, um homem qualquer, e a maneira como o cinema a eterniza, ele escreve:

> Tudo é cheio de espera. As fontes de vida jorram de cantos que acreditávamos estéreis e explorados. A epiderme exala uma ter-

109   BAZIN, A. "Montage interdit", em *Qu'est-ce que le cinéma?*. Paris: Cerf, 1958. p. 117-130. Em português: "Montagem proibida", em *O Cinema. Ensaios*. Trad. Eloísa de Araújo Ribeiro. São Paulo: Brasiliense, 1991. p. 54-65, e reeditado em *O que é o cinema*. Trad. Eloísa de Araújo Ribeiro. São Paulo: Cosac Naify, 2014.

110   DIEHL, Gaston *Problèmes de la peinture* (Lyon: Confluences, 1945).

111   LINDSAY, V. *The art of the moving picture*. New York: MacMillan, 1916. p. 252 (*De la caverne à la pyramide. Écrits sur le cinéma 1914-1925*, Paris, Klincksieck, 2012).

112   Ibid. p. 254-260, *passim*.

> nura luminosa. A cadência das cenas de multidão é uma canção.
> Olhem, portanto. Um homem que anda, esse homem qualquer,
> um passante: a realidade de hoje pintada para uma eternidade
> de arte. *Embalsamamento móvel.*[113]

É porém bem antes de Lindsay e Epstein, e fora da história das teorias do cinema, que encontramos uma aproximação particularmente importante entre a imagem fotográfica e as práticas ancestrais que parecem nela sobreviver de algum modo. Dessa vez, não se trata do embalsamento nem da mumificação, mas do decalque e da máscara mortuária.

Em 1902, em *Arte do retrato e burguesia florentina*, Warburg interrogara, a propósito do sentido do *Nachleben* — na época da Renascença — bustos de cera concebidos como *ex-votos* e expostos nas igrejas, como o caso dos *boti* da igreja da Santissima Annunziata em Florença: uma tradição de imagens populares, votivas, anônimas, que pareciam repetir-se idênticas a si mesmas por séculos, sem nenhum traço visível de variação de estilo, e que, portanto, colocavam em discussão toda uma série de princípios da história da arte que tinha sido constituída desde os *Vite* de Vasari, por exemplo, propondo substituir essa história por uma mais vasta história antropológica das imagens.

Alguns anos mais tarde, em 1911, em sua *História do retrato de cera*, Julius Schlosser retoma as intuições de Warburg e reconstrói uma longa genealogia partindo dos bustos de cera dos ancestrais conservados nas moradias das famílias patrícias romanas, e avançando — pela Antiguidade, a Idade Média, o Renascimento e a época moderna — até a invenção da fotografia. Entre o fim do século XVIII e o início do século XIX, segundo Schlosser, a escultura de cera perdera as funções mágicas, funerárias e votivas que a caracterizavam no passado e havia sido relegada para fora do perímetro da arte, em benefício da estética do neoclassicismo. Ela teria finalmente encontrado um abrigo na penumbra das salas dos museus de cera, como o Museu Grévin, o de Madame Tussaud ou o Panoptikum de Hamburgo que Eisenstein menciona diversas vezes em suas notas. É justamente nesse momento que a fotografia aparece e se apresenta como uma forma de *survival* — Schlosser recorre ao mesmo termo inglês que Edward B. Tylor havia utilizado em 1871, em seu *Primitive Culture*, termo retomado por Warburg com a noção de *Nachleben* — do *realismo* e do *naturalismo* que eram próprios às máscaras mortuárias e aos retratos de cera. Um realismo e um naturalismo que, segundo Schlosser, tinham suas raízes na "mais obscura Antiguidade", em "um conjunto de figurações, estreitamente aparentadas, da vida

---

113　EPSTEIN, J. "Bonjour cinema" (Paris: La Sirène, 1921), retomado em *Écrits sur le cinéma 1921-1953*, Paris, Seghers, 1974, tomo 1. p. 92. Ver também H. Joubert-Laurencin, "Embaumement", em BAECQUE, A. de e CHEVALLIER, P. (orgs.), *Dictionnaire de la pensée du cinéma*. Paris: PUF, 2012. p. 270-272.

primitiva da alma", caracterizadas por um "elemento demoníaco"[114] e de que a fotografia era a herdeira direta.

> Seu destino histórico, no conjunto, estava todo traçado: com sua
> tendência inata ao naturalismo, o retrato de cera podia fazer as
> benesses que a arte burguesa por excelência da época moder-
> na, a fotografia, ofereceria de uma maneira ainda mais evidente,
> menos sensual, mais cientificamente objetiva, mais semelhan-
> te por definição, e sobretudo bem mais econômica: transmitir
> a personalidade de uma imagem 'fiel', 'viva' e tão 'verdadeira'
> quanto possível.[115]

Nos estudos de Warburg e Schlosser, as práticas do decalque, da máscara mortuária e do retrato de cera questionam profundamente uma história da arte de
proveniência vasariana, concebida a partir de um modelo historiográfico linear
e progressivo, centrado na pesquisa de traços caracterizando cada personalidade
artística e nas categorias estéticas da *invenção* e da *imitação*[116]. Com sua *survival*,
sua *Nachleben,* as práticas estudadas por Warburg e Schlosser levantam a questão
de como inscrever a história da arte no contexto mais vasto de uma antropologia
das imagens.

Essa mesma questão parece estar no coração do trabalho de Bazin e de Eisenstein quando eles falam do cinema em termos de "múmia da mudança" (Bazin) e de
"mumificação dinâmica" (Eisenstein). A coincidência entre essas duas expressões
constitui indubitavelmente uma das surpresas dessas "Notas", e merece ser apro-
fundada, posto que nos dois casos a aproximação anacrônica entre práticas cujas
raízes se localizam em um passado imemorial e duas mídias cuja aparição se situa
no século XIX exerce uma tripla função: ela constitui o eixo de uma definição do
estatuto ontológico da fotografia e do cinema que passa pela via de uma análise
das "necessidades" e das "pulsões" psicológicas (ou psicanalíticas) às quais essas
mídias respondem; ela situa essa ontologia da imagem fotográfica no contexto
mais vasto de uma antropologia das imagens e de uma arqueologia das mídias;
finalmente, ela permite pensar a relação entre fotografia, cinema, tempo e história.

A referência à psicanálise é claramente presente na escolha feita por Eisenstein de
utilizar o termo *Trieb* para indicar a "aspiração *sempre insatisfeita*" de "estabilidade"
e de "eternidade", e o termo *urge* para indicar a "pulsão" de "fixar os fenômenos":
um termo, o de *urge,* que na tradução para o inglês de James Stratchey de *Jenseits*

---

114   SCHLOSSER, J. *Histoire du portrait en cire.* Paris: Macula, 1997 [1911]. p. 13.
115   Ibid. p. 142
116   Cf. DIDI-HUBERMAN, G. "Viscosità e sopravvivenze. La storia dell'arte alla prova del ma-
teriale", em SCHLOSSER, J. *Storia del ritratto in cera.* Macerata: Quodlibet, 2011. p. 7-30.

des Lustprinzips (*Além do princípio do prazer*, 1920) de Freud, aparece na passagem que propõe a seguinte definição de "instinto": "*an instinct* [Trieb] *is an urge* [Drang] *inherent in organic life to restore an earlier state of things*"[117].

Em *Método*, Eisenstein havia utilizado o termo "*urge*" para falar de toda uma variedade de "pulsões" regressivas em direção a estados primários de um ponto de vista ao mesmo tempo psíquico, orgânico, formal e social, cujos vestígios, na sua opinião, poderiam ser encontrados na história das artes. Entre essas "pulsões" regressivas, um lugar particularmente importante era atribuído à *urge* de voltar à condição de feto, esse "mergulho no seio materno" que Eisenstein chama em ale-mão *Mutterleibversenkung (MLB)*, referindo-se a duas obras publicadas em 1924, por Otto Rank (*Trauma der Geburt*) e Sandor Ferenczi (*Thalassa. Versuch einer Ge-nitaltheorie*).

No caso da *MLB*, assim como no de outras "pulsões", a regressão tinha para Ei-senstein um valor político, pois a *urge* de voltar a um estado de diferenciação tam-bém era uma *urge* de avançar para um estado de superação de toda divisão, de toda separação social, e as formas artísticas que tinham sido capazes de visualizar essas *urges* podiam ser consideradas exemplos de "forma *as urge* na direção da ausência de classes" [*forma* as urge *k besklassovoski*][118]. É nessa perspectiva que, no texto sobre Disney, Eisenstein vê nas *Silly Symphonies* a manifestação de uma *urge* regressiva na direção de um mundo de formas "protoplasmáticas", que é um mundo de liberdade total e ao mesmo tempo originário — ou seja, situado "nas origens da vida e na etapa primária da escala evolutiva", como "um *Rück-Rück* (um salto para trás) no evolucio-nismo *praehistory*"[119] — e projetado para um futuro utópico.

No texto "Sonho de voo planado", ao analisar as recorrências, na história da arte, das formas circulares e das figuras flutuando no espaço, Eisenstein afirma que "a arte se esforça invariavelmente [...] em acender nas pessoas essa sede [*jajda*] incessante pelos estados *ideais* de antes da sociedade de classes". Um "Éden-Paraíso" que,

> na biografia social dos povos, [...] é a etapa que precede a da so-
> ciedade de classes, a etapa em que ainda não houve exploração
> do homem pelo homem, ainda não houve servidão. Na biogra-
> fia individual e biológica do homem, há o estado *uterino* feliz

---

117   Na tradução francesa de S. Jankelevitch, revista por Freud: "Un instinct ne serait que l'expression d'une tendance inhérente à tout organisme vivant et qui le pousse à reproduire, à rétablir un état antérieur auquel il avait été obligé de renoncer, sous l'influence de forces perturbatrices extérieures; l'expression d'une sorte d'élasticité organique ou, si l'on préfère, de l'inertie de la vie organique." (*Au-delà du principe du plaisir*. Paris: Payot, 1968. p. 34).

118   EISENSTEIN, S.M. *Metod /Die Methode*. Berlin-San Francisco: Potemkin Press, 2008, vol. 1. p. 259-268.

119   *Disney*. p. 86.

do embrião livre das condições da luta pela vida e que existe no estado de bem-estar saciado e sereno, de calor e de premunição contra todos os tipos de inconveniências[120].

Nas "Notas", o uso de *urge* e de *Trieb* se refere, sobretudo, à "pulsão" de parar o fluxo dos fenômenos por meio de uma série de formas de fixação e de gravação (da modelagem e da mumificação até a fotografia e o cinema) que podem ser consideradas respostas ao "*lost paradise*" do "eidetismo primário". Em Bazin também, a reflexão sobre a "ontologia da imagem fotográfica" faz referência a uma "necessidade" que, assim como a *urge* e o *Trieb* eisensteinianos, é caracterizada em termos psicanalíticos. Uma "necessidade fundamental da psicologia humana: a defesa contra o tempo" que encontra na religião dos egípcios uma resposta, nas práticas do embalsamamento e da mumificação dos mortos[121].

Ao ligar-se explicitamente a essa abordagem psicanalítica da história das artes, da fotografia e do cinema que Malraux destaca em 1940 em seu *Esquisse d'une psychologie du cinéma*[122] e retomada nos três volumes da *Psychologie de l'art*[123], Bazin afirma que a fotografia, assim como todas as "artes plásticas" que a precederam, respondem a uma "necessidade", um "desejo", um "apetite" qualificado como "fundamental", "irresistível", "primitivo" e enraizado na *mentalidade coletiva:* uma "necessidade *incoercível* de exorcizar o tempo", uma "necessidade *primitiva* de ter a razão do tempo pela perenidade da forma"[124].

A "necessidade fanática do Objeto"[125] que, na *Esquisse* de Malraux, era uma particularidade da arte ocidental a partir da Renascença, torna-se, em Bazin, uma "necessidade fundamental" que atravessa toda a história das artes e, mais geralmente, toda a *história das imagens,* determinando uma pesquisa contínua e incansável de semelhança e de realismo: "se a história das artes plásticas não é somente a de sua

120   *MLB*. p. 58.
121   BAZIN, A. "Ontologie de l'image photographique", op. cit. p. 11. Em português: "Ontologia da imagem fotográfica", em *Cinema ensaios* (op. cit. p. 19) e em *O que é o cinema?* (op. cit.).
122   Bazin se refere à primeira publicação de *Esquisse d'une psychologie du cinema*, em 1940: "Dans son article de *Verve*, André Malraux écrivait que 'le cinéma n'est que l'aspect le plus évolué du réalisme plastique dont le principe est apparu avec la Renaissance, et a trouvé son expression. limite dans la peinture baroque'" (Ibid. p. 12). Em português: "Em seu artigo de *Verve*, André Malraux escrevia que 'o cinema não é senão a instância mais evoluída do realismo plástico, que principiou com o Renascimento e alcançou a sua expressão limite na pintura barroca", "Ontologia da imagem fotográfica". In: XAVIER, Ismail (org.). *A experiência do cinema: antologia.* Rio de Janeiro: Edições Graal, 1983; *Cinema. Ensaios* (op. cit. p. 20); e *O que é o cinema?* (op. cit.).
123   MALRAUX, A. *Psychologie de l'art. Le Musée imaginaire.* Genebra: Skira, 1949.
124   BAZIN, A. "Ontologie de l'image photographique". op. cit. p. 12; "Ontologia da imagem fotográfica", *Cinema. Ensaios* (op. cit. p. 20).
125   Malraux, A. *Esquisse d'une psychologie du cinéma.* Paris: Nouveau Monde, 2003. p. 38.

estética mas primeiramente de sua *psicologia,* ela é essencialmente a da semelhança ou, se quisermos, do *realismo*".[126]

Enquanto "reprodução mecânica de que o homem é excluído", a fotografia responde, de acordo com Bazin, a essa "obsessão pela semelhança" com uma imagem dotada de um "determinismo rigoroso" e de uma "objetividade integral" e "essencial", que lhe conferem uma "potência de credibilidade" inacessível à imagem pictural ou escultural. Potência que deriva do fato de que, na fotografia, o que se produz é uma "revelação do real", uma verdadeira "transferência de realidade da coisa para sua representação" que permite que a imagem fotográfica "proceda por sua gênese da ontologia do modelo; ela é o modelo"[127]. Uma "revelação" e uma "transferência de realidade" — outro termo psicanalítico — que dão uma dimensão *teológica,* com sua referência implícita aos temas da *encarnação* e da *transubstanciação,* ao processo químico da impressão da película fotossensível.[128]

Ao mesmo aspecto *teológico* da reflexão de Bazin, é preciso reconduzir as passagens em que a ontologia da imagem fotográfica é comparada com a da *relíquia,* e mais precisamente da relíquia de que é apresentada, no primeiro volume de *O que é o cinema?,* uma reprodução fotográfica, o *Sudário* de Turim:

> Seria preciso introduzir aqui uma psicologia da relíquia e da 'lembrança' que se beneficiam igualmente de uma transferência de realidade que procede do complexo da múmia. Assinalemos somente que o Santo Sudário de Turim realiza a síntese da relíquia e da fotografia.[129]

Através desse duplo registro, psicanalítico e teológico, Bazin elabora, portanto, uma *ontologia* da imagem fotográfica que se inscreve ao mesmo tempo em uma *antropologia* e uma *arqueologia*: por um lado, uma *antropologia das imagens* que faz com que a imagem fotográfica remonte à história de todas essas imagens que, de maneiras mais ou menos acabadas, responderam à "necessidade fundamental" de

---

126   BAZIN, A. "Ontologie de l'image photographique". op. cit. p. 12; "Ontologia da imagem fotográfica", *Cinema. Ensaios* (op. cit. p. 20).

127   Ibid. p. 14-18.

128   Cf. HEDIGER, Vincenz. "Das Wunder des Realismus. Transsubstantiation als medientheoretische Kategorie bei André Bazin", *montage AV* n°18, vol. 1, 2009. p. 75-107.

129   BAZIN, A. "Ontologie de l'image photographique", op. cit., nota 1. p. 16; "Ontologia da imagem fotográfica", *Cinema. Ensaios* (op. cit., nota 2. p. 21). Em "Le cinéma et l'exploration" ["O cinema e a exploração"] Bazin faz alusão a uma outra imagem acheiropoieta típica da tradição cristã, o "Véu de Verônica". Em sua descrição do documentário sobre a descida do massivo de Annapurna dos alpinistas franceses Maurice Herzog e Louis Lachenal, cujas mãos e pés estavam congelados, Bazin escreve: "Começa então o longo calvário da descida, Herzog e Lachenal amarrados *como duas múmias* nas costas de seus Sherpas, e desta vez o cinema ali está, *véu de Verônica* sobre o rosto do sofrimento humano" (Ibid. p. 54; em *Cinema ensaios.* p. 41).

enfrentar a ação do tempo e da morte; por outro lado, uma *arqueologia das mídias* que procura compreender o estatuto do cinema e sua vocação para o realismo através de uma volta à ontologia da imagem fotográfica e a suas raízes em uma longa genealogia, na base da qual se encontram não somente as práticas do embalsamamento e da mumificação, mas também as do decalque e das máscaras mortuárias. Como Bazin explicita em uma passagem de sua "Ontologia":

> Haveria espaço [...] para estudar a psicologia dos gêneros plásticos menores, como a modelagem de máscaras mortuárias, que apresentam, eles também, um certo automatismo na reprodução. Nesse sentido, a fotografia poderia ser considerada uma modelagem, uma tomada da impressão do objeto por meio da luz.[130]

Ainda que o texto de Bazin pareça concentrar-se, já em seu título, no estatuto ontológico da imagem fotográfica, suas teses também dizem respeito, de modo intrínseco, ao cinema, concebido como *extensão* da fotografia. De fato, se a fotografia "embalsama o tempo", preservando o instante e o arrancando "de sua própria corrupção", o cinema só faz *estender* essa mesma capacidade de embalsamamento e de conservação à duração e à mudança, apresentando-se como uma verdadeira "múmia da mudança":

> Desse ponto de vista, o cinema aparece como aperfeiçoamento, no tempo, da objetividade fotográfica. O filme não se contenta mais em nos conservar o objeto envolvido em seu instante como, no âmbar, o corpo intacto dos insetos de uma era terminada, ele liberta a arte barroca de sua catalepsia convulsiva. Pela primeira vez, a imagem das coisas é também a de sua duração e como a múmia da mudança[131]

É justamente graças a essa capacidade de se apresentar como "múmia da mudança" que, de acordo com Bazin, o cinema estabelece uma relação particular com a história. Assim, o "realismo integral" que o cinema teria perseguido desde suas origens, e até antes, nos projetos dos que o tinham imaginado sem poder realizá-lo, aos quais Bazin alude em "O mito do cinema total"[132], encontra sua completude na capacidade do cinema de produzir uma "história total": uma gravação total, contínua, sem lacuna, dos acontecimentos históricos que se produzem diretamente frente à objetiva da câmera. É precisamente o que se lê em "Sobre *Porque combatemos.*

---

130   Ibid., nota 1. p. 14.
131   Ibid. p. 16.
132   A. Bazin, op. cit. p. 21-26.

História, documentos e atualidades", escrito em 1946 enquanto reflexão teórica sobre sete filmes de propaganda americanos realizados entre 1942 e 1945, sob a supervisão de Frank Capra (*Why we fight*). Aqui, Bazin atribui ao cinema a capacidade de recolher e de gravar sobre a película os "restos" de um mundo que "descama" e "faz a muda de sua própria imagem" cotidianamente, na frente de milhares de câmeras, captando os fatos históricos "em carne e osso" e produzindo uma "história total", impossível antes do surgimento do cinema:

> O gosto pela atualidade, junto ao gosto pelo cinema, não é outra coisa senão a vontade de presença do homem moderno, sua necessidade de assistir à História, à qual a evolução política e os meios técnicos de comunicação e de destruição a misturam irremediavelmente. Aos tempos da guerra total responde fatalmente o tempo da História total. [...] Nós vivemos cada vez mais em um mundo que o cinema despe. Um mundo que tende a fazer a muda de sua própria imagem. Centenas de milhares de telas nos fazem assistir, na hora dos noticiários, à formidável descamação que secretam a cada dia dezenas de milhares de câmeras. Nem bem formada, a pele da História se torna película. [...] Até a fotografia, o "fato histórico" era reconstituído a partir de documentos, o espírito e a linguagem intervinham duas vezes: na própria reconstituição do acontecimento e na tese histórica em que ele se inseria. Com o cinema, podemos citar os fatos, eu diria em carne e osso.[133]

A aproximação anacrônica entre, de um lado, a fotografia e o cinema, e, do outro, as múmias e as máscaras mortuárias, permite portanto a Bazin esclarecer a relação peculiar que a fotografia e o cinema entretêm com o tempo e a história, explicando a maneira como o cinema, enquanto "múmia da mudança", permite imaginar a possibilidade de uma "história total", contínua e sem lacunas. Já nas "Notas" de Eisenstein, a definição do cinema como "mumificação dinâmica" se inscreve no contexto de uma visão diferente da relação entre cinema, tempo e história. Se Bazin concebe o cinema como um *medium* através do qual os acontecimentos históricos são imediatamente embalsamados, mumificados e conservados sem perecerem e sem que haja lacunas, o que explica sua vocação natural para o realismo, Eisenstein considera a dimensão "crônica" do cinema como *uma* das perspectivas segundo as quais se pode analisar o papel do cinema na história das imagens e das mídias, enquanto para reconstruir essa mesma história ele toma como modelo um cinema que, graças

---

133   Ibid. p. 32-36.

à montagem, propõe-se como instrumento com o qual se pode *desmontar e remontar o fluxo temporal* a fim de encontrar, por meio de aproximações anacrônicas, semelhanças morfológicas entre fenômenos aparentemente heterogêneos.

Esse recurso a uma *montagem anacrônica de tempos diversos* que é ao mesmo tempo instrumento heurístico, estratégia hermenêutica e estilo de exposição, aproxima o trabalho de Eisenstein do de outros historiadores da arte, filósofos e críticos da cultura ativos entre os anos 1920, 1930 e 1940 que, no conjunto, constituem uma rede de autores, de obras e de ideias em relação a que a obra de Eisenstein pode ser situada.

6. Eisenstein, Warburg, Benjamin, Bloch: a história e a montagem anacrônica

Em uma passagem das "Notas" que parece resumir a dificuldade do projeto em que ele estava trabalhando, Eisenstein escreve: "*Historical evaluations.* Como olhar para diferentes fenômenos da história [*Kak smotret otdelnie iavlenia istori*]".

A resposta de Eisenstein a esse problema pode ser procurada a partir de uma análise dos termos russos empregados nessa passagem, termos que sublinham que a história que ele estava construindo teria recorrido ao *olhar* [*smotret* podendo ser traduzido por *olhar*] e teria procurado religar fenômenos *separados, isolados* [*otdelnie*] no tempo. Na introdução à *Montagem,* essa insistência sobre o papel do olhar volta em dois termos alemães, *Rückblick* e *Ausblick,* "olhar para trás" e "olhar à frente", que Eisenstein utiliza para explicar o tipo de análise histórica do problema da montagem que ele desejava desenvolver em um livro que deveria responder às críticas de "formalismo", de que a montagem tinha sido objeto nos anos 1930:

> Nós nos propusemos a elaborar uma visão de conjunto [*obzor*] do desenvolvimento da montagem. Uma visão de conjunto no espírito da melhor tradição alemã: com *Rückblick* e *Ausblick.* Com o objetivo, portanto, de explicar quais são as fases pelas quais a montagem passou, e em direção a qual objetivo ela se dirige atualmente.[134]

Se a genealogia da parte das "Notas" dedicada ao "caminho em direção à crônica" propõe um cinema como forma de "mumificação dinâmica capaz de embalsamar, preservar e reapresentar os acontecimentos do passado em sua totalidade — visão das relações entre cinema e histórica que se encontra também em Kracauer, em seu texto de 1927, "A fotografia", em que sublinha como o *historismo* alemão do século XIX, com sua vontade de reconstruir o passado "tal como ele foi" (segundo a célebre

---

134   *SW* 2. p. 3.

forma de Leopold Ranke) teria encontrado sua forma mais acabada em um "filme gigantesco [*Riesenfilm*] que representaria, sob todos os aspectos, os eventos que ali se encontrariam ligados"[135] — a estratégia historiográfica a que Eisenstein recorre no conjunto das "Notas" é inteiramente fundada sobre a montagem. Uma montagem graças à qual fenômenos "isolados" no tempo, por meio de uma "*jumping chronology*", são repentinamente aproximados uns dos outros para mostrar suas afinidades morfológicas. Essa *montagem anacrônica,* essa "montagem de tempos heterogêneos"[136], pode ser considerada segundo diversas perspectivas ao mesmo tempo.

Em primeiro lugar, como extensão da ideia de "montagem intelectual" que Eisenstein tinha teorizado no fim dos anos 1920, em especial em "Dramaturgia da forma fílmica", que atribuía um papel importante aos "conflitos temporais" [*zeitliche Konflikte*] na produção de formas eficazes[137], capazes de produzir no espectador uma "dinamização emocional e intelectual" [*emotionelle, intellektuelle Dynamisierung*][138], e que apresentava a montagem como uma "atividade de comparação" [*deiatelnost sopostavitelnaia*] absolutamente análoga à "atividade de correlação e comparação" que era para ele o pensamento[139]. Em segundo lugar, como uma reformulação do método comparativo que Eisenstein tinha descoberto no *Ramo de ouro* de James Frazer e nos escritos de etnologia de Lucien Lévy-Bruhl, que analisa uma mesma "função mental" como *lei de participação* através de uma comparação de suas manifestações em diferentes culturas[140]. E finalmente como uma característica do pensamento de Eisenstein ligada a uma constelação de autores dos anos 1920, 1930 e 1940, que atribuem um papel heurístico e hermenêutico à montagem e ao anacronismo no estudo de objetos culturais como as imagens e as mídias, e se recusam a considerá-las em uma história linear e progressiva, demandando sobretudo sua abordagem

135   KRACAUER, S. *L'Ornement de la masse.* Paris: La Découverte, 2008. p. 38.

136   A noção de "montagem anacrônica" aqui utilizada deve muito à reflexão de Georges Didi-Huberman em torno da noção de *anacronismo* desenvolvida a partir da exposição *L'Empreinte* (1997) e, em seguida, em suas obras: *Devant le temps. Histoire de l'art et anachronisme des images* (Paris, Minuit, 2000), *L'Image survivante. Histoire de l'art et temps de fantômes selon Aby Warburg* (Paris, Minuit, 2002), *La Ressemblance par contact. Archéologie, anachronisme et modernité de l'empreinte* (Paris, Minuit 2008), *Quand les images prennent position. L'oeil de l'histoire 1* (Paris, Minuit, 2009), *Atlas ou le gai savoir inquiet. L'oeil de l'histoire 3* (Paris, Minuit, 2011), *Peuples exposés, peuples figurants. L'oeil de l'histoire 4* (Paris, Minuit, 2012).

137   Eisenstein fala, em especial, sobre a possibilidade de conceber a forma fílmica como lugar de conflitos "entre o acontecimento e sua natureza temporal [*zwischen dem Vorgang und seiner Zeitlichkeit*], atingidos pela *câmera lenta* e pelo *acelerado* [*durch Zeitlupe und Multiplikator*]" ("Dramaturgie de la forme filmique", em *Cinématisme*, op. cit. p. 30. Texto original em alemão com suas variantes em F. Albera, *Eisenstein et le constructivisme*, op. cit. p. 31-54).

138   *Cinématisme.* p. 33.

139   EISENSTEIN, S.M. "Anexo a [Stuttgart]", em ALBERA, F. *Eisenstein et le constructivisme russe.* L'Âge d'Homme, Lausanne 1990. p. 94 (texto francês) e p. 260 (texto russo).

140   Cf. LÉVY-BRUHL, L. *Les Fonctions mentales dans les sociétés inférieures.* Paris: PUF, 1910.

no interior de séries e sequências que atravessam a história de acordo com outras lógicas temporais.

Pensemos em Carl Einstein, que escreve que seu interesse pela *Negerplastik* (a escultura negra) é uma consequência direta de seu interesse pela arte contemporânea e notadamente pelo cubismo, e sublinha que cada "processo artístico atual" tende a "construir sua própria história" porque "o que é historicamente eficaz o é sempre em relação ao presente imediato"[141]. Pensemos, naturalmente, em Warburg, que fora profundamente marcado por sua temporada com os índios Hopi no Novo México, assim como Eisenstein tinha sido marcado por sua experiência mexicana, e que tiraria dessa experiência conclusões semelhantes: por exemplo, a convicção de que a natureza das imagens deve ser estudada de acordo com uma perspectiva *antropológica,* a fim de explicar sua eficácia e sua transmissão no tempo, com todos os fenômenos de *Nachleben* (Warburg) e de "recorrência" (Eisenstein) que atravessam a história[142]. O interesse desses dois autores que não se conheciam pelo mesmo problema — as sobrevivências, as reaparições, as variações (daquilo que Warburg chama de "*Pathosformeln*" e Eisenstein, em *A natureza não-indiferente,* "*formula pafossa*"[143]) — não é, portanto, um encontro fortuito, mas sim o sinal de uma convergência profunda quanto à natureza dialética de imagens e de fórmulas gestuais expressivas que retornam no tempo através de uma montagem concebida como "consideração comparativa" [*vergleichende Betrachtung*] (Warburg), "atividade comparativa" [*deiatelnost sopostavitelnaia*] (Eisenstein) e através de formas alternativas de exposição da história das imagens: o atlas *Mnemosyne* apresentado em diversas configurações por Warburg na sala oval da Kulturwissenschaftliche Bibliothek de Hamburgo e o livro esférico imaginado por Eisenstein.

Pensemos em Ernst Bloch, que, em *Herança deste tempo,* adota um estilo de escrita feito de "saltos" e de "intervalos" para estudar uma cultura "caleidoscópica"[144] como a da Alemanha dos anos 1920 e 1930, caracterizada — como o México que Eisenstein conhecera em 1931 — pela coexistência de camadas temporais distintas, "não contemporâneas" [*ungleichzeitig*] umas em relação às outras, só podendo ser abordadas através de uma montagem concebida como "processo de interrupção" a fim de "arrancar ao contexto despedaçado [...] da época certas partes, para em seguida religá-las em novas configurações". Uma maneira de "tornar dialética a não-contemporaneidade" e "liberar no passado o futuro ainda possível que ele encerra"[145].

141   EINSTEIN, C. *La Sculpture nègre.* Paris: Presses de la Sorbonne, 2002 [1915]. p. 52.
142   Sobre Warburg, a viagem para o Novo México e a imagem em movimento, ver MICHAUD, Philippe-Alain. *Aby Warburg et l'image en mouvement.* Paris: Macula, 1998.
143   Cf. *Neravnoduchnaia priroda* 2. p. 238-249
144   BLOCH, E. *Héritage de ce temps.* Paris: Payot, 1978 [1935]. p. 9.
145   Ibid. p. 95.

Pensemos, finalmente, em Benjamin que, nos fragmentos da seção "gnoseológica" do *Passagenwerke*, diz explicitamente querer "retomar na história o princípio da montagem" [*das Prinzip der Montage in die Geschichte zu* übernehmen] [N2, 6][146], uma "montagem literária" de fragmentos concebida como "método" [N1a, 8][147] para elaborar uma "história primitiva do século XIX"[148]. Esse princípio da montagem deveria, segundo Benjamin, trabalhar sobre os "intervalos" e as "distâncias"[149] entre os elementos para conseguir captar as "imagens dialéticas". Essa noção de imagem dialética formulada no *Livro das passagens* e nas "Teses sobre o conceito de história" se aproxima da noção de *obraz* de que fala Eisenstein nas notas que citamos no início deste texto. Se, nessas notas, Eisenstein apresentava como dever do historiador o desdobramento *"from today backwards"* e *"in slow motion"* da "imagem [*obraz*] *in a flash*", capturada pelo artista que, *"in a spark* de inspiração", entra em "contato" com dois tempos diferentes, as *"lowest layers"* e o presente, Benjamin descreve a imagem dialética como imagem na qual "o Outrora encontra o Agora em um lampejo para formar uma constelação". Uma imagem "descontínua" [*sprunghaft*][150] que substitui a *"slow motion"* de Eisenstein pela ideia de uma projeção em velocidade lenta demais para produzir um efeito de movimento em continuidade. Em Eisenstein como em Benjamin, a história se escreve a partir de um presente em relação ao qual, graças ao contato instantâneo garantido pela *obraz* e a *imagem dialética*, o passado se torna repentinamente "legível" [*lesbar*]. Um presente que, para Benjamin, é "determinado pelas imagens que lhe são sincrônicas"[151], assim como para Eisenstein, que busca no passado formas de montagem ainda ativas, podendo ser consideradas modelos para o cinema do presente.

Ainda que os objetivos do *Livro das passagens* e da *História geral do cinema* sejam profundamente distintos, os dois projetos parecem então ser orientados pela mesma ideia de utilizar um dos procedimentos fundamentais do cinema, a montagem, para estudar a história. Um cinema que Benjamin considerava como "desvendamento" de todas as formas de visão, de todos os ritmos e de todos os tempos pré-formados nas máquinas atuais, de tal modo que todos os problemas da arte atual só podem encontrar sua formulação definitiva em correlação com o filme"[152] e que Eisenstein considerava como "um aparelho perfeito para a pesquisa estética e para a análise dos princípios da arte"[153]. Um cinema, finalmente, capaz de propor como modelo historiográfico uma montagem anacrônica com a qual teríamos podido estudar uma

146		BENJAMIN, W. *Paris, capitale du XIX e siècle. Le Livre des passages.* Paris: Cerf, 1989. p. 477.
147		Ibid. p. p.476.
148		BENJAMIN, W. "Lettre à Wiesengrund-Adorno du 31 mai 1935" (*Correspondance Adorno -Benjamin 1928-1940.* Paris: La Fabrique, 2002. p. 140).
149		BENJAMIN, W. *Paris, capitale du XIX e,* op. cit. p. 847 [L° 6].
150		Ibid. p. 491.
151		Ibid. p. 479 [N 3, 1]
152		Ibid. p. 412 [K 3, 3]
153		Ver *supra*, nota 7.

história das artes concebida como "história das profecias", uma visão da história formulada por Benjamin que Eisenstein teria podido partilhar, embora Benjamin exclu-
ísse qualquer ideia de uma "herança" transmitida pelo passado:

> A história da arte é uma história de profecias. Ela só pode ser
> descrita do ponto de vista do presente imediato, atual; pois cada
> época possui uma possibilidade nova, mas não transmissível por
> herança [*unvererbbar*], que lhe é própria, de interpretar as pro-
> fecias que a arte das épocas anteriores continha para ela. Não
> há tarefa mais importante para a história da arte do que desven-
> dar as profecias, o que — nas grandes obras do passado — dava
> a elas valor na época de sua redação. Qual futuro? Na verdade,
> nem sempre um futuro imediato, e jamais um futuro completa-
> mente determinado. Não há nada mais sujeito à transformação
> na obra de arte do que esse espaço sombrio do futuro que nela
> fermenta.[154]

Como Warburg, Bloch e Benjamin, Eisenstein também procura novas maneiras
de expor essa história anacrônica de "profecias". E se Warburg havia encontrado uma
solução na montagem das pranchas do atlas *Mnemosyne*, Bloch na escrita em forma
de montagem e Benjamin no agenciamento de fragmentos do *Livro das passagens*,
Eisenstein buscará a solução no *desenho*, o *medium* que ele já tinha utilizado, durante a viagem mexicana, para experimentar as mais extremas formas de montagem.

7. Um percurso pelas estações dos "precursores": a "história geral do cinema" e a tradição dos atlas

Pode-se considerar todos os projetos de livro em que Eisenstein trabalha nos anos
1930 e 1940 como *percursos* por sequências de exemplos que se encadeiam página
depois de página. Convencido do fato de que o percurso [*pout*] de um espectador em
movimento através de uma série de *vistas* podia ser considerado como análogo à experiência da visão de um filme, e que, nessa perspectiva, não somente as procissões
cristãs através das doze estações da Paixão de Cristo, mas também o percurso através
dos templos até o topo da Acrópole podiam ser considerados como o equivalente de
uma sequência de montagem — "a Acrópole de Atenas representa o mais perfeito
modelo de um dos filmes mais antigos"[155] — a partir dos anos 1930 Eisenstein dá a

---

154   BENJAMIN, W. *Écrits français*, Paris, Gallimard, 1991. p. 180.
155   *Cinématisme*. p. 45.

sua escrita uma dimensão quase *deambulatória,* produzindo textos que convidam o leitor a fazer uma espécie de "viagem"[156] no tempo e no espaço, para seguir uma série de "estações" que atravessam a história universal das artes.

Essa ideia de um percurso espacial que é ao mesmo tempo um percurso através da história está no centro do desenho realizado por Eisenstein nos anos em que ele trabalha nas "Notas" (ver acima. p. 22): um desenho que se pretende ao mesmo tempo ser um tipo de *mapa geográfico* para se orientar nos meandros da genealogia que esse projeto estava estabelecendo e um esboço de um *atlas* dos "precursores" do cinema[157].

No centro se encontra a figura de um corpo transpassado por diversas facadas: o corpo sacrificial de um deus desmembrado de que Eisenstein tinha encontrado exemplos no Dionísio de Nietzsche, nos "*dying gods*" do *Ramo de ouro* de Frazer e no "*pathos* de deus" descrito por Winterstein em sua análise psicanalítica da origem da tragédia, que fala do "*pathos* do deus" como "sacrifício ou morte ritual durante a qual Adon ou Attis são mortos na pessoa do animal totêmico; o *farmakos* é apedrejado; Osíris, Dionísio, Penteu e Hipólito são postos em pedaços (*sparagmos*)"[158]. Nesses ritos que comemoravam o desmembramento de um corpo sacrificial como fundador de uma comunidade, Eisenstein via a origem da montagem enquanto "método do desmembramento e da reunificação"[159]. À esquerda do corpo transpassado do deus, uma mulher grávida com um feto recolhido em seu ventre redondo é o ponto de partida de duas sequências que encontram suas referências principais nos dois métodos descritos em "Rodin e Rilke" e em outros textos de Eisenstein. Uma primeira sequência, chamada "*concave line*", começa acima do corpo da mulher grávida e gira para a esquerda, colocando em série um corpo contido no interior de uma bolsa ("You in"), o corpo de um homem ou de um animal protegido em uma caverna, o de um homem no interior de uma tenda e depois dentro de uma catedral ("Interior"), para terminar em fim com a expressão "*Raumkunst*", "arte do espaço". Uma segunda sequência, chamada "*convex line*", começa ainda acima da mulher grávida e gira para a direita, colocando em série uma outra mulher grávida que toca seu ventre ("In You"), a figura de um homem que toca uma maçã, o decalque de um rosto (alusão às máscaras funerárias), uma representação esquemática da perspectiva como método para a representação da profundidade, os *Contra-relevos* de Tatlin, os vazios nos volumes de escultura de Archipenko, a arquitetura de vidro ("*glass architectu-*

---

156   *Mémoires* 3. p. 55-56.

157   Sobre a tradição dos atlas de imagens, ver DIDI-HUBERMAN, G. *Atlas ou le gai savoir inquiet.* op. cit.

158   WINTERSTEIN, Alfred. *Der Ursprung der Tragödie,* op. cit. p. 159-161, citado em *Montaj.* p. 225 (essa passagem não foi incluída na edição inglesa em *SW* 2, mas figura na edição italiana: *OS* 4/1. p. 230).

159   Cf. *supra,* nota 91, e o capítulo "Dionísio e Osíris", em *Montagem.*

re") de Frank Lloyd Wright e Le Corbusier, o cinema em relevo ("stereokino") para concluir-se novamente com a expressão "*Raumkunst*". As duas linhas, *convex line* e *concave line*, parecem portanto chegar a uma mesma "arte do espaço", através de uma coincidência entre o interior da catedral na qual a luz colorida passa através dos vitrais (bem visíveis no desenho de Eisenstein) e o cinema estereoscópico como produção de formas coloridas flutuando no espaço. À direita do corpo transpassado do deus, uma nova sequência, outra "*convex line*", coloca em série a impressão de uma mão no solo, a impressão dos dedos, um objeto entalhado ou inserido ("*eingeritzt*"), um baixo-relevo ("em relevo"), uma estátua vista de frente ("*frontal statue*"), uma mão que toca um objeto redondo como exemplo de volume escultural em *ronde- -bosse*, uma estátua que pode ser vista de diversos pontos de vista ("*polipoint sta-tue*: Cf. Benvenuto Cellini") e finalmente o cinema como possibilidade de retomar e desenvolver, através da montagem, a multiplicidade de pontos de vista da escultura ("*film as multi project. plates*"): uma ideia que Eisenstein mostra ao desenhar uma forma escultural que pode dar lugar a diversas projeções bidimensionais ("a + b + c + d...")[160]. A partir do ângulo de baixo, à esquerda, uma outra sequência torna visíveis na página os exemplos discutidos por Eisenstein em "Montagem e arquitetura": desenhos de criança em que cada margem da folha é considerada como um solo sobre o qual são colocadas figuras (plantas, edifícios); passa-se aos desenhos egípcios com sua montagem de visão frontal e visão de perfil ("*Egypt drawing*") para prosseguir com uma "arte deambulatória" ("*ambulatory art, successif* [sic] *impres-sion in art*) que se manifesta seja nos desenhos realizados por Hokusai na paisagem (a que parece fazer alusão a pequena figura que percorre, com a ajuda de um bastão, um grande perfil traçado no chão), seja na disposição dos templos sobre a Acrópole ("Acropolis"), que é deixada com uma flecha na montagem de fotogramas em uma película cinematográfica ("film"). Uma última linha, finalmente, coloca essa "*ambu-latory art*" em relação com uma figura dançante a partir da qual são colocadas em série as palavras "*gestation*", "*dance*", "*song*", "*music*", "*dithyramb*", "*theatre*", esses dois termos situando-se bem abaixo do corpo transpassado do deus, o que sublinha que se trata de Dionísio. Falar desse desenho em relação com a tradição dos atlas de imagens pode parecer aleatório e, no entanto, ele parece possuir diversas características que legitimam essa aproximação. Primeiramente, ele parece responder a uma necessidade de *orientação*: face a uma história, a dos "precursores" do cinema, que corre o risco de se reduzir a um emaranhado confuso de formas, Eisenstein nos propõe um *mapa* em que as ligações entre as formas de representação que precederam o cinema são visualizadas como se se tratasse de estações de um percurso que um espectador móvel poderia seguir através do espaço neutro da página. Em

160   Sobre Eisenstein, a montagem e a escultura, ver G. Careri, "Ejzenštejn e Bernini. Montaggio e composto", em P. Montani (org.), *Sergej Ejzenštejn. Oltre il cinema*, Veneza, Biblioteca dell'immagine-La Biennale di Venezia, 1991. p. 263-276.

seguida, trata-se de um percurso de *montagem*: uma *montagem anacrônica* que propõe *raccords* entre fenômenos aparentemente heterogêneos mas que, no fundo, podem ser comparados de um ponto de vista morfológico. Finalmente, esse mapa de orientação e essa montagem anacrônica têm o objetivo de responder à questão: como *visualizar,* como *expor* uma história, a dos "precursores" do cinema, que é uma história não linear, feita sobretudo de *"recorrências"* e de "quase voltas para trás". Lido nessa perspectiva, esse desenho de Eisenstein, apesar de seu pequeno formato e de seu aspecto às vezes improvisado, parece ter sido uma resposta às mesmas interrogações que haviam estimulado Warburg a procurar na montagem de reproduções fotográficas sobre o fundo negro das pranchas de *Mnemosyne* uma resposta à questão da identidade e das migrações de *Pathosformeln.*

No entanto, se, por um lado, esse desenho parece querer nos ajudar a nos orientarmos na história dos "precursores" do cinema, o lugar do cinema não está indicado de maneira unívoca. Certas linhas parecem completar-se com o cinema — por exemplo a que vê no cinema a etapa seguinte à montagem de vistas da Acrópole e a que vê no cinema um desenvolvimento da escultura com seus pontos de vista múltiplos — e outras linhas parecem sobretudo *ir para além do cinema,* superando, por exemplo, o cinema em relevo rumo a uma *Raumkunst* concebida como montagem de formas no espaço que pode lembrar os espetáculos grandiosos a que Eisenstein faz alusão nos capítulos de *Montagem* dedicados à "imagem sintética": os espetáculos capazes de "unir o ambiente natural das cidades com as massas cuja existência se dá no meio urbano e com protagonistas individuais do trama que teria lugar ali; um espetáculo que uniria um mar de cor e de luz com a música e o rádio, o teatro e o filme sonoro, os barcos a vapor no Canal Moscou-Volga com as esquadrilhas de aviões"[161].

Essa tendência a imaginar um *para além do cinema* está muito presente também nas "Notas", em especial em todas as passagens em que Eisenstein fala da "televisão", e é sobre essa necessidade que tem Eisenstein de superar os limites do *medium* cinematográfico que nós terminaremos nossa análise.

8. "De Dionísio à televisão": a síntese das artes para além do cinema

Nas "Notas" publicadas neste volume e em outros textos ligados ao duplo projeto de uma "história geral do cinema" e uma "história do cinema soviético", como "Elogio da crônica cinematográfica", Eisenstein menciona por diversas vezes a televisão, cujas primeiras transmissões na União Soviética tinham sido realizadas em 1938, para serem em seguida retomadas e desenvolvidas a partir de 1945. A televisão é apresentada como parte integrante de uma "tendência" documental, uma tendên-

---

161   Cf. *supra,* nota 76.

cia para a "crônica" que, Eisenstein escreve, "não se apagará". Na perspectiva evolucionista que Eisenstein havia adotado igualmente a propósito do cinema em relevo, segundo a qual, na vasta genealogia ramificada das artes, "só sobrevivem os ramos cuja estrutura e cujas propriedades encontram eco nas tendências e nas necessidades orgânicas profundamente ancoradas tanto no espectador quanto no criador"[162], a televisão era para ele um *medium* inscrito na linha das mídias que haviam procurado satisfazer a *urge* de "fixar os fenômenos" através das formas de "reprodução dinâmica de um acontecimento ou de uma pessoa", linha tendo em sua origem os ditirambos dionisíacos. É por isso que em "Elogio da cine-crônica" Eisenstein fala de uma "transição para a televisão" como forma de "fixação" de acontecimentos que não pertencem, como no caso do cinema, ao passado, mas ao presente, acontecimentos podendo ser vividos *ao vivo* e satisfazendo uma "*urge*" de verdadeira participação, de "verdadeira comunhão com o acontecimento"[163]. Se o cinema, com sua "mumificação dinâmica", levava o espectador a "tornar-se um contemporâneo e um participante dos acontecimentos do passado", a televisão o conduzia a uma participação nos acontecimentos do presente, ao vivo.

Em seu prefácio a *Reflexões de um cineasta*, escrito em 1946, Eisenstein admite toda sua admiração frente ao "milagre da televisão" e vê nela um novo desafio do projeto de "síntese das artes" que poderia conduzir para além do cinema:

> Ainda não trouxemos uma solução definitiva para o problema da síntese das artes que aspiram a se fundir totalmente, organicamente, [no] seio [do cinema]. Ora, já somos atacados por problemas incessantemente renovados. Nem bem tínhamos terminado de assimilar a técnica da cor e o cinema em relevo, recém-saído das fraldas, lançou-nos o problema novo do volume e do cinema falado. E agora o milagre da televisão nos coloca frente a uma realidade viva que ameaça explodir as experiências ainda incompletamente assimiladas e analisadas do cinema mudo e do cinema sonoro. Neles, por exemplo, a montagem era apenas o *vestígio,* mais ou menos perfeito, do ritmo real de uma percepção do acontecimento reconstituído através do prisma de uma consciência e de uma sensibilidade de artista. Agora, ela se tornará ela mesma esse ritmo, no instante preciso em que o processo acontece. Assistiremos ao espantador encontro de dois extremos. Elo inicial da cadeia das formas históricas do mistério teatral, o ator taumaturgo encarregado de transmitir ao espec-

---

162   *Mouvement.* p. 98.
163   Ver neste volume. p. 173.

tador a matéria de seus pensamentos e de seus sentimentos no momento em que ele os sente dará a mão ao mestre das formas superiores do mistério do futuro, ao mago cineasta da televisão que, vivo como um piscar de olhos ou como um jato do pensamento, equilibrando-se entre as objetivas e as profundidades de campo, imporá diretamente, instantaneamente, sua interpretação estética do acontecimento na fração de segundo em que ele se produz, no momento de nosso primeiro, único e transformador encontro com ele. Seria isso inverossímil? Impossível? Irrealizável em uma época que alcança em voo o eco-radar emitido da lua e expede aviões à velocidade do som para além da cúpula azul da atmosfera?[164]

Essa passagem nos mostra bem a atitude *aberta* e voltada para o *possível* que Eisenstein sempre teve em relação ao *medium* cinematográfico que ele considerou sempre como modificável, maleável e talvez mesmo destinado a, um dia, ser superado por outras mídias capazes de responder, melhor do que ele, às mesmas "*urges*" a que ele tinha tentado responder. Do "Manifesto" sobre o cinema sonoro de 1928 assinado com Pudôvkin e Alexandrov, à conferência do "Quadrado dinâmico" proferida em Hollywood em 1930, das reflexões sobre a montagem audiovisual como "montagem vertical" aos escritos sobre a cor e a montagem cromática, do texto sobre o cinema estereoscópico às observações sobre a televisão contidas nas "Notas" e em outros textos dos anos 1946-1948, pouco antes de sua morte, Eisenstein sempre considerou o cinema como o campo de experimentação de um conjunto de "possibilidades" que também podiam ser experimentadas além de seu perímetro de ação. Possibilidades que podiam ser entendidas somente com um duplo olhar de *Rückblick* e *Ausblick*, voltado ao mesmo tempo, teria escrito Benjamin, para a *Vorgeschichte* e a *Nachgeschichte* do cinema: para seus "predecessores" e seus "sucessores", com uma visada ao mesmo tempo morfológica, genealógica, antropológica e arqueológica.

164 *Réflexions.* p. 3-4.

Índice

"REVELAÇÃO NA TORMENTA E NA TEMPESTADE".
Notas para uma história do contraponto audiovisual